CONG
SHIDU QICHE
DIANLUTU
DAO
XUEHUI
WEIXIU

JIUZHEME
RONGYI

从识读汽车电路图到学会维修

就这么容易

孙运生　主编

化学工业出版社
·北　京·

本书通过丰富实用的维修案例，归纳总结了汽车电路图的识读方法以及汽车维修的相关知识与技能。本书综合介绍了汽车电路图的分类与识读方法，并系统讲解了汽车内部各个子系统的电路分析、电路图识读和故障检修等内容。针对每个子系统，均相应精选了一些常见车型的案例分析，以帮助读者快速地理解并掌握汽车电路图的识读方法及汽车故障维修的技巧。

本书内容实用、图文并茂、通俗易懂，可供从事汽车维修的技术人员阅读使用，也可用作职业院校相关专业的参考书。

图书在版编目（CIP）数据

从识读汽车电路图到学会维修就这么容易/孙运生主编.
北京：化学工业出版社，2013.10
ISBN 978-7-122-18256-2

Ⅰ.①从…　Ⅱ.①孙…　Ⅲ.①汽车-电气设备-电路图
Ⅳ.①U463.62

中国版本图书馆 CIP 数据核字（2013）第 200131 号

责任编辑：李军亮　耍利娜
责任校对：蒋　宇　　　　装帧设计：尹琳琳

出版发行：化学工业出版社（北京市东城区青年湖南街 13 号　邮政编码 100011）
印　　刷：北京云浩印刷有限责任公司
装　　订：三河市前程装订厂
787mm×1092mm　1/16　印张 20　字数 484 千字　2014 年 1 月北京第 1 版第 1 次印刷

购书咨询：010-64518888（传真：010-64519686）　售后服务：010-64518899
网　　址：http://www.cip.com.cn
凡购买本书，如有缺损质量问题，本社销售中心负责调换。

定　　价：58.00 元

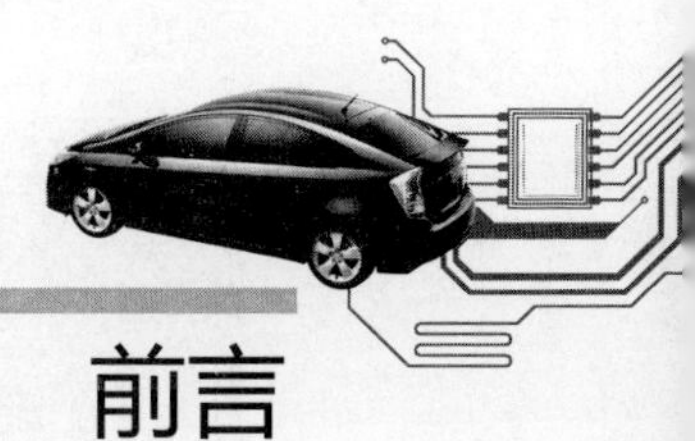

FORWORD 前言

汽车电路图是检修汽车的必要基础资料，只有读懂电路图，才能掌握汽车电路的特点及原理，当汽车发生故障时，可在短时间内找到故障原因。由此看来，汽车电路图识读对维修人员至关重要。

由于汽车品牌较多，各生产厂家在电路图的绘制风格有较大的不同，这给汽车维修人员识别电路带来诸多不便。编者本着以服务汽车维修人员为宗旨的原则而编写本书，希望对汽车维修人员识读汽车电路图，进而学会维修有所帮助。

本书的第一章从整体上介绍了汽车电路图的分类与识读方法；第二章至第二十一章分别介绍了启动系统、充电系统、点火系统、巡航控制系统、电源分配系统、发动机电控系统、空调系统、电动助力转向系统、防抱死制动系统、安全气囊系统、自动变速器电控系统、中央门锁控制系统、电动车窗系统、防盗系统、仪表系统、刮水器和洗涤器系统、电动后视镜系统、音响系统、照明与信号系统、电控悬架系统的电路分析、故障检修和案例精选。

本书由孙运生主编，参与本书编写的还有程玉华、张丽、宋睿、朱琳、刘冰、袁大权、曹清云、李小方、李青丽、高春其、梁志鹏、盖光辉、张彩霞、李东亮、安思慧、王彬、李勤、邵方星、周文彩、薛大迪、张军瑞、张猛、高文华、周国强、张明星、刘海龙、尹建华、刘红军、霍胜杰、张云丹、庞云峰、吕会琴、李俊华、张倩、郭荣立、潘利杰、白春东、林博、任旭阳、王志玲、李自雄、刘力侨、陈海龙、李飞、李丽丽、黄杰、陈义强、王云、翟红波等。

由于编者水平有限，书中难免有不足之处，望读者批评指正。

编者

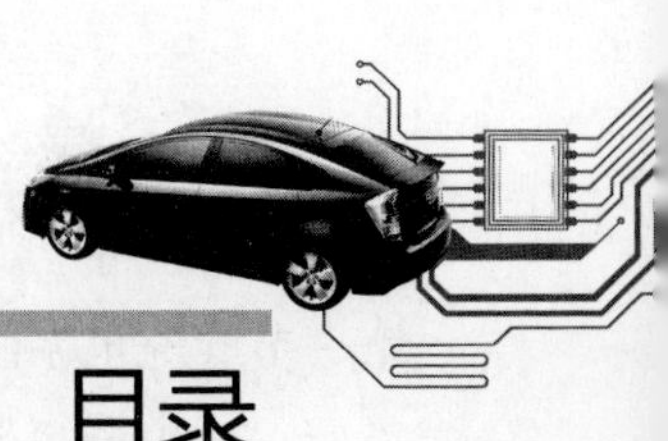

CONTENTS 目录

第一章 汽车电路图的分类与识读方法

第二章 启动系统电路分析、故障检修和案例精选

第三章　充电系统电路分析、故障检修和案例精选

第四章　点火系统电路分析、故障检修和案例精选

第五章　巡航控制系统电路分析、故障检修和案例精选

第六章　电源分配系统电路分析、故障检修和案例精选

第七章　发动机电控系统电路分析、故障检修和案例精选

第八章 空调系统电路分析、故障检修和案例精选

第九章 电动助力转向系统电路分析、故障检修和案例精选

第十章 防抱死制动系统电路分析、故障检修和案例精选

第十一章　安全气囊系统电路分析、故障检修和案例精选

第十二章　自动变速器电控系统电路分析、故障检修和案例精选

第十三章　中央门锁控制系统电路分析、故障检修和案例精选

第十四章　电动车窗系统电路分析、故障检修和案例精选

第十五章　防盗系统电路分析、故障检修和案例精选

第十六章 仪表系统电路分析、故障检修和案例精选

第十七章 刮水器和洗涤器系统电路分析、故障检修和案例精选

第十八章　电动后视镜系统电路分析、故障检修和案例精选

第十九章　音响系统电路分析、故障检修和案例精选

第二十章 照明与信号系统电路分析、故障检修和案例精选

第二十一章 电控悬架系统电路分析、故障检修和案例精选

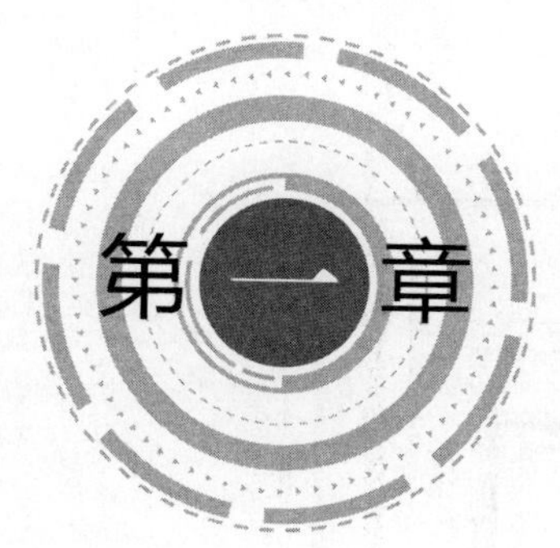

汽车电路图的分类与识读方法

第一节 汽车电路图的分类

在汽车上，要使用电设备能够正常地工作，就必须用导线将用电设备和电源连接起来构成闭合的电流回路。这种电流流过的路径称为电路。由于电路是由导线连接而成的，又可以把电路称为线路。汽车电路图就是用来表达汽车电路的特殊图形。

汽车电路图可以用来表达整车电路，也可以用来表达局部电路。局部电路又叫单元电路或部分电路。汽车电路图通常可以分为电源电路、启动电路、点火电路、燃油喷射电路、照明信号电路、仪表电路、自动变速器电路等局部电路。整车电路就是汽车用电设备总电路，通常将汽车上各种电器设备按照它们各处的工作特点和相互联系，通过各种开关、配电装置用导线把它们合理地连接起来而构成的整体电路。汽车电路图不仅可以用来表达汽车电路，还可以表示各用电设备、线束等在车上的具体位置。

世界上各汽车制造厂家在电路图的绘制上没有统一的规定，风格各异，但根据汽车电路图的特点可以把汽车电路图分为汽车电器布线图、汽车电路原理图、汽车线束图和汽车电器设备定位图。

一、汽车电器布线图

汽车电器布线图也叫汽车电器线路图，如图 1-1 所示，是传统的汽车电路表达方法。汽车电器布线图就是根据汽车各电器设备的外形和实际安装位置，用相应的图形符号和合理的导线布置将电路中的电源、开关、用电器等一一连接起来所构成的电路图。汽车电器布线图的优点是能真实地反映电器设备的外形、安装位置和线路的路径，可以根据布线图很方便地找到导线中间的分支、接点，便于汽车制造厂制作线束，因此现在仍被不少汽车制造厂家采用。

汽车电器布线图也有自身的缺点，布线图中线路密集、纵横交错，不能清晰简洁地反映出电器系统的工作原理，给读图、查找和分析故障带来很大不便，需要较长时间才能读懂。随着汽车上电器设备的增多，也不可能把所有电器设备画到一张图上，因此这样的图会越来越少。

二、汽车电路原理图

汽车电路原理图是用规定的图形符号，根据汽车各系统的工作原理和电器设备的连接关系绘制而成的。汽车电路原理图是现在最常见的汽车电路图，既可以是全车电路图，也可以是单元电路图，如图 1-2 所示。

电流表
AMP
-30 0 +30
点火开关
点火开关位置
1b白黑
1c黑白
12a黑白
1a白
3黑
6黑黄
黄
4(黑黄)
5黑红
12黑白
12a
电磁预
热开关
2a黑黄
7蓝白
2黑
7
预热指示灯
0黑
磁场继电器
电压调节器
4a红
棚灯
电磁开关
1白
4黑黄
K3
K2
K1
R120Ω
R100Ω
R45Ω
R150Ω
11白
10黄
9白黑
白
白黑
0黑
启动机
磁场转
子线圈
电刷
硅整流交流发电机
蓄电池电源开关
空气预热器
蓄电池
12 V
120A·h

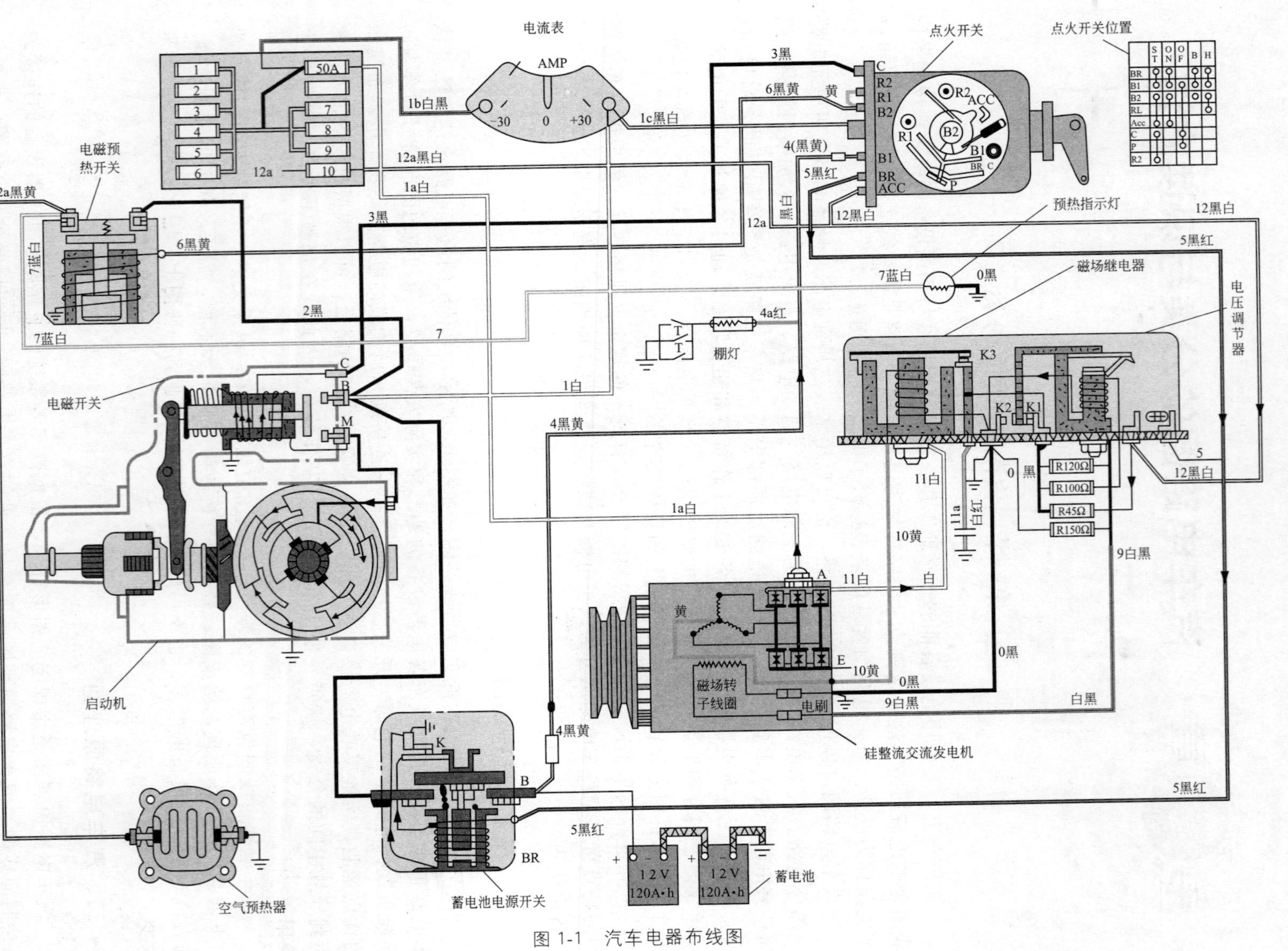

图 1-1 汽车电器布线图

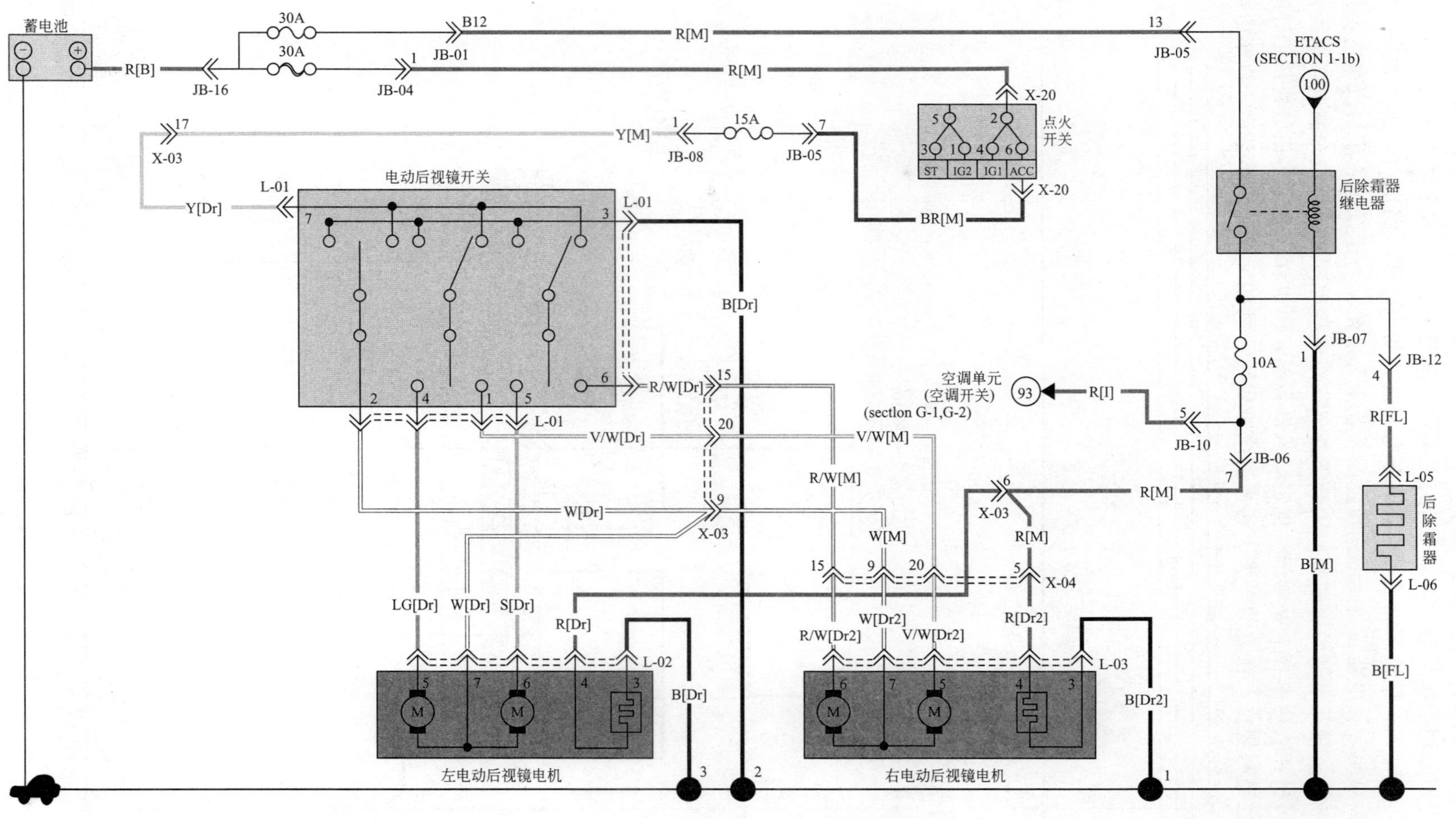

图 1-2 东风悦达起亚电动后视镜系统电路

汽车电路原理图在绘制的时候不讲究电器设备的开关、安装位和线路走向，用简明的符号代替电器设备，根据绘图的需要布置汽车电器设备的位置和线路走向，使得电路图简洁清晰，电路简单明了，电器设备间的连接控制关系十分清楚，对于读图者了解汽车电器设备的工作原理和分析排除电器系统的故障十分方便。汽车电器原理图多由汽车制造厂家提供，虽然在绘制风格和表达内容上没有统一规定，风格各异，但也存在着很多相似处：①导线都标注有颜色代码和规格，在有的车型上还标有线路代码，例如上海通用车系；②汽车电器设备

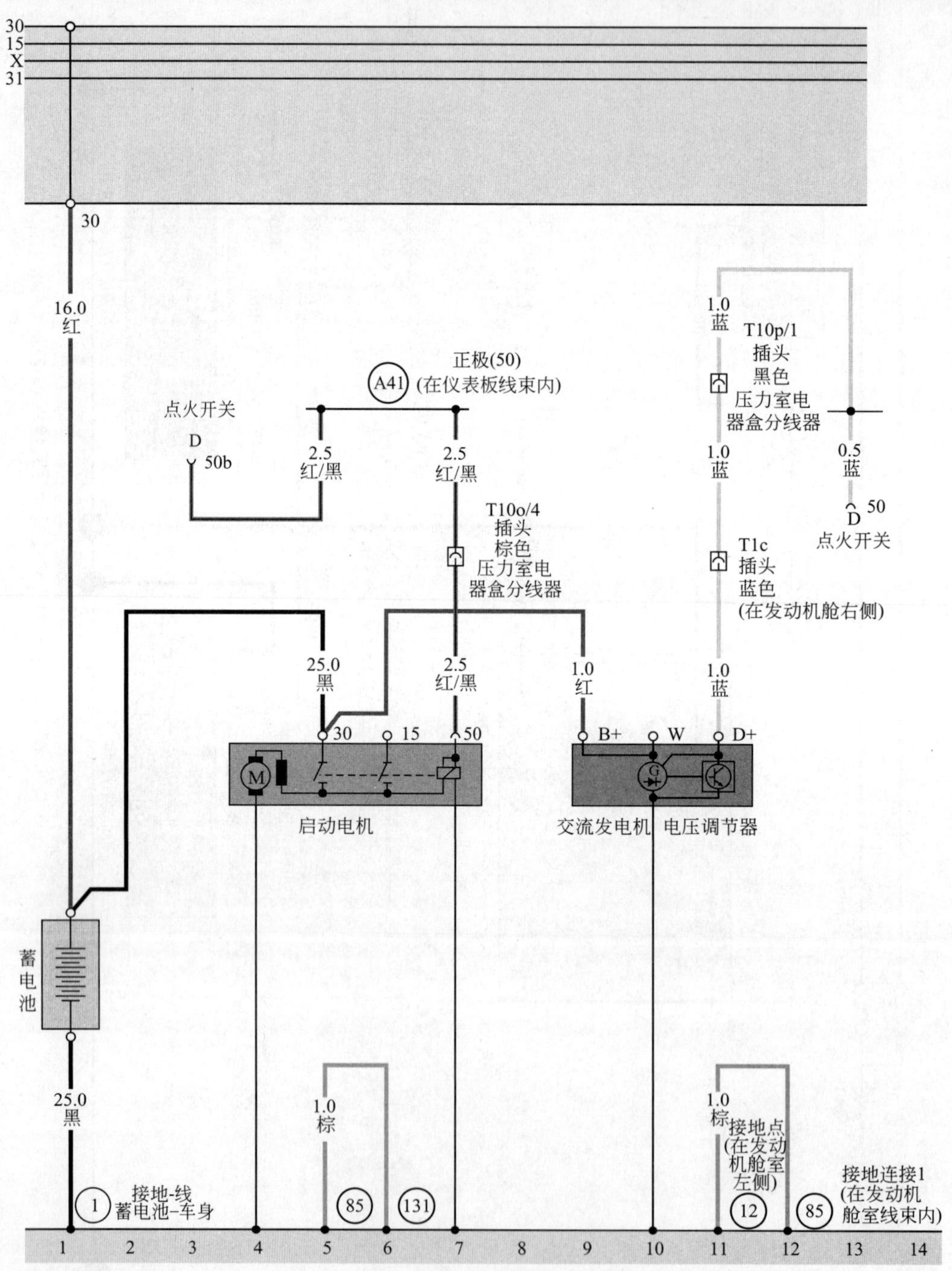

图 1-3 一汽大众汽车启动、点火系统电路

符号旁边都标有设备名称和代码；③过载保护装置都标有规格、代码和安装位置；④电路图中的开关、继电器等控制器都处于断开状态，用电器都处于停止工作状态；⑤电路图中的电源线常画在图的上方，例如一汽大众车系，如图 1-3 所示，也有的画在图的左边，例如一汽丰田车系。在阅读汽车电路图的时候，可以充分利用不同车系电路图中的相似处来提高读图效率。

三、汽车线束图

所谓汽车线束就是将汽车上走向相同的各类导线包扎在一起，构成像电缆一样的一束线。线束图就是根据线束在汽车上的布置走向，用来反映线束导线汇合、分支而绘制的电路图，如图 1-4 所示。根据线束在汽车上的位置不同可以把线束图分为底盘线束图、车身线束图和辅助线束图。辅助线束多用于辅助电器和车身线束、底盘线束间的连接，例如车顶线束、电动车窗线束、ABS 线束等。

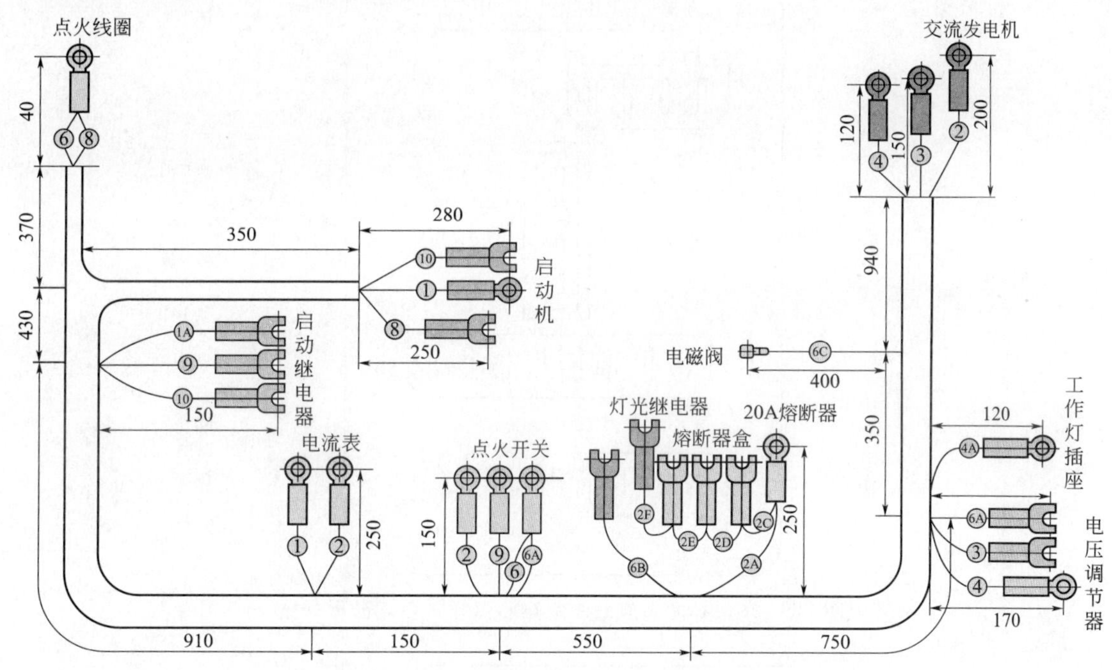

图 1-4 东风 EQ1090 型载货汽车电源、启动、点火系统线束图

线束图能反映已制成线束的外形，组成线束各导线的规格、长度、颜色，各分支导线端口连接器的型号、规格以及所连接的用电器设备名称等。它主要用于线束的制作和制造汽车时连接电器设备。

四、汽车电器设备定位图

汽车电器设备定位图一般采用立体图或实物照片的方式来标示汽车上各电器设备在车上的具体位置。汽车电器设备定位图常常以单独的图形画出来或放在电路图中用电器设备的旁边。汽车电器设备定位图在汽车电路图中较为少见。由于汽车电路设备定位图具有立体感强，能清晰、直观地反映电器设备在车上实际位置等特点，因此具有很高的参考和实用价值。

汽车电器设备定位图按照汽车上电器设备的不同可以分为电控单元定位图、用电器定位图、过载保护装置定位图（如图 1-5 所示）、接地点（搭铁）定位图（如图 1-6 所示）、诊断插座定位图等，汽车电器设备定位图如图 1-7 所示。在阅读汽车电路原理图的时候，参照汽车电器设备定位图能更容易地读懂电路图，并能把电路图与实物快速地联系起来，排除汽车电路的故障。

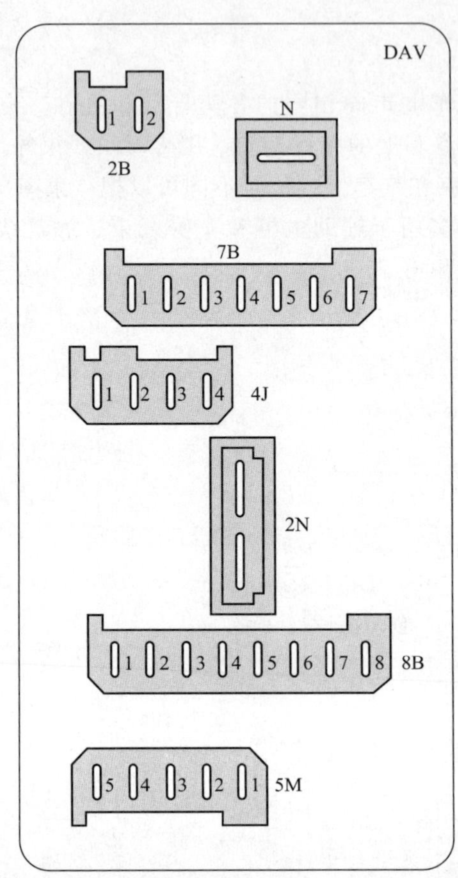

图 1-5　东风神龙富康驾驶室熔断器盒内各熔断器位置

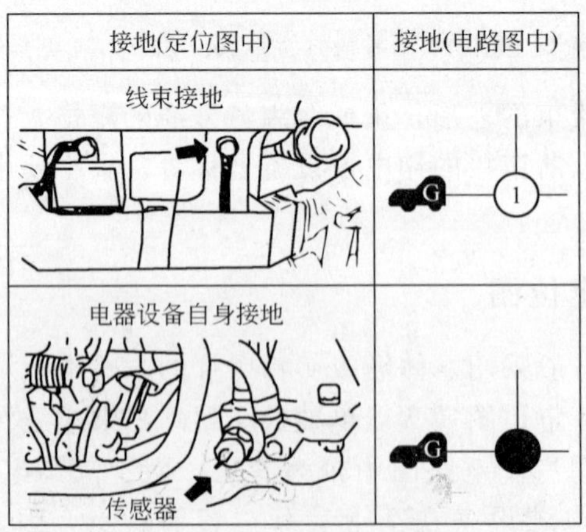

接地(定位图中)	接地(电路图中)
线束接地	G 1
电器设备自身接地 传感器	G

图 1-6　东风悦达起亚汽车接地定位图

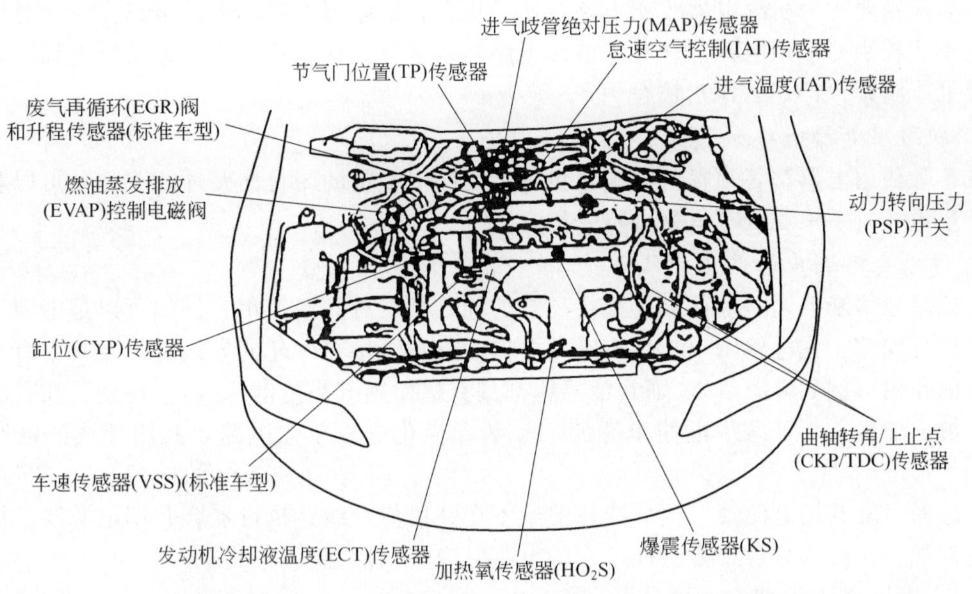

图 1-7 广州本田雅阁汽车发动机舱传感器定位图

由于各国对汽车电路图的绘制技术标准、文字标注等方面没有制定出统一的标准，因此世界上各国各大汽车制造厂家绘制的电路在电器符号、连接关系的表达、文字标注等方面存在很大差异。在维修汽车电路时参考的电路图有时很难把它归到上面所述的标准中去。有些汽车制造厂家为满足不同的需要，在一张电路图中会采用不同的绘制方法。无论看到的汽车电路图采用怎样的绘制方法，只要能清楚地表达汽车电器系统的原理、各电器设备间的连接关系，只要能用简明规范的文字标注和电器符号来表示电器设备，只要能把电路图绘制得简单清晰便于阅读和分析，那么这种电路图绘制方法就是有价值的。

第二节 汽车电路图的识读方法

一、汽车电路原理图的识读方法

1. 掌握汽车电器设备的结构与工作原理

掌握汽车电路原理图中电器设备的结构与工作原理是识读电路原理图的基础。在掌握电路原理图中电器设备的结构与工作原理之后再去分析电路原理图中各电器设备的连接关系，读懂汽车电路原理图就变得相对容易。

2. 牢记汽车电器设备符号

汽车电路原理图是利用电器设备符号代替电器设备来表现电器设备结构及电器设备间关系的，因此牢记汽车电器设备符号是读懂汽车电路原理图所必需的。

3. 判断汽车电路原理图的类型

根据汽车电器系统的工作原理可把汽车电路原理图分为电控电路原理图和非电控电路原理图。若是电控电路原理图，则可以以电控单元为核心把电路原理图分为四部分：①电控单元信号输入电路；②执行器工作电路；③电控单元电源电路；④其他电器设备电路。

若是非电控电路原理图，则可以从用电器入手，然后根据用电器找出控制器。若控制器为继电器，则要先分析继电器线圈电路，然后再分析继电器控制用电器电路。应注意继电器有时候不止控制一个用电器，这时候应对电路加以区分。在电路图中无论是继电器还是控制开关都处于断开（停止工作）状态。

4. 利用用电器回路原则

汽车上的用电器都必须在蓄电池正负极之间构成完整的闭合回路才能工作，可以利用该原则从用电器入手来对汽车电路进行分析。

5. 注意电路图中的共用导线

无论是经熔断器还是绞接点连接在一起的导线都具有共同作用，例如可以是电源线、接地线、信号线等。在电路图中凡是不经用电器而直接连接在一起的导线，只要其中有一根导线具有的作用（例如电源线），则其他导线都具有该作用（都是电源线）。特别是在有电控单元控制的电路里，为了减少电控单元的端子数和简化电控单元电路，共用导线的电路特别常见。

传感器经常共用电源线、接地线，但绝不会共用信号线；执行器会共用电源线、接地线甚至控制线。在阅读分析带有电控单元的电路时应特别注意。

6. 运用排除法来确定电路的作用

在分析电路图，特别是带有电控单元的电路图时，往往需要确定某条电路的作用，而有些电路的作用在电路图上并没有明确地标注出来，这时可以采用排除法来确定未知作用电路的作用。例如某一传感器上有三条线路，已经知道了其中两条电路的作用是电源和接地，那么剩余的一条电路一定是信号电路。

7. 先易后难

在一张电路图中，一定存在着某些局部电路复杂，一时难以看懂的电路，这时可以放弃该部分电路，先从简单易懂的电路看起，等别的地方的电路都看懂后，再结合已看懂的电路来重点分析剩余难懂的电路。这样既缩短了读图时间，又提高了读图准确率。

8. 善于向他人请教和查找资料

由于新的电器设备和新的控制技术不断出现并在汽车上广泛应用，因此同一车型的电路图会发生很大的变化。在看不懂汽车电路图的时候，应善于向能读懂汽车电路图的人员请教，同时，还要查阅相关资料，直到把电路图读懂为止。

9. 熟记汽车各系统电路之间的相互关系

从整车电路来看，汽车各系统电路之间除了电源电路是共用的外，其他各系统电路都是相互独立的，但它们之间也存在着某种内在联系。因此在阅读汽车电路图时，不但要熟悉汽车各系统电路的组成、特点、工作过程和电流，还要了解汽车各系统电路之间的联系和相互影响，这是迅速找出故障部位、排除故障的必要条件。

10. 认真阅读图注，浏览全图，划出相应系统的电路

汽车电路图中所有电气设备的名称及其代号都是以图注的形式标注的，因此在阅读汽车电路图时，通过阅读图注，可以初步了解该车都装配了哪些电器设备，然后通过电器设备的代号在电路图中找到该电器设备，再进一步找出这些电器设备间的连接关系和控制关系。这样就可以大体上了解汽车电路的构成、特点和工作原理，再进一步分析就可以读懂汽车电路图了。

要读懂汽车电路图，首先必须掌握汽车电路中各个电器设备的基本功能和工作原理。在

大概掌握全车电路基本的工作原理后，再把一个个单独的电器系统划出来，这样就容易抓住每个系统的主要功能、工作原理和特点。

在电路图上划出每个系统的电路图时，应注意既不能漏掉系统中的电器设备，也不能多划其他系统的电器设备。在划电器系统电器设备时，可参考下面的原则：①汽车上各电器系统只有电源和配电系统是共用的外，其他任何一个系统都应是一个完整的独立的电路回路，即包括电源、控制开关、熔断器、用电设备、导线等；②电路图中，电器设备能够构成从蓄电池正极经导线、开关、熔断器、用电设备、接地，最后回到蓄电池负极，构成完整的电流回路。若所划出的电路不符合上面的原则，则说明所划出的电路存在错误，应进行重新分析和划分。

二、汽车线束图的识读方法

汽车线束图是根据线束在汽车上的布置、各分段连接器连接的具体情况而绘制的电路图，主要用来反映汽车上线束的外形，组成线束各导线的规格大小、长度、颜色，各连接器所连接电器设备的名称、连接器各端子的编号等，如图 1-4 所示。

在有些车型上，把汽车线束图绘制成立体图形或直接用实物照片，这样更能真实、直接、有效地反映汽车线束的位置，例如东风神龙富康仪表线束如图 1-8 所示。有的车型把线束上的连接器外形图单独画出来，放到汽车电路原理图相应的连接器旁或原理图下方，并在连接器外形图上标注连接器的代号和连接器端子的编号，例如一汽马自达汽车电路如图 1-9 所示。由于该种方法更加简单实用，越来越多的车型采用该种方法。

汽车电路图中常采用连接器代码加连接器端子编号的方法来表示连接器上的端子，例如上海通用汽车电路图中“C202 39”表示连接器代码为 C202 上编号为 39 的端子，代码相同的连接器为同一连接器，也有采用把相同的连接器用虚线框起来或用虚线连起来的表示方法。对于连接器上端子的编号常采用左边为 1 号端子，由左至右依次增大的编号方法，若连接器上有两层或两层以上端子，则采用由左至右依次增大的“S”形端子编号方法。在读汽车线束图时，可以根据连接器和连接器端子的编号方法来读图。

世界上各汽车制造厂家在连接器端子的编号上并没有统一的规定，有的车型上还采用字母的编号方法。查找连接器在车上的位置时，应先读懂汽车电路图，掌握汽车电路原理后，再根据图上的电器代码，在各汽车线束图上查找，即可确定连接器在图上的位置。

三、汽车定位图的识读方法

汽车定位图常常采用绘制立体图和实物照片的形式来真实直观地反映汽车上各电器设备的具体位置。汽车定位图按照不同的作用可分为汽车电器设备定位图、熔断器定位图、继电器定位图、绞接点定位图等。

汽车电器设备定位图用来显示汽车上用电器、控制器（包括各种传感器、电控单元）等在车上的具体位置。在电器设备定位图上，用箭头或黑实线来指明电器设备的位置，用文字来说明电器设备的名称。汽车电器设备定位图简单、清晰、真实，根据汽车定位图可以迅速准确地找到各电器设备在汽车上的安装位置。

为了便于检修和制造，在现代汽车上往往把熔断器、继电器、线路绞接点等集中安装在一个盒内，组成熔断器盒、继电器盒和接线盒。在电路图中，熔断器往往采用熔断器所在系统或作用的缩略语加熔断器规格来表示，例如“EfI1 10A”表示此熔断器位于燃油喷射系

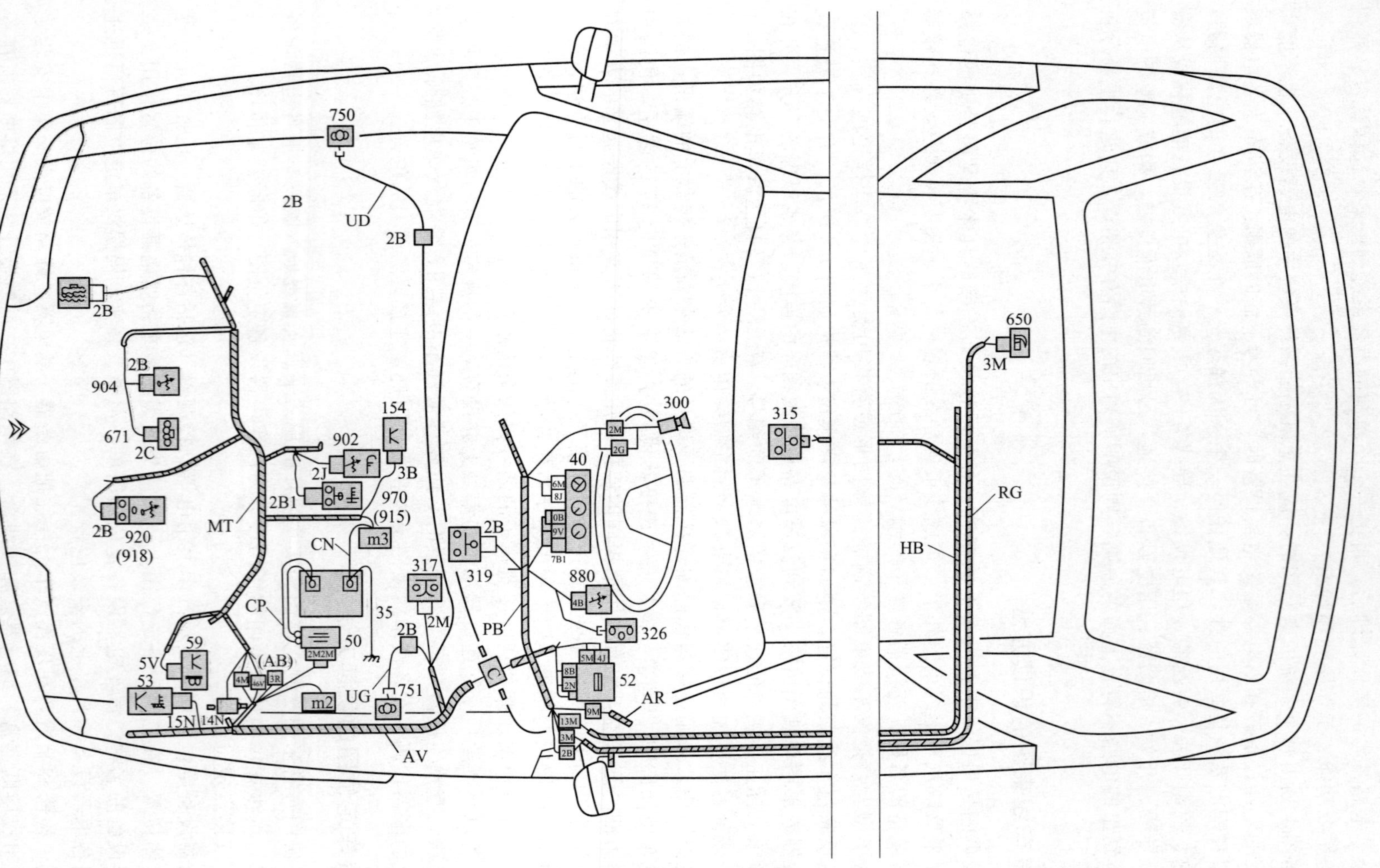

图 1-8　东风神龙富康仪表线束

35—蓄电池；40—仪表板；50—电池盒；52—内接熔断器盒；53—水温控制盒；154—车速传感器；300—点火开关；315—手制动灯开关；317—液面开关；319—制动灯开关；326—阻风门开关；650—燃油表传感器；671—机油压力传感器；750—左前制动摩擦片；751—右前制动摩擦片；880—仪表照明变阻器；915,970—水温传感器；59,902,904,918,920—未装备

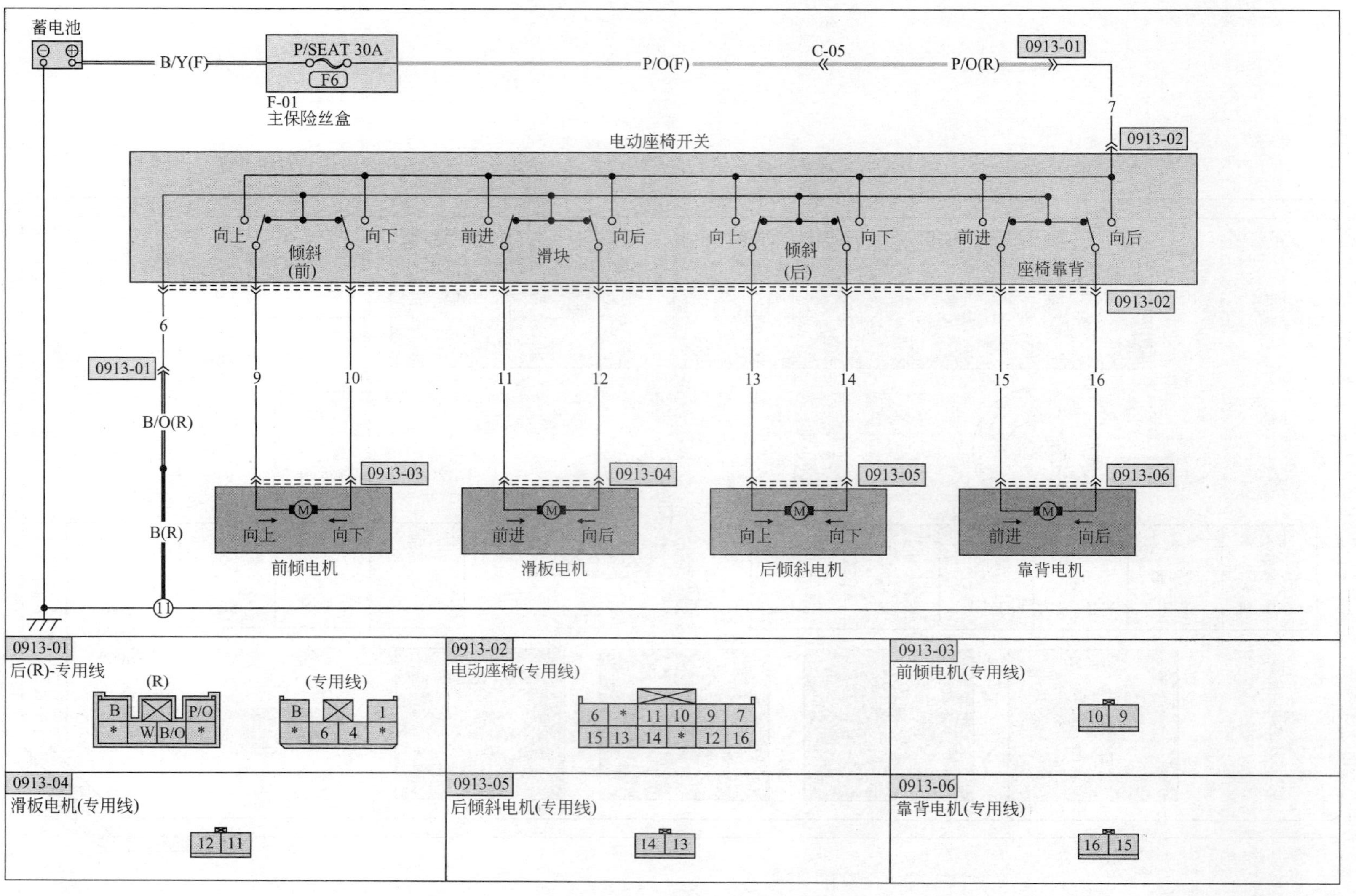

图 1-9 一汽马自达汽车电动座椅电路

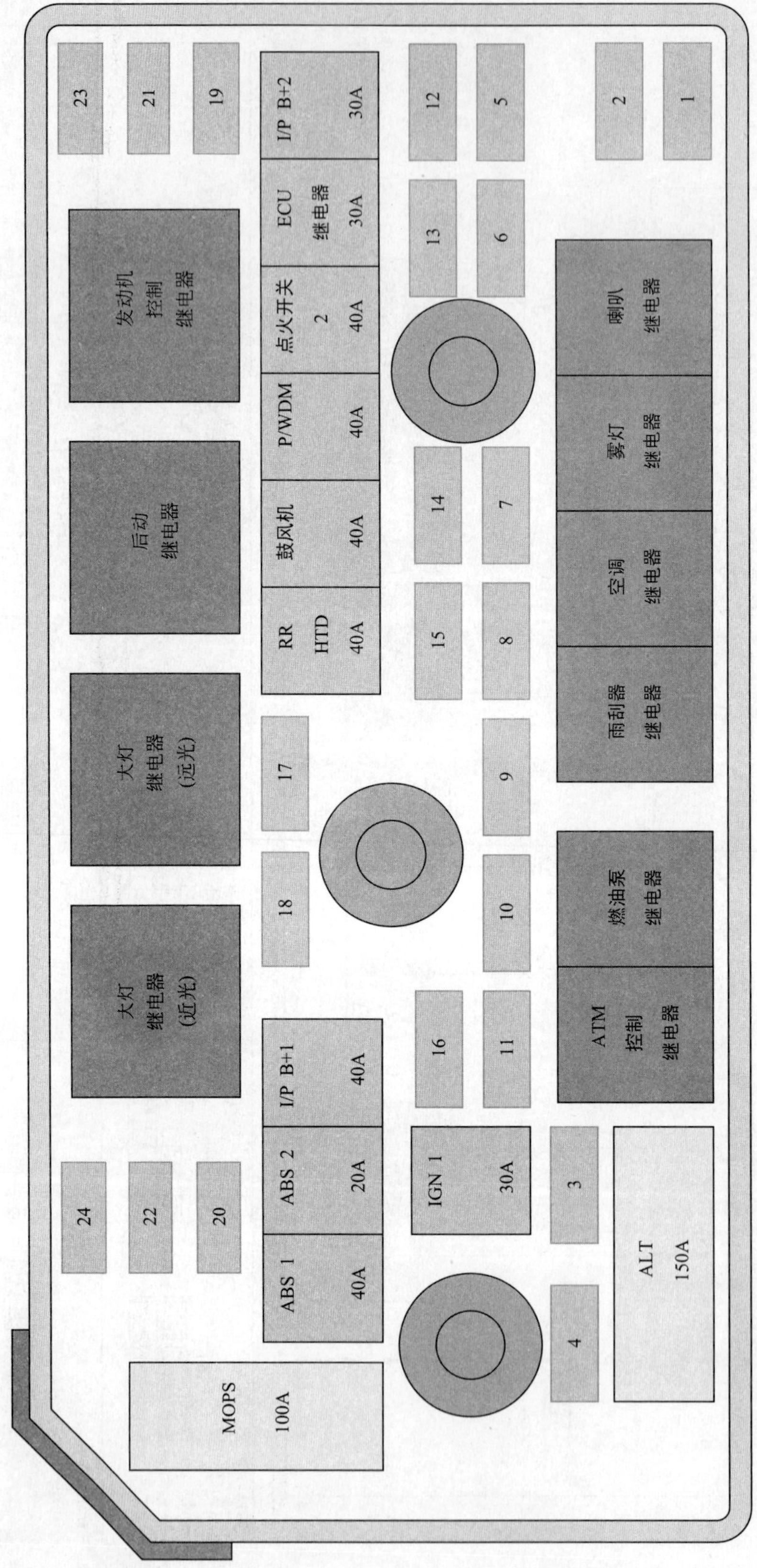

图 1-10 北京现代汽车中央继电器盒

统熔断器盒 1 号位置上，熔断电流为 10A；有的车型采用熔断器编号加熔断器规格来表示，例如“NO. 15　10A”。继电器在电路图中常常采用继电器所控制电器设备的名称来表示，例如燃油泵继电器近光灯继电器等。若同一个电器设备不止受一个继电器控制，则在电器设备名称后加数字来区分，例如点火继电器 1、点火继电器 2 等。在电路图中，电路的接点往往采用字母加数字的编号方法，例如 S203、S202 等。熔断器、继电器的插座端子用数字或数字加字母的方法来表示，例如 1、2、87、87a、B1、B2 等。在现代汽车上，为了便于安装，会把熔断器盒、继电器盒、接线盒装在一起组成熔断器/继电器接线盒或叫中央继电器盒，如图 1-10 所示。

世界上各汽车制造厂家在定位图熔断器、继电器、线路、绞接点的标注上并没有统一的规定。在查找这些电器设备在车上的位置时，可以先阅读汽车电路图，掌握了电路工作原理后，再根据电路图上的电器设备代码综合查找各定位图，就可确定熔断器、继电器等电器设备在车上的具体位置。

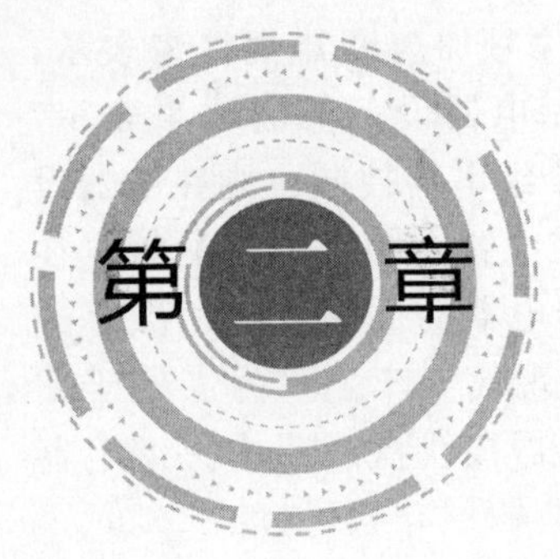

第二章 启动系统电路分析、故障检修和案例精选

第一节 启动系统的结构、电路识图和故障检修

一、启动系统概述

现代汽车上的发动机由静止到运转工作需要借助启动系统。电力启动系统具有操作简便、启动迅速的优点，在现代汽车上得到普遍应用。由于电力启动系统在启动时的电流非常大，点火开关又不能做得很大，为了保护点火开关触点，在启动系统中常采用继电器间接控制启动机的工作。因此启动系统的电路由启动机的工作电路和控制电路两部分电路组成。

二、启动机的组成及工作原理

启动机一般由直流电动机、传动机构和控制装置等组成。启动机在电路图中的符号并没有统一的规定，常见的符号如图 2-1 所示。

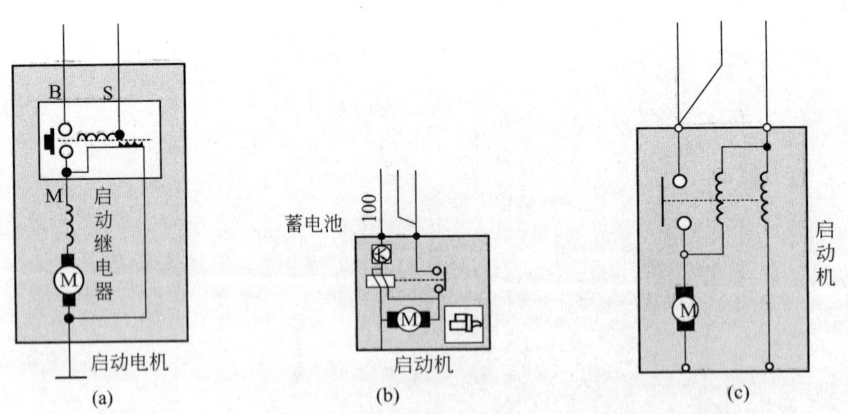

图 2-1 启动机常见符号

1. 直流电动机的组成

直流电动机主要由电枢（转子）、磁极（定子）、电流换向器、端盖和电刷等组成。直流电动机的电枢（转子）在通电时在磁极的磁场里受力的作用产生转动，是启动发动机的动力源。磁极（定子）用来产生磁场，各磁极绕组间常采用串联的连接方式，这样的直流电机称为直流串励磁式电动机。

知识拓展

启动机是启动系统的核心部件，不同类型汽车上使用的启动机尽管型式不同，但其直流电动机部分基本相似，主要区别在于传动机构和控制装置。

2. 传动机构的组成及原理

传动机构主要由拨叉单向离合器和驱动齿轮等组成，作用是把直流电动机电枢（转子）产生的转矩通过驱动齿轮传递给发动机飞轮齿圈，带动发动机曲轴旋转启动发动机。在发动机启动后，驱动齿轮自动脱离飞轮齿圈，同时单向离合器打滑，防止发动机反过来带动电枢（转子）旋转。传动机构一般不在电路图中画出，但也有画出的，如上海通用别克车系。

3. 控制装置的组成及原理

控制装置一般采用电磁控制装置，又叫电磁开关，主要由吸引线圈、保持线圈、复位弹簧、接触片、活动铁芯和连接端子等组成。控制装置的作用是控制驱动齿轮与飞轮齿圈的结合与分离，并控制直流电动机电路的通断。在电路图中端子C常用来接点火开关，端子30常与蓄电池正极相连。

电磁控制装置利用吸引线圈和保持线圈在通电时产生的磁力吸引活动铁芯做直线运动，拉动拨叉使驱动齿轮与飞轮齿圈相结合，同时，接触片接通直流电动机电路。当发动机启动后，点火开关由启动挡回位到点火挡，此时，吸引线圈和保持线圈里电流相反，产生的电磁力相互抵消，驱动齿轮和接触片在复位弹簧作用下断开。在电路图中，电磁控制装置的电路图常和直流电动机的画在一起，如图2-2所示。

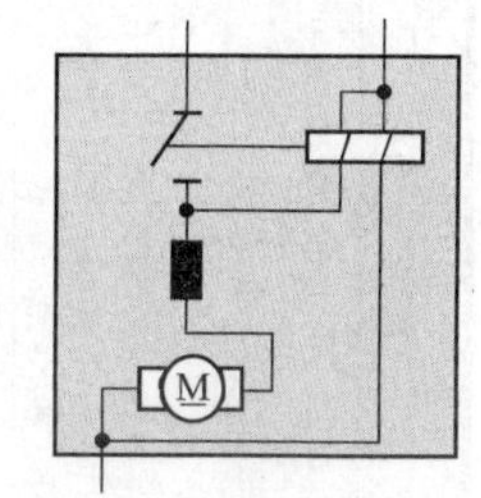

图2-2 电磁控制装置与直流电机在电路图中的符号

由于吸引线圈和保持线圈在工作时电流很大，为了保护点火开关触点，一般采用电磁继电器控制装置的电路，这样的继电器常被称为启动继电器；也有不使用启动继电器，直接由点火开关控制的，如神龙富康、一汽奥迪等轿车。

现代汽车都普遍采用电控技术，电控系统中的很多用电设备都会受到启动机的影响，特别是安装了自动变速器的汽车。为了保护这些用电设备，在原来的启动电路中又增加了启动锁止继电器。只有在自动变速器换挡杆置于P或N位时，锁止继电器触点才能闭合接通启动机电路。锁止继电器和启动继电器的工作原理基本相同，在电路中的符号也基本相同。在有的车型上，例如上海通用别克车型，为了提高车辆的安全性和防盗能力，启动机受发动机控制单元的控制。只有在防盗电控单元确认点火钥匙后才允许发动机电控单元接通启动机电路，启动发动机。在某些高级轿车上，为了防止驾驶员酒后驾驶，在车内安装了酒精传感器，当车内酒精含量超过规定值时，传感器向发动机电控单元输送酒精含量超标信号，发动机电控单元将切断启动机启动电路，使发动机不能启动。

相关链接

随着发动机电控技术的发展，汽车启动系统将不再只受点火开关的控制。发动机电控单元将监测整个发动机和车辆所处的状态，只有在发动机和车辆状态符合启动条件后才允许启动机启动发动机，汽车启动系统的电路将变得更加复杂。

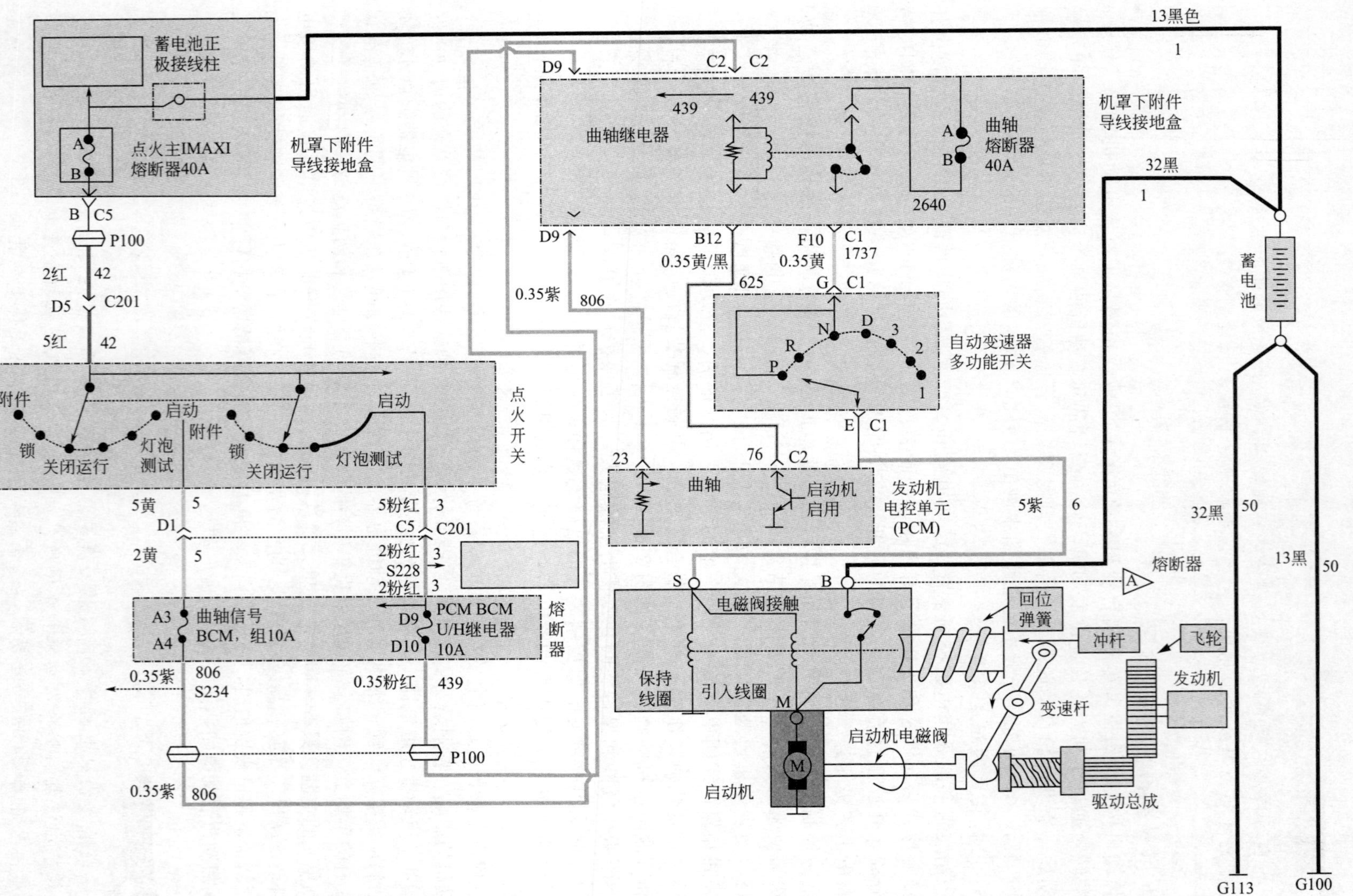

图 2-3 上海通用别克凯越汽车启动系统电路

三、启动系统识图示例 1

上海通用别克凯越汽车启动系统电路如图 2-3 所示。

1. 发动机电控单元控制电路

蓄电池正极→点火柱 IMAXI 熔断器 40A→P100→点火开关启动触点→PCM、BCMU/H 继电器熔断器 10A→P100→曲轴继电器线圈→发动机电控单元（PCM）→接地。

2. 自动变速器多功能开关控制电路

曲轴熔断器 40A→曲轴继电器触点→自动变速器多功能开关 P 或 N 触点→启动机电磁开关端子 S →保持线圈→接地。

→引入线圈 → 电枢绕组 → 接地。

3. 启动机启动电路

蓄电池正极→启动机电磁开关端子 B→启动机电磁开关触点→启动机→接地。

四、启动系统识图示例 2

如图 2-4 所示，当吸拉线圈和保持线圈通电产生的磁通方向相同时，其电磁吸力便吸引活动铁芯向前移动，直到将电动机电路接通为止。

当点火开关接通启动挡时，吸拉线圈和保持线圈电流接通，吸拉线圈电流路径为蓄电池正极→启动机接线柱 30→点火开关→启动机接线柱 50→吸拉线圈→启动机接线柱 C→磁场绕组→电枢绕组→搭铁回到蓄电池负极。

保持线圈电流路径为蓄电池正极→启动机接线柱 30→点火开关→启动机接线柱 50→保持线圈→搭铁回到蓄电池负极。由右手螺旋定则可知，此时两线圈电流产生的磁力线方向相同，电磁力叠加，吸引活动铁芯向左移动，将电动机开关的触点 30 与 C 接通，从而将电动机电路接通，其电流路径为蓄电池正极→启动机接线柱 30 及其触点→启动机接线柱 C 及其触点→磁场绕组→电枢绕组→搭铁回到蓄电池负极。

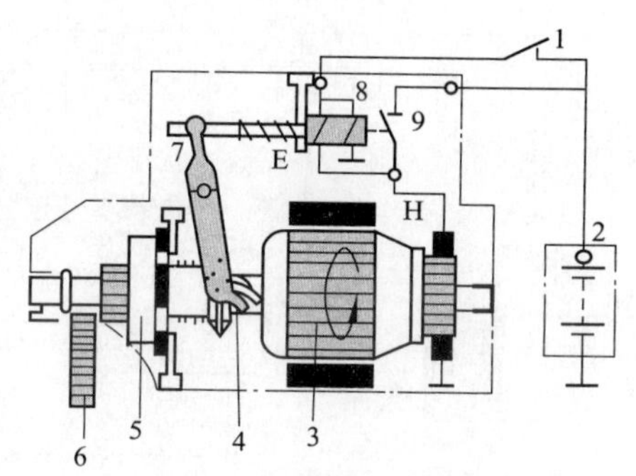

图 2-4　启动机内部电路

1—点火开关；2—蓄电池；3—电枢；4—螺旋花键；5—带单离合器的小齿轮；6—飞轮齿圈；7—啮合拨叉；8—活动铁芯；9—电磁开关；E—电磁开关保护线圈；H—电磁开关吸拉线圈

相关链接

启动机每次启动时间不超过 5s，再次启动应停止 2min，使蓄电池得以恢复。如果连续第三次启动，应在检查与排除故障的基础上停歇 15min 以后。

当吸拉线圈和保持线圈通电产生的磁通方向相反时，其电磁吸力相互抵消，在回位弹簧的张力作用下，活动铁芯等可移动部件自动回位，电动机电路即被切断。

当驾驶员松开点火钥匙，点火开关从启动挡自动回到点火挡瞬间，启动挡断开，触盘仍将触点接通，吸拉线圈和保持线圈通过电流的路径为蓄电池正极→启动机接线柱 30 及其触点→启动机接线柱 C 及其触点→吸拉线圈→启动机接线柱 50→保持线圈→搭铁回到蓄电池负极。由右手螺旋定则可知，此时两线圈电流产生的磁力线方向相反，电磁力相互削弱，在回位弹簧的张力作用下，活动铁芯等可移动部件自动回位，电动机电路即被切断，启动机停止工作。

启动机的接线图如图 2-5 所示。点火开关 1 转到启动位置时，电流由红色导线 4 送至中央线路板单孔插头 P，再经过中央线路板内部电路、红色导线 2 引至点火开关端子 30，然后传至点火开关端子 50、红/黑色导线 3、中央线路板接点 B8、中央线路板内部电路、中央线路板接点 C18、红/黑色导线 6，最后到达启动机接线柱 50。蓄电池正极还通过黑色导线 7 与启动机接线柱 30 连接。

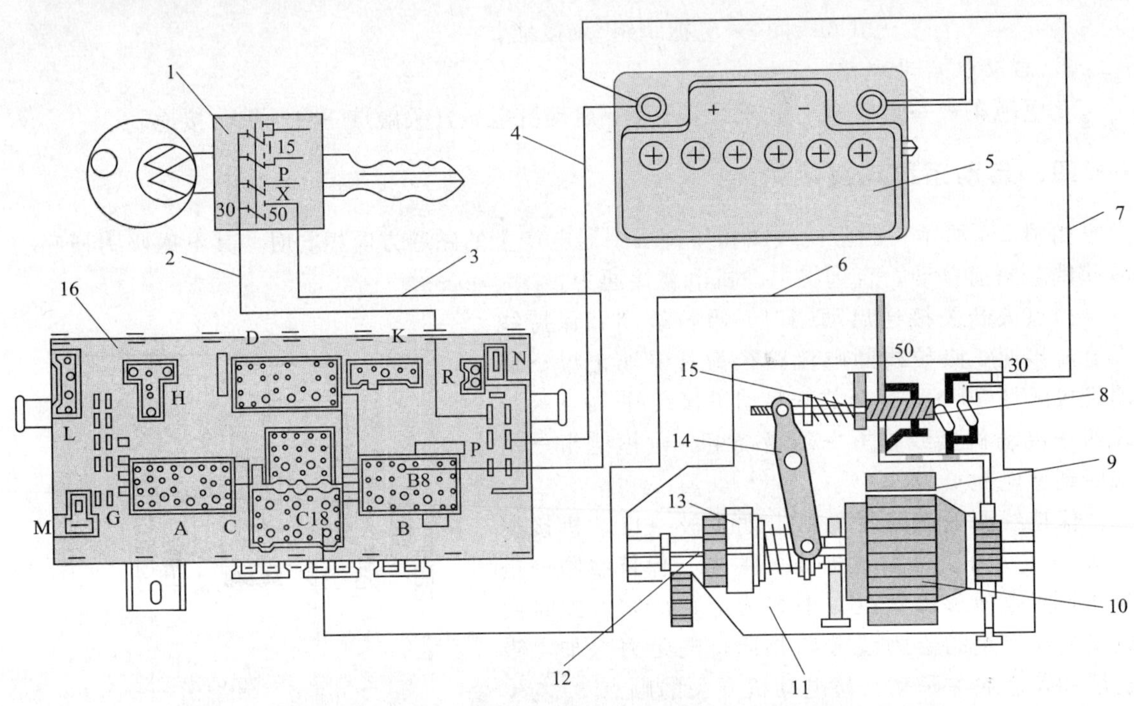

图 2-5 启动机接线图

1—点火开关；2，4—红色导线；3，6—红/黑色导线；5—蓄电池；7—黑色线；8—电磁开关；9—定子；10—转子；11—启动机总成；12—驱动小齿轮；13—滚柱式单向离合器；14—啮合拨叉；15—回位弹簧；16—中央线路板；30，50—启动机接线柱

五、故障检修

1. 启动机不转

(1) 检查条件 ①电磁开关接线柱与搭铁线良好；②发动机与车身之间必须紧固，而且紧固处应无氧化；③蓄电池充足电（用万用表测试蓄电池端电压）。

(2) 故障判断与排除 启动机不转故障的判断与排除如图 2-6 所示。

2. 启动机转得太慢，不能启动发动机

(1) 检查条件 ①冬季所使用的发动机润滑油要与外界温度相适应；②发动机 V 带的张力正常。

（2）故障判断与排除　启动机转得太慢，不能启动发动机故障的判断与排除如图 2-7 所示。

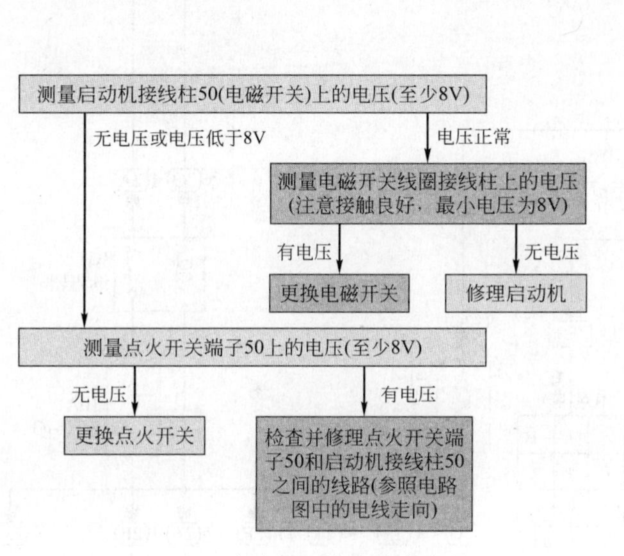

图 2-6　启动机不转的故障诊断

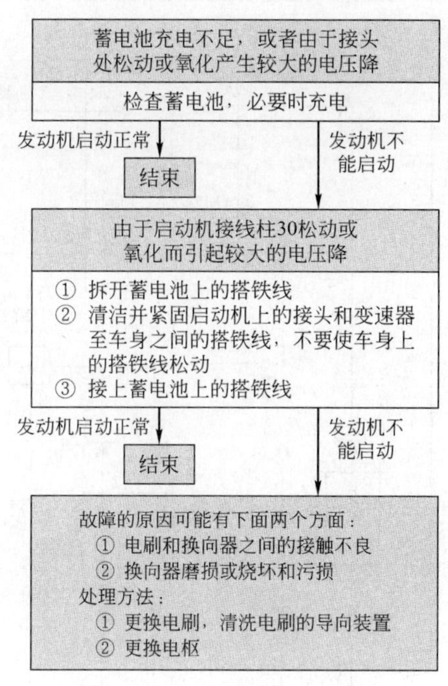

图 2-7　启动机无力的故障诊断

第二节　一汽丰田花冠车系启动系统电路分析、故障检修和案例精选

一、电路分析

一汽丰田花冠车系启动系统电路如图 2-8 所示

对于 A/T 型汽车启动，必须有两个条件。

① 自动变速器挡位开关必须位于 P 或 N 位。

② 防盗 ECU 控制防盗继电器，即防盗继电器不动作，处于通路。

当点火开关打开时，IG1 常闭继电器通过 J2 中继线连接器接地，开关通路。

初级控制电路：当点火开关转至 ST 挡时，蓄电池正极→F1 熔丝→100A 熔丝 ALT→IG1 常闭继电器→10A 保险丝 ECU-IG→中继线连接器→T12 防盗继电器→防盗 ECU，此时通过接收到的正常启动的信号控制 T12 防盗继电器接通同时，蓄电池正极→FL 熔丝→30A 保险丝 AM2→点火开关 5 端子→点火开关 4 端子→7.5A 保险丝 ST→J4 中继线连接器，一路到发动机和 ECT ECU，另一路，经 N1 控挡启动开关 9 端子→N1 控挡启动开关 6 端子→J33 中继线连接器→启动继电器 1 端子→启动继电器 2 端子→T12 防盗继电器 2 端子→T12 防盗继电器 4 端子→2M 的 7 端子→2S 的 3 端子→J14 中继线连接器→搭铁→蓄电池负极。此时启动继电器得电闭合，启动继电器 3、5 端子接通。

次级控制电路：蓄电池正极→FL 熔丝→30A 保险丝 AM12→启动继电器 5 端子→启动继电器 3 端子→IE1 的 7 端子→启动机线圈（励磁线圈和保持线圈）端子 B1→搭铁→蓄电池

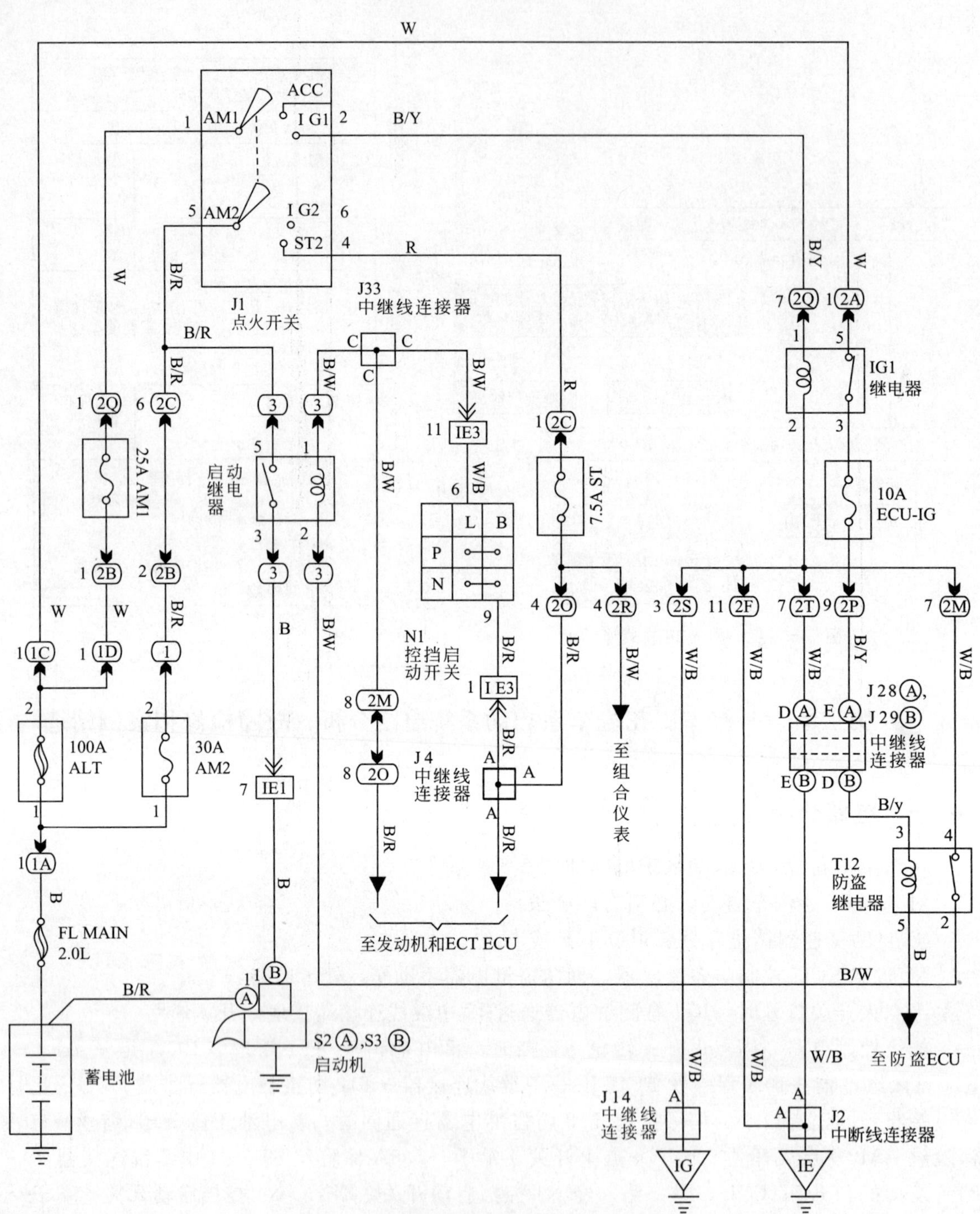

图 2-8　一汽丰田花冠车系启动系统电路

负极。

主控电路：启动机内部电磁开关由于启动线圈的作用闭合，蓄电池电源通过电磁开关端子 A1 直接作用在启动机上，汽车启动。

二、故障检修

当启动系统出现故障时，应首先判断是电气还是机械方面的故障，检查是否有明显的机械或电气损坏的痕迹，检查易损部件如熔丝、线束、电气接头、继电器、开关、蓄电池等。

当启动机启动时，由于蓄电池大量的电流流出，其端子电压下降。尽管启动前蓄电池电压正常，但是只有在启动时蓄电池有一定量的电压，启动机才能正常转动。因此，在发动机启动时，必须检查下列端子电压。

（1）检查蓄电池端子电压 将点火开关置于 ST 位置，测量蓄电池的端子电压。标准电压为 9.6V 或以上，如果低于 9.6V 则需要更换蓄电池。

知识拓展

如果启动机不运行或者转动缓慢，首先要检查正常与否。即使测得的端子电压正常，有污物或锈蚀的端子也会由于电阻增加而引起启动不良，从而导致点火开关转到 ST 时，由蓄电池施加到启动机上的实际电压降低了。

（2）检查启动机端子电压 将点火开关置于 ST 位置，测量启动机 A1（B1）端子与机体接地之间的电压。标准电压为 8.0V 或以上，如果低于 8.0V 则需检查熔丝、点火开关、驻车挡/空挡启动开关、启动继电器等，参照电路图一次查一项，更换或修理有故障的部件。

三、案例精选

防盗继电器插接器接触不良，导致启动机有时异常不转动。

（1）故障现象 该车冷车时启动机工作正常，而热车时有时出现启动机不转的现象。

（2）故障诊断处理 在发动机不工作时，转动点火开关启动发动机，可是启动机一点反应也没有。根据以往经验判断可能是控制线无电压。拔下启动继电器，将其端子 1、5 短接至点火开关 ST2 端子，将启动继电器端子 2 搭铁，而端子 3 接至启动机控制线。

① 将点火开关转至 ST2 位置，测量继电器端子 1、5 处电压，电压为 12V，此处诊断说明继电器至点火开关的线路正常。

② 将点火开关转至 ST2 位置，且短接启动器端子 3、5，启动机工作，由此说明启动机控制线路和启动机正常。进一步分析故障现象，可能为搭铁线路故障引起。

③ 用欧姆表测量继电器端子 2 的电阻，测量结果为无穷大，说明端子 2 与搭铁间有断路。

④ 经过对此电路查看，发现有一个防盗继电器插接器松动，导致搭铁不良。

⑤ 将插接器连接好，故障排除。

第三节 上海通用雪佛兰景程车系启动系统电路分析、故障检修和案例精选

一、电路分析

上海通用雪佛兰景程车系启动系统电路如图 2-9 所示。

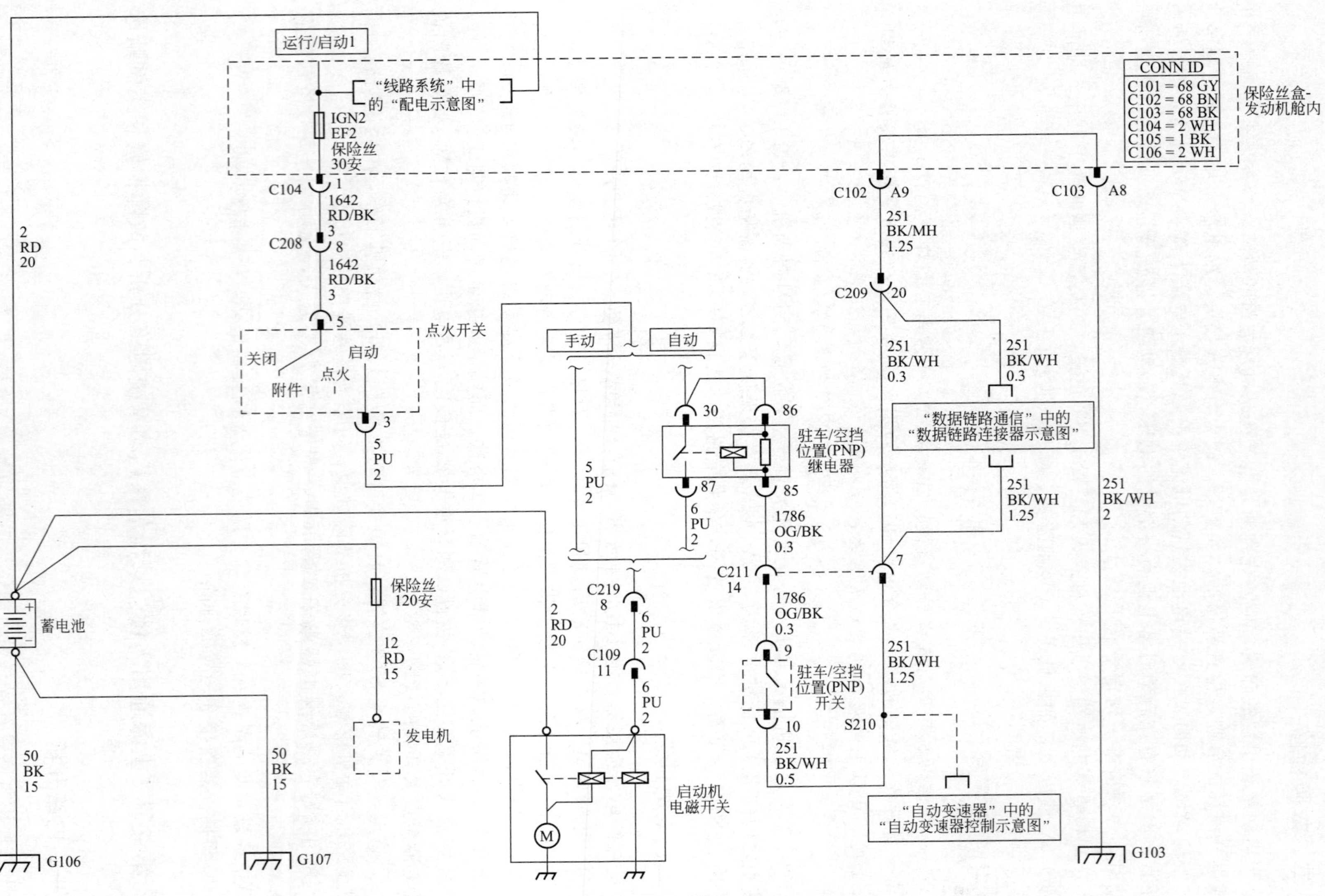

图 2-9 上海通用雪佛兰景程车系启动系统电路

1. 装有自动变速器的雪佛兰景程轿车

初级控制电路：发动机启动时，自动变速器挡位开关应置于P或N位，则驻车/空挡位置（PNP）开关接通，当发动机点火开关转至ST时，此时电路为蓄电池正极→30A保险丝IGN2→点火开关5端子→点火开关3端子→驻车/空挡位置（PNP）继电器30端子→驻车/空挡位置（PNP）继电器86端子→驻车/空挡位置继电器线圈→驻车/空挡位置（PNP）继电器85端子→驻车/空挡位置（PNP）继电器9端子→驻车/空挡位置（PNP）继电器10端子→C102的连接器的A9端子→C103连接器的A8端子→搭铁→蓄电池负极。此时驻车/空挡位置（PNP）继电器得电闭合，其端子30、87连通。

次级控制电路：蓄电池正极→30A保险丝IGN2→点火开关5端子→点火开关3端子→驻车/空挡位置（PNP）继电器30端子→驻车/空挡位置（PNP）继电器电磁开关→驻车/空挡位置（PNP）继电器87端子——→吸拉线圈→启动机→搭铁→蓄电池负极。
└→保持线圈 → 搭铁 → 蓄电池负极。

此时启动机电磁开关得电闭合，启动机电磁开关1、2端子接通。

主控电路：蓄电池正极→启动机电磁开关1端子→启动机电磁开关2端子→启动机→搭铁→蓄电池负极。此时启动机得电启动。

2. 装有手动变速器的雪佛兰景程轿车

发动机启动时，点火开关转至ST挡时，蓄电池正极→30A保险丝IGN2→点火开关5端子→点火开关3端子→C219连接器的8端子——→保持线圈→搭铁→蓄电池负极。
└→吸拉线圈 → 启动机 → 搭铁 → 蓄电池负极。

其他工作情况与装有自动变速器的轿车相同。

二、故障检修

启动系统的故障有机械方面的，也有电气方面的。启动系统常出现的故障有启动困难、无法启动、启动无力、启动机运转但驱动齿轮不与飞轮啮合，启动机的驱动齿轮移出，与飞轮啮合但启动机不转等。出现故障的原因也可能是点火系统故障，燃油供给系统故障或电子控制单元故障等。故障部位也多种多样，如启动机本身、蓄电池、连接线路及搭铁部位等。所以出现故障时，根据故障现象第一时间准确地判断出故障原因及部位相当重要。

知识拓展

确保蓄电池电量充足，检查蓄电池电缆端子是否接触不良、锈蚀、松动；确保蓄电池熔丝和点火开关熔丝正常；检修启动发动机时，使用启动机的时间一般不应超过5s，若第一次启动未能成功，应停歇10～15s后再进行第二次启动；连接线路的导线应符合要求，不能任意使用截面积较小的导线作连接线；发动机启动后，应立即放松启动开关，使启动机停止工作，以免飞轮打散驱动齿轮。

易损部件的检查如下。

（1）启动机的检查　将变挡杆置于驻车或空挡位置，启动发动机。①如果启动机转动不稳或太慢，进行以下检查：将点火开关转至ST位置，使用0～1200r/min的转速表测量启动机转速，如果启动机以100r/min以上的转速启动发动机，则转到下一步，否则拆下启动机，检查电刷是否磨损、换向器是否断路、螺旋花键或驱动齿轮是否弄污或损坏、驱动齿轮单向离合器是否有问题；②如果启动机不与齿圈脱离，则检查电磁开关，驻车齿轮和单向离合器。

(2) 检查启动电压及启动电流　把0～20V（精确到0.1V）的电压表与0～400A的电流表连到蓄电池上，进行电流和启动电压测试。电压应不低于8.0V，电流应不超过350A。如果电流和电压符合规范，则拆下启动机并检查驱动齿轮和齿圈是否损坏，视情况进行修理或更换；如果电压和电流不符合规范，则检查启动机。

(3) 电磁开关测试

① 保持线圈测试　检查端子S和电枢壳（接地）之间的导通性。如果导通，则保持线圈没问题；如果不导通，则更换启动机电磁开关。

② 吸拉线圈测试　检查启动机电磁开关端子S和M的导通性，如果导通，则吸拉线圈没问题；如果不导通，则更换启动机电磁开关。

相关链接

电磁开关接通时间的调整

① 主开关接通时间的调整　当接触盘与电磁开关主触头接触而接通主电路时，驱动齿轮与限位螺母之间的距离应为4.5mm±1mm。如不符合要求，可先脱开连接片与调整螺钉之间的连接，然后旋入或旋出调整螺钉。

② 附加电阻短路开关的调整　一般电磁开关内，短接点火线圈附加电阻是利用主接线柱触头前面的辅助接触片。在主电路接通的同时或略早一点，应短接附加电阻，如有不当，只需将辅助接触片适当弯曲调整就可以了。

三、案例精选

启动机搭铁线松动，致使启动机有时转动无力。

(1) 故障现象　一辆雪佛兰景程轿车，该车启动时，启动机有时转动无力。特别是在冷车启动时，此故障出现频率较高，其他多数情况下工作正常，而在一次启动时，出现无法启动故障。

(2) 故障诊断与处理

① 首先分析此故障产生原因：可能是蓄电池亏电，可能是发电机充电不足，可能是连接线路故障，可能是启动机本身故障。根据故障出现的容易程度检查。

② 检查蓄电池电压及电量均正常。

③ 检查启动机电磁开关插头。如果启动机正常转动，则故障出现在点火开关到启动机电磁开关之间；若启动时出现不正常转动，不转或转动无力，则故障可能出在启动机本身或搭铁上。经过相关测试，启动机转动力无。

④ 检测蓄电池正极至启动机线路，也正常。

⑤ 拆下启动机，检查其内部部件及线路，结果正常。

⑥ 用专用工具对启动机进行无负荷测试，连接相关电路，启动机能够正常运转，转速可以达到 2800r/min，听转动时的声音，转动有力，可以判断启动机本身无故障。

⑦ 对启动系统进行排查，发现一条搭铁线与车体处螺栓松动，固定好此螺栓，搭铁良好，进行试车，故障不再出现。

充电系统电路分析、故障检修和案例精选

第一节 充电系统的结构、电路识图和故障检修

一、充电系统概述

现代汽车为了满足发动机启动和车上用电器的用电需要，在车上设置了蓄电池和发电机两个电源。发电机是汽车充电系统的电源，在发动机正常运转时，发动机通过皮带驱动发电机产生电能，在满足车上用电器的用电需要外还向蓄电池充电，以恢复蓄电池因启动发动机而损失的电能，为下次启动发动机做好准备。

现代汽车上的充电系统主要由三相交流发电机、整流器、电压调节器和充电指示器等部分组成。三相交流发电机在发动机驱动下产生电能；整流器把三相交流发电机产生的交流电转变成直流电，供给蓄电池和车上用电器；电压调节器通过控制三相交流发电机励磁线圈电流的大小来控制发电机的输出电压，消除发动机转速的波动对发电机输出电压产生的影响。

现代汽车上普遍采用三相交流发电机、整流器、电压调节器三者为一整体的发电机。这样既简化了充电系统的电路，又减小了充电系统的体积，方便了维修。因此，充电系统由两部分电路构成：①发电机内部电路，即发电机、整流和电压调节电路；②发电机外部电路，即充电电路和充电指示器电路。

二、发电机的组成及工作原理

汽车发电机由三相交流发电机、整流器、电压调节器三部分组成。

1. 三相交流发电机的组成

(1) 转子　转子主要由转子铁芯、磁场绕组、爪极和集电环组成，其作用是产生磁场。

爪极有两块，每块上都有6个鸟嘴形磁极，两块爪极压装在转子轴上，爪极间的空腔内装有转子铁芯和磁场绕组。磁场绕组绕在铁芯上，铁芯压装在两块爪极之间的转子轴上。

集电环由彼此绝缘的两个铜环组成，压装在转子轴一端并与转子轴绝缘。磁场绕组的两端分别从内侧爪极上的两个小孔中引出，其中一端焊接在集电环的内侧铜环上，另一端则穿过内侧环上的小孔并焊接在外侧铜环上，两个铜环分别与发电机的两个电刷接触。当两个电刷与直流电源接通时，磁场绕组中便有电流流过，并产生轴向磁通，使一块爪极磁化为N极，另一块爪极磁化为S极，从而形成6对相互交错的磁极。

(2) 定子　三相交流发电机上的定子一般由定子铁芯和定子绕组组成，用来产生感应电压。定子绕组有三角形接法和星形接法两种形式。两种形式的接法如图 3-1 所示。在星形接法中，三相绕组的公共接点称为中性点，一般用 N 表示。

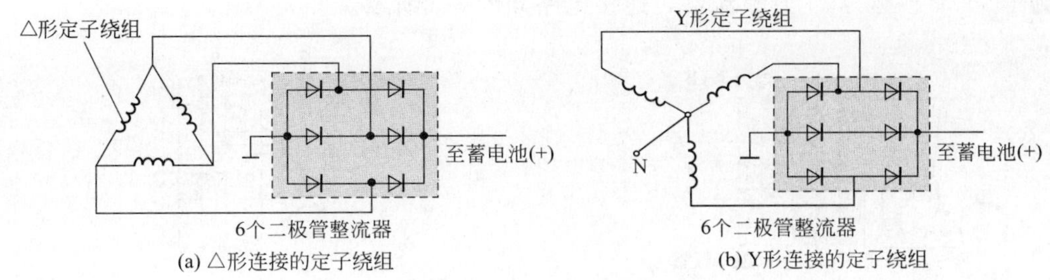

图 3-1 定子绕组的接法

相关链接

交流发电机有内搭铁式和外搭铁式之分，相应的两只电刷引线的接法也不同。对于内搭铁式交流发电机，其磁场绕组直接在发电机内部搭铁，两只电刷的引线中一根与后盖上的磁场接线柱“F”（或“磁场”）相连接，另一根则直接与发电机外壳上的接线柱“—”（或“搭铁”）连接；而外搭铁式交流发电机，由于其磁场绕组是通过所配的调节器搭铁，因此，两只电刷接线柱均与发电机外壳绝缘，分别用“F+”和“F—”表示（有的用“D_{F+}”、“D_{F-}”表示）。

2. 整流器

在现代汽车交流发电机上，普遍采用整流器来把定子绕组产生的三相交流电转变成直流电输出，同时阻止蓄电池电流的倒流。

整流器由不同数目的二极管组成，这样整流器的功能也不相同。整流器一般由六个二极管组成三相桥式整流电路，电路连接如图 3-2 所示，这样的整流器称为 6 管整流器。

在有些交流发电机上，为了利用发动机定子线圈中性点的电压，提高发电机的输出功率，在原有 6 管整流器的基础上又增加了两个专门对中性点电压进行整流的二极管，组成 8 管整流器，连接电路如图 3-3 所示。两只二极管对中性点电压进行整流后，汇入发电机的输出端，这样就提高了发电机的输出功率。

在有些交流发电机上，为了提高发电机电压调节的精度，在原有 6 管整流器的基础上又增加了三个专门用来调节励磁线圈电流的二极管，组成了 9 管整流器，此电路连接方法可简

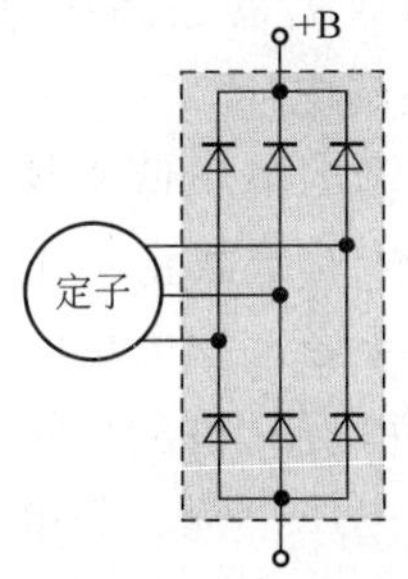

图 3-2 6 管三相桥式整流器

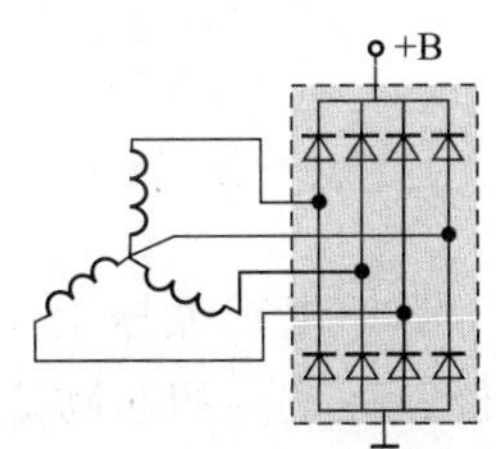

图 3-3 8 管三相桥式整流器

单地指示发电机的发电情况，可节省一个充电指示灯继电器，连接电路如图 3-4 所示。

在有些交流发电机上，为了使发电机同时具有上述两种功能，这样整流器的二极管数目就达到了 11 个，称为 11 管整流器，连接电路如图 3-5 所示。

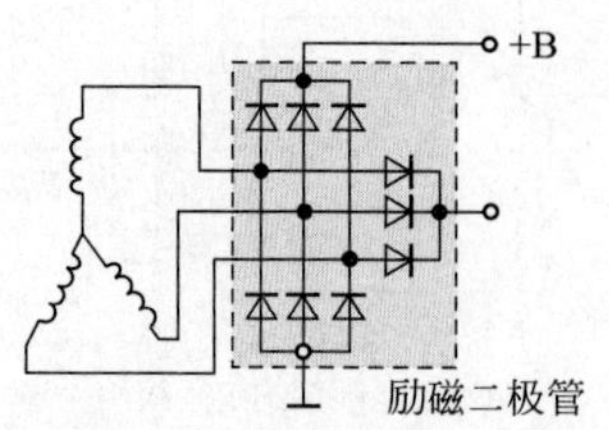

图 3-4 9 管三相桥式整流器

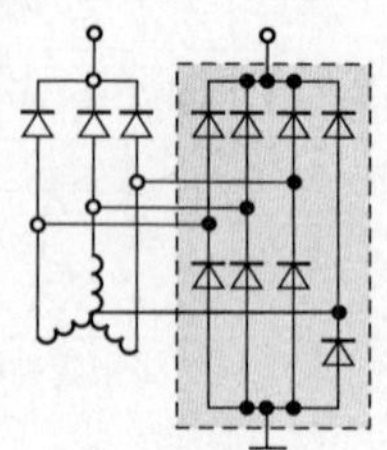

图 3-5 11 管三相桥式整流器

相关链接

整流二极管的工作电流大、反向耐压值高。交流发电机整流二极管有正极管和负极管之分，引出线为正极的二极管为正极管，引出线为负极的二极管称为负极管。

三个正极管的外壳压装在散热板的三个孔中，这三只正极管的壳体和散热板一起成为发电机的正极，由固定散热板的螺栓（此螺栓与后端盖绝缘）通至外壳外，作为发电机的火线接线柱“B”（“S”、“+”、“A”或“电枢”）。

三个负极管的外壳压装在后端盖的三个孔中，有些发电机装在另外一块散热板上，它们的外壳与发电机外壳一起成为发电机的负极。

3. 电压调节器

（1）电磁振动式电压调节器 由于电磁振动式电压调节器的性能较差，可靠性不高，汽车交流发电机已不再使用该种电压调节器。

（2）电子式电压调节器 电子式电压调节器又叫晶体管式电压调节器。在发电机转速发生变化时，稳压管感受发电机输出电压的变化，通过控制晶体三极管的通断来调节励磁线圈通断电时间的比值，控制发电机磁场的大小，使发电机输出电压保持稳定。各种电子式电压调节器的工作原理基本相同，如图 3-6 所示。电阻 R1 和 R2 串联接在“+”与“-”之间组成分压电路，O 点电压正比于发电机输出电压，在 O 点与放大器之间接有一稳压管 DW，用来感受 O 点的电压。

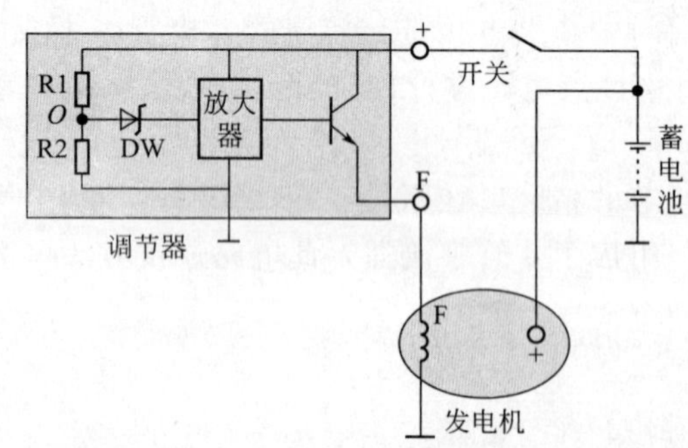

图 3-6 电子式电压调节器基本工作原理

在发电机输出电压低于规定值时，O 点电压也较低，DW 处于截止状态，放大器放大该信号使三极管导通。发电机向励磁线圈供电使发电机电压上升。当发电机电压上升到超过规定值时，O 点电压升高使 DW 击穿。放大器放大该信号使三极管截止，切断励磁线圈电路使发电机输出电压下降。当电压下降到规定值时，又使三极管导通，如此反复，使发电机的输出电压稳定在一定的范围内。

知识拓展

电子式电压调节器有三个接线端子，即“+”（“B+”、“B”、火线、电枢）用来接点火开关；“—”（或“E”、接地、搭铁）用来接地；“F”（或磁场）用来接发电机的励磁线圈。

（3）集成电路（IC）式电压调节器　集成电路（IC）式电压调节器工作原理与电子式电压调节器工作原理基本相同，只是IC式电压调节器把电子元件都集成到一块硅基片上。由于IC式电压调节器具有体积小、耐高温、调节精度高、寿命长等优点，现已在轿车上大量采用。

随着发动机电控技术的发展，在有些车型上已经取消了发电机电压调节器，利用发动机电控单元来监测发电机的输出电压并进行调节，使发电机控制更加完善。如马自达车型，其工作原理如图3-7所示。

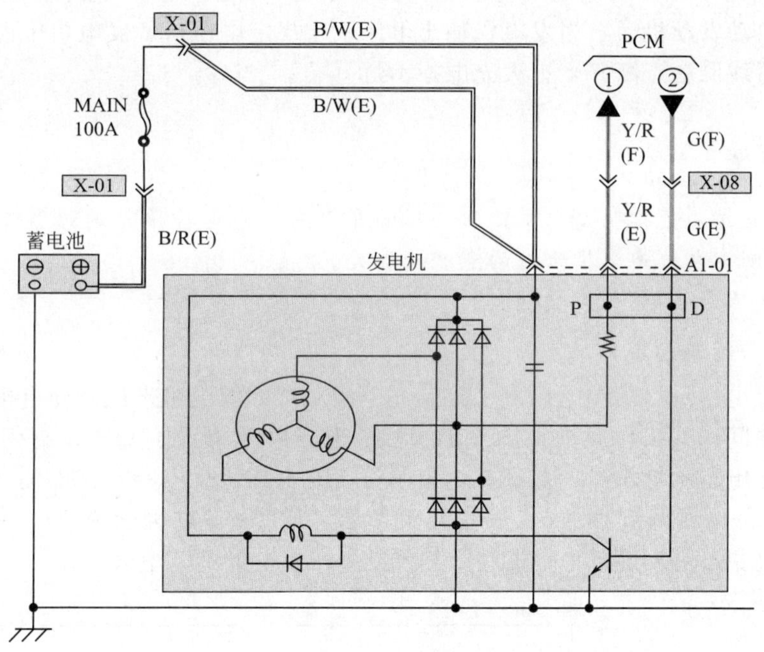

图3-7　马自达车型充电系统电路

三、充电系统工作状态的指示电路

为了让驾驶员随时了解充电系统的工作状态，特别是发电机的工作状态，在充电系统中设置了指示电路，指示器有电压表、电流表和充电指示灯三种形式。现代汽车上普遍采用充电指示灯来指示充电系统的工作状态。对充电指示灯的控制方式主要有开关控制和充电指示灯两端电压差控制。

1. 开关控制

充电指示灯由继电器、电控单元等控制元件进行控制。用继电器进行控制的其中一种方式的工作原理如图3-8所示。继电器电磁线圈与发电机中性接点相连，在点火开关置于ON

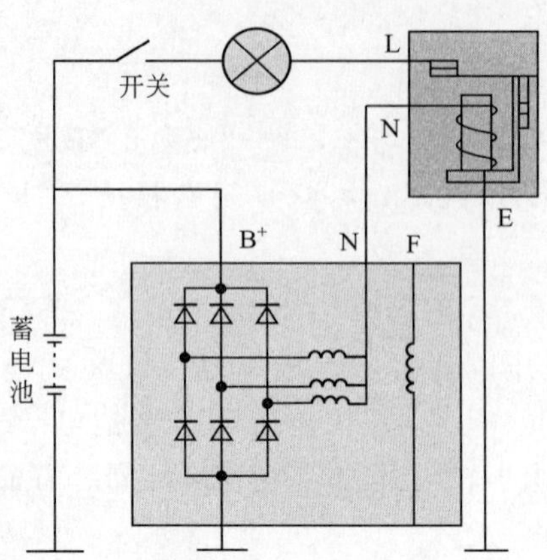

图 3-8 利用继电器对充电指示灯进行控制的电路

位但不启动发动机时，发电机静止，中性点电压为零，继电器触点闭合，蓄电池向充电指示灯供电点亮充电指示灯。充电指示灯的电路：蓄电池→点火开关→充电指示灯→继电器触点→接地。在启动发动机后，当发电机输出电压大于规定电压后，发电机中性点向继电器线圈供电，继电器线圈触点断开，熄灭充电指示灯。

知识拓展

对于由电控单元控制发电机输出电压的车型来说，电控单元通过监测发电机的工作状态来控制发电机充电指示灯的点亮与熄灭。

2. 充电指示灯两端电压差控制

对于采用充电指示灯两端电压差来控制充电指示灯的发电机来说，充电指示灯串联在发电机和蓄电池之间，其工作原理如图 3-9 所示。当点火开关置于 ON 位置但不启动发动机时，蓄电池向充电指示灯供电，点亮充电指示灯。充电指示灯电路：蓄电池→点火开关 S→充电指示灯 HL→电压调节器“+”→电压调节器“F”→发电机励磁线圈→接地。当发电机运转时，充电指示灯两端的电位相等，电压为 0，充电指示灯熄灭。

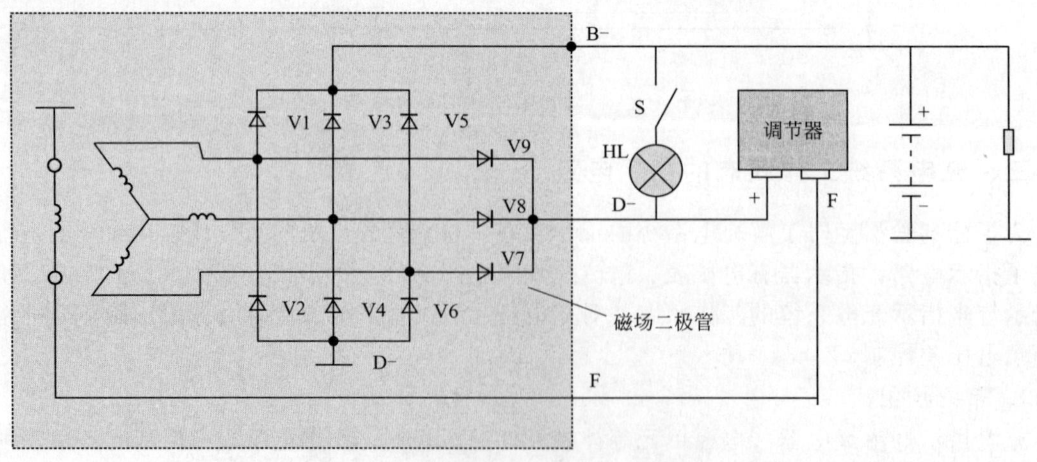

图 3-9 利用充电指示灯两端电压差的控制电路

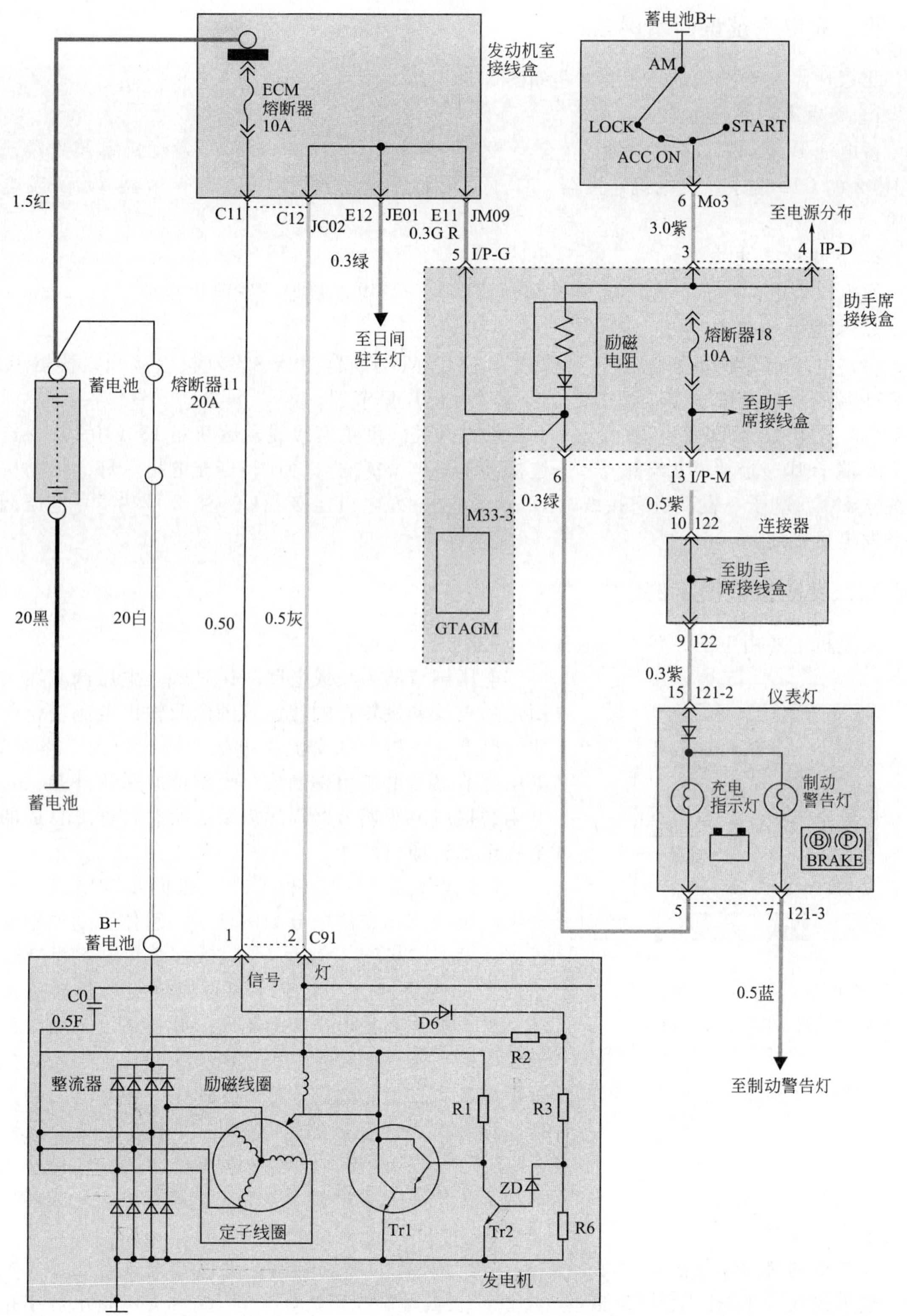

图 3-10 北京现代悦动汽车充电系统电路

四、充电系统识图示例

北京现代悦动汽车充电系统电路如图 3-10 所示。

1. *励磁线圈电路*

蓄电池 B+→点火开关→励磁电阻→发动机室接线盒 JM09 端子→发动机室接线盒连接器 JC02 的 C12 端子→发电机连接器 C91 上 2 号端子→励磁线圈→电压调节器 Tr1→发电机接地。

2. *蓄电池充电电路*

发电机蓄电池 B+→熔断器 11 20A→蓄电池→蓄电池接地→发电机接地。

3. *发电机电压调节器电路*

（1）电压调节器电源电路　蓄电池正极→ECM 熔断器 10A→发动机室接线盒接器 JC02 的 C11 端子→发电机连接器 C91 上 1 号端子→电压调节器。

（2）充电指示灯电路　蓄电池 B+→点火开关→助手席接线盒熔断器 18（10A）→连接器 122 端子 10→连接器 122 端子 9→连接器 I/P-M 的端子 6→仪表灯充电指示灯→发动机室接线盒 JM09 端子→发动机室接线盒 C12 号端子→发电机连接器 C91 上 2 号端子→电压调节器→发电机接地。

五、发电机识图示例

发电机主要由定子、转子和电压调节器组成，如图 3-11 所示。

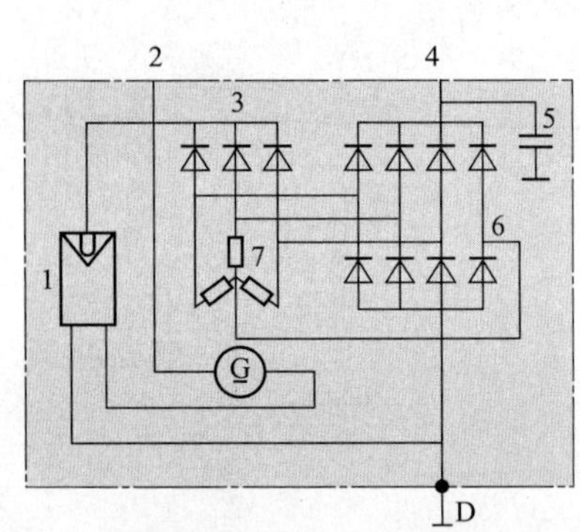

图 3-11　发电机内部电路

1—电压调节器；2—D+接线柱子；3—励磁二极管；4—B+接线端子；5—防干扰电容器；6—功率二极管；7—定子绕组

电压调节器为集成电路（IC）式。电压调节器的作用是：在发动机较宽的转速范围内及输出电流变化很大的情况下，也能保证交流发电机的输出电流基本恒定。电压调节器与电刷组件制成一个整体并采用外装式，当电刷磨损或电压调节器损坏需要更换时，拧下总成的两个固定螺钉即可操作。

该发电机是一种自励式、12 极同步发电机，三相绕组产生的三相交流电分为两种：一路作为励磁电流经过 3 个励磁二极管 3 到达 D+接线柱 2 和电压调节器 1，然后经过活动触点、集流环到磁场绕组，又通过集流环、滑动触点回到电压调节器 1；另一路由三相全波速流桥中的 6 个正向功率二极管流入车内用电设备，然后经负向功率二极管返回。D+接线柱 2 接外电路的充电指示灯、点火开关，然后接蓄电池正极。发动机启动时，点火开关触点闭合，在磁场绕组中有了初励磁电流，同时充电指示灯亮（灯光检查）。在发动机进入怠速动转工况时，指示灯熄灭。汽车行驶过程中，若充电指示灯亮，表明发电机系统有了故障。

发电机的接线图如图 3-12 所示。当点火开关接通时，电流经黑色导线从点火开关端子 15，进入仪表板 14 孔黑色 T2 插座。经过仪表板印刷线路板，来到 R2 和充电指示灯串接线与 R1 的并联电路，经过一只二极管再接到仪表板 14 孔位置的黑色插座，由蓝色导线与中央线路板上接点 A16 连接。中央线路板接点 D4，经 T1 插座（位于蓄电池正极接线柱附

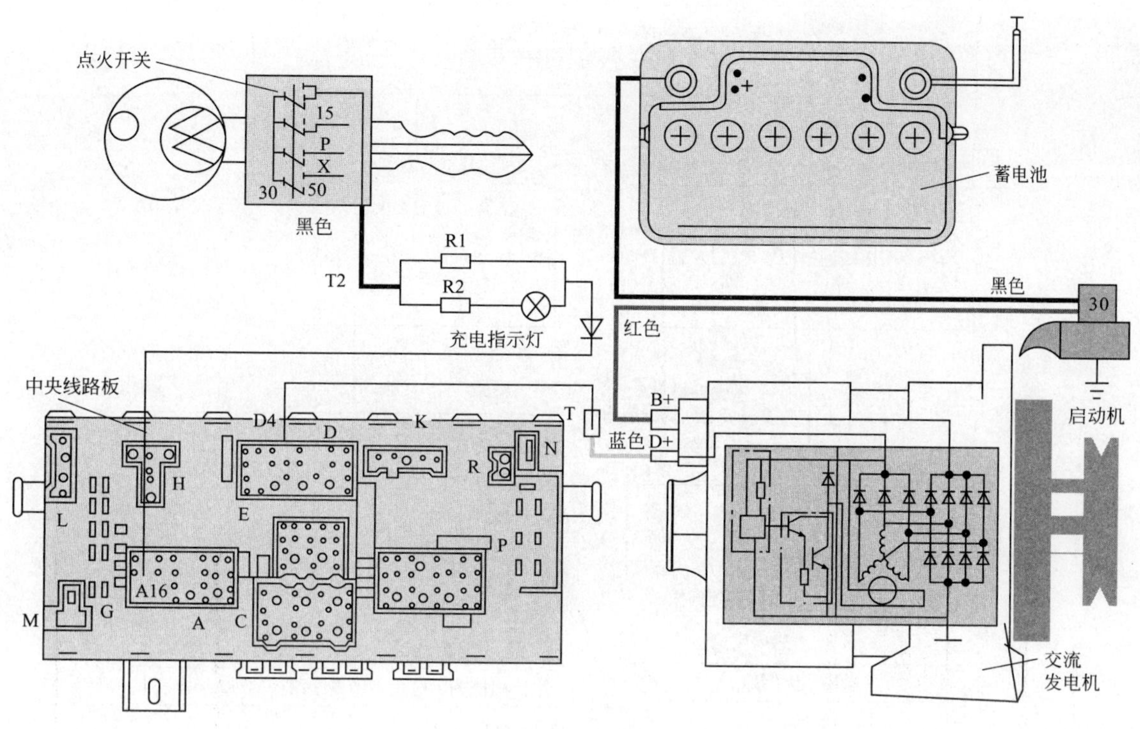

图 3-12 发电机接线图

近)，用蓝色导线接到发电机接线柱 D+柱。发电机输出接线柱 B+，经由红色导线接到启动电动机接线柱 30，在此再用黑色导线连接到蓄电池的正（+）极。

六、故障检修

1. 点火开关接通时，交流发电机的充电指示灯不亮

(1) 检查条件 ①发电机 V 带的张力正常；②蓄电池电充足；③发电机的搭铁线接触良好。

(2) 故障判断与排除 点火开关接通时，交流发电机的充电指示灯不亮故障的判断与排除如图 3-13 所示。

2. 转速增高时，交流发电机的充电指示灯不熄灭

转速增高时，交流发电机的充电指示灯不熄灭故障判断与排除如图 3-14 所示。

3. 充电电流太小

蓄电池接近充足状态时，充电电流应很小或为零，因此有必要检查汽车行驶中电流表是否为零，判断究竟是发电机不充电还是蓄电池已充足。方法是打开前照灯，看电流表，如果充电电流仍很小或为零，说明前照灯所用电能是发电机供给的，发电机无故障，再按不充电的故障判断步骤进行检查，以探明充电电流过小的原因。

检查发电机皮带松紧度，以 40N 力按压皮带中部，若皮带挠度超过 10～15mm，说明皮带较松，可调整张紧。检查紧固有关导线。若以上两项无异常现象，进一步检查调节器与发电机。

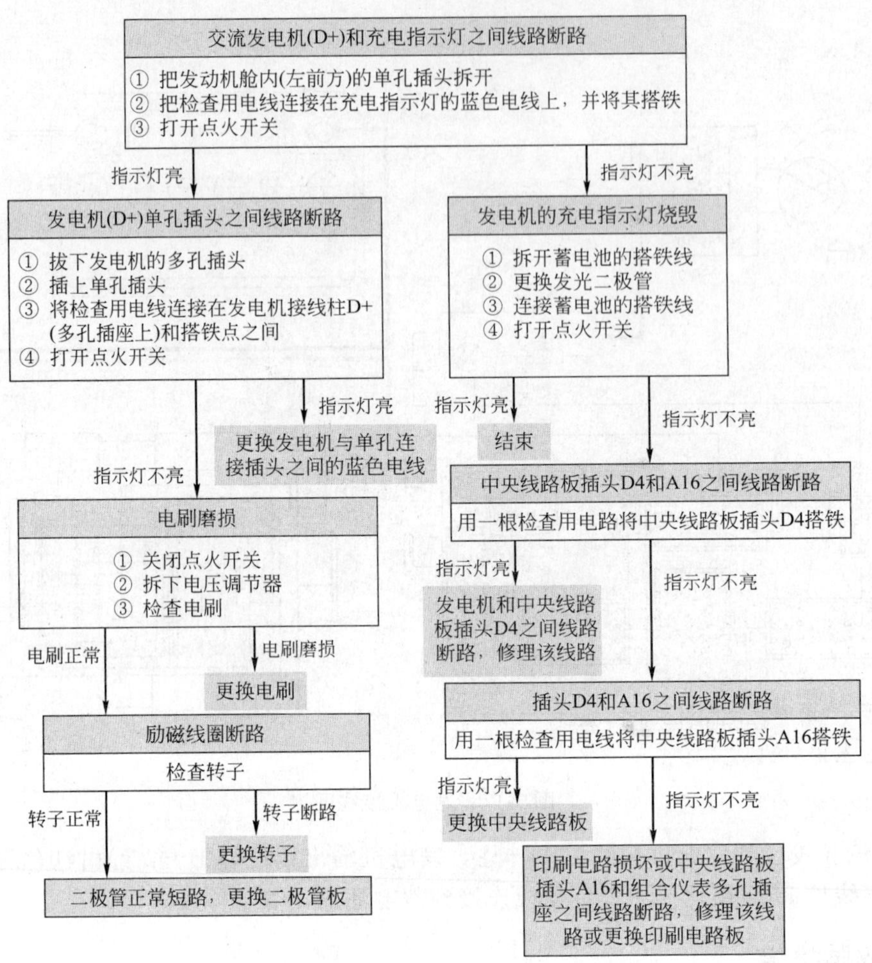

图 3-13 充电指示灯不亮的故障诊断

知识拓展

充电电流过小的原因可能是发电机整流器中一只二极管或同一相的两只二极管断路；发电机电刷过短，弹簧张力减弱，滑环油污、烧蚀，造成电刷与滑环接触不良；发电机励磁线圈局部短路；定子绕组有一相断路或局部短路；触点式调节器弹簧张力过小；触点式调节器触点油污、烧蚀等。

4. 充电电流太大

多是由于调节器故障使得励磁线电流失去控制而造成，如节压值过高、低速触点烧坏、节压器磁化线圈末端或 K2 固定触点搭铁线脱焊、磁化线圈补偿电阻烧断、晶体管调节器中大功率管击穿短路等原因。

用万用表直流电压挡测试，即红表笔及发电机电枢接线柱，黑表笔接搭铁，逐渐提高发动机转速，检查电压是否过高。

若电压过高，拆下调节器盖，用手压开低速触点，使高速触点闭合。此时电压下降，则

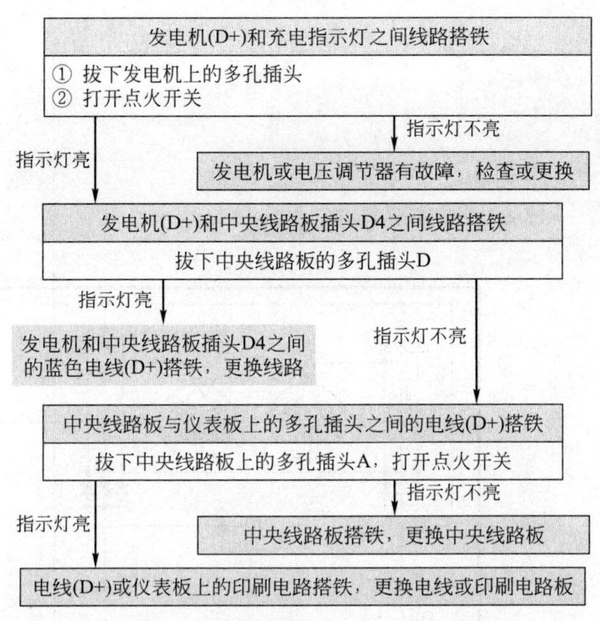

图 3-14 充电指示灯不熄灭的故障诊断

说明调整不当，或磁化线圈、温度补偿电阻断路。

若高速触点闭合后电压仍不下降，应检查高速触点是否氧化、脏污而存在接触电阻，从而不能正常切断激磁电路。

5. 异响

发电机异响属于机械故障，可能是发电机安装不当、连接松动，发电机轴承损坏，转子与定子相碰擦，二极管短路、断路，定子绕组断路等原因造成的。处理方法：可以通过细心观察，倾听响声所发出的部位，根据实际情况进行正确的判断，并及时加以排除。

第二节 长安马自达 M3 车系充电系统电路分析、故障检修和案例精选

一、电路分析

长安马自达 M3 车系充电系统电路如图 3-15 所示。

当发动机启动时，发动机带动转子在定子绕组中转动，在产生旋转有效磁场的同时，定子绕组中产生交流电压，交流电压由整流器转换为直流电并在蓄电池端子上供给电气系统。充电系统受动力控制模块（PCM）的控制。

发动机通过 B+端子向电源充电，通过 0117-01 的 P 端子向 PCM 供电，其电压为发电机直流输出电压的一半，PCM 通过此输出电压检测发电机的电压输出。

动力控制模块（PCM）根据 P 端子的电压高低，控制晶体管的导通和截止，使得励磁

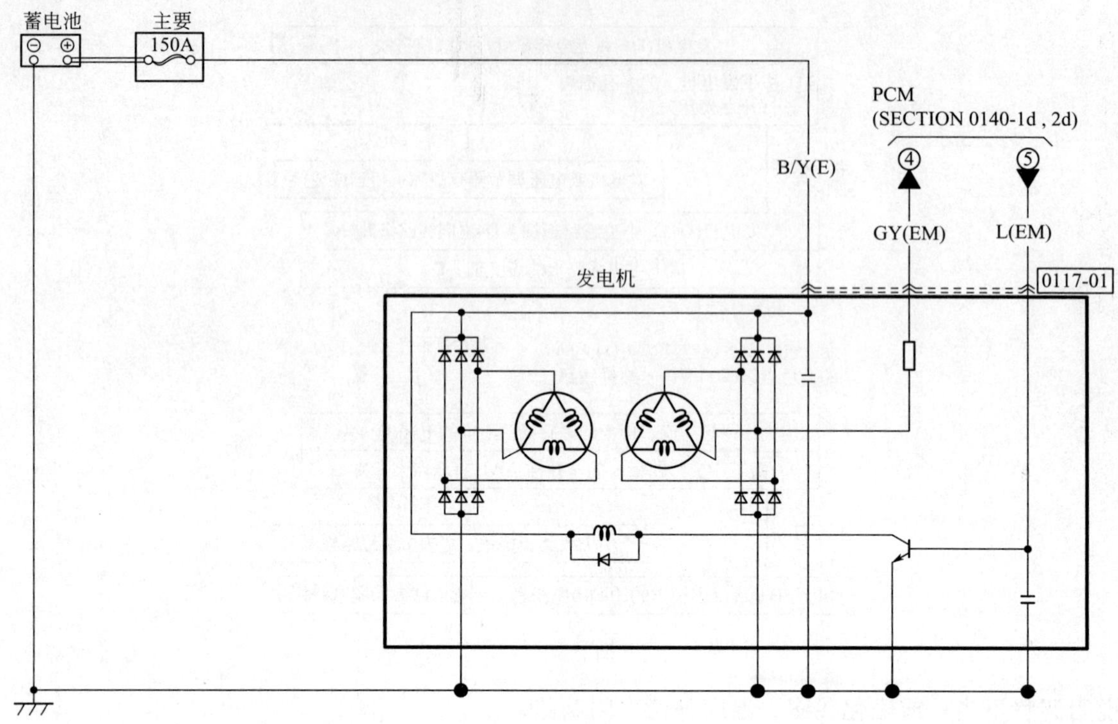

图 3-15 长安马自达 M3 车系充电系统电路

线圈电路通断，从而控制发电机输出电压。当发动机刚刚启动时，转速较低，此时蓄电池还处于配电状态，检测电压 V_p 小于 $V_b/2$，动力控制模块（PCM）将此信号输送到单元电脑内，控制晶体管的导通，使其对蓄电池充电；当发动机转速升高后，此时各系统用电由发电机提供，检测电压 V_p 约等于 $V_b/2$，动力控制模块（PCM）将此信号输送到单元电脑内，控制晶体管截止，此时对蓄电池不充电；随着发动机转速的提高，发电机的输出电压也增大，检测电压 V_p 大于 $V_b/2$，此时发动机控制模块使晶体管截止，断开励磁电路。

二、故障检修

充电系统常见的故障有：汽车不能启动；发动机运转时，充电指示灯一直亮；当点火开关接通时充电指示灯一直亮；蓄电池过度充电（用水太多）；电流表指示放电；蓄电池不能充电；点火开关关闭时交流发电机灯一直亮；不充电；充电不稳等。遇到上述故障时，应首先判断是否真正是此系统引起的，检查是否有明显的故障原因，如：蓄电池耗尽、蓄电池连接松动或腐蚀、交流发电机传动带松动或磨损、熔丝烧断、蓄电池电解液的相对密度过小。

知识拓展

在汽车行驶中，驾驶员可根据车上的电流表或电压表以及充电指示灯的指示情况，来发现充电系统的故障并加以处理。

三、案例精选

蓄电池经常亏电，启动困难。

(1) 故障现象　一款马自达 M3 轿车，经常出现启动困难，其蓄电池电解液符合标准且连接头无腐蚀和松动，即使能够启动行驶一段时间停车后，再次启动还是很困难。

(2) 故障诊断与处理

① 启动发动机时，看到仪表灯变暗，此时检测到蓄电池电压为 8V。由于启动时需要电流过大，造成瞬时电压降也是正常现象。

知识拓展

一般启动时蓄电池电压都会降至 9V 左右，而此车电压降过大，所以出现启动困难现象，判断为蓄电池亏电造成。

② 首先将点火开关关闭，对蓄电池充电情况进行检查，检测到充电不足。

③ 再对发电机的传动带检查，其张紧度适中，无打滑现象出现，根据经验判断可能是发动机本身输出功能不足。

④ 重新启动发动机，再次进行检测，测量蓄电池电压为 12.5V。又检测发电机输出端电压，结果却为 14V。从发电机输出端到蓄电池正极电压损失了 1.5V，线路损耗电压过大。

⑤ 沿着发电机输出端到蓄电池正极的线路，检查此段线路没有问题。继续检查相关线路，结果发现在发动机室后侧的熔丝盒处有两个螺栓座松动，经检查得知，此处为发电机输出与蓄电池正极的绞接点。

⑥ 对上述松动处紧固，再次测量二者电压同为 14V，故障排除，再次试车正常。

第三节　奇瑞瑞虎车系充电系统电路分析、故障检修和案例精选

一、电路分析

奇瑞瑞虎车系充电系统电路如图 3-16 所示。

充电系统就是发动机工作时，用交流发电机的输出电能向蓄电池充电的系统，从而使蓄电池电压在不同工况下保持恒定的电量。

当点火开关接通时，电流流入励磁线圈，励磁线圈被初始激励，在发动机启动后定子线圈开始发电时，励磁线圈由定子线圈的输出电流激励。交流发电机的输出功率随励磁线圈电流的增大而增大，减小而减小。当蓄电池电压达到约 4.4V 的调节电压时，励磁电流被切断，当蓄电池电压下降到低于调节电压时，电压调节器通过控制励磁电流的方法来调节输出电压，使其保持恒定的水平。

充电电路的电流流向：发电机 B＋端子→正极线熔盒→蓄电池→发动机搭铁、车身搭铁→接地线。励磁线圈电路中的电流流向：蓄电池正极→正极线保险盒 D 端子→40A 熔丝 AM1→点火开关 1 端子→点火开关 6 端子→5A 熔丝 F16→发动机 S 端子→IC 电压调节器→磁场线圈→发电机接地端→蓄电池负极。

二、故障检修

汽车的充电系统也是一个比较重要的系统，其正常工作状况是全车系统正常工作的基础，

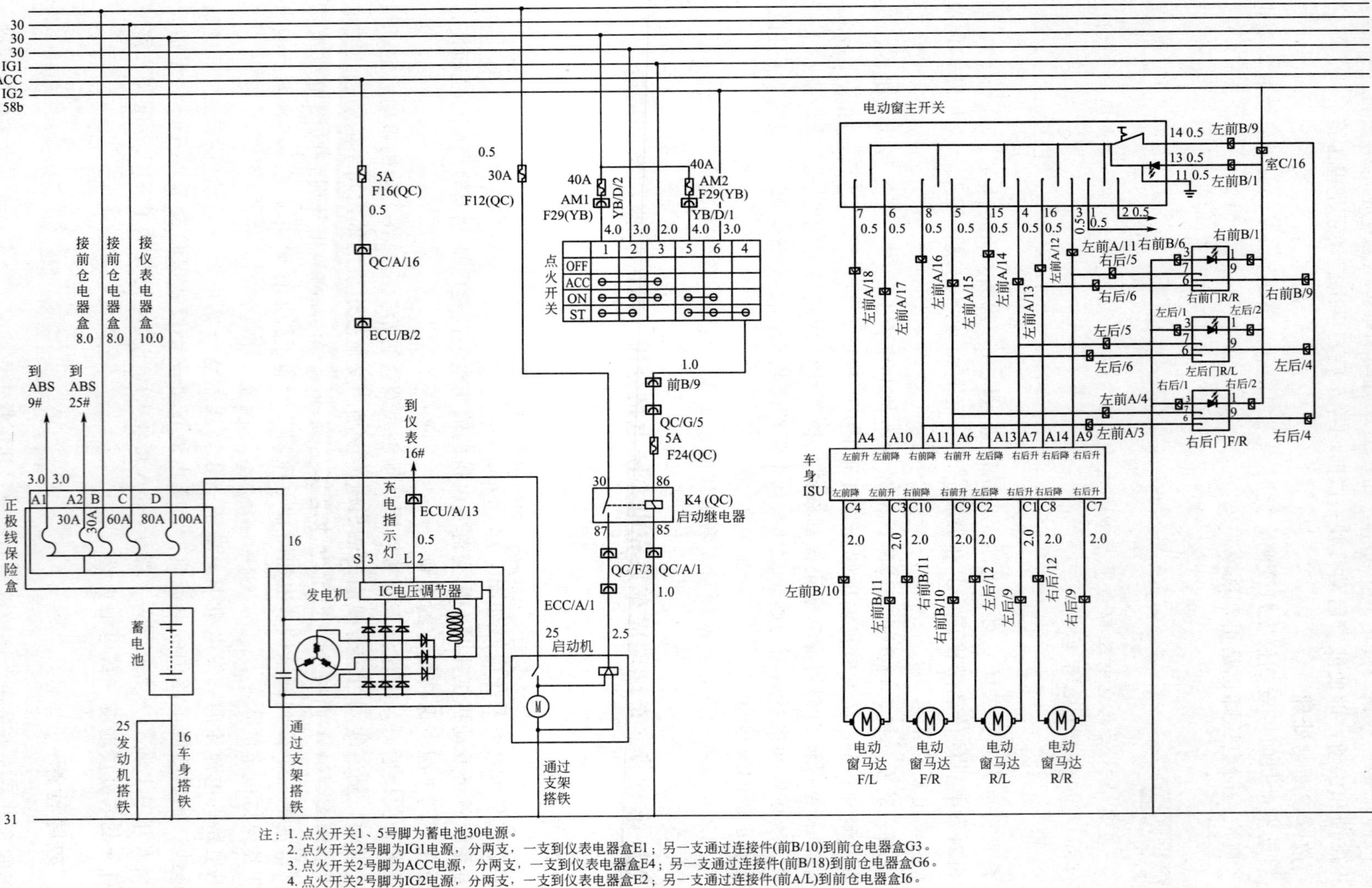

注：1. 点火开关1、5号脚为蓄电池30电源。
2. 点火开关2号脚为IG1电源，分两支，一支到仪表电器盒E1；另一支通过连接件(前B/10)到前仓电器盒G3。
3. 点火开关2号脚为ACC电源，分两支，一支到仪表电器盒E4；另一支通过连接件(前B/18)到前仓电器盒G6。
4. 点火开关2号脚为IG2电源，分两支，一支到仪表电器盒E2；另一支通过连接件(前A/L)到前仓电器盒I6。

图 3-16 奇瑞瑞虎车系充电系统电路（09 款）

所以其日常维护也是至关重要的。与其相关的主要部件有蓄电池、发电机、整流器、各连接线路等。出车前后应对易损易坏部件进行检查，如：蓄电池端子是否锈蚀或松脱、蓄电池电解液是否符合标准、各连接线插头是否松脱、发电机各接线柱是否紧固。当发动机工作时，其工作情况是由充电指示灯来显示的，当充电系统出现不充电、充电电流过大或过小和充电电流不稳定等故障现象时，应根据电流表或充电指示灯显示的情况检查和故障排除。

充电系统常见的故障现象有：充电系统警告灯常亮、充电系统警告灯不亮、发动机不运转、蓄电池电压增加、汽车电气系统暂停运行、发电机不发电、发电机发电不稳。

三、案例精选

发电机输出电压不稳定引起ABS指示灯亮。

（1）故障现象 一辆09款奇瑞瑞虎轿车，发动机启动正常，但启动后ABS灯一直亮。

（2）故障诊断与处理

① 首先检查各相关插接器及保险丝，一切正常。根据自诊断系统调取故障码，在不踩制动踏板的情况下（如果此时踩下制动踏板，故障码将被清除），将点火开关打开，根据ABS指示灯的闪烁情况读取故障码，其故障码显示内容为点火电压故障。

② 清除上述故障码，检查是否为偶发故障。根据读取故障码时的操作方法，在点火开关打开时，踩下制动踏板，待ABS指示灯熄灭后松开制动踏板，过几秒钟后，ABS指示灯闪烁数次后熄灭。进行路试3个小时后，ABS指示灯又被点亮，结果表明，不是偶发故障。

③ 因故障码显示为点火电压不良，试着检查蓄电池和发电机。经测量蓄电池电压为12.8V，电压正常。启动发动机，用万用表电压挡测量发电机输出电压为14.9V，并且有时电压值跳到13.6V，由此判断可能是电压不稳。于是，对发电机输出电压再次进行检测，结果看到发电机输出电压波动较大，此故障是造成ABS指示灯亮的原因。

④ 对发电机调节器总成进行更换，再次清除原始故障进行检查，故障消失，ABS指示灯不再点亮。

第四章 点火系统电路分析、故障检修和案例精选

第一节 点火系统组成原理和故障检修

点火系统的作用是适时地为汽油发动机气缸内已压缩的可燃混合气提供足够能量的电火花，使发动机能及时、迅速地燃烧做功。点火系统性能的好坏对发动机的工作有十分重要的影响，点火系统在发动机各种工况和使用条件下上电应保证可靠而准确地点火。

一、电子点火系统的分类

电子点火系统也叫做晶体管点火系统，其工作原理与传统点火系统是一致的，区别仅在于控制点火线圈初级电路的方式不同。目前应用在汽车上的晶体管点火系统较多，大致可分为以下几种。

① 按点火能量的储存方式可分为电感储能式电子点火系统（电感放电式电子点火系统）和电容储能式电子点火系统（电容放电式电子点火系统）。

② 按信号发生器的原理分类可分为电磁感应式电子点火系统、霍尔效应式电子点火系统和光电式电子点火系统。

③ 按初级电路的控制方式可分为电子点火系统和计算机控制点火系统。

④ 按高压电的配电方式可分为机械配电点火系统（有分电器点火系统）和计算机配电点火系统（无分电器点火系统）。

在以上各种电子点火系统中，电感储能式电子点火系统应用较为广泛。在电感储能式点火系统中，以电磁式和霍尔式应用较为广泛，尤其是霍尔式电子点火系统，在发电机转速范围内，都能保证可靠点火，并且点火能量稳定，应用更为广泛。

从配电方式来说，有分电器的点火系统应用较为广泛。

二、电磁感应式电子点火系统

电磁感应式电子点火系统又称为磁脉冲式电子点火系统。日本丰田汽车公司的大部分汽车都使用这种点火系统，国产的北京切诺基、东风 EQ1090、解放 CA1092 等汽车也使用这种点火系统。电磁感应式电子点火系统属于电感储能式。

现以丰田（TOYOTA）20R 型发动机的点火系统为例加以说明。该点火系统由信号发生器、点火控制器、点火线圈、分电器和火花塞等组成，如图 4-1 所示。

1. 信号发生器

信号发生器的作用是产生脉冲信号，再将信号输出给点火控制器，通过点火控制器来控制点火系统的工作，其结构如图 4-2 所示。信号发生器装在分电器内，主要由转子、感应线圈和永久磁铁等组成。

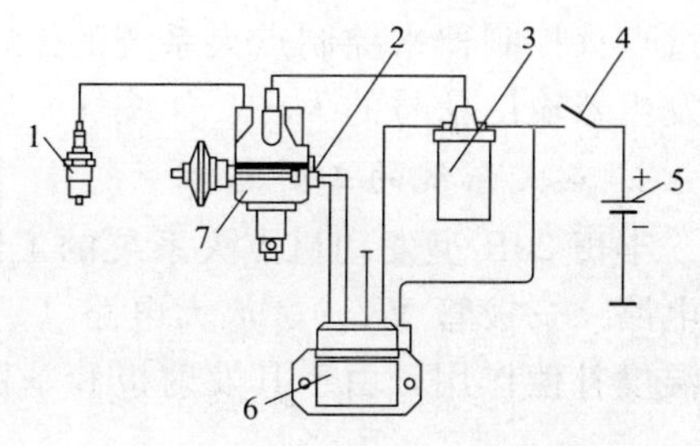

图 4-1 丰田 20R 型发动机的点火系统
1—火花塞；2—信号发生器；3—点火线；4—点火开关；5—蓄电池；6—点火控制器；7—分电器

信号发生器的转子是由分电器轴带动的，转子上的凸齿数与发动机的气缸数相等，其工作原理为：永久磁铁的磁路为 J 极→空气气隙→转子→空气气隙→铁芯→S 极。当发动机工作时，分电器轴带动信号发生器的转子旋转，使转子与铁芯之间的空气气隙发生有规律的变化，因此穿过感应线圈的磁通量也发生变化，从而在感应线圈中产生感应电动势。

如图 4-2（a）所示，当转子中的凸齿逐渐接近铁芯时，磁通量逐渐增加，此时感应线圈的磁通和感应电动势的变化情况如图 4-3（a）中的 0°～45°之间的波形；如图 4-2（b）所示，当转子凸齿与铁芯对正时，穿过感应线圈的磁通量最大，此时感应线圈的感应电动势为 0，如图 4-3（a）中转子 45°转角所对应的情况；如图 4-2（c）所示，当转子的凸齿离开铁芯时，磁通量逐渐减小，此时感应线圈的磁通和感应电动势的变化情况如图 4-3（a）中的 45°～90°之间的波形。

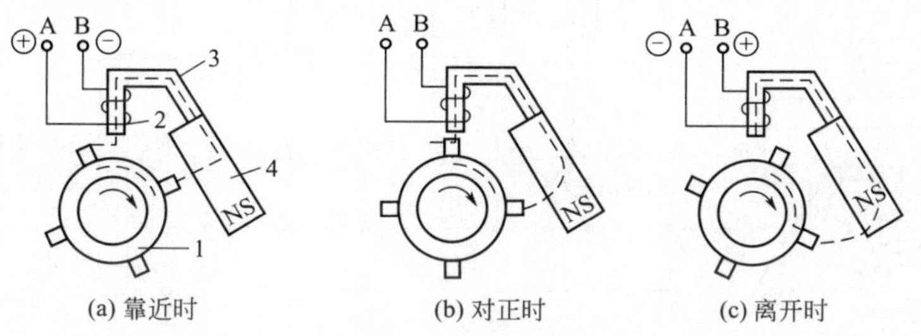

图 4-2 丰田 20R 型发动机的信号发生器
1—转子；2—感应线圈；3—铁芯；4—永久磁铁

可见，转子每转过一个凸齿，感应线圈中的感应电动势正好变化一个周期，即转子每转 90°产生一个交变信号，转子每转一周，便产生四个交变信号，该信号输出给点火控制器，

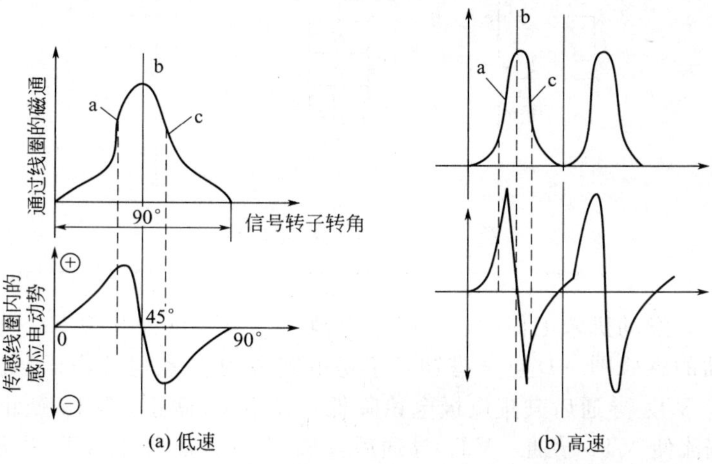

图 4-3 不同转速时感应线圈内磁通及感应电动势的变化情况

通过点火控制器来控制点火系统的工作。此信号发生器的缺点是发动机转速的高低将影响信号发生器输出信号的大小，如图 4-3（b）所示。

2. 点火系统的工作过程

丰田 20R 型发动机点火系统的工作原理如图 4-4 所示。该点火控制器的基本电路是由整形电路（三极管 VT_2）、放大电路（VT_3、VT_4）和开关电路（VT_5）组成。其中 VT_1 主要起温度补偿作用，由于其发射极和基极相接，故相当于一个二极管，如图 4-5 所示。

知识拓展

VT_5 为大功率三极管，起开关作用，与点火线圈的初级绕组串联构成初级电路，并控制初级电路的导通与截止。其工作过程如下：

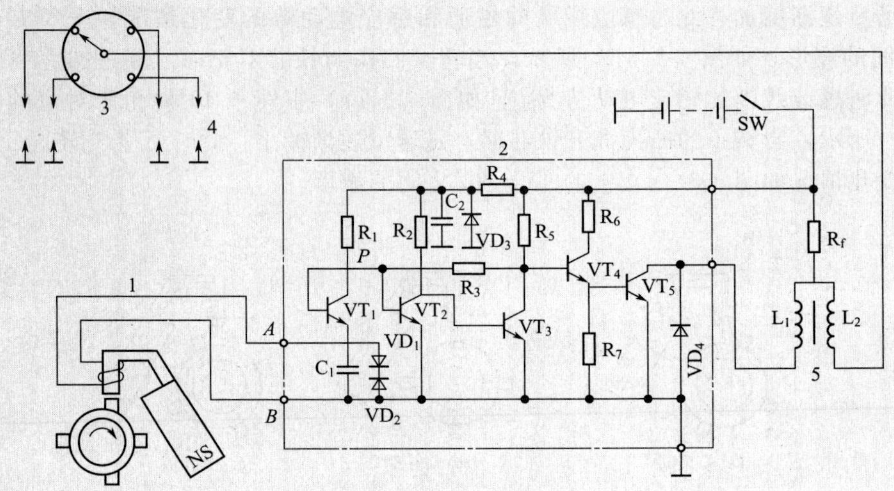

图 4-4 丰田 20R 型发动机点火系统的工作原理图

1—信号发生器；2—点火控制器；3—分电器；4—火花塞；5—点火线圈

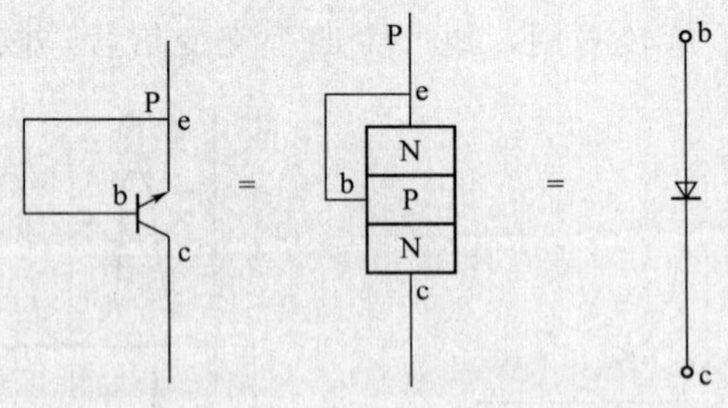

图 4-5 VT1 的二极管作用

接通点火开关，发动机未工作时、此时蓄电池的“+”点火开关 R_4→R_1→P 点 VT_1→A 点→信号发生器的感应图→B 点→搭铁。于是电路中的 P 点电位高于三极管 VT2 的导通电压，VT_2 导通，VT_2 导通后其集电极电位降低，使 VT_3 截止。VT_3 截止时，蓄电池通过 R_5 向 VT_4 提供偏流使 VT_4 导通。VT_4 导通后，R_7 上的电压降给 VT_5 提供正向偏置电压，使 VT_5 导通。于是点火系统的初级电路导通，电路为：蓄电池的“+”→点火开关→附加电阻→点火线圈的初级线圈→搭铁。

当信号发生器的感应线圈输出“+”信号时（A 端为“+”上端为“−”），由于 VT_1 的集电极加反向电压而使 VT_1 截止，故 P 点电位仍是高电位，使 VT_2 导通，于是 VT_3 截止，VT_4 和 VT_5 导通，点火系统的初级电路导通，产生初级电流。

当信号发生器的感应线圈输出“−”信号时，地端为“−”，上端为“+”，VT_1 因加正向电压而导通，此时 P 点电位为低电位，于是 VT_2 截止。当 VT_2 截止时，蓄电池通过 R_2 向 VT_3 提供偏流，使 VT_3 导通，VT_4、VT_5 截止，点火系统的初级电路截止，次级线圈产生高压电。高压电由分电器分配至各缸火花塞，使火花塞跳火，点燃混合气。

信号发生器转子转动一周，各个气缸便轮流点火一次。

3. 电路中其他元件的作用原理

VT_1 在电路中等效于一个二极管，利用 VT_1 与 VT_2 的型号相同、温度系数相同的特点，可对电路进行温度补偿。若没有温度补偿作用，当温度升高时，VT_2 的开启电压降低，使 VT_2 提前导通而截止滞后，从而导致点火滞后。将 VT_1 与 VT_2 并联后，温度升高时，由于 VT_1 管压降降低，使 P 点电位下降，则正好补偿了温度升高对 VT_2 的影响，使 VT_2 的导通和截止时间与常温时相同。

稳压管 VD_1 和 VD_2 反向串联，并与信号发生器的感应线圈并联，其作用是“削平”在高速时感应线圈所产生的大信号波峰，保护 VT_1、VT_2 不受损害。

稳压管 VD_3 的作用是稳定 VT_1 和 VT_2 的电源电压，稳压管 VD_4 作用是保护 VT_5。

电容器 C_1 与信号发生器的感应线圈并联，可以保证信号电压平滑稳定，使点火时间准确无误。C_2 的作用是吸收瞬时过电压，保护 VT_1 和 VT_2。

电阻 R_3 是正反馈电阻，可加速 VT_2、VT_5 翻转。

三、霍尔式电子点火系统

霍尔式电子点火系统的主要部件是利用霍尔效应原理制成的传感器，霍尔传感器产生点火信号，触发和控制电子点火系统工作。霍尔式电子点火系统是目前使用最多的点火装置，上海桑塔纳、一汽奥迪等轿车均采用这种点火装置。霍尔式电子点火系统由内装霍尔信号发生器的分电器、点火器、点火线圈和火花塞等组成。图 4-6 为桑塔纳轿车装用的霍尔式电子点火系统的组成及电路连接图，该点火装置仍采用传统的离心式与真空式点火提前机构。

1. 霍尔信号发生器

在霍尔效应式点火信号发生器中，流过霍尔元件的电流 I 恒定不变，通过磁感应强度 B 周期性的变化来产生点火信号。它主要由导磁转子和信号触发开关组成。

2. 点火控制器

在现代汽车中广泛集成电路点火控制器，它是将除了大功率三极管以外的电子电路用集成块代替，配以所需的外围电路，组成点火控制器。这种专用的点火集成模块功能较全、性能良好、可靠性好，且体积小、价格较低，故发展很快。目前应用最广泛的是用 L497 点火集成模块所组成的点火控制器。

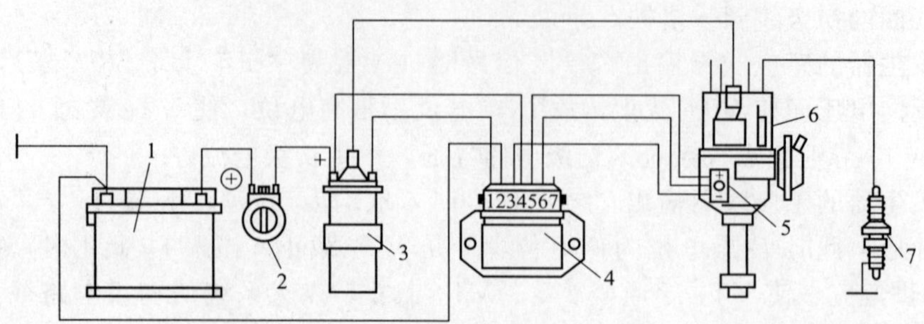

图 4-6 桑塔纳轿车点火系统的组成

1—蓄电池；2—点火开关；3—点火线圈；4—点火控制器；5—霍尔发生器；6—分电器；7—火花塞

德国大众汽车公司的高尔夫和桑塔纳、法国的雪铁龙、福特公司的嘉年华等轿车均采用了由 L497 组成的电子点火器。L497 集成块的内部电路及引脚排列如图 4-7 所示，国产桑塔纳轿车电子点火系统用 L497 集成块组成的点火控制器电路如图 4-8 所示。

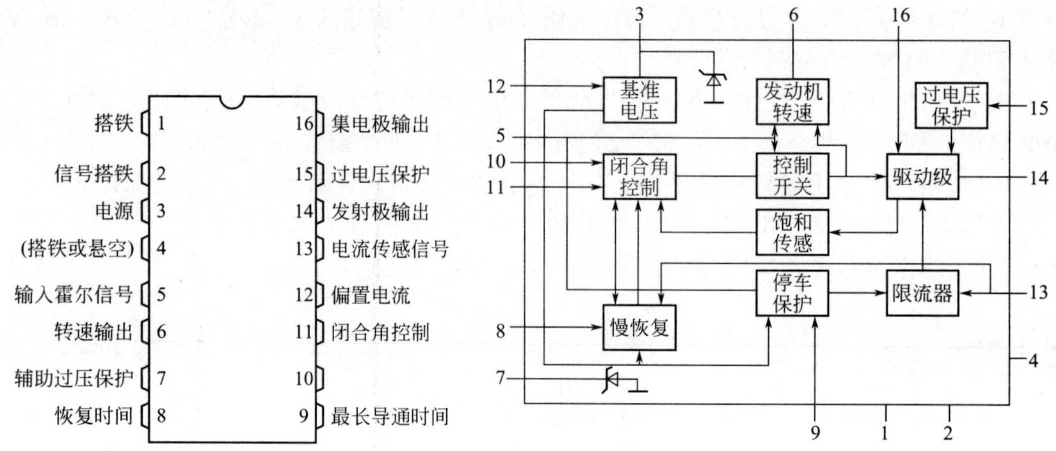

图 4-7 L497 点火集成模块

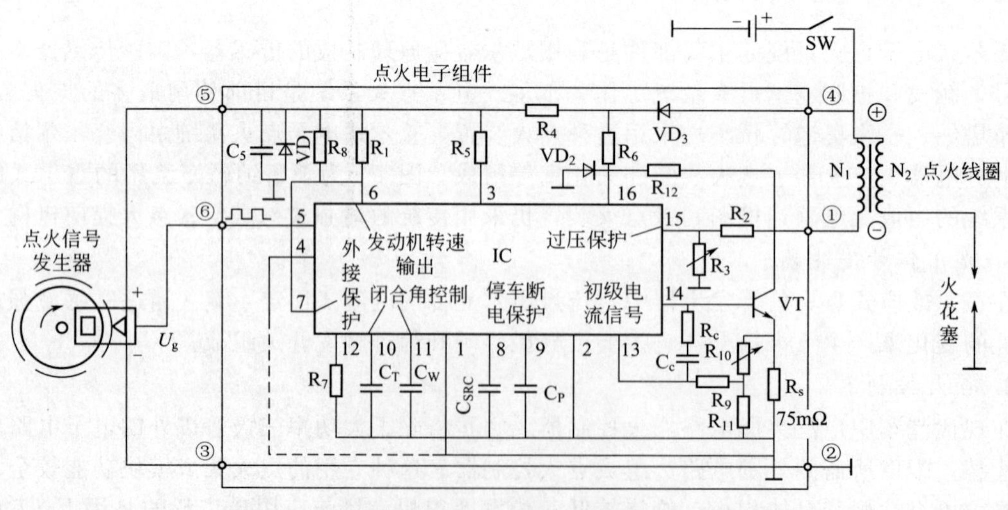

图 4-8 桑塔纳轿车用 L497 集成块组成的点火控制器

该点火控制器具有初级电流上升率的控制、闭合角控制、停车断电保护和过电压保护等功能，如图 4-8 所示。如果点火控制器检测到点火线圈初级绕组 N_1 中的电流小于额定电流较多时，控制电路便迅速提高初级电流的上升率，使初级电流恒定在额定电流值（7.5A），保证点火能量恒定。

闭合角是指点火控制器中的末级大功率三极管 VT 的导通时间。由于点火线圈采用了高能点火线圈，即初级绕组 N_1 的电阻很小，阻值为 0.52～0.76Ω，这样点火系初级电路的饱和电流可达 20A 以上，为防止初级电流过大烧坏点火线圈。点火控制器必须控制末级大功率三极管 VT 的导通时间，使初级电流恒定在额定电流值，保证点火系统的可靠工作。

当汽车发动机停止工作且点火开关仍接通时，若霍尔信号发生器输出的是高电位，这时点火线圈的初级绕组 N_1 处于长时间通电状态，将导致点火线圈过热，且蓄电池长时间放电。为避免此种情况的发生，在点火控制器内设有断电保护控制电路。当霍尔信号发生器输送给点火控制器高电压信号的时间比设定的时间长时（设定时间为 1～2s），点火控制器内的断电保护控制电路将切断初级电流。

知识拓展

对末级大功率三极管 VT 进行电流过载保护及瞬间的反向过电压保护。

3. 点火系统的工作过程

桑塔纳轿车点火系统的工作原理如图 4-8 所示。

发动机工作时，分电器轴带动霍尔信号发生器的触发叶轮旋转。当触发叶轮的叶片进入空气气隙时，霍尔信号发生器输出高电压信号 11～12V，高电压信号使点火控制器集成电路中的末级大功率三极管 VT 导通，点火系统的初级电路导通：电源“＋”→点火线圈 N_1→点火控制器（三极管 VT）→搭铁。

当触发叶轮的叶片离开霍尔元件的气隙时，霍尔信号发生器输出 0.3～0.4V 的低电压信号，低电压信号使点火控制器末级大功率三极管 VT 截止，初级电路截止，初级电流消失，次级电路产生高压电。高压电由分电器分配到各缸火花塞，点燃混合气。

四、光电式电子点火系统

光电式电子点火系统与前两种点火系统相比唯一不同的是分电器中的信号发生器为光电式信号发生器。点火系统也是由蓄电池、点火开关、点火线圈、点火控制器、光电式信号发生器和分电器等组成。日本公司生产的大部分汽车都使用这种点火装置。

1. 光电式信号发生器

光电式信号发生器主要由发光二极管、光敏三极管和遮光盘三部分组成，如图 4-9 所示。发光二极管作为光源，可发出红外线光束，且发光二极管耐震、使用寿命长；光敏三极管作为光接收器，当红外线光束照射到三极管时，三极管导通；遮光盘安装在分电器上，遮光盘外缘上的缺口与发动机的气缸数相等。

如图 4-10 所示，遮光盘随分电器轴旋转时，当遮光片转至发光二极管与光敏三极管之间时，便把发光二极管发出的光束阻断，使其不能射入光敏三极管，此时光敏三极管截止，当遮光盘上的缺口通过发光二极管与光敏三极管之间时，发光二极管所发出的光束直接照到

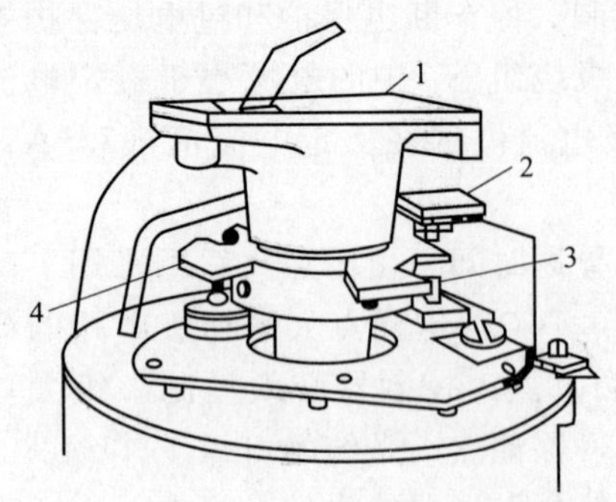

图 4-9 光电式信号发生器的结构

1—分光头；2—发光二极管；3—光敏三极管；4—遮光盘

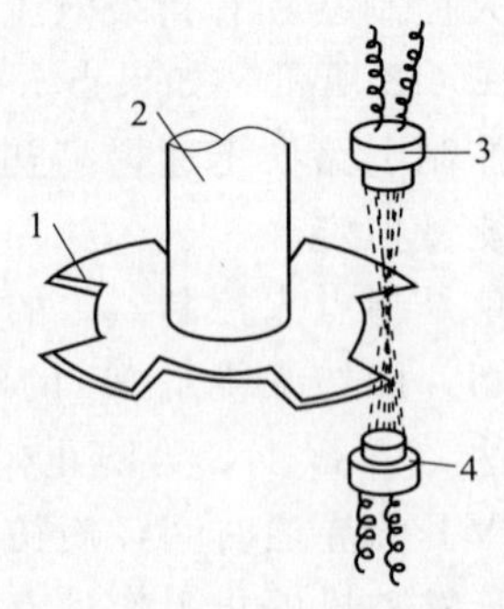

图 4-10 光电式信号发生器工作原理

1—遮光盘；2—分电器轴；3—发光二极管；4—光敏三极管

光敏三极管上，使其导通。遮光盘每转一周，信号发生器便产生 4 个交变信号，输送给点火控制器，控制点火系统的正常工作。光电式信号发生器输出的信号不受发动机转速的影响，且没有时间上的滞后。

2. 光电式电子点火系统的工作原理

光电式电子点火系统的工作原理如图 4-11 所示。VL 为发光二极管，VT 为光敏三极管。

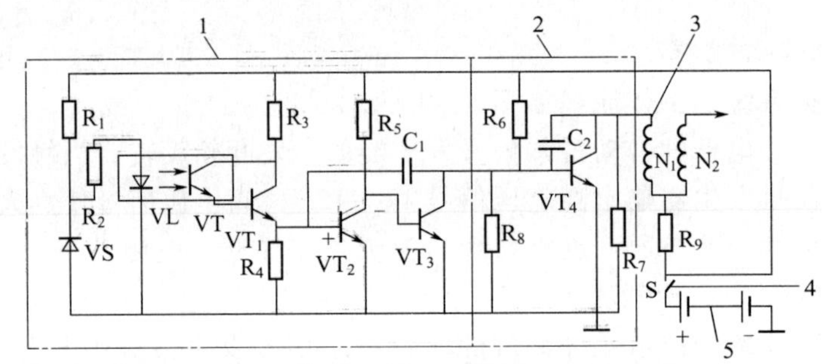

图 4-11 光电式电子点火系统的原理图

1—光电式信号发生器；2—点火控制器；3—点火线四；4—点火开关；5—蓄电池

当发动机工作时，遮光盘随分电器转动，当遮光盘的缺口通过发光二极管与光敏三极管时，则红外线通过缺口照射到光敏三极管 VT，使其导通，则 VT_1 导通，VT_2 导通，VT_3 截止，由于 R_6、R_8 的分压为 VT_4 提供偏置电压，VT_4 导通，于是点火系统的初级电路导通。

当遮光盘的叶片部分遮住发光二极管发出的红外线光束时 VT 截止，则 VT_1、VT_2 截止，VT_3 经 R_5 获得偏流而导通，VT_4 截止，使点火系统的初级电路截止，点火线圈的次级统组产生高压电。高压电通过分电器分配给各缸火花塞，点燃混合气。

电路中其他元件的作用：稳压管 VS 使发光二极管的工作电压维持在 3V 左右；电阻 R_7 的作用是当 VT_4 截止时，消耗短路初级电路中的自感电动势，保护 VT_4；电容 C_1 对 VT_2 正反馈，使 VT_2、VT_3 加速翻转。

五、电容储能式电子点火系统

1. 电容储能式电子点火系统的组成

电容储能式电子点火系统的基本组成如图 4-12 所示。

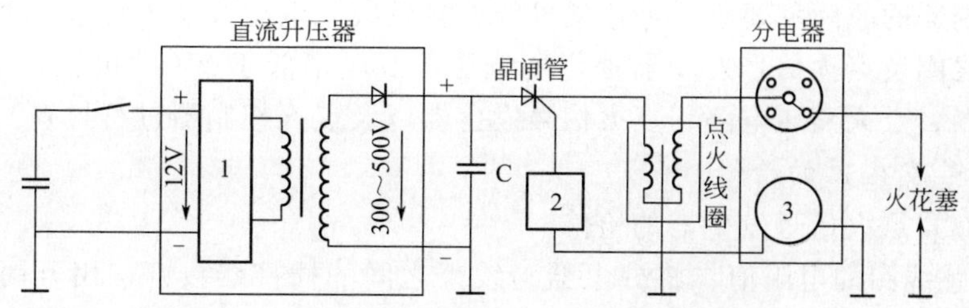

图 4-12 电容储能式电子点火系统的基本组成

1—振荡器；2—晶间管触发电路；3—点火信号发生器；C—储能电容

与电感储能式点火系统不同的是，电窜储能式点火系统增加了直流升压器、储能电容、晶闸管和晶闸管触发电路等。直流升压器由振荡器、变压器、整流器三部分组成，用于将电源的低压直流电转变成400V左右的高压直流电；储能电容用于储存点火能量，并在需要点火时向点火线圈初级绕组放电，使点火线圈次级产生高压；晶闸管触发电路的作用是根据点火信号发生器的点火信号产生触发脉冲，使晶闸管能迅速导通，而在非点火时间，则保持晶闸管的控制极为零电位或负电位。

知识拓展

晶闸管的作用是在非点火时间里，隔断储能电容与点火线圈的连接，使直流升压器能迅速将电容充足电；在点火触发信号输入时，则迅速导通，让储能电容及时向点火线圈初级绕组放电，使点火线圈次级产生高压。

2. 电容储能式电子点火系统的基本工作原理

接通点火开关，振荡器便开始工作，将电源的低压直流转变为变压器初级的低压交流，经变压器升压，变压器的次级输出400V左右的交流，再经整流器整流后，成为400V左右的直流，并向储能电容充电。这便是这种点火系统的储能过程，它不受点火信号控制，只要点火开关接通，储能过程就开始进行。

当点火信号输入时，触发电路便产生一个触发脉冲，使晶闸管迅速导通。这时，储能电容便向点火线圈初级绕组放电。在点火线圈初级通路，初级电流迅速增长的同时，点火线圈次级绕组产生很高的互感电动势，并使火花塞电极两端的电压迅速升高直到跳火。

六、电子点火系统的故障检修

1. 电子点火系统的故障诊断

如果发动机不能发动，怀疑电子点火系统有问题时，可从分电器盖上拔下中央高压线，并使其端部距离机体5～7mm，然后启动发动机，观察线端是否跳火，如无火花，则说明电子点火系统有故障，应予检查。

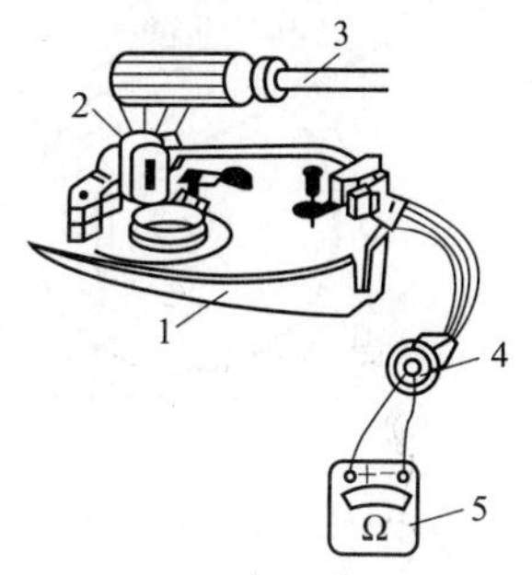

图 4-13 测量传感线圈的电阻值

1—分电器；2—传感线圈；3—螺丝刀；4—插接器；5—万用表

检查时，应首先对点火系统的有关连接导线、搭铁线、电源线及工作电压等进行检查，因这些部位的故障率远比点火信号发生器和点火控制器的故障率要高。如连接导线、搭铁线、电源线及电源电压正常（指给点火控制器、点火线圈及点火信号发生器提供的电压，一般不低于6V即可正常工作），则可进一步对点火线圈、点火高压电路、点火信号发生器以及点火控制器进行检查。

2. 点火信号发生器的检修

(1) 磁感应式点火信号发生器的检修

① 测量传感线圈的电阻值　将分电器与线束之间的插接器拔开，用万用表电阻挡测量与分电器相连接的两根导线之间的电阻值，如图4-13所示。测量时还可用螺丝刀把轻轻敲击传感线圈或分电器壳，以检查其内部有无松旷和接触不良的故障。几种常见车型传感线圈电阻值标准见表4-1。

表4-1　几种常见车型分电器内部传感线圈的电阻值

车型或分电器型号	传感线圈电阻/Ω	车型或分电器型号	传感线圈电阻/Ω
解放CA1092汽车	600～800	日产	140～180
北京切诺基	400～800	三菱	500～700
富康	300	本田	600～800
JFD667型分电器	500～600	福特	400～800
标致	900～1200	克莱斯勒	920～1120
丰田	140～180		

若测量结果与标准值相差较大，说明传感线圈已经损坏。如电阻值为无穷大，说明传感线圈在断路。

知识拓展

一般断路点大都在导线接头处，如焊点松脱等，可将传感线圈拆下进一步检查，如发现焊点松脱，用电烙铁焊上即可。

② 检查、调整信号转子凸齿与线圈铁芯之间的间隙值　可用厚薄规进行测量，如图4-14所示。该间隙的标准值一般为0.2～0.4mm。如不符合，调整方法如图4-15所示，松开紧固螺钉A，做适当的调整，直至间隙符合规定，再将螺钉A拧紧即可。

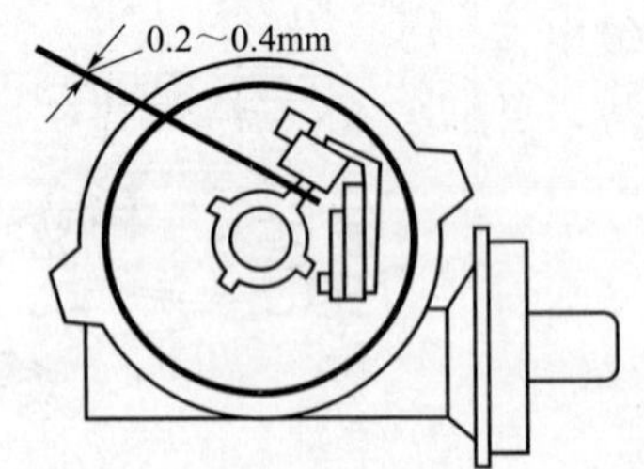

图4-14　测量信号转子凸齿与传感线圈铁芯之间的间隙示意图

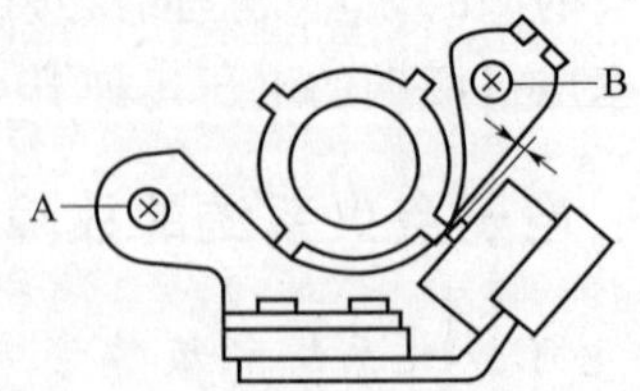

图4-15　信号转子凸齿与传感线图铁芯之间的间隙示意图

③ 检查信号发生器的输出电压　用万用表交流电压挡测量，转动分电器轴，信号发生器应有交流电压输出，其输出电压的大小与分电器转速成正比，否则为信号发生器有故障，可按上述两点进行检修。

(2) 霍尔式点火信号发生器的检修　以上海桑塔纳轿车的霍尔式点火信号发生器为例予

以说明。

霍尔式点火信号发生器为有源器件，需输入一定电源电压时才能工作。因此，应先测量其输入电压是否正常，方法是用直流电压的“＋”、“－”表笔分别接与分电器相连的插接器“＋”（红黑线）和“－”（棕白线）接线柱，如图 4-16 所示，接通点火开关，电压表应显示接近蓄电电池电压，约为 11～12V，否则说明点火控制器没有给霍尔信号发生器提供正常的工作电压。

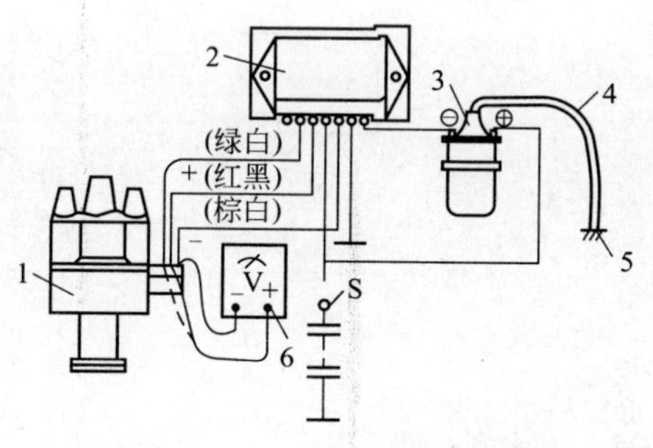

图 4-16　霍尔信号发生器的检查

1—分电器；2—点火控制器；3—点火线圈；4—高压线；5—搭铁；6—直流电压表

若电压表显示电压正常，可进一步测量点火信号发生器的输出电压，方法是用同一只电压表在点火开关接通时测量分电器的信号输出线（绿白线）与搭铁线（棕白线）之间的电压。当触发叶轮的叶片在霍尔信号发生器的空气隙中时，电压表应显示与输入电压值相近的电压，即 11～12V；而当触发叶轮的叶片不在信号发生器的空气隙中时，电压表所显示的电压应接近于零，约 0.3～0.4V。如经上述测量，电压表读数正常，可认为霍尔式点火信号发生器无故障。

知识拓展

对于其他车型的霍尔式点火信号发生器的检查，可参照上述方法进行。但需注意的是，由于车型不同或同种车型而生产年代不同，其霍尔式点火信号发生器的内部结构、电路和有关工作参数也可能不完全相同，检查时应与同期生产的同种车型的标准值做对比，方可准确判断点火信号发生器的好坏。

3. 点火控制器的检查

对于点火控制器，由于其配用的点火信号发生器形式不同，点火控制器所采用的元器件结构形式和电路（如分立元件、集成电路等）也有所不同，即使是同一种类型的点火器，其生产厂家不同，电路结构及参数也可能不同，因此，很难用一种简单而统一的方法（如测量电阻的方法）对其进行检查和测量。所以，对点火控制器的检查应根据其配用的点火信号发生器形式、点火控制器的工作原理、电路特点、功能以及在车上的具体连接、工作情况，选用适当的方法进行故障检查和判断。常用的方法主要有以下几种。

（1）用干电池电压作为点火信号进行检查　这种方法适用于配用磁感应式点火信号发生器的单功能点火控制器，如丰田 20R 型发动机、伏尔加 24-10 型轿车等配用的点火控制器，其基本原理是利用干电池的电压作为点火控制器的点火输入信号，然后用万用表或试灯来大致判断点火控制器的好坏。下面以丰田 20R 汽车的点火控制器的检查方法加以说明。

拆开分电器上的线路插接器，接通点火开关，用一只 1.5V 的 1 号干电池，将它的正、负两极分别接至点火控制器的两根点火信号输入线（粉红色线和白色线），如图 4-17 所示，用万用表电压挡检查点火线圈“－”接线柱与搭铁之间的电压（也可用一只 12V 试灯接在万用表的位置，并观察试灯的亮灭），两次测量结果应分别为 1～2V（试灯灭）和 12V（试灯亮），否则，说明点火控制器有故障。

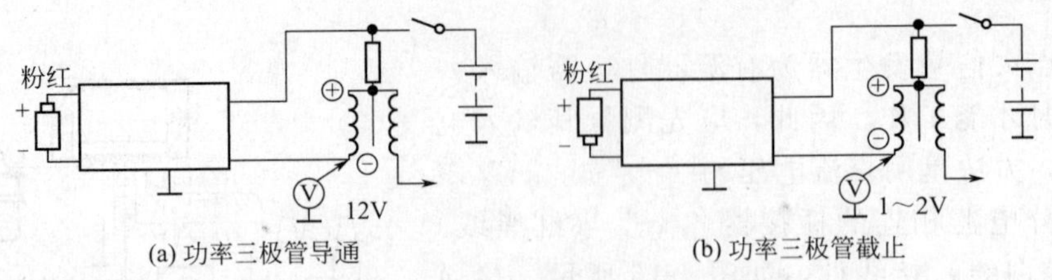

图 4-17 用干电池检查点火电子组件

加干电池测试的时间应尽可能短，每次不超过 10s。

(2) 跳火试验法 在确认低压电路各连接导线、插接器、点火线圈和点火控制器都基本完好的情况下，可采用跳火试验法判断点火控制器是否有故障。

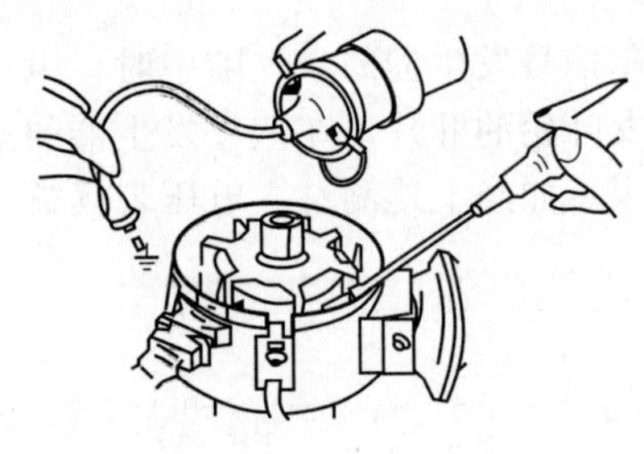

图 4-18 磁感应式点火控制器的跳火试验

对于东风 EQ1090 汽车装用的 JFD667 型、解放 CA1092 汽车装用的 6TS2107 型具有失速断电保护功能的磁感应式电子点火系统等，可将分电器盖拆下，并拔出分电器壳上的中央高压线，使其端头离开机体 5～10mm，接通点火开关，然后用一只螺丝刀头快速地刮碰定子爪，以改变通过传感线圈的磁通而使其产生点火脉冲，触发点火控制器，如图 4-18 所示。若每次刮碰时高压线端都能跳火，则说明点火控制器完好，否则说明点火控制器有故障，应予以检修或更换。

相关链接

对于桑塔纳、奥迪等汽车装用的霍尔式电子点火装置，可打开分电器盖，拆下分火头和防尘罩，转动曲轴，使触发叶轮的叶片不在点火信号发生器的气隙中，拔出分电器盖上的中央高压线，使其端部距机体 5～10mm，然后接通点火开关，用小螺丝刀或钢锯条在信号发生器的气隙中插入后迅速拔出，同时在拔出时观察高压线端部是否跳火，如跳火，说明点火控制器良好，否则应更换点火控制器。另外，也可甩开点火信号发生器对点火控制器做跳火试验，方法是：断开点火开关，拔下分电器盖上的中央高压线端部并使其端部距离机体 5～10mm，再拔下分电器上信号发生器的插接器，用跨接导线一端接在信号线插头上，然后接通点火开关，将跨接线的另一端反复搭铁，如图 4-19 所示，同时观察中央高压线端是否跳火，如跳火，说明点火控制器完好，否则说明点火控制器有故障，应予以更换。

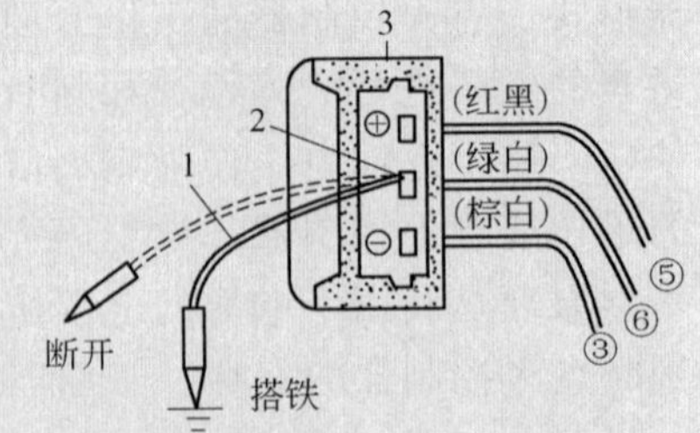

图 4-19 用跨接线代省霍尔信号发生的点火试验

1—跨接线；2—信号线插头；3—点火信号发生器

（3）替换法　即用同规格的点火控制器替换怀疑有故障的点火控制器，如故障排除，则证明点火控制器损坏。该方法是判断点火控制器最简单、最有效的方法，但必须备有相同规格的新点火控制器。

七、点火系统故障案例与排除

汽车运行期间发动机不能启动或启动后运转不匀以及中途熄火等大都是由点火系统和燃油系统故障所致。一般来说，若发动机在运转中突然熄火且发动不着多为点火系统故障，发动机在运转中逐渐熄火为燃油系统故障。

点火系统的故障主要表现为无火、缺火、火花弱和点火不正常时，将会造成发动机不能启动或运转不正常。

1. 发动机不能启动

先确定电源供电是否正常，再判断故障是在高压电路还是在低压电路。打开发动机罩，拔出分电器中央高压线试火，使其距气缸体4～6mm，接通点火开关，盘转发动机，观察火花情况。

（1）若火花强，表示低压电路和点火线圈良好，故障在分电器和火花塞高压电路中。再从火花塞上端拆下高压线头试火，若无火应检查分火头、分电器盖及高压分线是否漏电；有火花时需检查点火正时和火花塞的工作情况。

（2）若无火花，表明低压电路有短路、断路或点火线圈、中央高压线有故障。可在低压线路中串联一只灯泡，打开点火开关，闭合白金触点，灯泡闪亮，说明低压线路无故障，故障在高压电路或点火线圈。

2. 发动机工作不正常

（1）故障现象　有一缸或几缸缺火。发动机如有一缸或几缸缺火就会运转不匀，排气管中排出黑烟并放炮。

（2）原因分析　产生的原因多为高压分线漏电或脱落、分电器盖漏电、凸轮磨损不均、火花塞工作不良或不工作、高压分线插错。

（3）故障排除　检查时应先找出缺火的气缸，再排除缺火的原因。方法是用旋具将火花塞接线柱逐个搭铁，听发动机运转的声音。将某火花塞搭铁后，若发动机转速无变化，表明该火花塞不工作；反之若发动机转速降低，则表明该火花塞工作良好。一个缸不工作时，应取下缺火气缸火花塞上的高压分线，使线端距火花塞接线柱3～4mm。在发动机工作时，该间隙中如有连续的火花且发动机运转随之均匀，表明火花塞积炭；若无火花，表明高压分线或配电器盖有故障。两个缸不工作时，应检查点火顺序是否正确；几个气缸同时不工作时，应拔下配电器盖中央高压线做跳火试验。若有火，表示高压电供应正常，故障在配电器盖、高压分线或火花塞；若跳火断续，表明断电器凸轮、电容器或点火线圈有故障。

3. 点火时间不当

（1）故障现象　发动机不易启动、行驶无力、排气管放炮、发动机过热、加速时爆震、摇转曲轴启动时反转。

（2）原因分析　触点间隙偏小，分电器壳松动，触点间隙过大。

4. 发动机高速工作不良

（1）故障现象　发动机低、中速工作良好，高速时工作不平稳，排气管放炮并有断火现象。

（2）原因分析　触点间隙过大、触点臂弹簧弹力过弱、火花塞间隙过大，也可能是点火线圈工作不良。

电子点火系统故障率较低，一旦出现故障时，习惯上仍采用高压跳火的方法验正点火系统的故障。但此种方法易损坏点火线圈和点火控制器，一般生产厂家不允许做这种试验，即便做，时间决不允许过长。电子点火系统出现故障后，主要做几个方面的工作：一是检查点火系统各插接处是否连接可靠；二是检查点火系统各线路是否出现搭铁、断路等故障；三是检查系统工作和信号电压、系统搭铁是否正常。

第二节　北京三菱帕杰罗车系点火系统电路分析、故障检修和案例精选

一、电路分析

北京三菱帕杰罗车系点火系统电路如图 4-20 所示。

此系统主要由电源、传感器、PCM、点火线圈、火花塞等部件构成，其基本工作原理是：发动机工作时，PCM 根据接收到的各传感器信号，按存储器中存储的有关程序和相关数据，确定出该工况下最佳点火提前角和点火线圈初级电路闭合角（通电时间），并以此向点火器发出指令，按其指令控制点火线圈初级电路的导通和截止，导通的同时，线圈将能量存储起来，当初级电路断开时，其次级线圈中产生很高的感应电动势（一般 15～20kV），传送给火花塞，点火能量给火花塞瞬间释放，产生的电火花点燃缸内混合气，完成发动机做功。

帕杰罗此款车采用同时点火方式，即 1、4 缸火花塞共用点火线圈 1，2、3 缸火花塞共用点火线圈 2，共用点火线圈的两缸同时点火，一个位于压缩上止点，一个位于排气上止点，由于排气冲程中产生的压力很小，所以不会做功，对火花塞的操作也极小。当点火开关 IG1 接通时，初级点火电路：电源正极→点火开关→接线盒 10A 熔丝→初级点火线圈→动力控制模块 PCM，动力控制模块根据接收到的发动机转速信号，凸轮轴位置传感器信号等，控制初级线圈的断路，初级线圈断开的同时次级线圈产生高压电传到对应的火花塞，其中电路中电容器的作用是当断开初级线圈电源时，吸收线圈自感产生的反向电动势。

二、故障检修

点火系统为发动机电控系统中最重要的系统之一，其系统的好坏对整个发动机起着至关重要的作用，点火系统常见的故障表现为：无火、断火、乱火、火花弱和点火正时失准等，常常引起发动机不能启动或发动机工作不正常、点火正时调整不当、火花塞积炭严重、高压线路有漏电、点火控制器故障等。

三、案例精选

点火线圈工作不良导致低速和急加速不良。

（1）故障现象　一辆帕杰罗轿车的发动机低速不好，急加速也不行，缓加速可以，车速跑起来也不是很好。

（2）故障诊断与处理

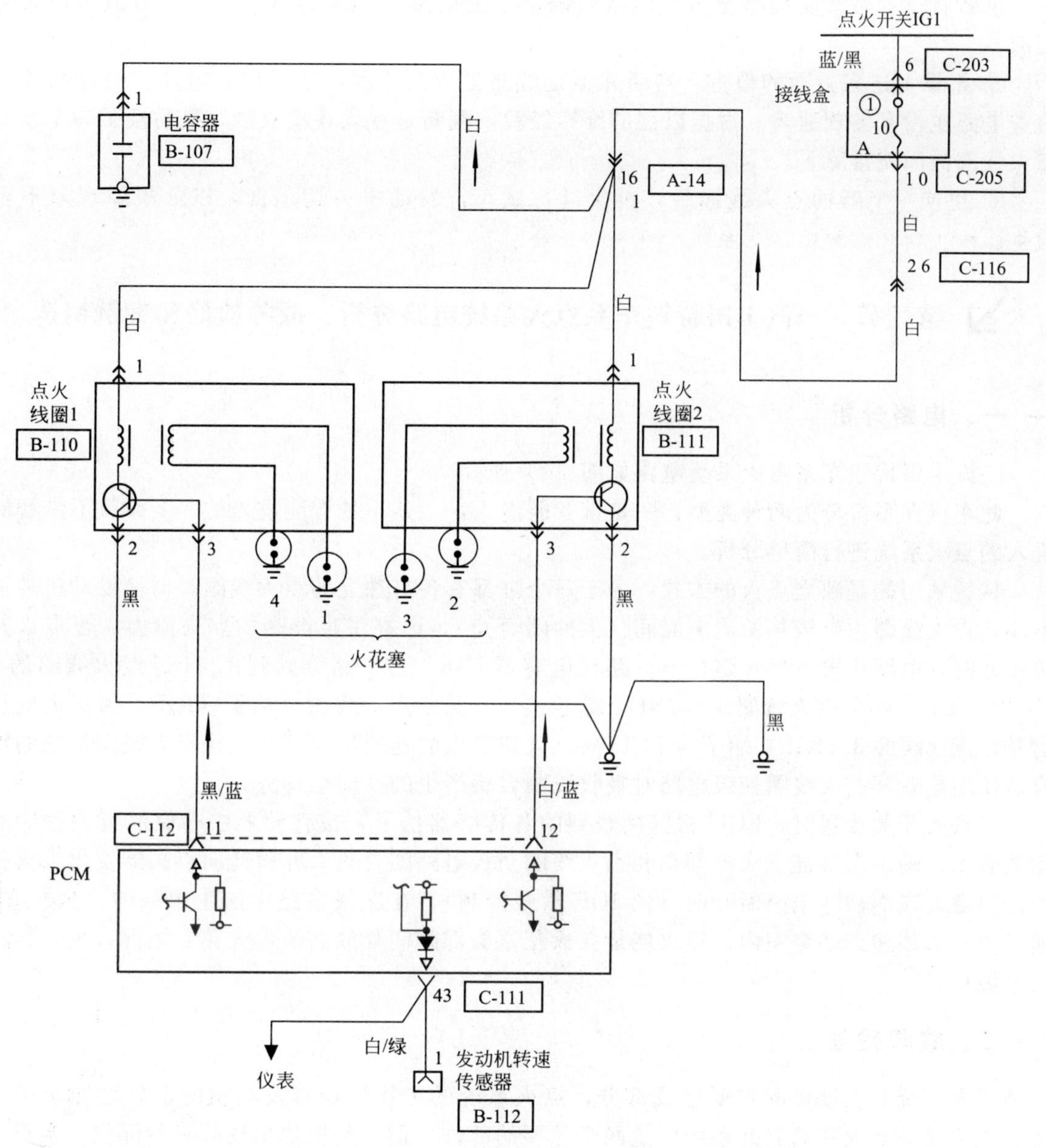

图 4-20　北京三菱帕杰罗车系点火系统电路

① 首先启动发动机，感觉启动不是很正常，但也能够启动，启动后急踩加速踏板转速提不起来，缓缓踏加速踏板，转速可以提起来，根据以往的维修经验可能是油压低故障引起的。

② 将车开到平地路试，在低速行驶的过程中有一顿一顿、供油不畅的感觉，但车速上来以后，加速情况转好，对电动汽油泵油压进行检查。

③ 先用油压表检查系统油压，检查结果正常；再用专用的诊断仪对发动机检测，检测出故障码，显示为节气门故障，对故障码处理后重新匹配，故障码消失，但试车后发现故障依然出现。

④ 根据故障现象可知，故障很可能在油路方面，以致启动困难，低速不良，急回速不

良，再者就是有时又能检测出节气门故障码，于是更换一个新的节气门总成后试车，故障依旧。

⑤ 根据上述多方面的检查，判断并不是油路方面的原因，于是检查电路。经过系统地检查电路也没有发现故障。根据以往的维修经验，判断是点火线圈故障，最后换了一个新的点火线圈故障就排除了。

⑥ 更换一个新的点火线圈后，再次进行试车，发动机一切正常，以上故障现象不再发生。

第三节　一汽丰田特锐车系点火系统电路分析、故障检修和案例精选

一、电路分析

一汽丰田特锐车系点火系统电路如图 4-21 所示。

此车点火系统分为两种类型：一是带智能进入，二是不带智能进入的。下面就不带智能进入的点火系统进行简单分析。

特锐采用的是独立点火的方式，由于每个缸都有各自独立的点火线圈，即使发动机转速很高，点火线圈也有较长的通电时间（大的闭合角），可提供足够高的点火能力。当点火开关接通时，电源正极→15A 熔丝→一路到电容器 C16，另一路分别到 1～4 号点火线圈的 1（+B）端子，四个点火线圈 4（GND）端子接地，其中点火线圈 2 端子（IGF）为点火确认信号，点火线圈 3（IGF）端子为 ECU 向点火器发出的通断控制信号，与点火线圈并联的电容器作用是断开点火线圈初级电路时吸收线圈自感产生的反向电动势。

当点火开关接通时，ECU 根据接收到的各传感器信号，按存储器中存储的有关程序和相关数据，确定出最佳点火提前角和点火线圈初级电路闭合角，并以此向点火器发出点火指令。当点火线圈初级电路断开时（由 IGF 信号控制），在次级电路中产生很强的点火能量，通过火花塞传递到燃烧室内，点火能量在火花塞头部瞬间释放高能量火花点燃混合气，推动活塞做功。

二、故障检修

点火系统是发动机的重要组成部分，点火系统的工作性能对发动机的工作性能至关重要。点火线圈和火花塞在此系统中是两个重要的部件，但也是极易出现故障的部位。当点火系统出现故障时，应重点检查这两个部位，同时也可根据车上电流表的指示和火花塞跳火的强弱，找出故障的部位。为了保证点火系统正常工作，应经常对点火系统进行维护，维护要点主要有：检查并清除点火系统零部件的积炭、导线是否绝缘、间隙的大小和是否烧蚀等情况。

点火系统故障检查的注意事项：①在发动机启动和工作时，不要用手触摸点火线圈高压线等；②进行高压试火时，最好用绝缘的橡胶夹子夹住高压线来进行试验；③点火开关接通的情况下，不要做连接或切断线路的操作；④拆卸蓄电池时，确保点火开关和其他的用电设备都已关闭；⑤安装蓄电池时，正负极不能接反，否则容易损坏电子设备。

点火系统引起的常见故障有：发动机不能启动或启动困难、个别缸不点火、点火时间不当、点火错乱等。

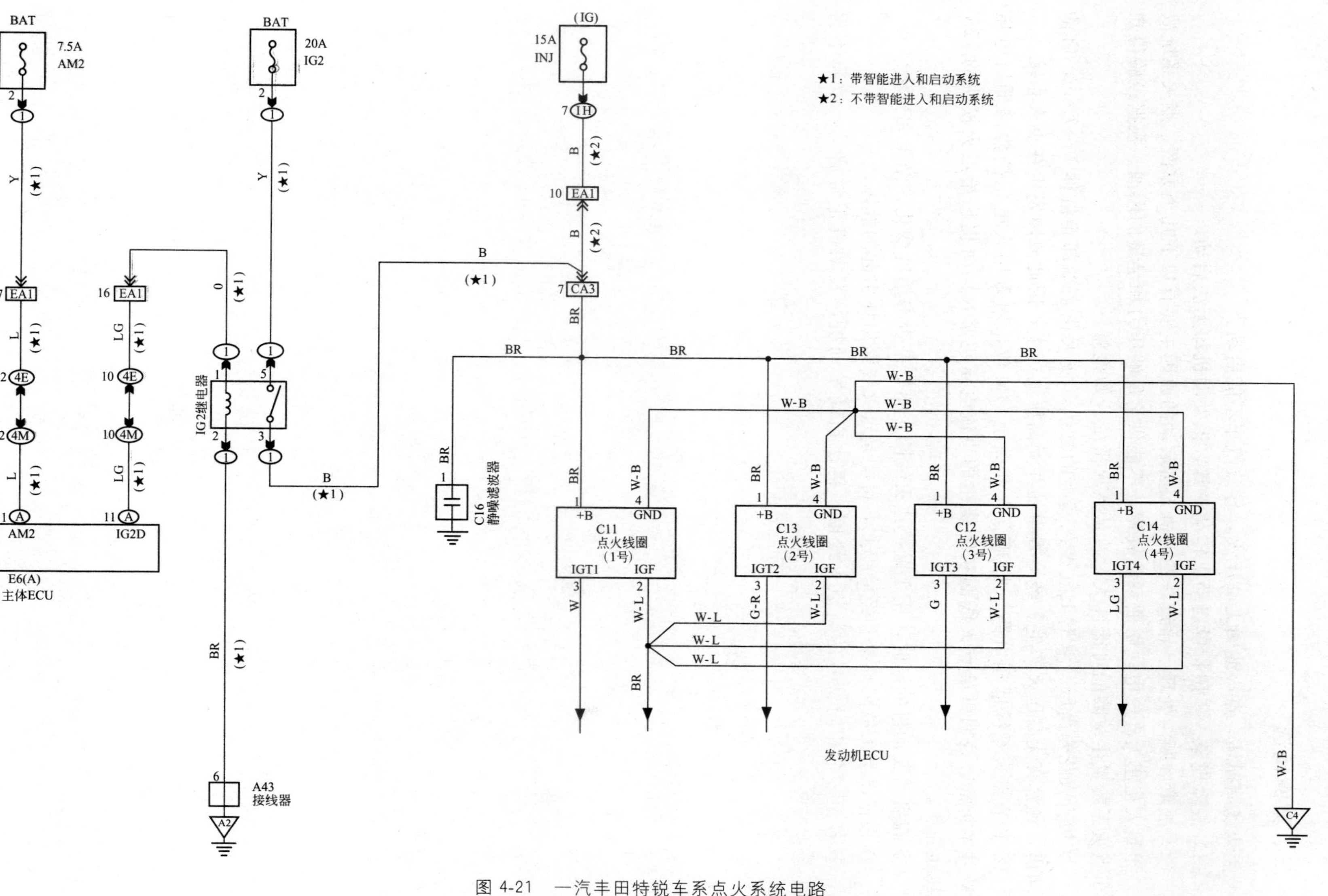

图 4-21 一汽丰田特锐车系点火系统电路

三、案例精选

点火线圈损坏，点火线圈无高压火，导致汽车不能启动。

（1）故障现象　丰田特锐启动机转动正常，但发动机却无法启动。

（2）故障诊断与处理　导致该发动机无法启动的原因主要有以下几个方面：点火系统故障，导致火花塞无高压电；燃油系统故障，不能供给足够压力和足量的燃油。根据经验得知此车点火系统发生故障的可能性大，故从点火系统开始检修。

① 检查火花塞高压　取下1缸火花塞上的缸线，使火花塞端部距缸体5～7mm，启动发动机，观察有无高压火产生。经检查得知并无高压火产生，因此故障发生在点火系统。

② 检查点火系统低压电路　打开点火开关至ON位，用万用表电压挡检测低压电压12V基本正常，说明供给点火线圈初级绕组的直流电压正常，同时提供给点火模块的12V电压也正常。

③ 在启动发动机的同时，用手触摸点火线圈，感知是否有温度变化，结果无变化。

④ 根据以上的故障现象和经验得知，可能是点火线圈损坏引起的故障。

⑤ 换上一个相同型号的新点火线圈，再次启动发动机，发动机正常启动，故障不再产生。

巡航控制系统电路分析、故障检修和案例精选

第一节 巡航控制系统工作原理、电路识图和故障检修

一、巡航控制系统概述

汽车巡航控制系统又称为恒速控制系统、速度控制系统、自动驾驶系统，是可以根据驾驶员预先设定的行驶速度自动调节发动机节气门开度，改变发动机的动力输出，使车辆按设定速度匀速行驶的装置，在汽车进行巡航行驶时，巡航控制系统能根据汽车行驶阻力的变化自动调节节气门开度，无需驾驶员频繁踩动油门踏板，这样就大大减轻了驾驶员的疲劳程度。

二、巡航控制系统的组成及原理

汽车巡航控制系统是闭环控制系统，主要由传感器（车速传感器、发动机转速传感器）、控制开关（巡航开关，主要开关速度设定开关）、汽车巡航控制单元和执行器等部件组成。在汽车巡航控制系统工作时，巡航控制单元通过对比速度设定开关设定的巡航速度与车速传感器输入的实际车速，计算出两个车速间的差值，确定节气门开度的大小，控制执行机构调节节气门开度的大小，将实际车速迅速调节到驾驶员设定的车速，实现汽车的恒速行驶。巡航控制系统工作原理如图 5-1 所示。

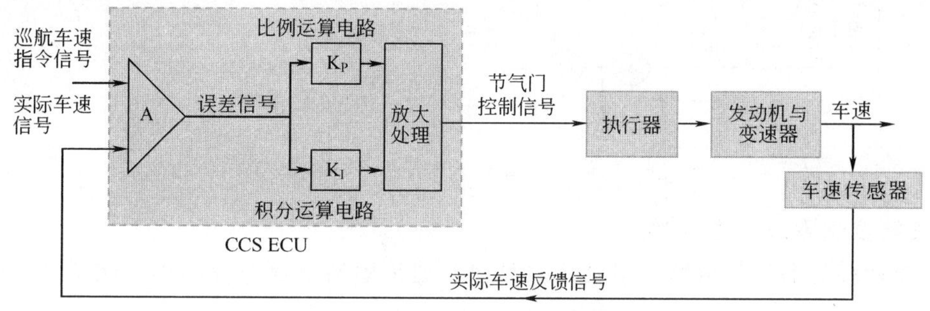

图 5-1 巡航控制系统工作原理

汽车巡航控制系统工作要满足两个条件：一是最低车速限制，一般的车型为 40km/h，也有的车型有更高的车速要求；二是汽车要有一定的负载，即汽车的驱动轮要与地面相接触。若要是用举升机将驱动轮举起，则巡航控制系统不起作用。

三、巡航控制系统识图示例

一汽丰田皇冠汽车巡航控制系统的电路如图 5-2 所示。

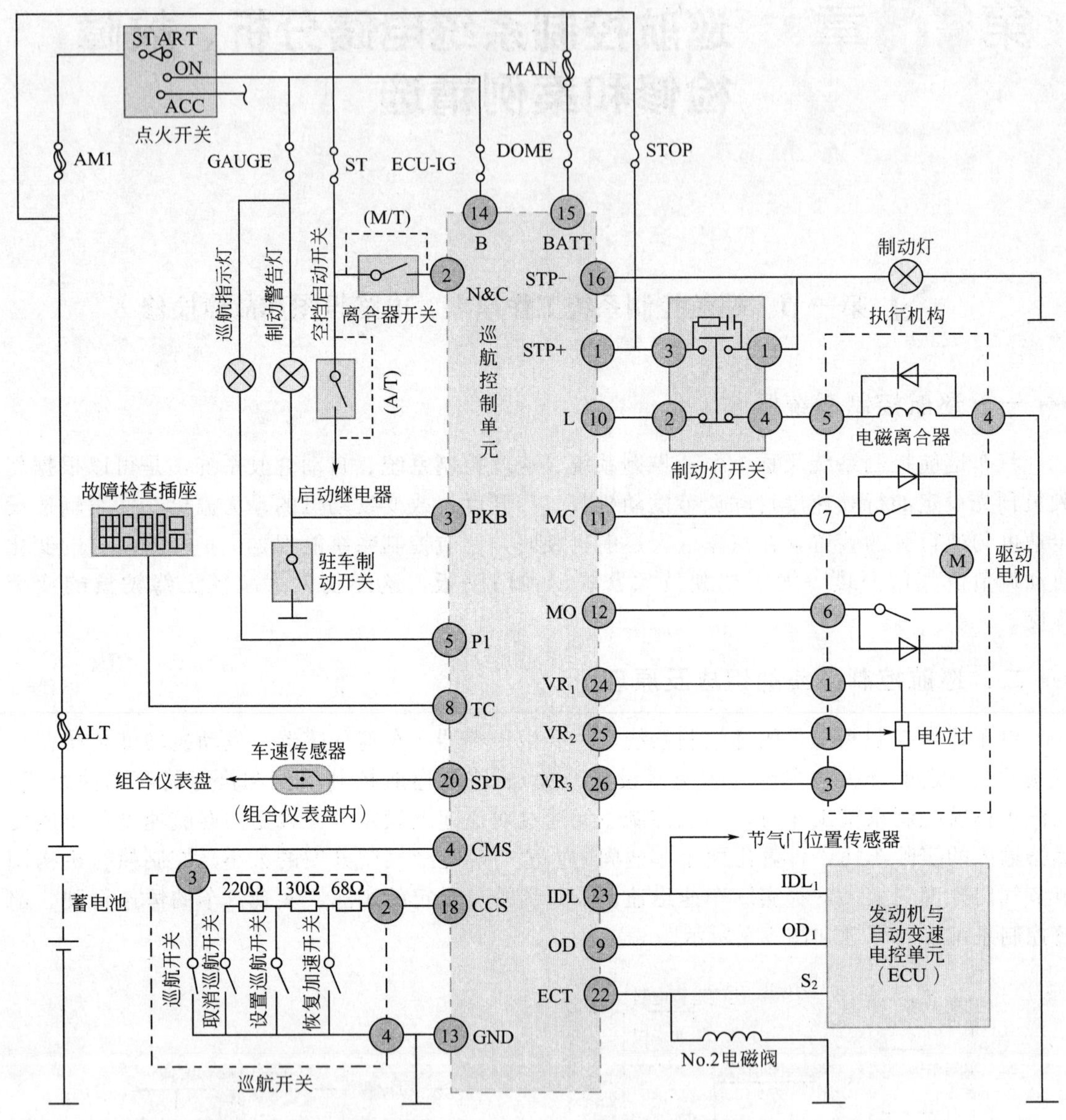

图 5-2 一汽丰田皇冠汽车巡航控制系统电路

1. 巡航控制系统信号电路

（1）车速传感器信号电路 组合仪表盘→车速传感器→巡航控制单元端子 20→巡航控制单元。

（2）节气门位置传感器信号电路 节气门位置传感器→巡航控制单元端子 23→巡航控制单元。

（3）制动灯开关信号电路 当踩下制动器时，制动开关闭合，此时巡航控制单元→巡航控制单元端子 1→制动灯开关触点→巡航控制单元端子 16→巡航控制单元。

（4）离合器开关信号电路　对于手动变速的车来讲，当离合器开关闭合时，离合器开关信号电路：蓄电池“＋”→熔断器 ALT→熔断器 AMI→点火开关“START”触点→熔断器 ST→离合器开关触点→巡航控制单元端子 2→巡航控制单元。

（5）巡航开关信号电路

① 当巡航主开关按下时，巡航主开关信号电路：巡航控制单元→巡航控制单元端子 4→巡航开关端子 3→巡航主开关→巡航开关端子 4 此处分两路，一路经巡航控制单元端子 GND 接地，另一路直接通过车身搭铁接地。

② 当需要取消巡航控制时，按下取消巡航控制开关，此时取消巡航开关信号电路：巡航控制单元→巡航控制单元端子 18→巡航开关端子 2→电阻 68Ω→电阻 130Ω→电阻 220Ω→取消巡航开关→巡航开关端子 4 此处分两路，一路经巡航控制单元端子 GND 接地，另一种直接通过车身搭铁拉地。

③ 当设置巡航开关按下时，设置巡航开关信号电路：巡航控制单元→巡航控制单元端子 18→巡航开关端子 2→电阻 68Ω→电阻 130Ω→设置/巡航开关→巡航开关端子 4 此处分两路，一路经巡航控制单元端子 GND 接地，另一路直接通过车身搭铁接地。

④ 当按下恢复/加速开关时，恢复/加速开关信号电路：巡航控制单元→巡航控制单元端子 18→巡航开关端子 2→电阻 68Ω→恢复/加速开关→巡航开关端子 4 此处分两路，一路经巡航控制单元端子 GND 接地，另一路直接通过车身搭铁接地。

相关链接

检查巡航控制开关

关闭点火开关，从仪表板上小心地撬出巡航控制主开关，断开巡航控制主开关的插头，检查巡航控制主开关指定端子之间的导通性。如果导通性不符合规范，则更换巡航控制主开关。

2. 巡航控制系统执行机构电路

（1）电磁离合器线圈电路　电磁离合器线圈通电令电磁离合器接合，驱动电机的动力经电磁离合器传递驱动节气门打开或关闭。

电磁离合器线圈电路：巡航控制单元→巡航控制单元端子 10→制动灯开关常闭触点→电磁离合器线圈→接地。

（2）驱动电机电路　电位计串联在驱动电机工作的电路中，在驱动电机工作时，电位计滑臂随减速机构、控制臂或拉索移动，将执行机构工作情况从端子 25 反馈给巡航控制单元。巡航控制单元根据反馈信号电压的高低即可诊断出执行机构是否发生故障，并将故障编成故障代码储存在巡航控制单元里。

巡航控制单元的端子 11 和 12 分别通二极管与驱动电机的两端相连，从而控制驱动电机正转、反转。

3. 巡航控制单元电路

（1）巡航控制单元电源电路　蓄电池“＋”→熔断器 ALT→熔断器 MAIN→熔断器 DOME→巡航控制单元端子 15→巡航控制单元。

（2）巡航控制单元接地电路　巡航控制单元→巡航控制单元端子 13→接地。

4. 巡航指示灯电路

当点火开关置于“ON”挡时，巡航指示灯电路：蓄电池“+”→熔断器 ALT→熔断器 AMI→点火开关“ON”触点→熔断器 GAUGE→巡航指示灯→巡航控制单元端子 5→巡航控制单元。

5. 制动警告灯电路

当点火开关置于“ON”挡时，制动警告灯电路：蓄电池“+”→熔断器 ALT→熔断器 AMI→点火开关“ON”触点→制动警告灯—┬→驻车制动开关触点→接地。
└→巡航控制单元端子 3→巡航控制单元。

相关链接

对巡航控制系统进行检修时，应先对巡航控制系统进行功能测试，以确定巡航控制系统的故障现象。如果确认巡航系统有故障，首先应进行直观检查，检查巡航控制系统的线束及插接器是否完好，真空管是否脱落或损坏，部件是否丢失或损坏等。直观检查后根据故障现象进行故障征兆诊断，还可以通过检测巡航控制单元的端子电压或电阻确定故障的范围，然后通过对部件的检查，确定故障的具体位置，并对有故障的部件进行修理或更换。

6. 离合器开关电路

蓄电池“+”→熔断器 ALT→熔断器 AMI→点火开关 ST 触点→熔断器 ST→离合器开关触点→巡航控制单元端子 2→巡航控制单元。

四、故障检修

巡航控制系统常见故障及排除如表 5-1 所示。

表 5-1 巡航控制系统常见故障及排除

故障现象	可能的故障原因
车速不能设置，巡航指示灯亮起	巡航控制开关电路
	车速传感器电路
	组合仪表
	制动灯开关电路
	离合器开关电路 A/T
	若上述部位检查完毕且证明各部位均正常，但故障仍然出现，则应更换巡航控制单元
巡航控制系统在工作时被取消	制动灯开关电路
	离合器开关电路
	巡航控制开关电路
	车速传感器电路
	组合仪表
	若上述部位检查完毕且证明各部位均正常，但故障仍然出现，则应更换巡航控制单元

续表

故障现象	可能的故障原因
车速不能设置，巡航指示灯不亮	制动灯开关电路
	离合器开关电路 A/T
	车速传感器电路
	组合仪表
	巡航控制开关电路
	巡航指示灯电路
	若上述部位检查完毕且证明各部位均正常，但故障仍然出现，则应更换巡航控制单元
可以设定车速，巡航指示灯不亮	巡航指示灯电路
	若上述部位检查完毕且证明各部位均正常，但故障仍然出现，则应更换巡航控制单元
拉回巡航控制主开关不能取消巡航控制（巡航指示灯一直亮）	巡航控制开关电路
	若上述部位检查完毕且证明各部位均正常，但故障仍然出现，则应更换巡航控制单元
拉回巡航控制主开关不能取消巡航控制（巡航指示灯熄灭）	更换巡航控制单元
当车速降到低于速度下限时，巡航控制没有取消（巡航指示灯一直亮）	车速传感器电路
	若上述部位检查完毕且证明各部位均正常，但故障仍然出现，则应更换巡航控制单元
当车速降到低于速度下限时，巡航控制没有取消（巡航指示灯熄灭）	更换巡航控制单元
踩下制动踏板不能取消巡航控制（巡航指示灯一直亮）	制动灯开关电路
	若上述部位检查完毕且证明各部位均正常，但故障仍然出现，则应更换巡航控制单元
踩下离合器踏板不能取消巡航控制（巡航指示灯熄灭）	离合器开关电路 A/T
	若上述部位检查完毕且证明各部位均正常，但故障仍然出现，则应更换巡航控制单元
踩下离合器踏板不能取消巡航控制（巡航指示灯一直亮）	更换巡航控制单元
移动换挡杆不能取消巡航控制	变速器挡位传感器电路
	若上述部位检查完毕且证明各部位均正常，但故障仍然出现，则应更换巡航控制单元
抖动（车速不稳定）	车速传感器电路
	组合仪表
	若上述部位检查完毕且证明各部位均正常，但故障仍然出现，则应更换巡航控制单元
巡航指示灯始终闪烁	TC 和 CG 端子电路
	若上述部位检查完毕且证明各部位均正常，但故障仍然出现，则应更换巡航控制单元

第二节 广州本田雅阁车系巡航控制系统电路分析、故障检修和案例精选

一、电路分析

广州本田雅阁车系巡航控制系统电路如图 5-3 所示。

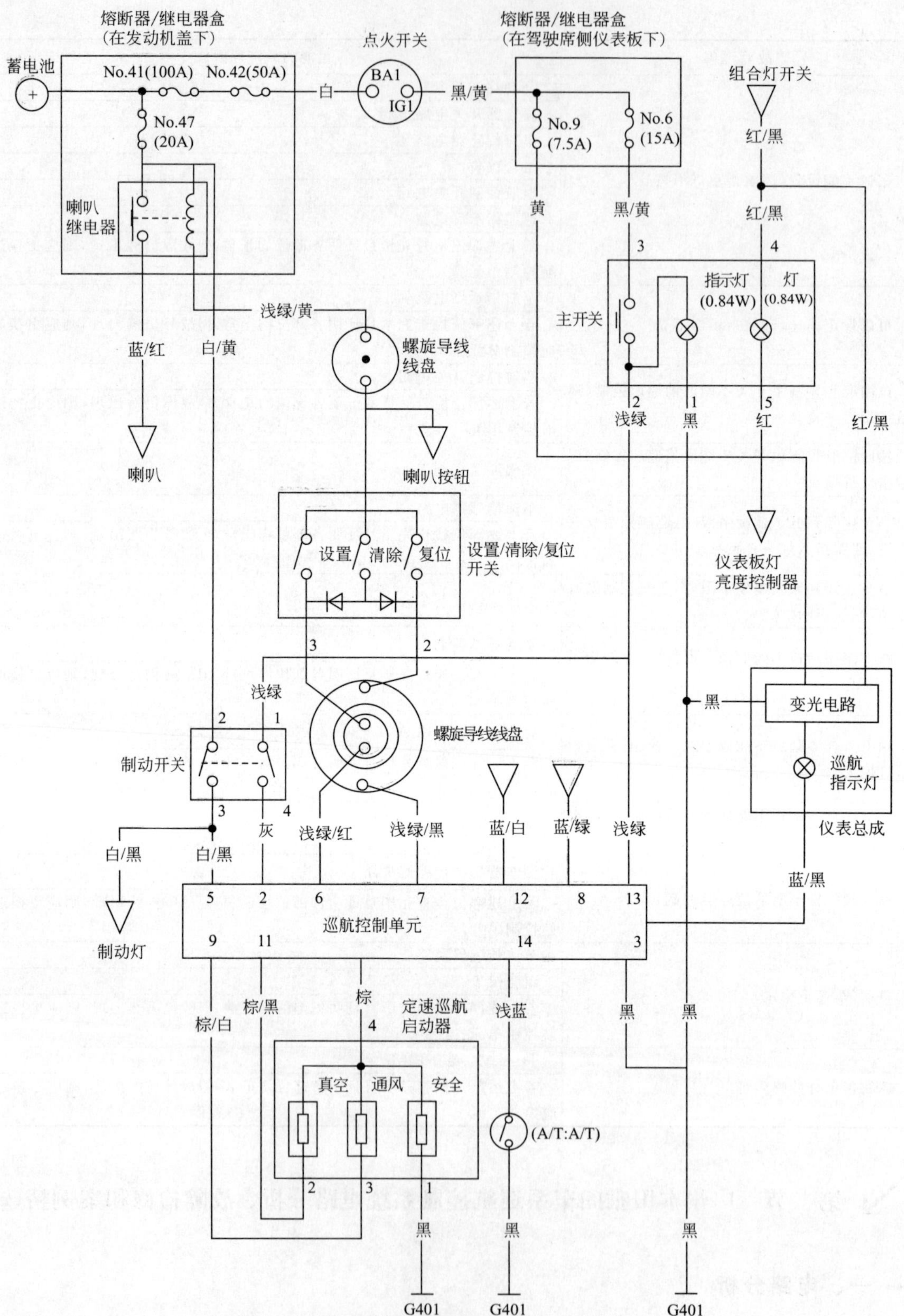

图 5-3 广州本田雅阁车系巡航控制系统电路

巡航控制系统是一种利用电子控制技术保持汽车自动等速行驶的系统。巡航控制系统可以减轻驾驶员的疲劳，改善汽车的燃料经济性和发动机的排放性能，改善汽车的行驶平顺性，提高汽车的舒适性。巡航控制 ECU 接收来自巡航控制开关、车速传感器信号和其他的开关信号，按照存储的程序对巡航系统进行控制，主要包括设定巡航车速、增加或降低巡航设定车速、取消巡航控制及取消巡航控制后的恢复巡航行驶。

当点火开关位于 IG1 位置时，通过仪表总成向巡航控制单元供电，巡航控制系统开关处于“ON”位时，巡航控制单元接收设置/清除/复位开关、制动开关等其他开关信号及传感器信号，经过处理判断，控制电脑依次发送信号给定速巡航启动器来调节节气门位置以维持所设定的汽车速度，使得所提供的动力与设定的速度相匹配。

(1) 电源供电电路　当点火开关为 IG1 挡时，蓄电池正极→熔断器/继电器（发动机盖下）100A 熔丝 No. 41→熔断器/继电器（发动机盖下）50A 熔丝 No. 42→点火开关 BA1→点火开关 IG1，此处分两路到巡航控制单元，一路为熔断器/继电器（驾驶员侧仪表板下）7.5A 熔丝 No. 9→仪表总成内变光电路→仪表总成内巡航指示灯→巡航控制单元；另一路，熔断器/继电器（驾驶员侧仪表板下）15A 熔丝 No. 6→主开关端子 3→主开关端子 2→巡航控制单元端子 13。巡航控制单元的端子 3 通过 G401 端子接地。

(2) 开关电路

① 蓄电池正极→熔断器/继电器盒（发动机盖下）20A 熔丝 No. 47→喇叭继电器端子 2→喇叭继电器线圈→喇叭继电器端子 9→螺旋导线线盘→设置/清除/复位开关→螺旋导线线盘→巡航控制单元 6、7 端子。

② 蓄电池正极→熔断器/继电器盒（发动机盖下）20A 熔丝 No. 47→制动开关端子 2→制动开关端子 3→巡航控制单元端子 5。当踩下制动踏板时，制动开关接通，此电路接通。

③ 巡航电控单元的端子 14 接 A/T 开关，并通过 G401 接地。当各开关电路接通时，与之相对应的指示灯亮。

(3) 巡航控制执行器电路　定速巡航启动器的端子 1 与接地端子 G401 相连。定速巡航启动器的 2、3 端子分别与巡航电控单元的端子 11、9 相连。

知识拓展

在没有按“ON/OFF”开关时，如果仪表盘里“CRUISE”灯点亮或闪烁，或按下“ON/OFF”开关后，“CRUISE”灯不亮，说明巡航控制系统有故障。

二、故障检修

对巡航控制系统进行检修时，应先对巡航控制系统进行功能测试，以确定巡航控制系统的故障现象。如果确认巡航控制系统有故障，首先应进行直观检查，检查巡航控制系统的线束及插接器是否完好，真空管是否脱落或损坏，部件是否丢失或损坏等。直观检查后根据故障现象进行故障征兆诊断，还可以通过检测巡航控制单元的端子电压或电阻确定故障的范围，然后通过对部件的检查，确定故障的具体位置，并对有故障的部件进行修理或更换。

三、案例精选

制动开关故障，车速不能被设定。

（1）故障现象　一辆行驶 3 万公里的雅阁轿车，在巡航控制系统规定的车速范围内，巡航车速不能被设定。

（2）故障诊断与处理

① 外观检查　首先检查相关保险丝、熔断器是否烧断，结果未发现异常。

② 检查巡航控制系统相关线路、连接器　从外部直接观察是否有破损、锈蚀和连接不良等，检查后未发现上述故障。

③ 检测巡航控制主开关及相关电路　首先拆下位于仪表板下的巡航控制单元，但拆下的同时保持巡航控制单元与线束插接器连接。打开点火开关，使巡航控制主开关接通，检测巡航控制单元端子 13（浅绿色线束）与搭铁之间的电压（在巡航控制单元与线束插接器连接的情况下，用万用表插头从插接器后边检测 13 端子的电压），检测得的电压值应为 12V；使巡航控制主开关关闭，检测得的电压值应为 0V。测得结果与上述值相同，由此断定巡航控制主开关及其电路无故障，检查下一个有可能出现的故障的部位。

④ 检测设置/清除/复位开关及相关电路　首先检查各相关插接器完好无故障。按下位于转向盘上的设置开关保持不动，检测巡航控制单元端子 6（浅绿/红线束）与搭铁间的电压（在巡航控制单元与线束插接器连接的情况下，用万用表插头从插接器后边测量 6 端子电压），检测的电压值应为 12V；松开设置开关的情况下，电压值应为 0V，由此断定巡航控制设置开关及电路正常。按下复位开关并保持接通，此时检测巡航控制单元端子 7（浅绿/黑线束）与搭铁间电压（在巡航控制单元与线束插接器连接的情况下，用万用表插头从插接器后边测量端子电压），电压值应为 12V；松开复位开关，其电压值应为 0V。测得的电压值符合上述值，由此断定巡航控制复位开关及电路正常。按上述方法检查清除开关，测得的结果正常，说明巡航控制清除开关及电路正常。综上所述，设置/清除/复位开关及相关电路正常，检查下一个可疑部位。

⑤ 制动开关及相关电路检查　使点火开关和巡航控制主开关保持接通，检测巡航控制单元端子 2（灰色线束）与搭铁间的电压（在巡航控制单元与线束插接器连接的情况下，用万用表插头从插接器后边测 2 号端子电压），应为 12V，但测得电压值为 0V，制动踏板踩下时，检测其电压值仍为 0V。由此可以判断，故障发生在制动开关或其相关电路。随后将制动开关线束插接器拔下，用万用表测量制动开关端子 2（灰色线束）与端子 4（灰色线束）之间是否导通，测量显示制动踏板无论是踏下还是松开，制动开关端子 2 和端子 4 都没有导通的迹象（应该是制动踏板踩下时不导通，松开时导通），断定故障在制动开关。

⑥ 制动开关的更换　将一个新的制动开关换上，安装好制动开关线束插接器，连接和安装所有拆卸部件。

相关链接

行驶试验

将汽车行驶到 60km/h，按下巡航控制主开关，按下设置开关后松开，并松开油门踏板，汽车以 60km/h 的速度稳定行驶。当按下复位开关时，汽车速度逐渐增加，增加至 75km/h 时松开复位开关，汽车将从 75km/h 逐渐降低，当降至 65km/h 时松开设置开关，汽车以 65km/h 速度稳定行驶。当按下取消开关时，汽车速度会逐渐降低，也就是说巡航控制被解除了。当汽车速度降低至 55km/h 时按下复位开关，汽车又恢复巡航行驶。经过此一系列的测试说明巡航控制系统工作正常，此故障被排除。

第三节 一汽马自达6车系巡航控制系统电路分析、故障检修和案例精选

一、电路分析

一汽马自达6车系巡航控制系统电路如图5-4所示。

巡航控制系统实际上是一个模块控制的具有速度自动调节的控制系统，主要通过巡航控制执行器来调节节气门的开度从而调节车速。此系统可以改善汽车的平顺性，降低驾驶者的疲劳感，该系统主要包括蓄电池、巡航执行器、离合器或变速器挡位开关、制动开关、巡航控制开关、模块PCM以及各相连的插接器等。

（1）电源供电电路　蓄电池正极→连接器X-01→40A熔丝IGKEY1→连接器X-01→连接器X-05的B端子→点火开关IG1端子→15A熔丝METER IG→连接器Q-02→连接器Q-01的L端子，为巡航执行器供电。

①、②为系统的搭铁线束，此系统的各线路通过此点搭铁构成回路。

（2）开关电路　此系统的开关包括巡航控制开关、离合器开关或变速器挡位开关、制动开关。

① 巡航控制开关电路　当按下巡航控制开关时，连接器Q-01的J端子→连接器X-04→螺旋电缆→巡航控制开关→②线束搭铁→蓄电池负极。

② 设定/减速、恢复/加速和取消开关电路　当需要时，按下其中的开关，连接器Q-01的J端子→连接器X-04→设定/减速、恢复/加速、取消开关→连接器X-04→②线路束搭铁→蓄电池负极。

当汽车在巡航车速控制范围内（40～200km/h）时，按下设定/减速（SET/COAST）开关，汽车将减速，当松开此按钮时，汽车将以此速度巡航行驶；当按住恢复/加速（RESUME/ACCEL）时，汽车将一直加速，松开此按钮时，汽车将以此速度巡航；当按下取消（CANSEL）开关时，巡航控制被取消。

③ 离合器开关电路　离合器开关装在配有手动变速器的汽车上，当踩下离合器时，离合器开关闭合，巡航控制执行器F端检测电压减小，巡航执行器电源被切断，巡航控制被取消。

④ 变速器挡位开关电路　变速器挡位开关装在配有手动变速器的汽车上，当自动变速器在P或N挡时巡航控制取消。

⑤ 制动开关电路　巡航控制执行器的C端子和K端子分别连接制动开关，当踩下制动踏板时，巡航控制将被取消。

（3）执行器电路　巡航执行器的H端子和G端子连接仪表盘，H端子为巡航控制指示灯驱动信号；巡航执行器的E端子连接PCM，接收PCM的控制信号；巡航执行器的A端子为车速信号输入端，经ABS或DSC控制单元输入；巡航执行器的I端子接①号线束，为搭铁端。

二、故障检修

对巡航控制系统进行检修时，应先对巡航控制系统进行功能测试，确定巡航控制系统有无故障。

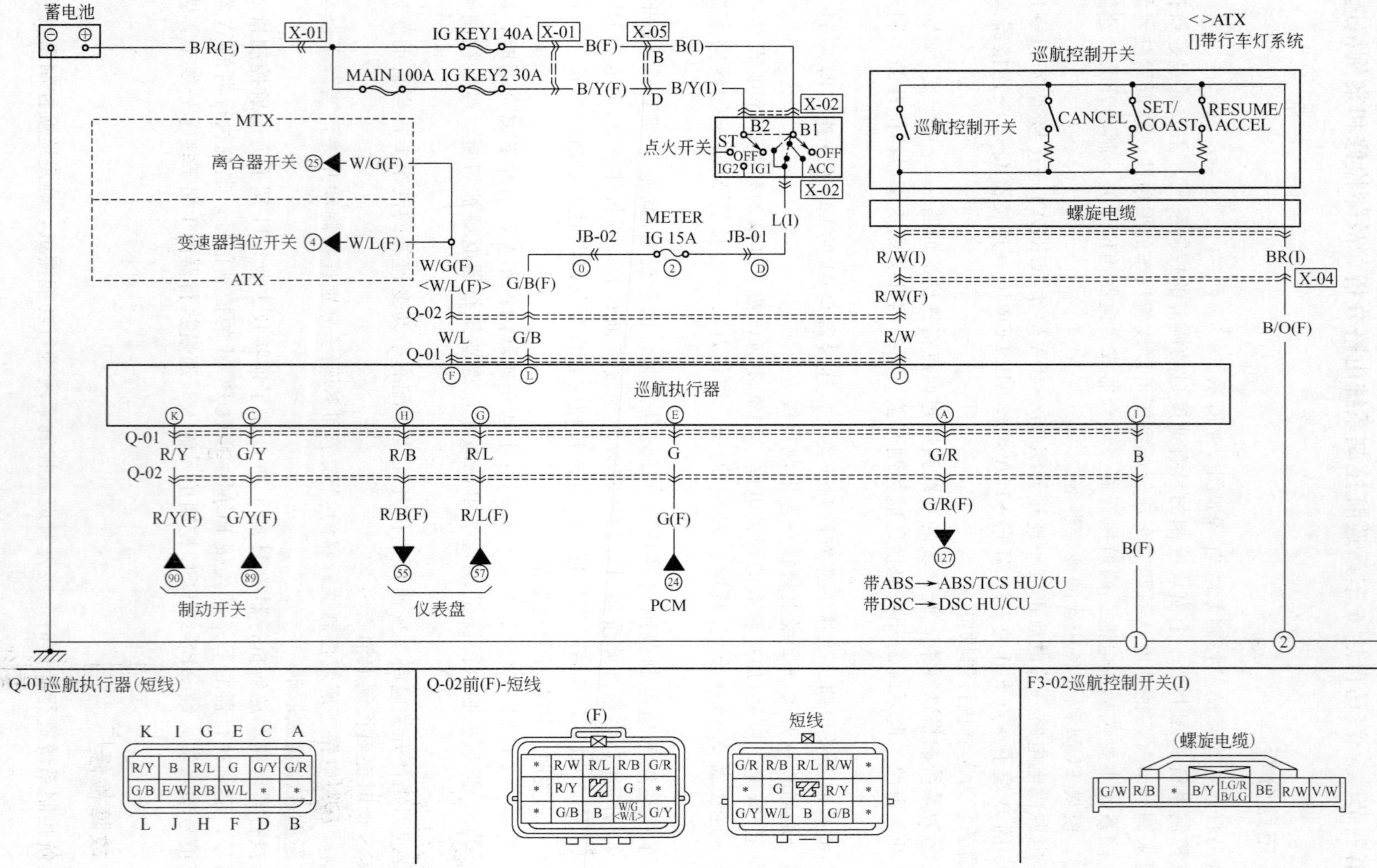

图 5-4 一汽马自达 6 车系巡航控制系统电路

三、案例精选

巡航控制开关（SET/COAST）的诊断与处理

（1）注意　检查巡航控制执行器端子J和搭铁电路间的电阻，若不是675Ω左右时，可能显示故障码“DTC21”。

（2）可能原因

① 巡航控制开关故障。

② 螺旋电缆故障。

③ 巡航控制开关和巡航执行器间故障。

④ 搭铁不良

⑤ 巡航控制执行器故障。

⑥ 螺旋电缆与搭铁故障。

（3）检修步骤

① 首先检查巡航控制开关到执行器的信号线　断开巡航执行器连接器端子，打开设定/减速（SET/COAST）开关，测量巡航执行器端子J处的电阻是否为675Ω。若是，按下项检查；否则，更换巡航执行器。

② 检测巡航控制开关　巡航控制开关各端子是否有接触不良、锈蚀、松动等。若是，更换巡航控制开关；否则，按下项检查。

③ 检测螺旋电缆　检查各端子是否接触良好，整体及外观是否良好。若是，按下项检查；否则，更换螺旋电缆。

④ 检测螺旋电缆和搭铁间的导通性　先观察巡航控制开关插头是否良好，若良好，断开巡航控制开关插头，观察螺旋电缆插头端子C和搭铁间是否导通。

若是，处理巡航执行器至螺旋电缆；若不是，处理螺旋电缆至搭铁电路。

电源分配系统电路分析、故障检修和案例精选

第一节　电源分配系统工作原理、电路识图和故障检修

一、电源分配系统概述

随着电控技术在汽车上越来越广泛的应用，汽车上的用电设备越来越多，电源的分配关系也日益复杂。为了简化汽车电路，便于制造绘图和维修，在汽车上专门把电源分配系统单独地分离出来，称这部分为电源分配系统。

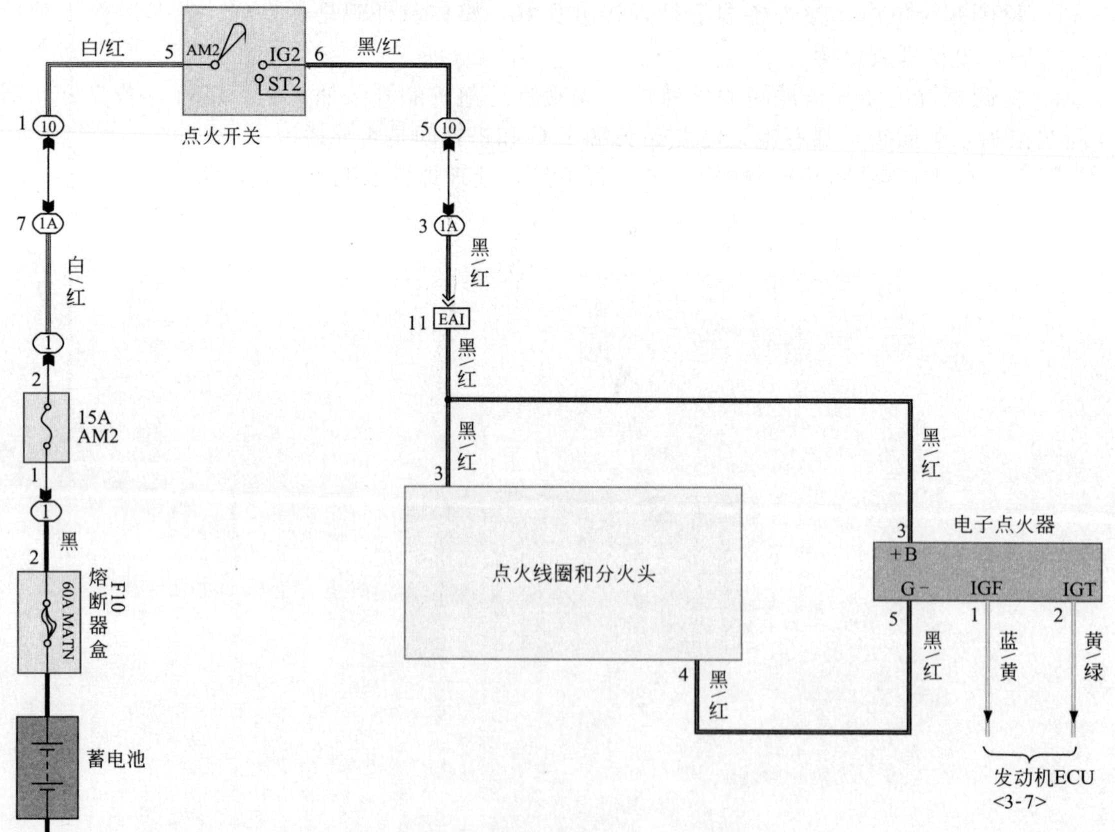

图 6-1　一汽丰田汽车点火电路

二、电源分配系统的组成及工作原理

电源分配系统一般是指从蓄电池正极接线柱，经各熔断器、继电器主要控制开关到进入各用电系统为止的电路。由于汽车上的用电设备（例如启动机）都直接或间接地与蓄电池相连，所以电源分配系统是各用电设备电源的必经之路。电源分配系统中的熔断器对用电设备起着保护作用，在用电设备电路或用电设备发生故障电流过大时，熔断器熔断，切断用电设备电源。电源分配系统中的继电器和主要控制开关（例如点火开关、灯光开关等）用来控制汽车各系统（例如发动机、灯光等）的电源电路。

电源分配系统中的熔断器、继电器往往集中在一起组成继电器熔断器盒，安装在发动机舱或仪表台上，电路比较复杂。为了绘图方便、简化电路图、便于识图，在有的电路图上往

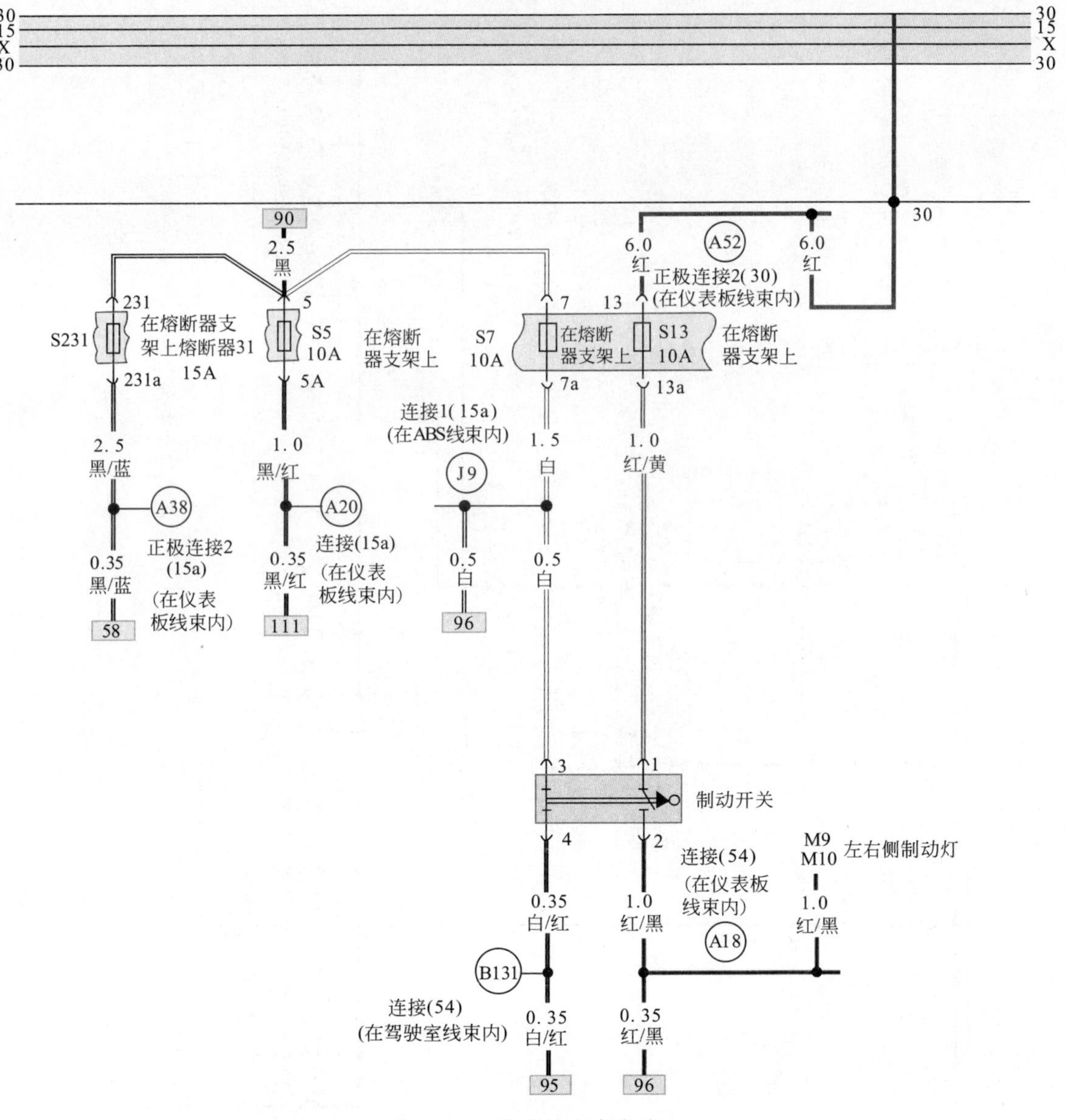

图 6-2 一汽奥迪汽车电路

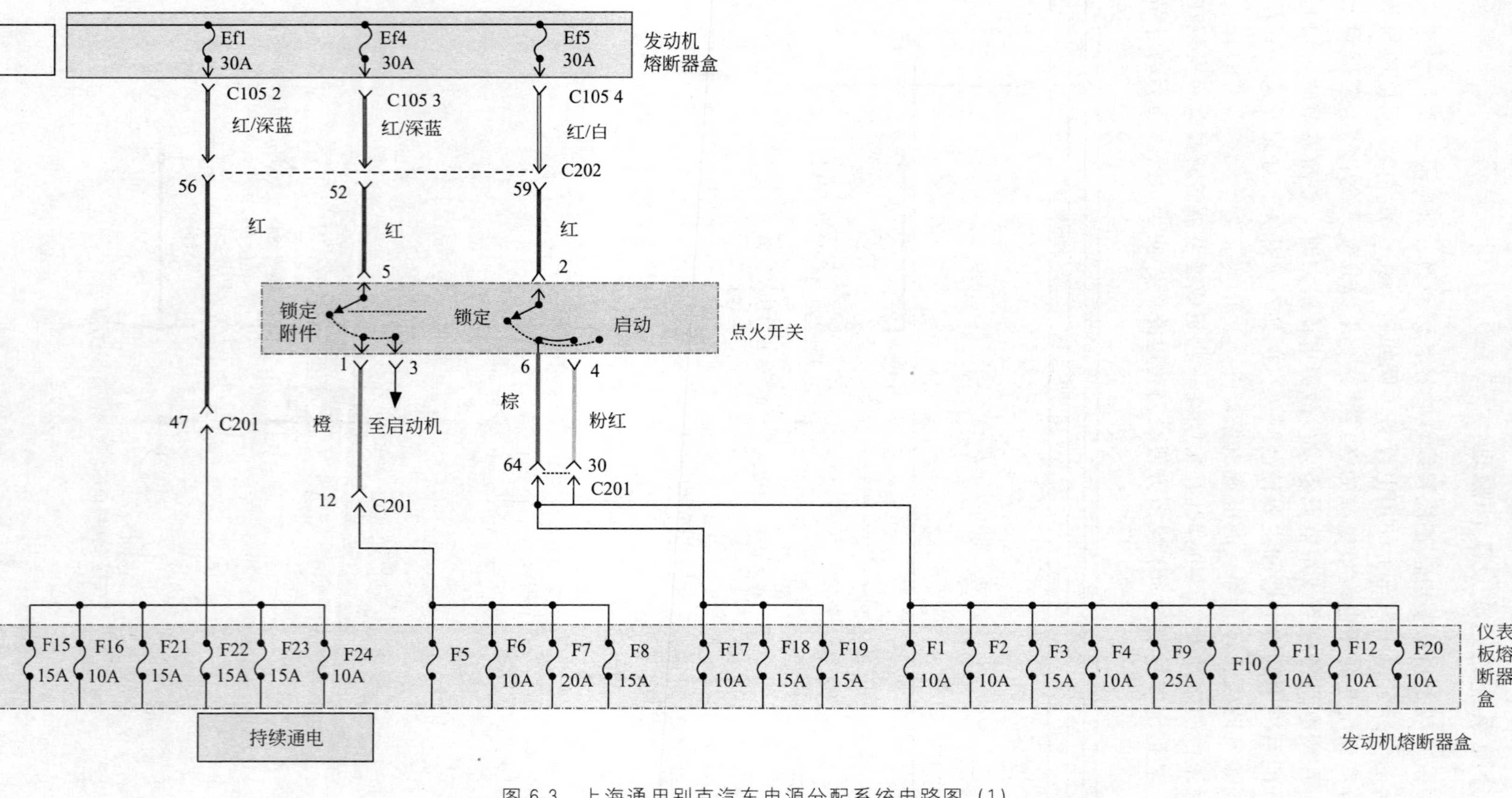

图 6-3 上海通用别克汽车电源分配系统电路图（1）

往只画出与用电设备有关的熔断器、继电器、控制开关等，然后再在电路图上部或下部标明它们的名称、规格以及在继电器、熔断器盒中的位置等，例如一汽丰田车系，如图 6-1 所示；也有的车型在电路图上只画出用电设备电路，用文字说明参考电源分配图的位置，再把电源分配图单独画出来，例如上海通用车系；还有的是把电源分配成主要电源线，把与用电设备有关的电源分配图画在电路图中，例如一汽大众、一汽奥迪等车系，如图 6-2 所示。

三、电源分配系统识图示例

上海通用别克汽车电源分配系统的电路如图 6-3～图 6-9 所示。

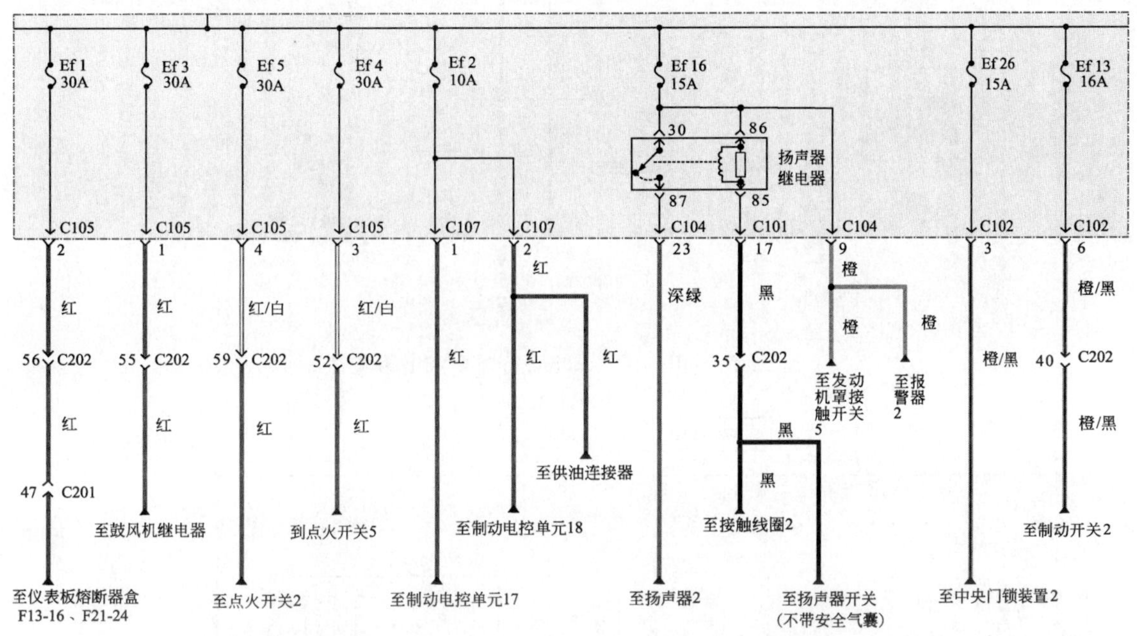

图 6-4 上海通用别克汽车电源分配系统电路图（2）

蓄电池电源正极经发动机熔断器盒后分为四部分电路，即持续通电电路、常电源电路、点火开关电路和仪表板熔断器盒电路。

（1）持续通电电路 持续通电电路的条数最多，用来向电动车窗、照明信号系统、电动后视镜、制动系统、发动机电控单元等系统供电，是车身用电器重要的供电电路。

（2）常电源电路 常电源电路主要是向点火继电器供电。点火继电器受发动机电控单元 ECM 的控制，在点火继电器触点闭合后，蓄电池通过点火继电器触点向喷油器、凸轮轴位置传感器、冷却风扇继电器等供电。

（3）点火开关电路 点火开关电路受点火开关的控制，把点火开关电路分为启动机电路和仪表板熔断器盒电路。启动机电路在点火开关置于启动挡时向启动机电磁开关供电，用来控制启动机的工作。仪表板熔断器盒电路通过仪表板熔断器向相应的用电器、控制器供电。

（4）仪表板熔断器盒电路 仪表板熔断器盒电路用来直接向相应的用电器、控制器供电。

启动机的电源电路在电源分配系统的电路图上并没有画出，由蓄电池直接向启动机供电。

电源分配系统的电路条数虽然众多，但是并不复杂，每条电路都非常清晰易懂。只要按

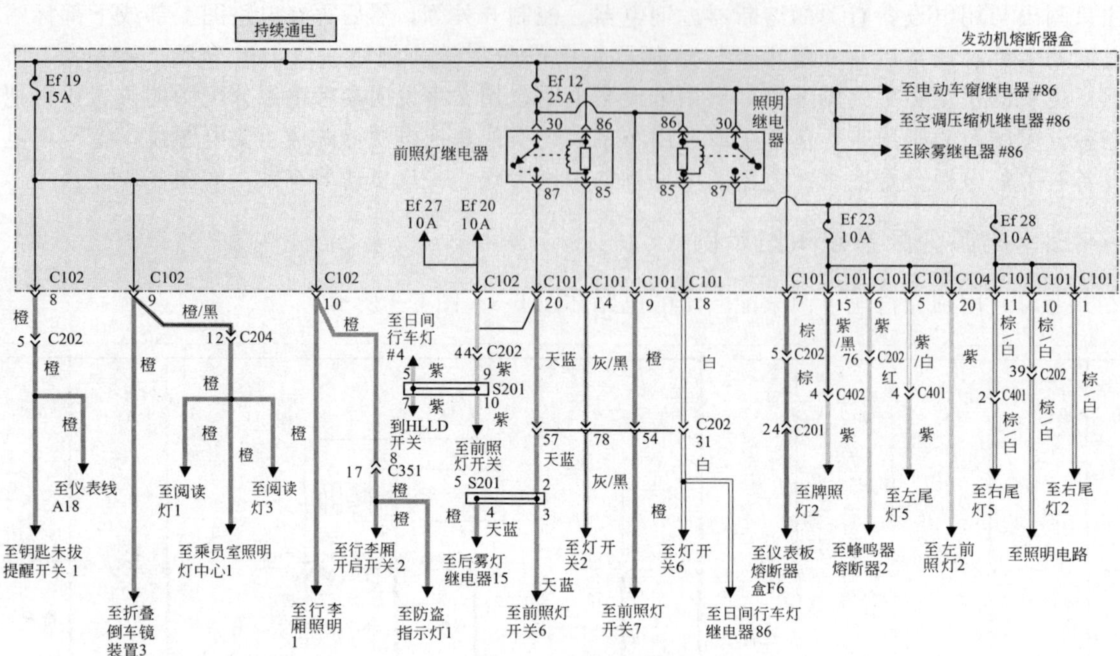

图 6-5 上海通用别克汽车电源分配系统电路图（3）

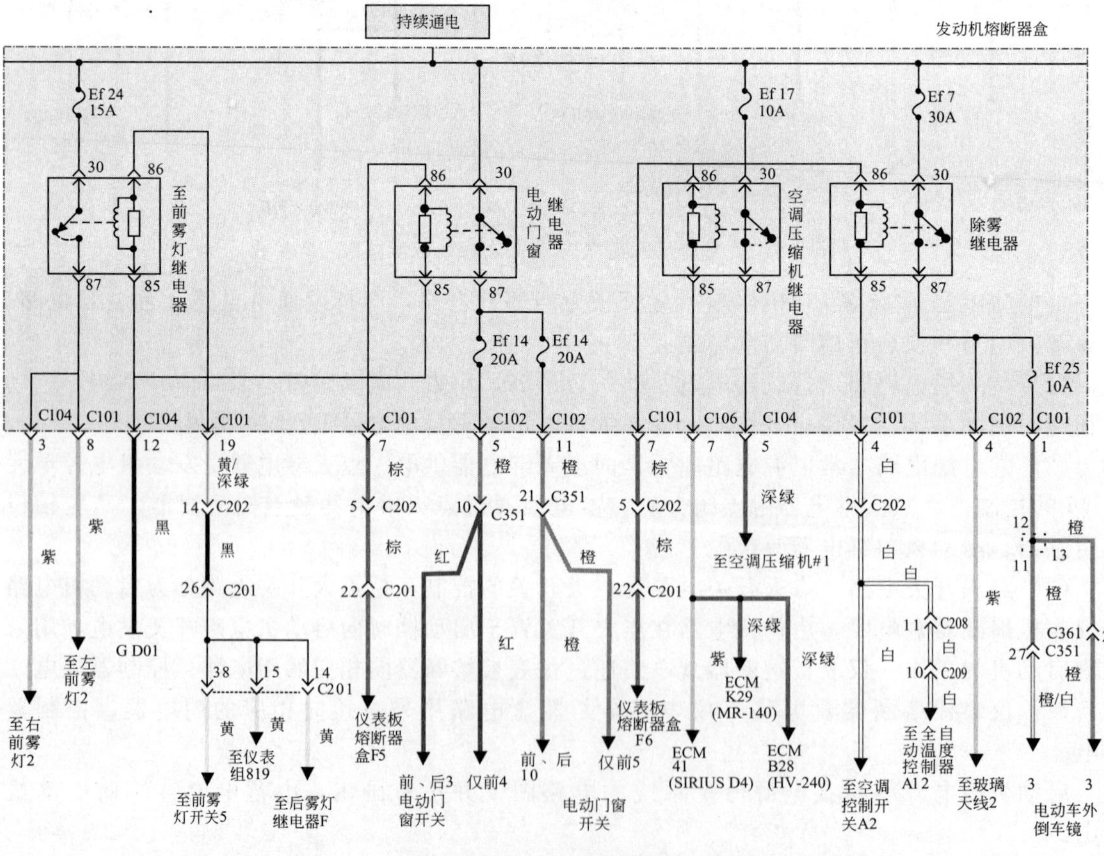

持续通电

发动机熔断器盒

Ef 24 15A　　Ef 14 20A　　Ef 14 20A　　Ef 17 10A　　Ef 7 30A　　Ef 25 10A

至前雾灯继电器　　电动门窗继电器　　空调压缩机继电器　　除雾继电器

C104　C101　C104　C101　C101　C102　C102　C101　C106　C104　C101　C102　C101

紫　黑　黄/深绿　棕　橙　红　深绿　白　橙/白

C202　C201　C351　C208　C209　C361

G D01

至右前雾灯2　　至左前雾灯2　　至前雾灯开关5　　至仪表组819　　至后雾灯继电器F　　仪表板熔断器盒F5　　前、后3电动门窗开关　　仅前4　　前、后10　　仅前5　　电动门窗开关　　仪表板熔断器盒F6　　至空调压缩机#1　　ECM K29 (MR-140)　　ECM 41 (SIRIUS D4)　　ECM B28 (HV-240)　　至空调控制开关A2　　至全自动温度控制器A12　　至玻璃天线2　　电动车外倒车镜 3　3

图 6-6 上海通用别克汽车电源分配系统电路图（4）

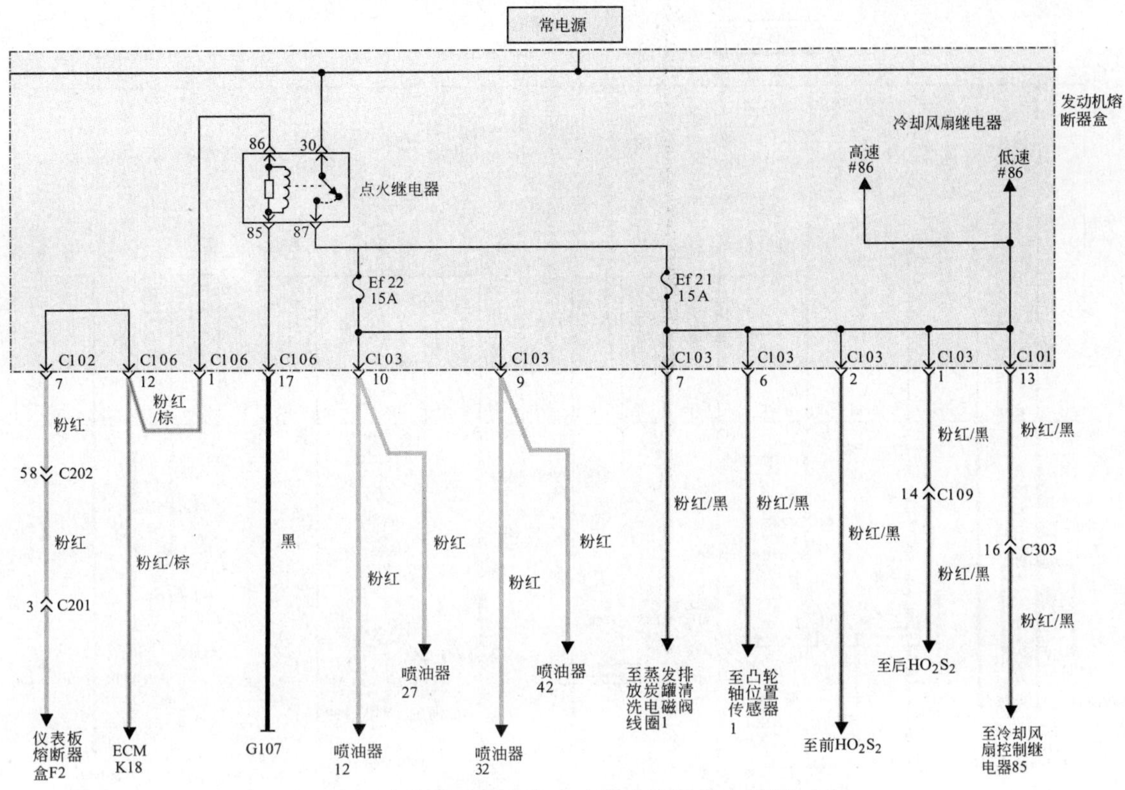

图 6-7 上海通用别克汽车电源分配系统电路图（5）

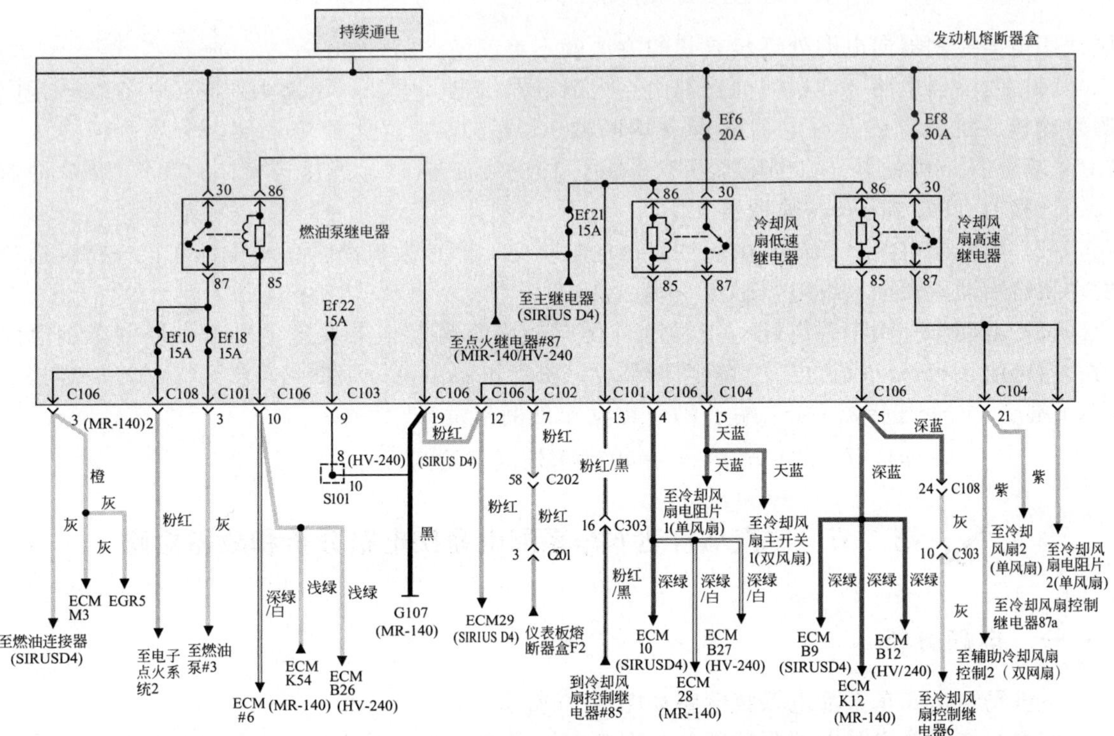

图 6-8 上海通用别克汽车电源分配系统电路图（6）

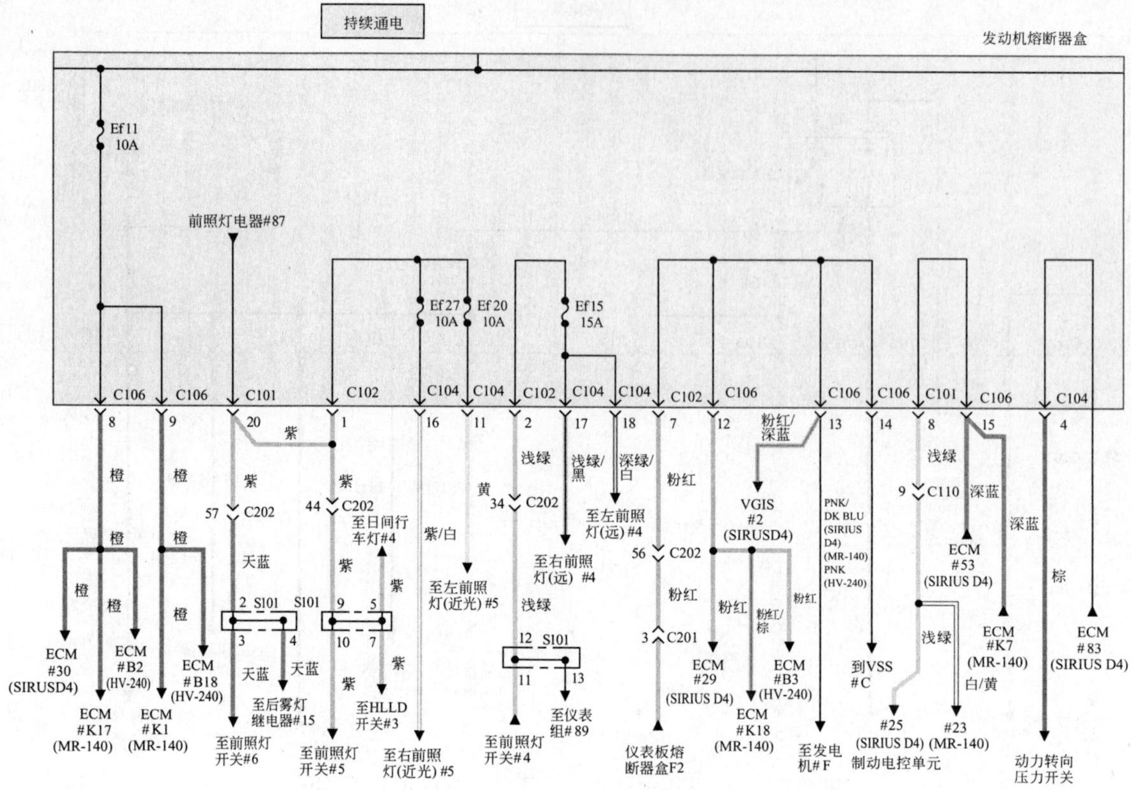

图 6-9 上海通用别克汽车电源分配系统电路图（7）

照从用电器控制器向电源处逐步查找的方法就不难读懂，示例如下。

（1）喷油器电路　四根喷油器都由点火继电器供电。喷油器电路为：蓄电池正极→常电源发动机熔断器盒点火继电器触点→熔断器 Ef22（15A），此处分 4 路，分别为：连接器 C103 端子 10→喷油器 27、连接器 C103 端子 10→喷油器 12、连接器 C103 端子 9→喷油器 42、连接器 C103 端子 9→喷油器 32。

（2）燃油泵电路　燃油泵由燃油泵继电器供电。燃油泵电路为：蓄电池正极→持续通电发动机熔断器盒燃油泵继电器触点→燃油泵＃3。

（3）电动车外倒车镜电路　电动车外倒车镜由除雾继电器供电。电动车外倒车镜电路为：蓄电池正极→持续通电发动机熔断器盒除雾继电器触点→熔断器 Ef25（10A）→连接器 C101 端子 1 ——→连接器 C361 端子 27→电动车外倒车镜 3。

└→连接器 C351 端子 27 → 电动车外倒车镜 3。

第二节　一汽马自达 6 车系配电系统电路分析和故障检修

一、电路分析

一汽马自达 6 车系配电系统电路如图 6-10 所示。

配电系统是独立的电源分配部分，在现代汽车上，各种形式的用电器被广泛使用，电源的分配关系越来越复杂。配电系统的电路一般从蓄电池正极开始，经各电路保护元件（易熔

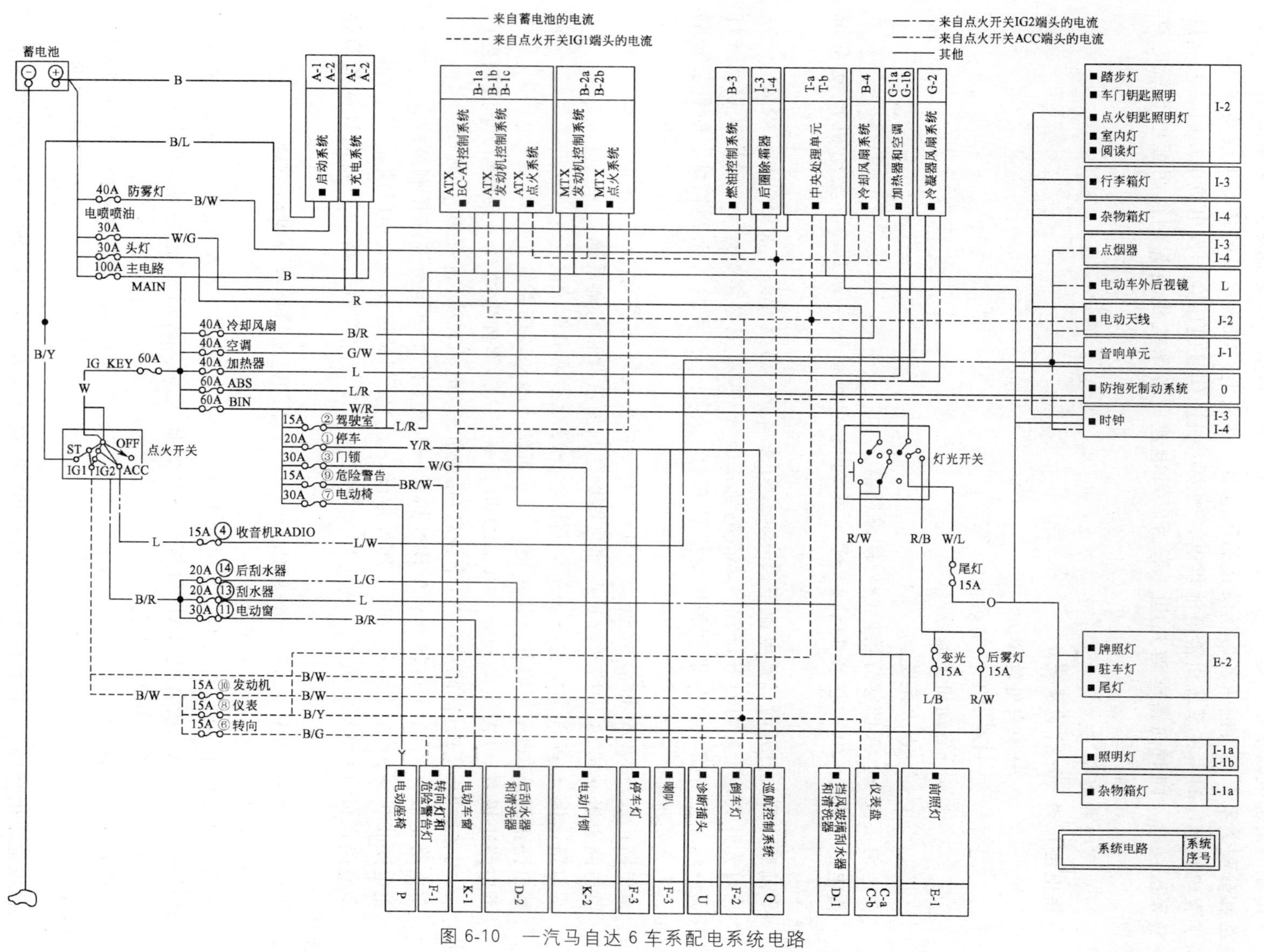

图 6-10 一汽马自达 6 车系配电系统电路

丝、熔断器等）和主要开关、继电器及电路连接器等，到达各系统或用电器。

在配电系统中以主要开关（点火开关、灯光开关）和主要继电器为主干，画出各条电源电路和分配关系，最后标明各熔丝所接的用电器。在发电机没有启动的情况下或蓄电池电压高于发电机电压时，各系统由蓄电池供电；当发电机工作且电压高于发电机电压时，发电机向各系统供电，同时向蓄电池充电。下面以蓄电池向各系统供电为例说明配电系统电路情况。

（1）常电源电路

蓄电池正极→启动系统。
→中央处理单元。
→EC-AT 控制系统(ATX)。
→发动机控制系统。
→点火系统。

蓄电池正极→40A 防雾灯熔丝→后圈除箱器。

蓄电池正极→30A 电喷喷油熔丝→发动机控制系统（MTX）/发动机控制系统（ATX)。

当前照灯开关打开时，蓄电池正极→30A 灯头熔丝→灯光开关→前照灯和仪表盘。

当灯光开关位于尾灯打开位置时，蓄电池正极→100A 主电路熔丝→60ABIN 熔丝→灯光开关→15A 尾灯熔丝，分别到牌照灯、驻车灯、尾灯、照明灯、杂物箱灯、时针、音响单元、中央处理器。

蓄电路正极→100A 主熔丝→60A ABS 熔丝→防抱死制动系统。

蓄电路正极→100A 主熔丝→40A 加热器熔丝→加热器和空调系统。

蓄电路正极→100A 主熔丝→40A 空调熔丝→冷凝器风扇系统。

蓄电路正极→100A 主熔丝→40A 冷却风扇熔丝→冷却风扇系统。

蓄电路正极→100A 主熔丝→60A BIN 熔丝→15A②驾驶室熔丝→踏步灯/车门钥匙照明/点火钥匙照明/室内灯/阅读灯/行李箱灯/杂物箱灯/电动天线/音响单元/时针

蓄电路正极→100A 主熔丝→60A BIN 熔丝→20A①停车熔丝→巡航控制系统。

蓄电路正极→100A 主熔丝→60A BIN 熔丝→30A③门锁熔丝→电动门锁。

蓄电路正极→100A 主熔丝→60A BIN 熔丝→15A⑨危险警告熔丝→转向灯和危险警告灯。

蓄电路正极→100A 主熔丝→60A BIN 熔丝→30A⑦电动椅熔丝→电动座椅。

（2）点火开关位于 ACC 时电路

当点火开关位于 ACC 位置时，蓄电池正极→100A 主熔丝→60A IG KEY 熔丝→点火开关 ACC 触点→150A④收音机 RADIO 熔丝→点烟器/电动车外后视镜/电动天线/时钟。

（3）点火开关位于 IG1 时电路

蓄电池正极→100A 主熔丝→60A BIN 熔丝→点火开关 IG1 触点→EC-AT 控制系统（ATX)。
→发动机控制系统。
→点火系统。

蓄电池正极→100A 主熔丝→60A IG KEY 熔丝→点火开关 IG1 触点→15A⑩发动机熔丝→防抱死制动系统→加热器和空调→冷却风扇系统→后窗除霜器→燃油控制系统→点火系统/发动机控制系统。

蓄电池正极→100A 主熔丝→60AIG KEY 熔丝→点火开关 IG1 触点→15A⑧仪表熔丝→诊断插头→巡航控制系统→仪表盘→中央处理单元→电动天线→发动机控制系统（ATX）/点火系统（ATX）。

蓄电池正极→100A 主熔丝→60AIG KEY 熔丝→点火开关 IG1 触点→15A⑥转向熔丝→转向灯和危险警告灯。

二、故障检修

对于配电系统的检查，无非是对熔断器、继电器以及连接器或是开关的检查，此外，线路检查也是一个不可忽视的部分。当配电系统出现故障时，应参阅系统电路图，以电路图为诊断诊断起点，然后进行系统检查。

（1）熔断器及线路的检修　熔断器的作用是保护电路及电路中的各用电器，防止电路中电流中过大。当配电系统有故障时，首先检查熔丝是否烧断，用万用表或目测对其检查。用万用表对其检查时，将万用表调至电阻挡，测量熔丝两端的电阻测得的电阻为无穷大，则熔断器烧断，对各段电路进行测量，查出使熔断器烧断的原因，分别测量熔断器的电源端和电器端是否有电压或搭铁，如出现不正常的现象，应沿着路线继续查找，直至查到有电源和搭铁为止。在对熔断器进行更换时，需更换与原规格相同的熔断器。

（2）继电器线路的检修　继电器的作用是控制电路的通断，实现小电流控制大电流，保护电路中开关和电路的转换。根据其触点的情况不同，又可分为常闭型继电器和常开型继电器。对于继电器的检查，应使用万用表的电阻挡测量继电器线圈的电阻。若是常闭型继电器，对线圈施加电压，此时常闭触点应断开，用万用表欧姆挡测得其两点触点间电阻应为无穷大；若是常开型继电器，对线圈施加电压，此时常开触点应闭合，用万用表的欧姆挡测得其两触点间电阻应为 0Ω。对继电器线圈检查时，测量其电阻应不存在开路现象。

（3）开关及线路的检修　点火开关和组合开关是汽车中常用的两种开关，怀疑有开关出现故障时，应根据其不同的功能用万用表的欧姆挡或电压挡对其进行测量，使开关处于不同的挡位，根据相关连线上的插接器端子进行测量，其相关测量值应符合规定值，若有异常应对其进行维修或整体更换。

（4）连接器及相关线路的检修　连接器的另一种称法是插接器，它在线束间或是导线间的连接器件。为了防止汽车行驶中产生振动，使连接器松开，连接器间都采用了闭锁装置。连接器的故障有端子脏污或松脱、端子接触不良等。在对连接器针脚端进行检测时，特别注意不能碰触临近的其他针脚；对连接器针孔端进行检测时，应注意选择合适的探针，防止针孔处过大，产生接触不良的现象；若有接触不良的现象，应拆开连接器，拔出导片，再维修连接器端子。

知识拓展

对于连接器及线路的检查，一是利用万用表电压挡，查看线路图中的导线分布，检查其电压；二是利用万用表电阻挡沿导线检查其通断及搭铁情况。

发动机电控系统电路分析、故障检修和案例精选

第一节　发动机电控系统结构、工作原理和故障检修

汽车电控技术的发展主要是指发动机电控技术的发展。随着发动机电控技术的发展，汽车上越来越多的系统被发动机电控单元控制，发动机电控系统的电路也变得越来越复杂，有时需要几张图才能把整个控制系统电路表达出来，给读懂电路图增加了困难。

发动机电控系统的电路虽然庞大复杂，但是却有规律可循。发动机电控系统电路依照各控制系统的功能不同可分为点火系统、启动充电系统、怠速控制系统、进气控制系统和废气排放控制系统等几个子系统电路。各子系统里的电路又可根据元器件的功能不同分为电源电路、信号输入电路和执行器工作电路三部分，各个子系统都受发动机电控单元的控制。在绘制电路图的时候尽可能地把同一系统的电路绘制在一起。按照上面的思路对发动机电控系统先进行分析，然后再去分析各子系统，读懂发动机电控系统电路并不是太难。

一、M7 发动机管理系统概述

现以 M7-Motronic 发动机管理系统为例加以说明。

发动机管理系统通常主要由传感器、发动机控制单元（ECU）、执行器三个部分组成，对发动机工作时的吸入空气量、喷油量和点火提前角进行控制，其基本结构如图 7-1 所示。

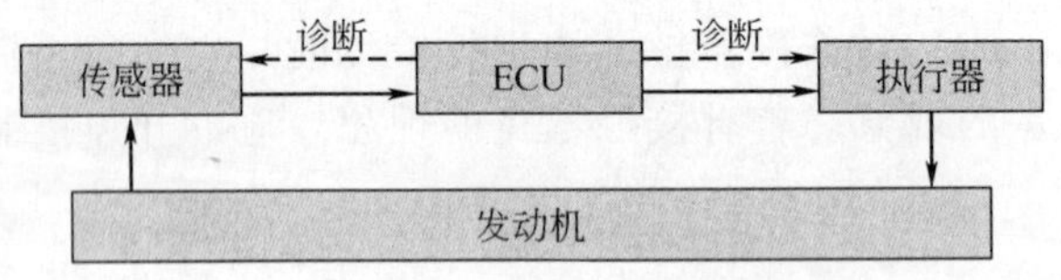

图 7-1　M7 发动机电控系统的组成

在发动机电控系统中，传感器作为输入部分，用于测量各种物理信号（温度、压力等），并将其转化为相应的电信号；ECU 的作用是接受传感器的输入信号，并按设定的程序进行计算处理，产生相应的控制信号输出到功率驱动电路，功率驱动电路通过驱动各个执行器执行不同的动作，使发动机按照既定的控制策略进行运转；同时 ECU 的故障诊断系统对系统中各部件和控制功能进行监控，一旦探测到故障并确认后，则存储故障码，调用“跛行回家”功能，当探测到故障被消除，则正常值恢复使用。

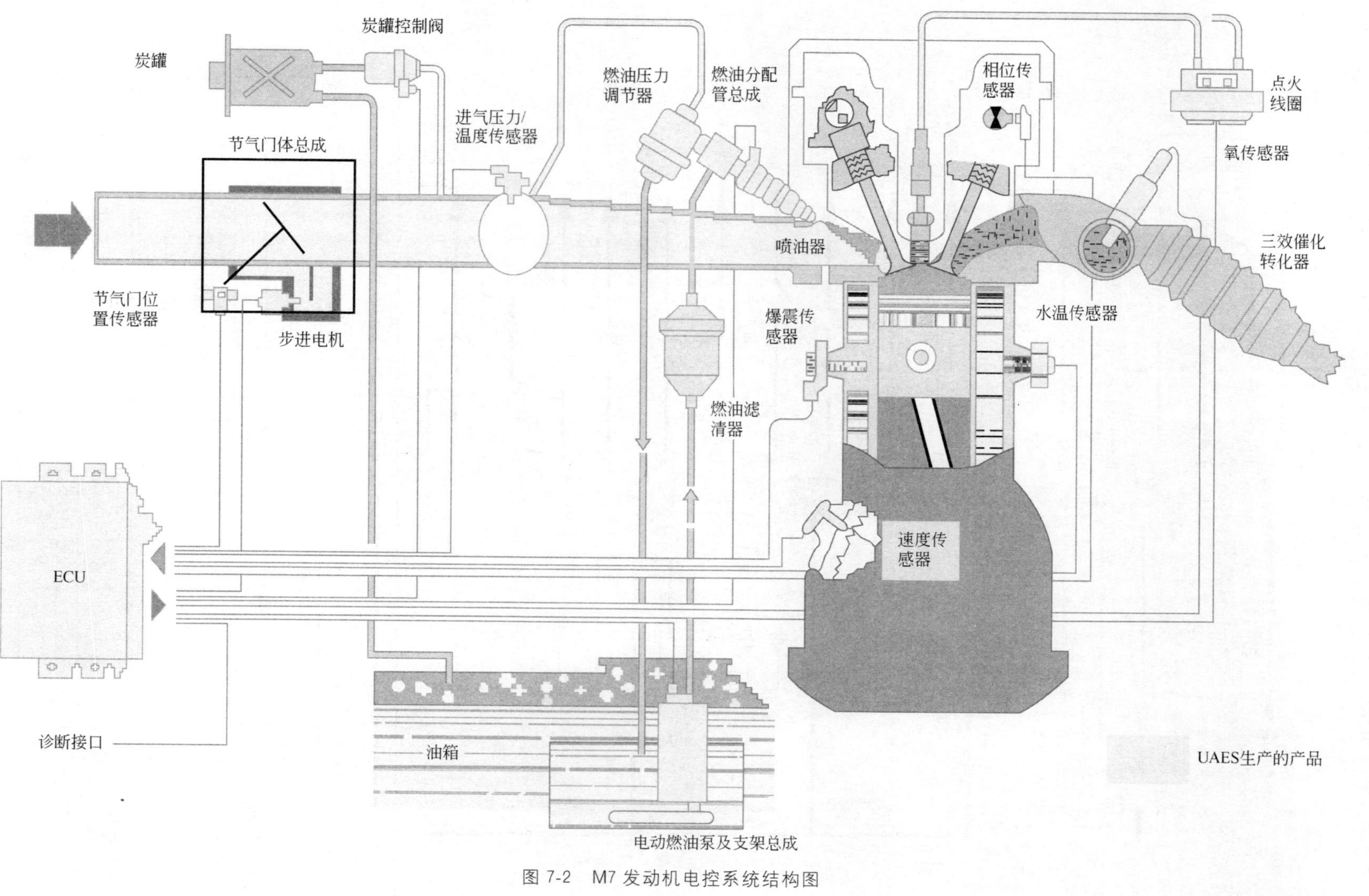

图 7-2 M7 发动机电控系统结构图

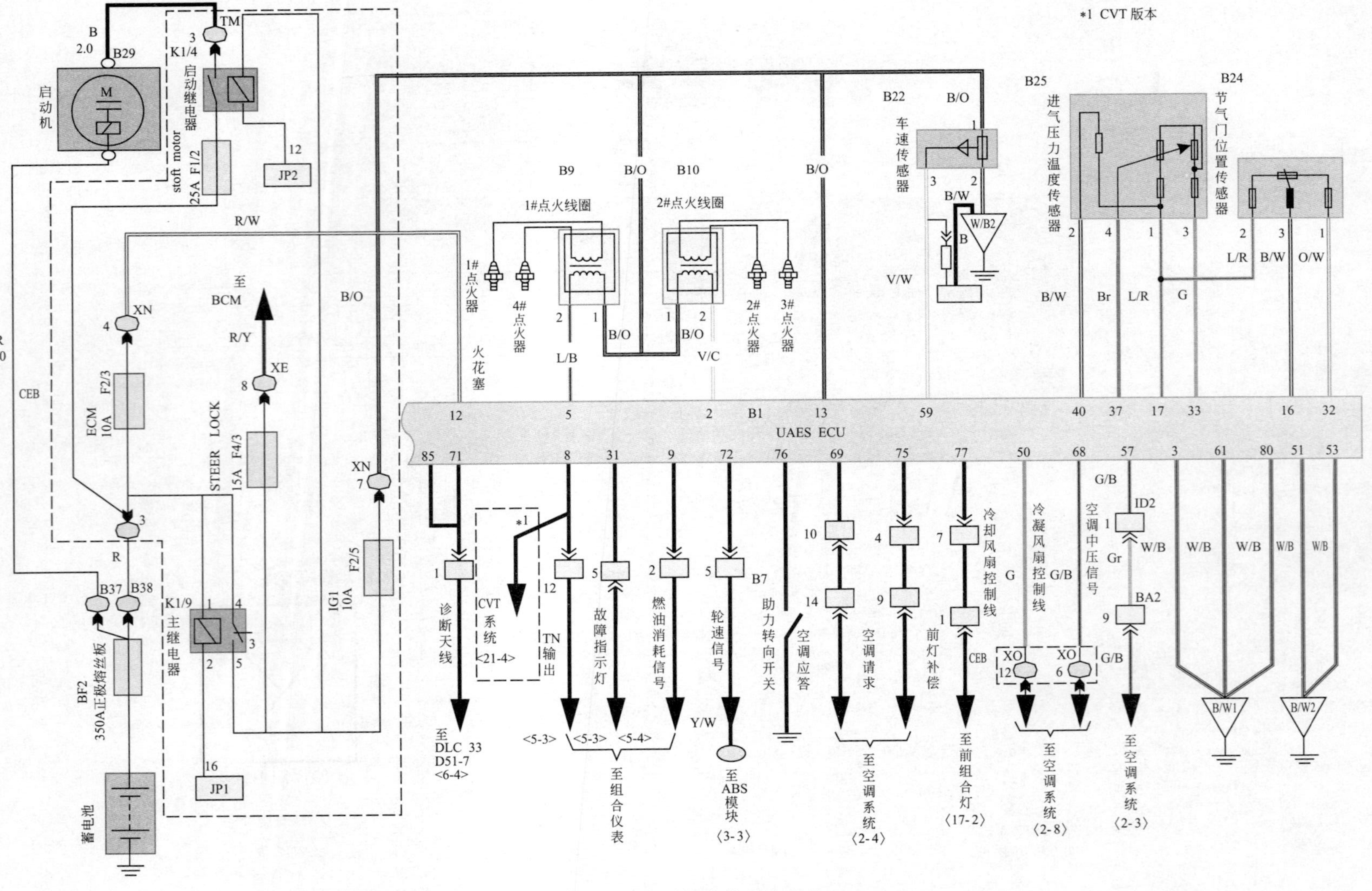

图 7-3 M7 发动机电控系统电路

相关链接

M7发动机电子控制管理系统的最大特点是采用基于扭矩的控制策略。扭矩为主控制策略的主要目的是把大量各不相同的控制目标联系在一起，这是根据发动机和车辆型号来灵活选择把各种功能集成在ECU的不同变型中的唯一方法。M7发动机电控系统结构如图7-2所示。

M7发动机电控系统电路如图7-3所示。发动机电控系统的基本组件有：电子控制器（ECU）、怠速调节器、进气压力/温度传感器、喷油器、冷却液温度传感器、电子燃油泵、节气门位置传感器、燃油压力调节器、相位传感器、油泵支架、转速传感器、燃油分配管、爆震传感器、炭罐控制阀、氧传感器、点火线圈、可变进气控制阀。

二、传感器部件

1. 进气压力温度传感器　进气压力温度传感器电路如图7-4所示。

（1）工作原理　进气歧管绝对压力传感元件由一片硅芯片组成，在硅芯片上蚀刻出一片压力膜片，压力膜片上有4个压电电阻，这4个压电电阻作为应变元件组成一个惠斯顿电桥。硅芯片上除了这个压力膜片以外，还集成了信号处理电路。硅芯片跟一个金属壳体组成一个封闭的参考空间，参考空间内的气体绝对压力接近于零。这样就形成了一个微电子机械系统。硅芯片的活性面上经受着一个接近于零的压力，它的背面上经受着通过一根接管引入的、待测的进气歧管绝对压力。硅芯片的厚度只有几个微米（μm），所以进气歧管绝对压力的改变会使硅芯片发生机械变形，4个压电电阻跟着变形，其电阻值改变。通过硅芯片的信号处理电路处理后，形成与压力为线性关系的电压信号。

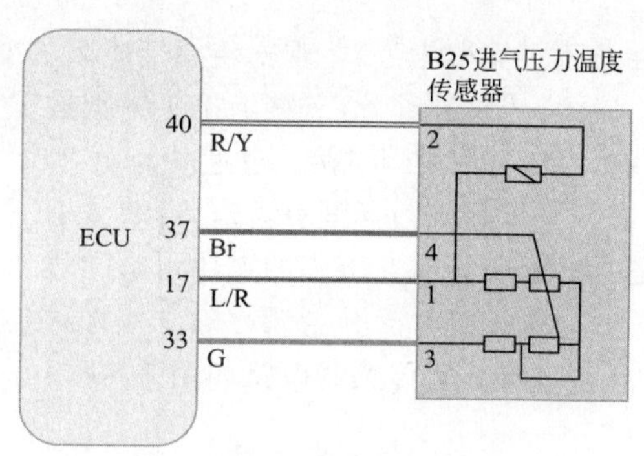

图7-4　进气压力温度传感器电路图

1—接地；2—进气温度信号输出；
3—接5V；4—进气压力信号输出

知识拓展

进气温度传感元件是一个负温度系数（NTC）的电阻，电阻随进气温度变化，此传感器输送给控制器一个表示进气温度变化的电压。

（2）故障现象和原因　故障现象：熄火、怠速不良等。故障原因：①使用过程有不正常高压或反向大电流；②维修过程使真空元件受损。

（3）简易测量方法　温度传感器部分：（卸下接头）把数字万用表打到欧姆挡，两表笔分别接传感器1#、2#引脚，20℃时额定电阻为（2.5±5%）kΩ，其他对应的电阻数值可由特征曲线量出，如图7-5所示。测量时也可用模拟的方法，具体为用电吹风向传感器送风

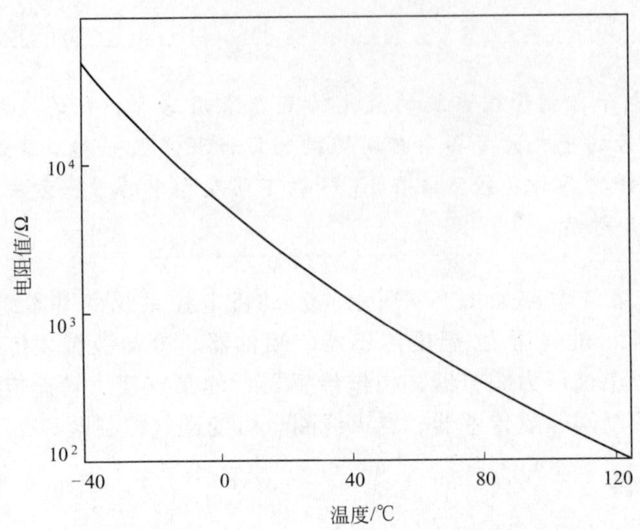

图 7-5　进气压力温度传感器特性曲线

(注意不可靠得太近)，观察传感器电阻的变化，此时电阻应下降。

压力传感器部分：(接上接头) 把数字万用表打到直流电压挡，黑表笔接地，红表笔分别与 3#、4#引脚连接。怠速状态下，3#引脚应有 5V 的参考电压，4#引脚电压为 1.3V 左右 (具体数值与车型有关)；空载状态下，慢慢打开节气门，4#引脚的电压变化不大；快速打开节气门，4#引脚的电压可瞬间达到 4V 左右，然后下降到 1.5V 左右。

2. 节气门位置传感器

节气门位置传感器电路如图 7-6 所示。

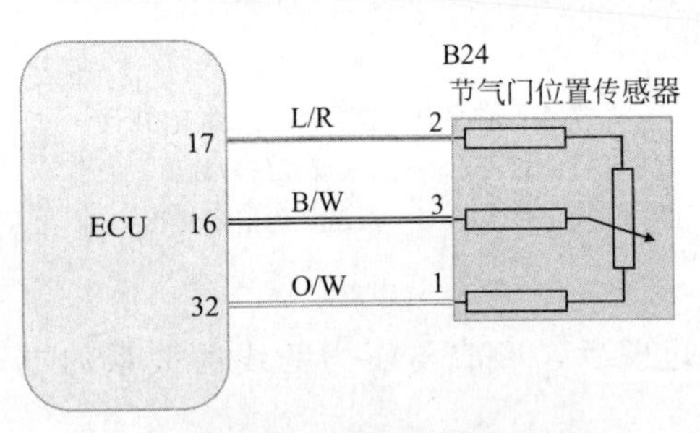

图 7-6　节气门位置传感器电路图

1—接 5V 电源；2—接地；3—输出信号

(1) 工作原理　本传感器是一个具有线性输出的角度传感器，由两个圆弧形的滑触电阻和两个滑触臂组成。滑触臂的转轴跟节气门轴连接在同一个轴线上。滑触电阻的两端加上 5V 的电源电压 U_S。当节气门转动时，滑触臂跟着转动，同时在滑触电阻上移动，并且将触点的电位 U_P 作为输出电压引出。所以它实际上是一个转角电位计，电位计输出与节气门位置成比例的电压信号。

(2) 故障现象和原因　故障现象：加速不良等。故障原因：人为故障。

(3) 简易测量方法　(卸下接头) 把数字万用表打到欧姆挡，两表笔分别接传感器 1#、2#引脚，常温下其电阻值为 (2±20%)kΩ。两表笔分别接 1#、3#引脚，转动节气门，其电阻值随节气门打开而线性变化，而 2#、3#引脚则是相反的情况。

注：在观察电阻值变化的时候，注意观察阻值是否有较大的跳跃。

3. 冷却液温度传感器

冷却液温度传感器电路如图 7-7 所示。

(1) 工作原理　本传感器是一个负温度系数 (NTC) 的热敏电阻，其电阻值随着冷却

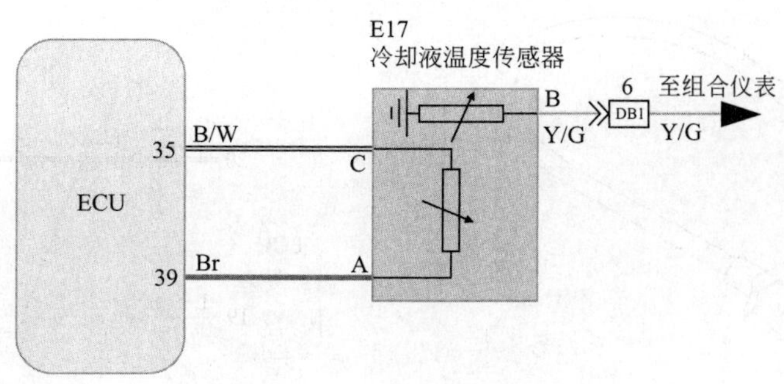

图 7-7 冷却液温度传感器电路图

A—传感器信号；B—仪表用水温信号；C—传感器地

液温度上升而减小，但不是线性关系。负温度系数的热敏电阻装在一个铜质面，如图 7-8、图 7-9 所示。

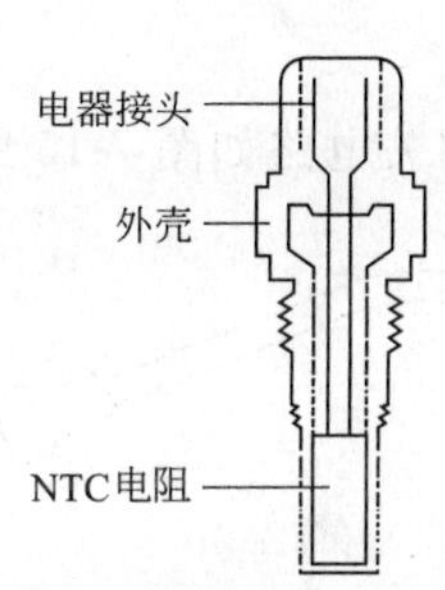

图 7-8 冷却液温度传感器剖面图

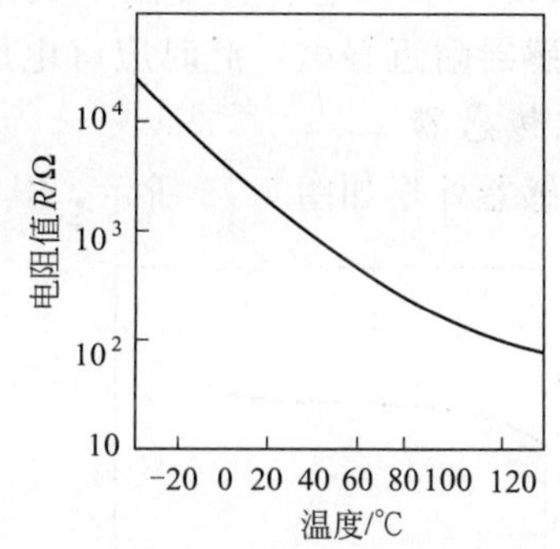

图 7-9 冷却液温度传感器特性曲线

（2）故障现象和原因　故障现象：启动困难等。故障原因：人为故障。

（3）简易测量方法　（卸下接头）把数字万用表打到欧姆挡，两表笔分别接传感器 1＃、2＃引脚，20℃时额定电阻为（2.5±5％）kΩ，其他可由特征曲线量出。

测量时也可用模拟的方法，具体为把传感器工作区域放进开水里（注意浸泡的时间要充分），观察传感器电阻的变化，此时电阻应下降到 300～400Ω（具体数值视开水的温度）。

4. 爆震传感器

爆震传感器外形如图 7-10 所示，其电路如图 7-11 所示。

（1）工作原理　爆震传感器是一种振动加速度传感器，装在发动机气缸体上。传感器的敏感元件是一个压电元件。发动机气缸体的振动通过传感器内的质量块传递到压电晶体上。压电晶体由于受质量块振动产生的压力，在两个极面上产生电压，把振动信号转变成交变的电压信号输出。其频率响应特性曲线如图 7-12 所示。由于发动机爆震引起的振动信号的频率比发动机正常的振动信号频率高得多，所以 ECU 对爆震传感器的信号进行处理后可以区分出爆震和非爆震信号。

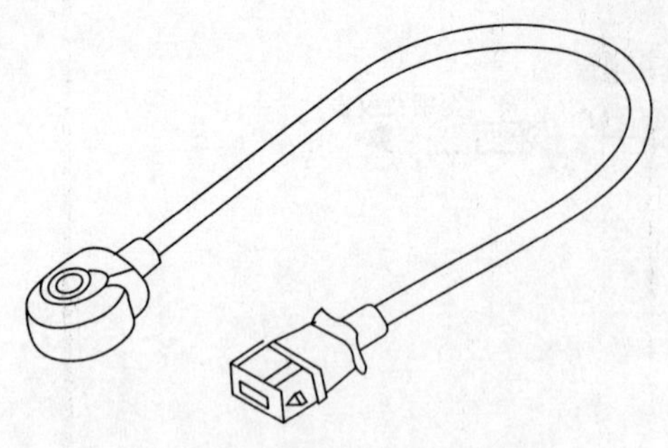

图 7-10　带电缆的爆震传感器外形

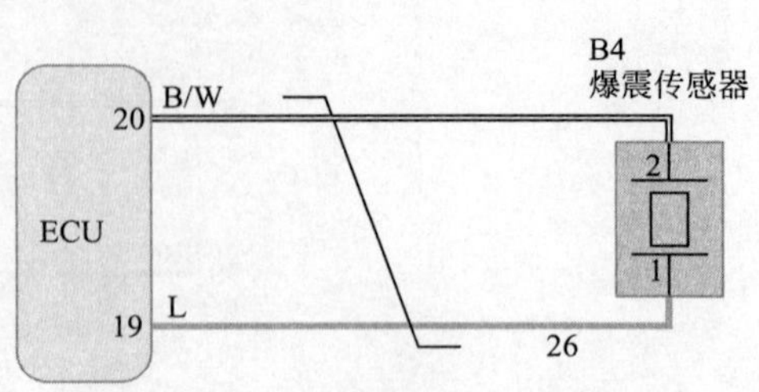

图 7-11　爆震传感器电路图

(2) 故障现象和原因　故障现象：加速不良等。故障原因：各种液体如机油、冷却液、制动液、水等长时间接触到传感器，对传感器造成腐蚀。

(3) 简易测量方法　（卸下接头）把数字万用表打到欧姆挡，两表笔分别接传感器 1＃、2＃及 1＃、3＃引脚，常温下其阻值应大于 1MΩ。把数字万用表打到毫伏挡，用小锤在爆震传感器附近轻敲，此时应有电压信号输出。

5. 氧传感器

氧传感器外形如图 7-13 所示，其剖面图如图 7-14 所示，相关电路如图 7-15 所示。

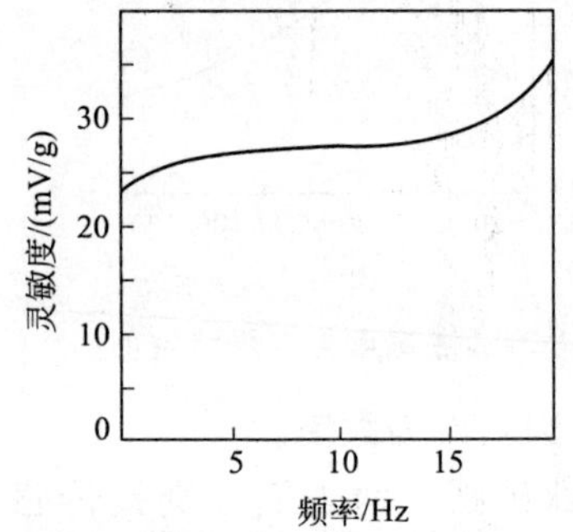

图 7-12　爆震传感器频率响应特性曲线

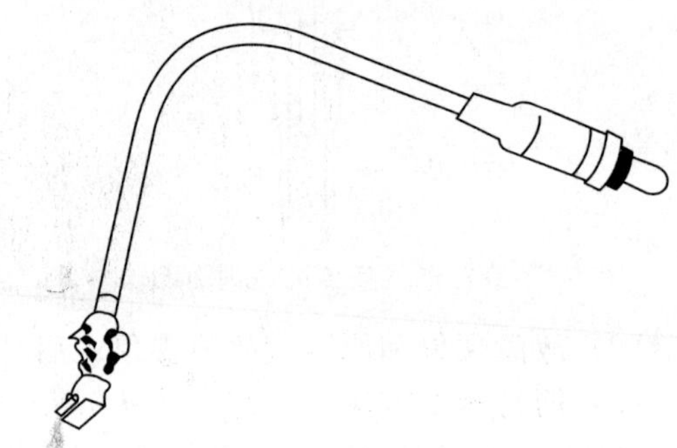

图 7-13　氧传感器外形

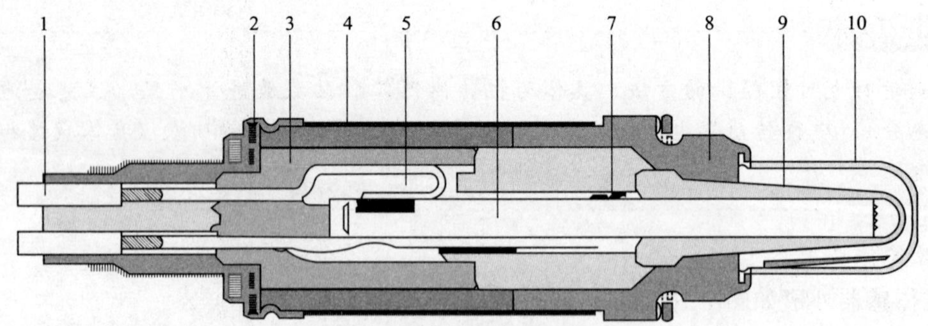

图 7-14　氧传感器剖面图

1—电缆线；2—碟形垫圈；3—绝缘衬套；4—保护套；5—加热元件夹紧接头；6—加热棒；7—接触垫片；8—传感器座；9—陶瓷探针；10—保护管

(1) 工作原理　氧传感器的传感元件是一种带孔隙的陶瓷管，管壁外侧被发动机排气包围，通大气。传感陶瓷管壁是一种固态电解质，内有电加热管，见图 7-14。氧传感器的工

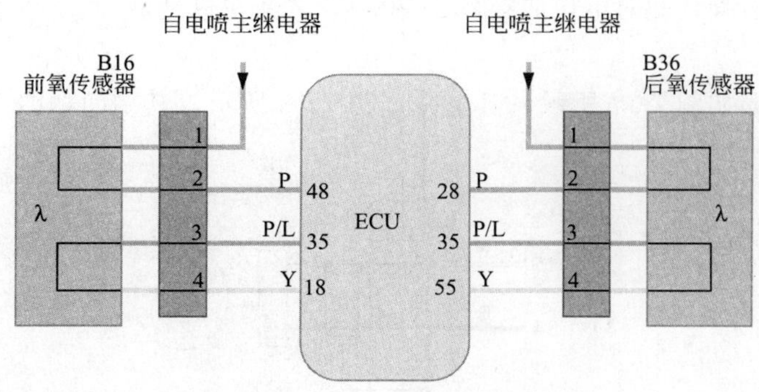

图 7-15 氧传感器电路图

1—接加热电源正极（白色）；2—接加热电源负极（白色）；3—接信号负极（灰色）；4—接信号正极（黑色）

作是通过将传感陶瓷管内外的氧离子浓度差转化成电压信号来实现的。当传感陶瓷管的温度达到350℃时，即具有固态电解质的特性。其材质的特殊，使得氧离子可以自由地通过陶瓷管。正是利用这一特性，将浓度差转化成电势差，从而形成电信号输出。若混合气体偏浓。则陶瓷管内外氧离子浓度差较高，电势差偏高，大量的氧离子从内侧移到外侧，输出电压较高（800～1000mV）。

相关链接

若混合气偏稀，则陶瓷管内外氧离子浓度差较低，电势差较低，仅有少量的氧离子从内侧移动到外侧，输出电压较低（接近100mV）。信号电压在理论当量空燃比（λ=1）附近发生突变，如图7-16所示。

（2）故障现象和原因　故障现象：怠速不良、加速不良、尾气超标、油耗过大等。故障原因：①潮湿水气进入传感器内部，温度骤变，探针断裂；②氧传感器“中毒”。

（3）简易测量方法　（卸下接头）把数字万用表打到欧姆挡，两表笔分别接传感器1#（白色）、2#（白色）引脚，常温下其阻值为1～6Ω。（接上接头）怠速状态下，待氧传感器达到其工作温度350℃时，把数字万用表打到直流电压挡，两表笔分别接传感器3#（灰

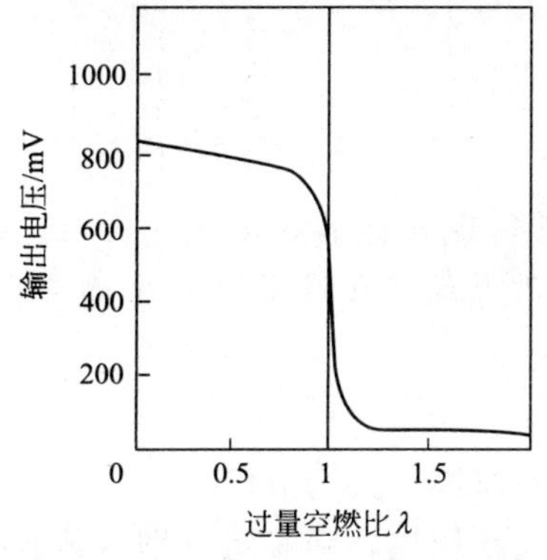

图 7-16 600℃氧传感器特性曲线

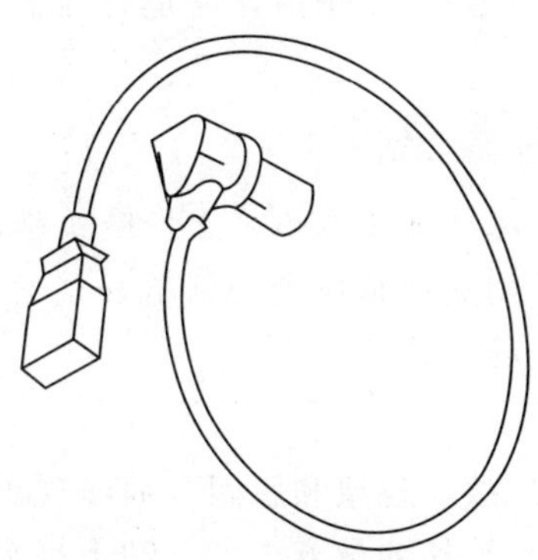

图 7-17 转速传感器外形

色）、4＃（黑色）引脚，此时电压应在0.1～0.9V之间快速地波动。

6. 转速传感器

转速传感器外形如图7-17所示，其电路如图7-18所示，其剖面如图7-19所示。

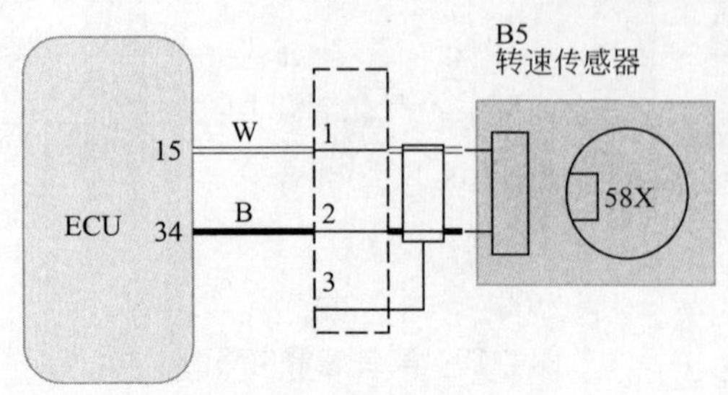

图7-18 转速传感器电路图

1，2—接信号线；3—接屏蔽

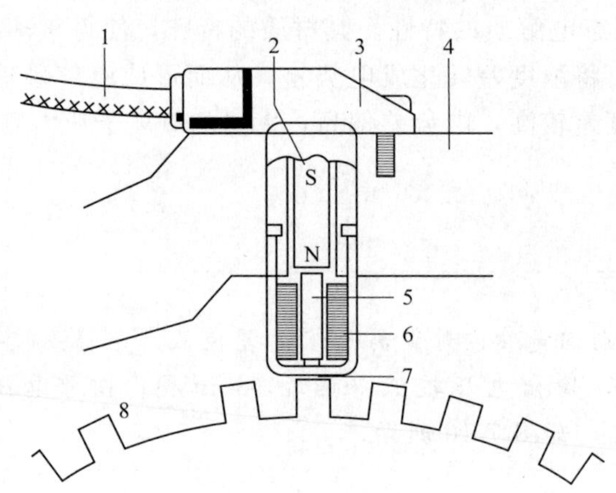

图7-19 转速传感器剖面图

1—屏蔽线；2—永磁铁；3—传感器外壳；4—安装支架；
5—软磁铁芯；6—线圈；7—空气隙；8—60-2齿圈

（1）工作原理 转速传感器跟脉冲盘相配合，用于无分电器点火系统中提供发动机转速信息和曲轴上止点信息。转速传感器由一个永久磁铁和磁铁外面的线圈组成。脉冲盘是一个齿盘，原本有60个齿，但是有两个齿空缺。

相关链接

脉冲盘装在曲轴上，随曲轴旋转。当齿尖紧挨着转速传感器的端部经过时，铁磁材料制成的脉冲盘切割着转速传感器中永久磁铁的磁力线，在线圈中产生感应电压，作为转速信号输出。

（2）故障现象和原因 故障现象：不能启动等。故障原因：人为故障。

（3）简易测量方法 （卸下接头）把数字万用表打到欧姆挡，两表笔分别接传感器2＃、3＃引脚，20℃时额定电阻为（860±10％）Ω。（接上接头）把数字万用表打到交流电压挡，两表笔分别接传感器 2＃、3＃引脚，启动发动机，此时应有电压输出，其波形如图7-20所示（建议用车用示波器检查）。

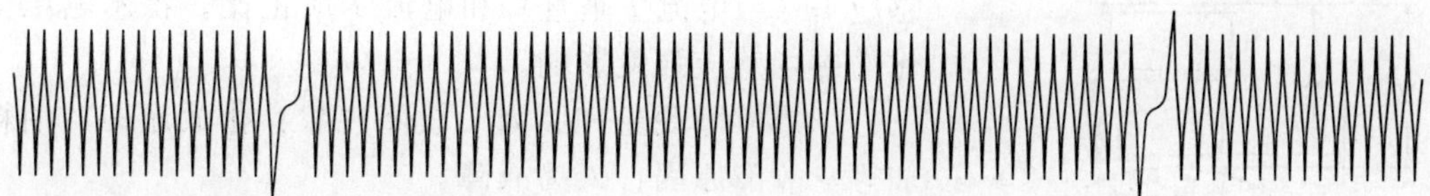

图 7-20 测试波形图

7. 相位传感器

相位传感器电路如图 7-21 所示。

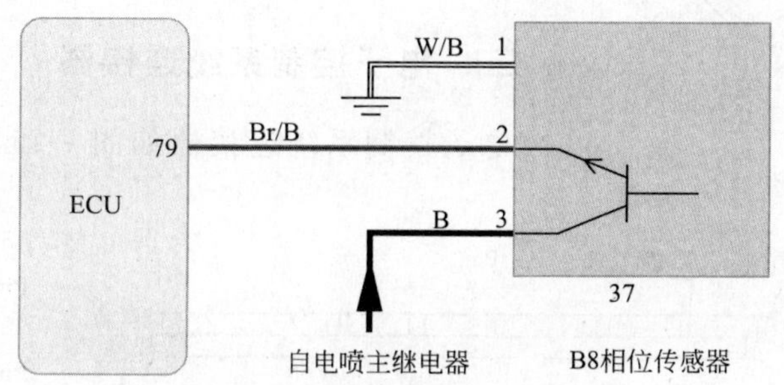

图 7-21 相位传感器电路图

1—接地；2—信号输出；3—接电源正极

（1）工作原理　本传感器用于无分电器的场合跟脉冲盘感应传感器相配合，为 ECU 提供曲轴相位信息，即区分曲轴的压缩上止点和排气上止点。本传感器利用霍尔原理中“霍尔电压受变化的磁场感应强度影响”制造而成。

霍尔效应原理如图 7-22 所示，相位传感器工作示意如图 7-23、图 7-24 所示。

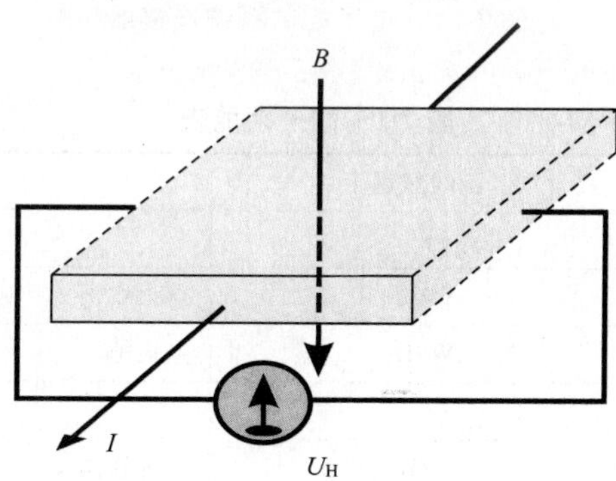

图 7-22 霍尔效应原理图

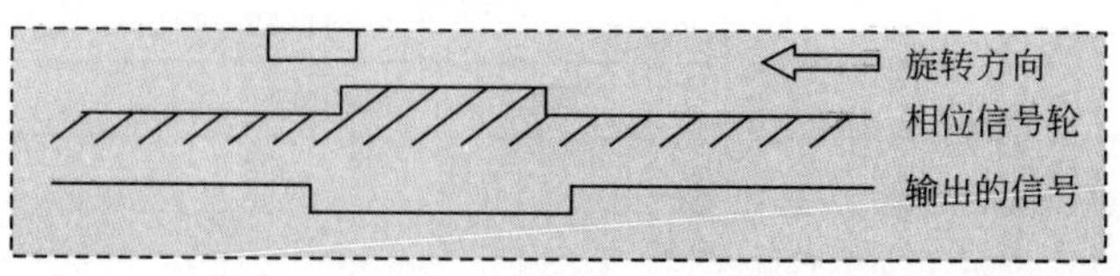

图 7-23 相位传感器工作示意图（1）

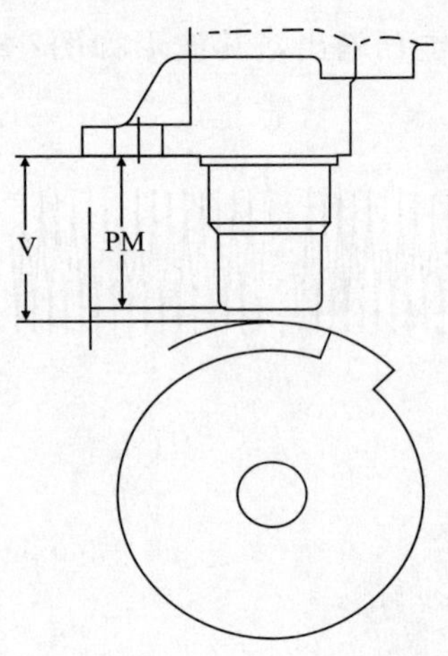

图 7-24　相位传感器工作示意图（2）

霍尔传感器原理：当一电流 I 通过一半导体薄片时，在电流的右旋方向就会产生一霍尔电压 U_H，其值与磁场感应 B（与电流 I 垂直）和电流 I 成正比。霍尔电压受变化的磁场感应强度影响。

（2）故障现象和原因　故障现象：排放超标，油耗增加等。故障原因：人为故障。

（3）简易测量方法　（接上接头）打开点火开关但不启动发动机，把数字万用表打到直流电压挡，两表笔分别接传感器 3＃、1＃引脚，确保有 12V 的参考电压。启动发动机，此时 2＃引脚信号可由车用示波器检查是否正常。

三、电子控制系统连接器

电子控制系统连接器如图 7-25 所示，其端子功能如表 7-1 所示。

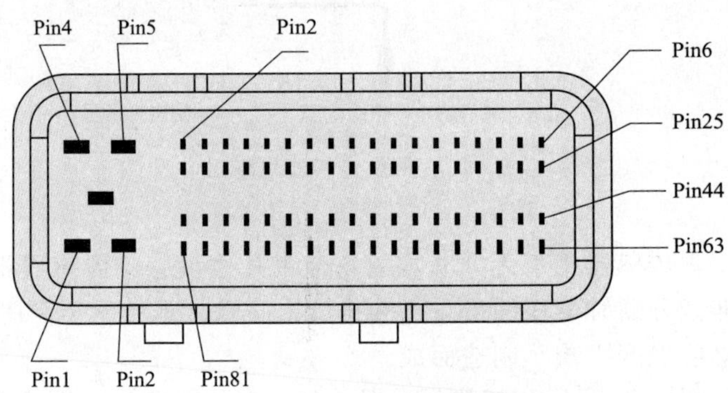

图 7-25　电子控制系统连接器

表 7-1　端子功能表

引脚序号	配线颜色	引脚定义
1-车身	—	—
2-车身	W/G	点火线圈 2
3-车身	W/B	点火地
4-车身	—	—
5-车身	L/B	点火线圈 1
6-车身	R/B	2 缸喷油器
7-车身	O	3 缸喷油器
8-车身	Y/B	发动机转速输出
9-车身	Y/L	油耗输出
10-车身	—	—
11-车身	—	—
12-车身	R/W	蓄电池电源

续表

引脚序号	配线颜色	引脚定义
13-车身	B/O	点火开关 ON 电源
14-车身	B/W	电喷主继电器
15-车身	W	发动机转速传感器 A 端
16-车身	B/W	节气门位置传感器
17-车身	L/R	传感器地 1
18-车身	W	上游氧传感器
19-车身	L	爆震传感器 A 端
20-车身	B/W	爆震传感器 B 端
21-车身	—	—
22-车身	—	—
23-车身	—	—
24-车身	—	—
25-车身	—	—
26-车身	B/L	可变进气容积
27-车身	Gr/L	1 缸喷油器
28-车身	Br	下游氧传感器
29-车身	—	—
30-车身	—	—
31-车身	Y/R	故障指示灯
32-车身	O/W	5V 电源 2
33-车身	G	5V 电源 1
34-车身	B	发动机转速传感器 B 端
35-车身	Br	传感器地 3
36-车身	P/L	传感器地 2
37-车身	Br	进气压力传感器
38-车身	—	—
39-车身	B/W	冷却液温度传感器
40-车身	R/Y	进气温度传感器
41-车身	—	—
42-车身	—	—
43-车身	—	—
44-车身	B	非持续电源
45-车身	B	非持续电源
46-车身	R/Y	炭罐控制阀
47-车身	R/Y	4 缸喷油器
48-车身	P	上游氧传感器加热

续表

引脚序号	配线颜色	引脚定义
49-车身	—	—
50-车身	G	冷却风扇控制
51-车身	W/B	电子地 2
52-车身	—	—
53-车身	W/B	电子地 1
54-车身	—	—
55-车身	W	下游氧传感器
56-车身	—	—
57-车身	G/W	空调中压开关
58-车身	—	—
59-车身	V/W	车速信号
60-车身	—	—
61-车身	W/B	功率地 1
62-车身	—	—
63-车身	B	非持续电源
64-车身	O/W	步进电机相位 D
65-车身	G/Y	步进电机相位 A
66-车身	P/B	步进电机相位 B
67-车身	Gr/L	步进电机相位 C
68-车身	G/B	空调冷凝风扇控制
69-车身	R/L	油泵继电器
70-车身	G/R	空调控制
71-车身	P/B	诊断 K 线
72-车身	Y/W	ABS 粗糙路面信号
73-车身	—	—
74-车身	—	—
75-车身	Y/R	空调开关
76-车身	G/Y	动力转向补偿信号
77-车身	G/Br	大灯补偿信号
78-车身	—	—
79-车身	Br/B	凸轮轴位置传感器
80-车身	W/B	功率地 2
81-车身	—	—

（1）故障现象和原因　故障现象：怠速不稳、加速不良、不能启动、怠速过高、尾气超标、启动困难、空调失效、喷油器控制失效、熄火等。故障原因：①由于外接装置电气过载而导致 ECU 内部零部件烧毁而失效；②由于 ECU 进水而导致线路板锈蚀等。

（2）简易测量方法

①（接上接头）利用发动机数据 K 线读取发动机故障记录。

②（卸下接头）检查 ECU 连接线是否完好，重点检查 ECU 电源供给、接地线路是否正常。

③ 检查外部传感器工作是否正常，输出信号是否可信，其线路是否完好。

④ 检查执行器工作是否正常，其线路是否完好。

⑤ 最后更换 ECU 进行试验。

四、执行器

1. 电动燃油泵

电动燃油泵电路如图 7-26 所示。

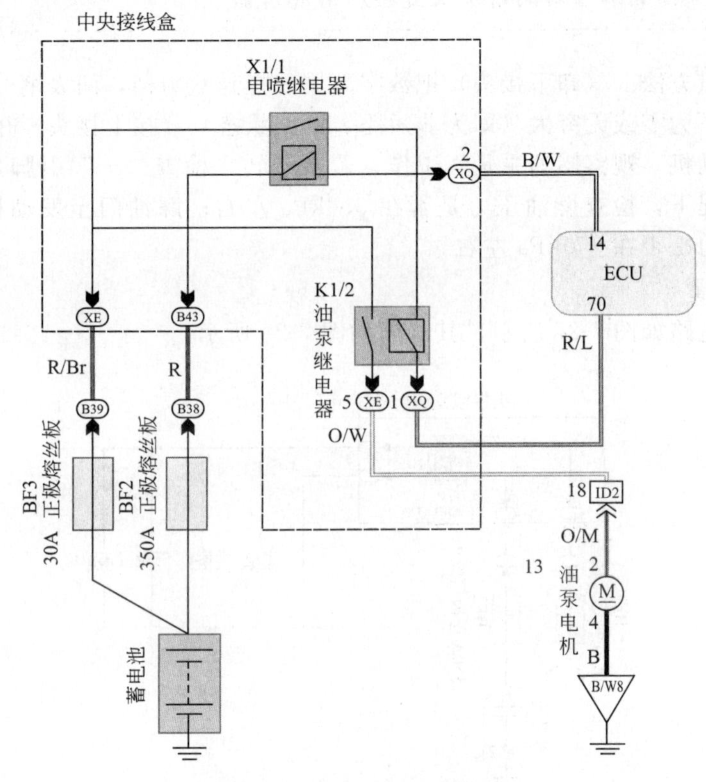

图 7-26 电动燃油泵电路图

(1) 工作原理 电动燃油泵由直流电动机、叶片泵和端盖（集成了止回阀、泄压阀和抗电磁干扰元件）等组成。泵和电动机同轴安装，并且封闭在同一个机壳内。机壳内的泵和电动机周围都充满了汽油，利用燃油散热和润滑。蓄电池通过油泵继电器向电动燃油泵供电，继电器只有在启动时和发动机运转时才使电动燃油泵电路接通。当发动机因事故而停止运转时，燃油泵自动停止运转。

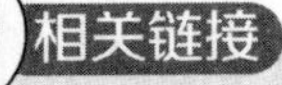

相关链接

电动燃油泵出口的最大压力由泄压阀决定，在 450～650kPa。由于本系统采用无回油系统，整个燃油系统的压力由燃油压力调节器决定，一般为 350kPa。

（2）故障现象和原因　故障现象：运转噪声大、加速不良、不能启动（启动困难）等。故障原因：由于使用劣质燃油，导致：①胶质堆积形成绝缘层；②油泵轴衬与电枢抱死；③油面传感器组件腐蚀等。

知识拓展

①根据发动机的需要，电动燃油泵可有不同的流量，外形相同、能够装得上的燃油泵未必是合适的，维修时采用的燃油泵的零件号必须跟原来的一致，不允许换错；②为了防止燃油泵意外损坏，请不要在干态下长时间运行；③在需要更换燃油泵的场合，请注意对燃油箱和管路的清洗及更换燃油滤清器。

（3）简易测量方法　（卸下接头）把数字万用表打到欧姆挡，两表笔分别接燃油泵两引脚，测量内阻，不为零或无穷大（即为非短路、断路状态）。（接上接头）在进油管接上燃油压力表，启动发动机，观察燃油泵是否工作；若不运转，检查“＋”引脚是否有电源电压；若运转，怠速工况下，检查燃油压力是否在 350kPa 左右；踩油门至发动机转速 2500rpm，观察此时燃油压力是否在 350kPa 左右。

2. 电磁喷油器

电磁喷油器电路如图 7-27 所示，其剖面如图 7-28 所示。

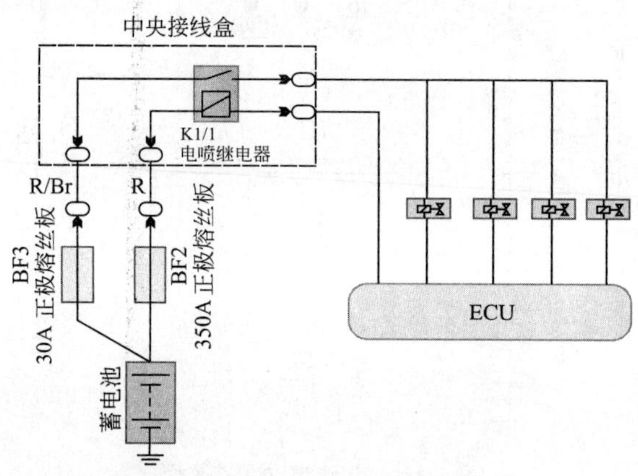

图 7-27　电磁喷油器电路图

每个喷油器共有两个引脚。其中，在壳体一侧用正号标识的那个接主继电器输出端；另一个分别接 ECU 的 27、6、7、47 号引脚。

（1）工作原理　ECU 发出电脉冲给喷油器的线圈，形成磁场力。当磁场力上升到足以克服回位弹簧压力、针阀重力和摩擦力的合力时，针阀开始升起，喷油过程开始。当喷油脉冲截止时，回位弹簧的压力使针阀重新关上。

（2）故障现象和原因　故障现象：怠速不良、加速不良、不能启动（启动困难）等。故障原因：由于缺少保养，导致喷油器内部出现胶质堆积而失效。

（3）简易测量方法　（卸下接头）把数字万用表打到欧姆挡，两表笔分别接喷油器两引脚，20℃时额定电阻为 11～17Ω。

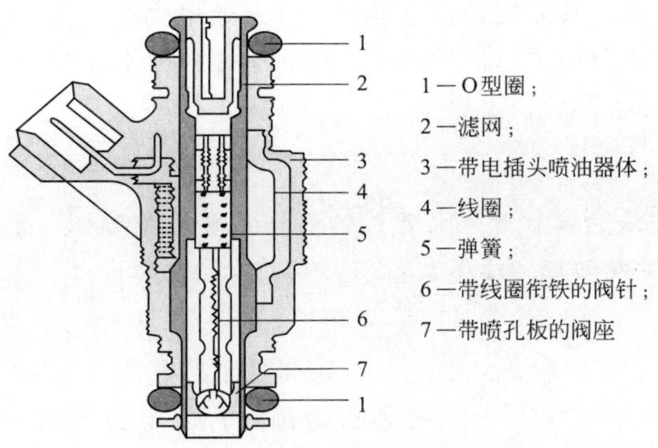

图 7-28 电磁喷油器剖面图

3. 怠速执行器步进电机

怠速执行器步进电机电路如图 7-29 所示。

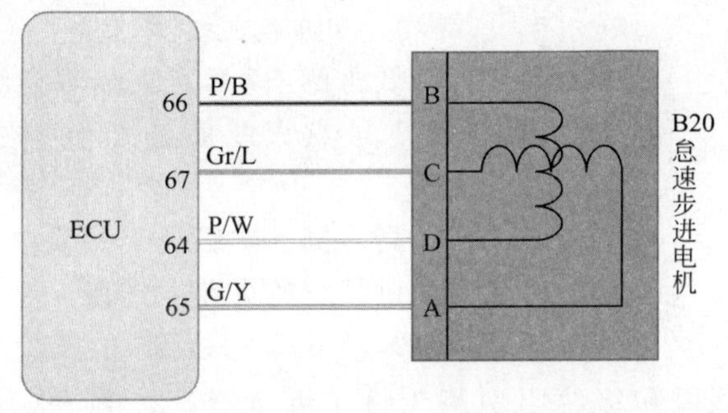

图 7-29 怠速执行器步进电机电路图

引脚 A 接 ECU 65 号引脚；引脚 B 接 ECU 66 号引脚；

引脚 C 接 ECU 67 号引脚；引脚 D 接 ECU 64 号引脚

（1）工作原理 步进电机是一台微型电机，它由围成一圈的多个钢质定子和一个转子组成。每个钢质定子上都绕着一个线圈；转子是一个永久磁铁，永久磁铁的中心是一个螺母。所有的定子线圈都始终通电。只要改变其中某一个线圈的电流方向，转子就转过一个角度。当各个定子线圈按恰当的顺序改变电流方向时，就形成一个旋转磁场，使永久磁铁制成的转子按一定的方向旋转。如果将电流方向改变的顺序颠倒过来，那么转子的旋转方向也会颠倒过来。连接在转子中心的螺母带动一根丝杆，因为螺旋杆设计成不能转动，所以它只能在轴线方向上移动，故又称直线轴。丝杆的端头是一个塞头，塞头因此而可以缩回或伸出，从而增大或减小怠速执行器旁通进气通道的截面积，直至将它堵塞。每当更换某线圈的电流方向时，转子就转过一个固定的角度，称为步长，其数值等于 360°除以定子或线圈的个数。本步进电机转子的步长为 15°。相应地，螺旋杆每一步移动的距离也固定。ECU 通过控制更换线圈电流方向的次数，来控制步进电机的移动步数，从而调节旁通通道的截面积及流经的空气流量。空气流量大体上跟步长为线性关系。螺旋杆端头的塞头后面有一个弹簧，在塞头伸长方向可利用的力等于步进电机的力加上弹簧力；在塞头缩回方向上可利用的力等于步进电机的力减去弹簧力。

(2) 故障现象和原因　故障现象：怠速过高、怠速熄火等。故障原因：由于灰尘、油气等堆积造成旁通空气道部分堵塞，而导致步进电机怠速调整不正常。

相关链接

M7 系统自学方法为：打开点火开关但不马上启动发动机，等待 5s 后，再启动发动机。如果此时发现发动机怠速不良，则需重复上述步骤即可。

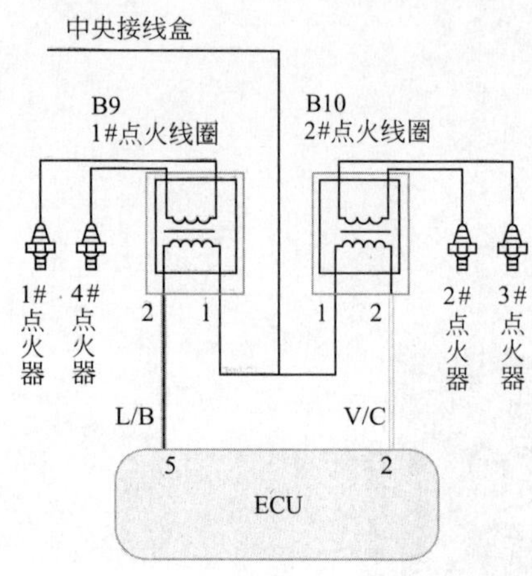

图 7-30　双火花点火线圈电路图

(3) 简易测量方法　(卸下接头) 把数字万用表打到欧姆挡，两表笔分别接调节器 AD、BC 引脚，25℃时额定电阻为 (53±5.3)Ω。

4. 双火花点火线圈

双火花点火线圈电路如图 7-30 所示。

引脚定义：

1、4 缸点火线圈

低压侧：1 号点火线圈初级绕阻引脚 1 接主继电器；1 号点火线圈初级绕组引脚 2 接 ECU 的 5＃引脚。

高压侧：次级绕组接线柱分别通过分火线与同名发动机气缸的火花塞连接。

2、3 缸点火线圈

低压侧：2 号点火线圈初级绕阻引脚 1 接主继电器；2 号点火线圈初级绕组引脚 2 接 ECU 的 2＃引脚。

高压侧：次级绕组接线柱分别通过分火线与同名发动机气缸的火花塞连接。

知识拓展

本系统中有两个点火线圈，每个点火线圈的次级绕组接两个气缸，即 1 缸和 4 缸同时点火，2 缸和 3 缸同时点火。

(1) 工作原理　点火线圈由初级绕阻、次级绕组和铁芯、外壳等组成。当某一个初级绕组的接地通道接通时，该初级绕阻充电。一旦 ECU 将初级绕阻电路切断，则充电中止，同时在次级绕阻中感应出高压电，使火花塞放电。跟带分电器的点火线圈不同的是，点火线圈次级绕组的两端各连接一个火花塞，所以这两个火花塞同时打火。两个初级绕阻交替地通电和断电，相应地，两个次级绕阻交替地放电。

(2) 故障现象和原因　故障现象：不能启动等。故障原因：电流过大导致烧毁、受外力损坏等。

维修注意事项：维修过程禁止用“短路试火法”测试点火功能，以免损坏电子控制器。

(3) 简易测量方法　(卸下接头) 把数字万用表打到欧姆挡，两表笔分别接初级绕组两引脚，20℃时，阻值为 0.70～0.90Ω；次级绕组阻值为 9.68～12.32kΩ。

5. 炭罐控制阀

炭罐控制阀电路如图 7-31 所示，安装如图 7-32 所示。

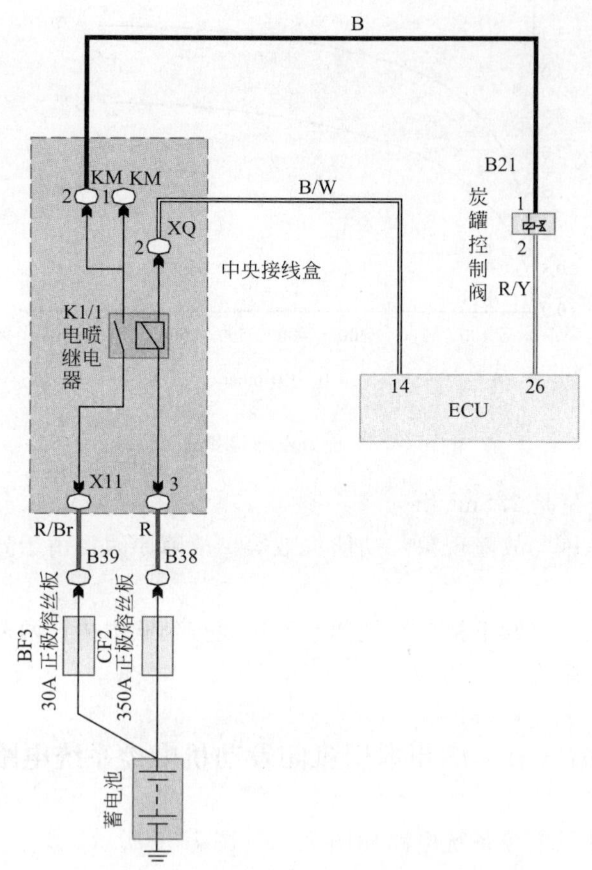

图 7-31 炭罐控制阀 TEV-2 电路图

1 号引脚接电源；2 号引脚接 ECU

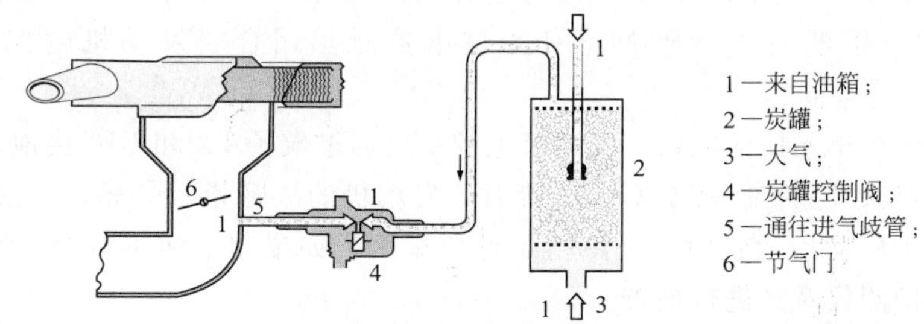

图 7-32 炭罐控制阀安装图

（1）工作原理 炭罐控制阀由电磁线圈、衔铁和阀等组成，进口处设有滤网。流过炭罐控制阀的气流流量一方面跟 ECU 输出给炭罐控制阀的电脉冲的占空比有关，另一方面还跟炭罐控制阀进口和出口之间的压力差有关。当没有电脉冲时，炭罐控制阀关闭。不同类型的炭罐控制阀在 100％占空比，即全部开启条件下的流量各不相同。图 7-33 给出了两种典型的流量曲线，由图可见，同样在 200mbar 的压力差之下，A 型炭罐控制阀全部开启时的流量

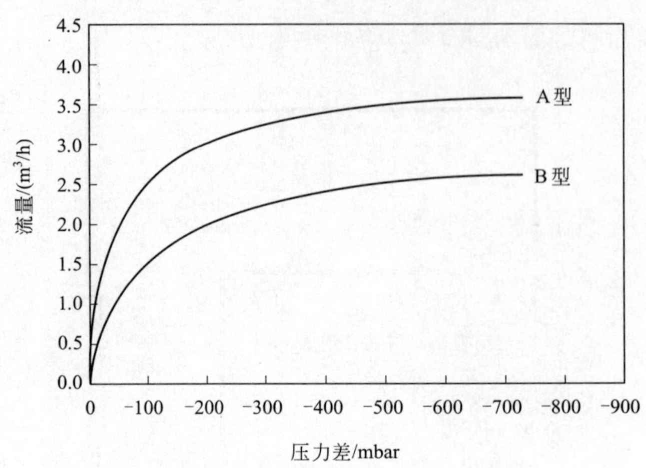

图 7-33 压力差与流量关系

是 3.5m^3/h，B 型的流量是 2.5m^3/h。

(2) 故障现象和原因 故障现象：功能失效等。故障原因：由于异物进入阀内部，导致锈蚀或密封性差等。

(3) 简易测量方法 (卸下接头) 把数字万用表打到欧姆挡，两表笔分别接炭罐控制阀两引脚，20℃时额定电阻为 22～30Ω。

第二节 广州本田雅阁发动机电控系统电路分析

广州本田雅阁发动机电控系统电路如图 7-34～图 7-36 所示。

1. 发动机电控单元电路

(1) 发动机电控单元电源电路 蓄电池通过 PGM-EFI 主继电器向发动机电控单元供电，当点火开关转到 IG1 时 PGM-EFI 主继电器线圈接通。发动机电控单元电源电路：蓄电池→熔断器①→熔断器④→PGM-EFI 主继电器触点闭合→发动机电控单元端子 B1 和 B3。

(2) 发动机电控单元接地电路 发动机电控单元通过端子 B2 和 B10 接地。在发动机正常的情况下，将点火开关首次转至 ON 位置时，发动机的故障指示灯亮，一般 6s 之后，自动熄灭。当发动机启动后运转时，故障指示灯应熄灭。如果与上述不符合，则说明出现故障，应用相应的检测仪对其进行检查。

2. 发动机电控单元信号输入电路

(1) 车速传感器电路

① 车速传感器电源电路 蓄电池→熔断器①→点火开关 IG1 触点→熔断器⑥→车速传感器→接地。

② 车速传感器信号电路 车速传感器→发动机电控单元端子 C23→发动机电控单元。

(2) 曲轴位置传感器电路 发动机电控单元→发动机电控单元端子 C3→曲轴位置传感器→发动机电控单元端子 C9→发动机电控单元。

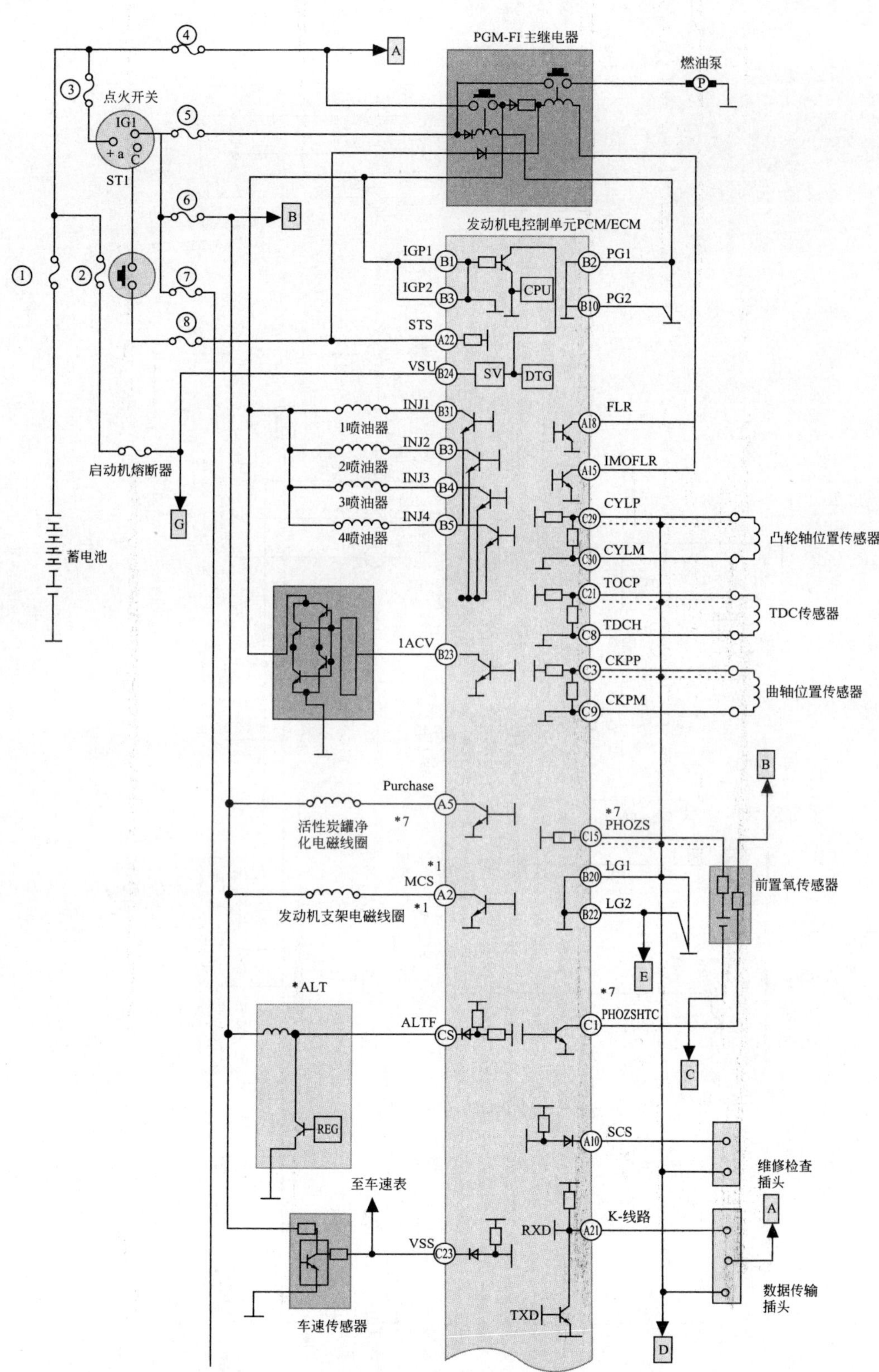

图 7-34 广州本田雅阁发动机电控单元电路（1）

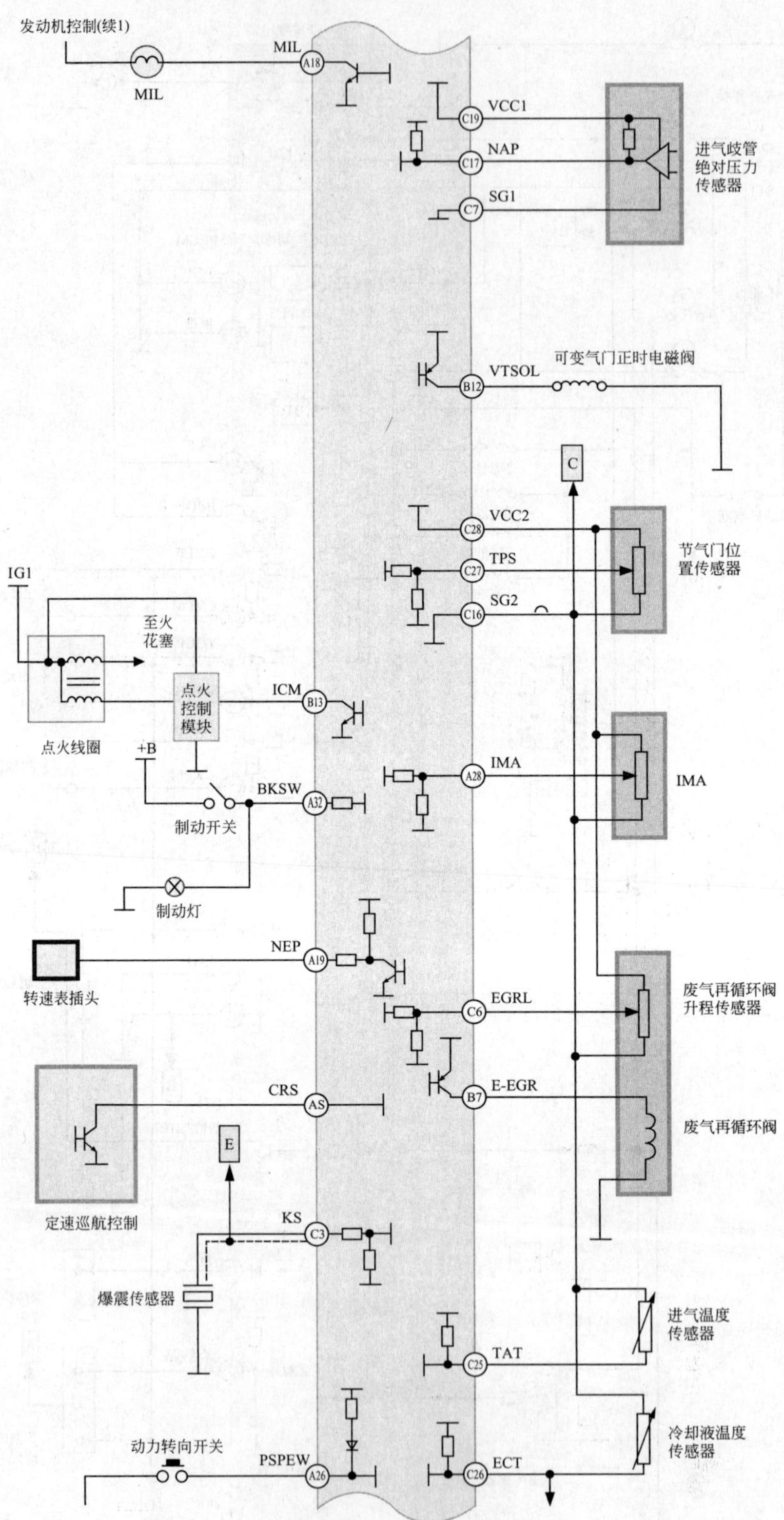

图 7-35 广州本田雅阁发动机电控单元电路（2）

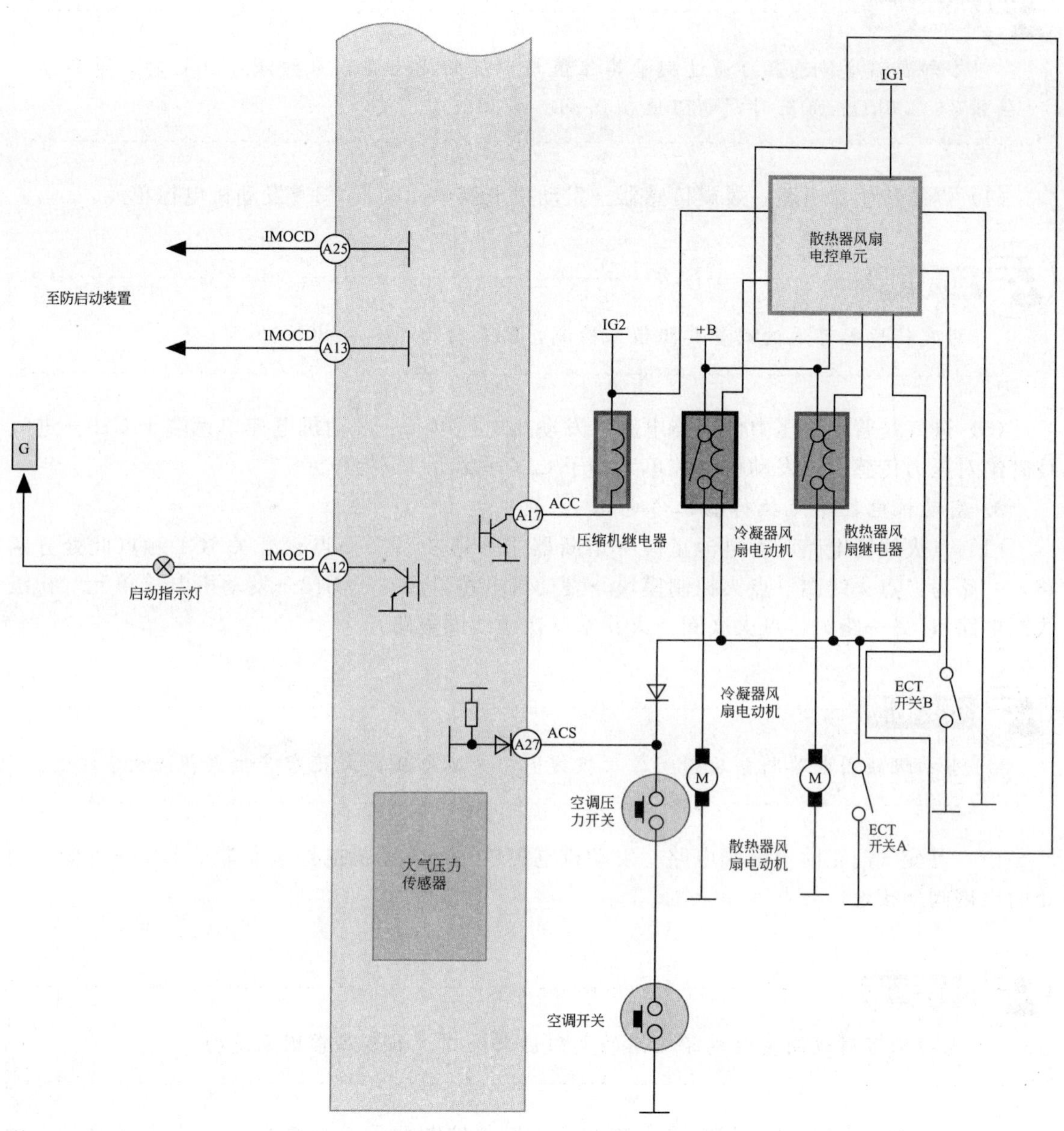

图 7-36 广州本田雅阁发动机电控单元电路（3）

知识拓展

曲轴位置传感器可通过测量其阻值的大小范围来检测，常温下（20℃）其阻值1850～2450Ω。

（3）冷却液温度传感器电路　发动机电控单元→发动机电控单元端子 C26→冷却液温度传感器→发动机电控单元端子 C15。

冷却液温度传感器可通过测量其阻值与温度的变化关系来检测：20℃时，电阻值在2.3～2.6kΩ；80℃时，电阻值在0.31～0.33kΩ。

（4）爆震传感器电路　爆震传感器→发动机电控单元端子C3→发动机电控单元。

爆震传感器可通过测量其阻值来检测，20℃时为120～280kΩ。

（5）进气歧管绝对压力传感器电路　发动机电控单元→发动机电控单元端子C19→进气歧管绝对压力传感器→发动机电控单元端子C17→发动机电控单元。

3. 发动机电控单元执行器工作电路

（1）点火线圈电路　蓄电池正极→熔断器①→熔断器③→点火开关IG1触点此处分两路，一路为：点火线圈→点火控制模块→发动机电控单元端子B13→发动机电控单元（初级线圈电路）；另一路为：点火线圈→火花塞（次级线圈电路）。

当初级线圈电路断电后瞬间，次级线圈中产生电压，火花塞产生火花点火。

（2）可变气门正时电磁阀电路　发动机电控单元→发动机电控单元端子B12→可变气门正时电磁阀→接地。

电磁阀可通过测量两端子之间的电阻值来检测，如不正常则需更换。

（3）活性炭罐净化电磁阀电路　蓄电池正极→熔断器①→熔断器③→点火开关IG1触点→熔断器⑥→活性炭罐净化电磁线圈→发动机电控单元端子A5→发动机电控单元。发动机电控单元通过改变传输到活性炭罐净化电磁阀的占空比信号，从而使HC排放的进气量在暖机后适于驾驶情况（发动机负荷、转速、车速等）。

（4）怠速控制阀电路　蓄电池正极→熔断器①→熔断器④→PGM-FI主继电器触点→怠速控制阀→发动机电控单元端子B23→发动机电控单元。

（5）喷油器电路　蓄电池正极→熔断器①→熔断器④→PGM-FI主继电器触点此处分开，分别到4个喷油器：1喷油器→发动机电控单元端子B31→发动机电控单元；2喷油器→发动机电控单元端子B3→发动机电控单元；3喷油器→发动机电控单元端子B4→发动机电控单元；4喷油器→发动机电控单元端子B5→发动机电控单元。

知识拓展

喷油器的喷油过程受发动机电控单元发出的电脉冲控制，可以通过测量两端子之间的电阻来检测，如不正常，则需更换。

(6) 燃油泵电路

① 燃油泵控制电路　蓄电池正极→熔断器①→熔断器④→PCM-FI 主继电器触点，分别到发动机电控单元端子 A18 和 A15。

② 燃油泵工作电路　蓄电池正极→熔断器①→点火开关 IG1 触点→熔断器⑤→PCM-FI 主继电器触点→燃油泵→接地。

知识拓展

燃油泵可通过测量其两端子之间的内阻来检测，一般 20℃时为 0.2～3.0Ω，如不正常，则更换燃油泵。

(7) 发动机电控单元诊断电路

① 维修检查电路　发动机电控单元→发动机电控单元端子 A10→维修检查插头。

② 数据传输电路　发动机电控单元→发动机电控单元端子 A21→数据传输插头。

③ 数据传输电源电路　蓄电池→熔断器①→熔断器 4→数据传输插头。

第三节　广州本田飞度车系发动机电控系统电路分析和案例精选

一、电路分析

发动机电控系统用来控制燃油系统、点火系统和排放控制系统。动力系统控制模块（PCM）接收各种传感器和部件发送的输入值号。PCM 将每一个信号与其存储器内的预编入参数进行比较，然后根据对比结果来调节输出信号，使汽车在所有工况下运行都最佳。动力系统控制模块具有自诊断功能，在打开点火开关不启动发动报时，MIL 灯亮，进行灯泡检查。当检测到系统故障且相应的 DTC 存入动力系统控制模块存储器后，MIL 点亮。并不是所有的故障码都能使 MIL 点亮。如果 MIL 点亮但存储器中没有 DTC，则故障可能是间歇故障，硬性故障会使 MIL 点亮一直到维修结束后熄灭。电源及接地电路如图 7-37 所示。

电路检修如下。

1. 接地电路

① 测量相应的 PCM 接地端子处的对地电阻，各电通电阻应为 0Ω。如果电阻不为 0Ω，则对地断路。

② 要检查接地电路的电压降，将数字万用表的负极引线接地，转反级引线连到各接地端子上。发动机运转状态下，万用表电压挡应显示小于 0.1V。如果电压超过 0.1V，则检查接地线是否断路、腐蚀或连接不良。

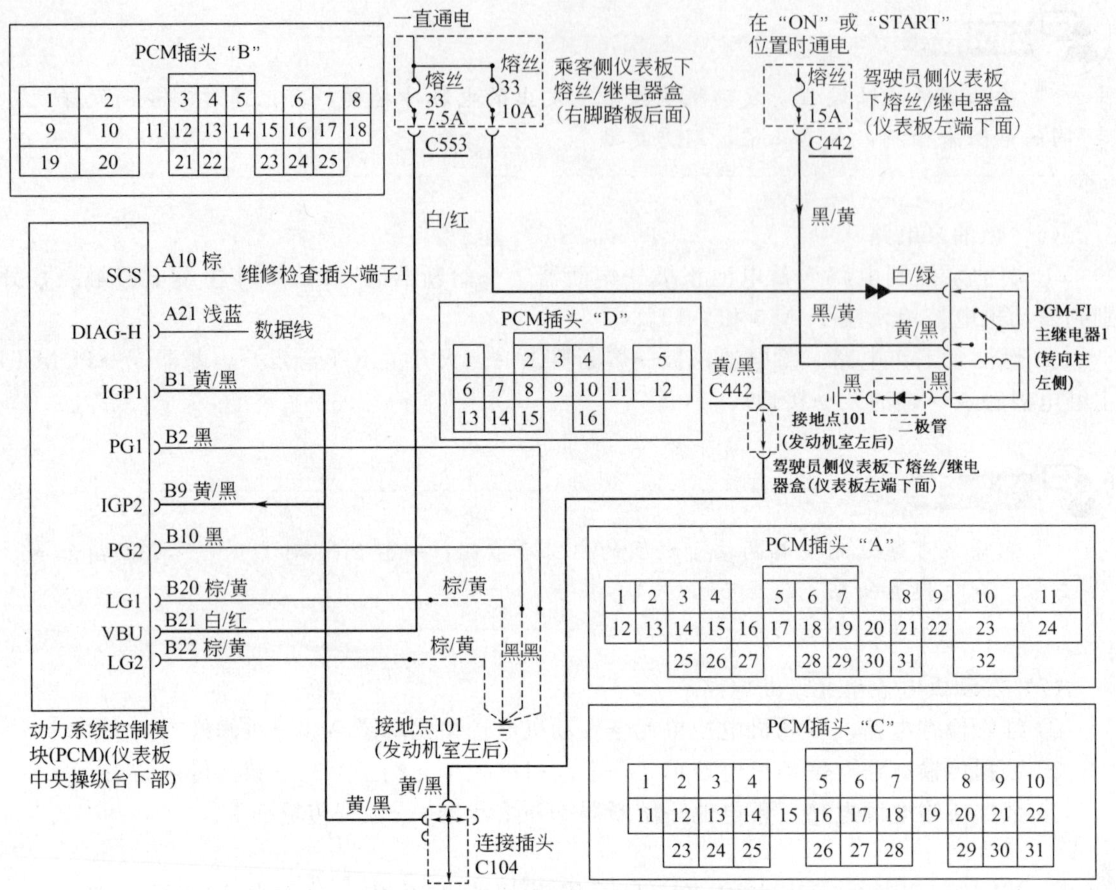

图 7-37　电控系统电源及接地电路

2. 电源电路

① 检查相应的 PCM 插头备用电压（VBU）端子和搭铁之间是否有蓄电池电压。如果不为蓄电池电压．检查相应的 PCM 熔丝。如果熔丝良好，则检查熔丝和相应的 PCM 插头端子之间的导线是否有断路。

② 打开点火开关，检查相应的 PCM 插头点火电源（IGP）端子和搭铁之间是否有蓄电池电压。如果不为蓄电池电压，检查相应的熔丝。如果熔丝良好，则检查熔丝和相应的 PCM 插头端子之间的导线是否有断路。检查点火开关是否损坏。

二、传感器控制电路分析

1. 曲轴位置/上止点/气缸位置（CKP/TDC/CYP）传感器控制电路分析

曲轴位置（CKP）传感器判断燃油喷射正时和各缸的点火情况并检测发动机转速；上止点（TDC）传感器判断发动机启动（曲轴转动）时的点火正时以及检测曲轴转角信号何时异常；气缸位置（CYP）传感器检测 1 号气缸的位置来进行各缸序燃油喷射。CYP 传感器在分电器内，CKP/TDC 传感器组挨着正时带轮。CKP/TDC 传感器控制电路图如图 7-38 所示，端子 1、端子 3 分别为上止点位置传感器和曲轴位置传感器信号输出端，端子 2 和端子 4 为接地端。当曲轴位置/上止点位置传感器发生故障时，PCM 无曲轴转速信号及转角等

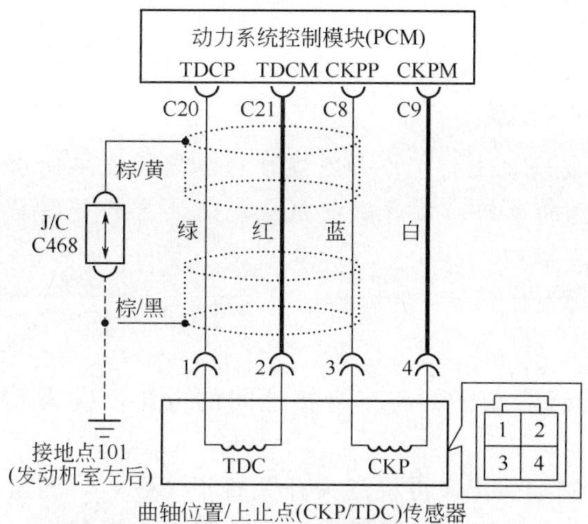

图 7-38 曲轴位置/上止点（CKP/TDC）传感器控制电路

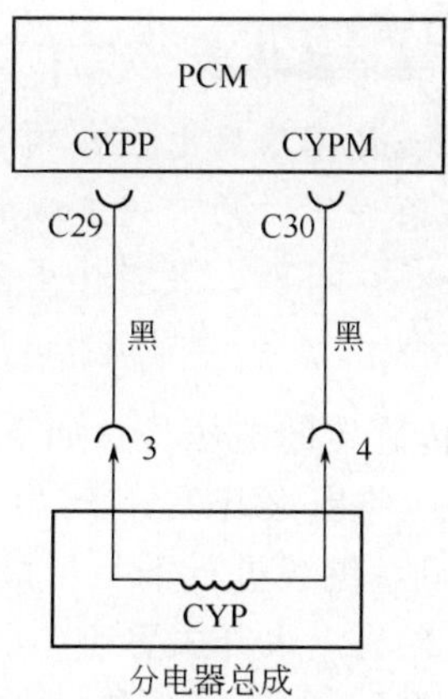

图 7-39 气缸位置（CYP）传感器控制电路

基本电子控制信号的输入，将使汽车产生不喷油、喷油正时错乱或点火正时错乱等一系列故障，并记录故障码 4（CKP 传感器电路故障）、8（TDC 传感器电路故障）。CYP 传感器控制电路如图 7-39 所示，端子 3 为传感器信号输出端。CYP 传感器检测 1 缸位置，当 CYP 发生故障时，系统自动记录故障码 9（CYP 传感器电路故障）。

电路检修如下。

（1）CKP/TDC 传感器检查

① 检查电阻　点火开关“OFF”，断开传感器 4 针插头，测量端子 1 与端子 2，端子 3 与端子 4 间电阻，阻值应在 1850～2450Ω，如不符，更换传感器。

② 检查导线　点火开关“OFF”，连接传感器 4 针插头，断开 PCM 插头 C，测量 C20 与 C21，C8 与 C9 间电阻，应在 1850～2450Ω。否则检查 PCM 至传感器间导线有无断路故障。

（2）CYP 传感器检查

① 检查电阻　点火开关“OFF”位，断开分电器 4 针插头，测量端子 3 与端子 4 间电阻，应为 800～1500Ω，如不符，应检修或更换传感器。

② 检查导线　连接分电器 4 针插头，断开 PCM 插头 C，测量 C29 与 C30 间电阻，应为 800～1500Ω。否则检修 PCM 至传感器间导线有无断路故障。

2. 发动机冷却液温度（ECT）传感器控制电路分析

冷却液温度传感器是阻值随温度而改变的可变电阻器（热敏电阻）。热敏电阻的阻值随冷却液温度的升高而减小。发动机冷却液温度（ECT）传感器控制电路如图 7-40 所示，传感器端子 1 为接地端，端子 2 为信号输出端，冷却液温度传感器信号不仅作为发动机燃油喷射修正等控制信号，也作为空调控制散热器风扇工作的控制信号。当冷却液温度传感器发生故障时，可能会造成混合气过浓或过稀等故障，同时，系统会记录 DTC6

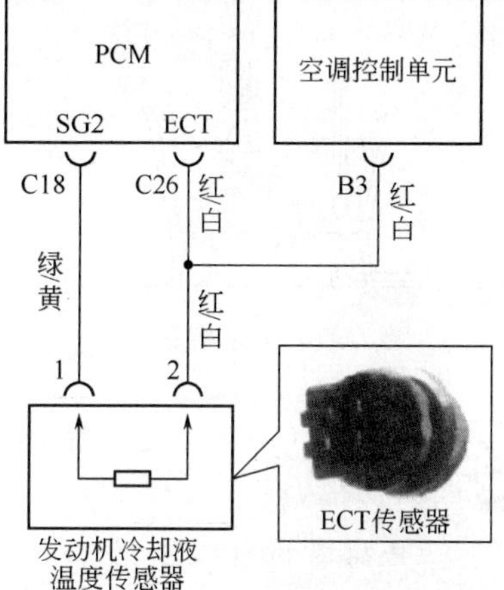

图 7-40 发动机冷却液温度（ECT）传感器控制电路

故障。

传感器的电阻检测如图 7-41 所示。从发动机上拆下冷却液温度传感器，在不同水温条件下，用欧姆表测量冷却液温度传感器的电阻，传感器电阻应能随温度的升高而减小。否则，表明传感器已损坏，应更换。

传感器的电压检查如下。

① 将点火开关置于“ON”位置，测量传感器端子 2 与车身接地间的电压，应为 5V。如不符，继续进行下一步检查。

② 将点火开关置于“OFF”，断开空调控制插头 B，再将点火开关置于“ON”，测量传感器端子 2 与车身搭铁间的电压，如为 5V，则空调控制单元可能出现故障：如不符，可检查传感器导线有无断路或 PCM 有无故障。

3. 进气温度（IAT）传感器控制电路分析

进气温度传感器用于检测供给空气的温度，作为燃油喷射控制和点火控制的修正信号，以配合进气歧管绝对压力传感器。进气温度（IAT）传感器是阻值随温度而变的可变电阻器（热敏电阻），热敏电阻的阻值随进气温度的升高而减小。进气温度传感器控制电路如图7-42 所示，端子 2 为信号输出端，端子 1 为接地端。当传感器发生故障时，可能会产生进气过浓或过稀的故障，同时，系统自动记录 DTC7 故障。

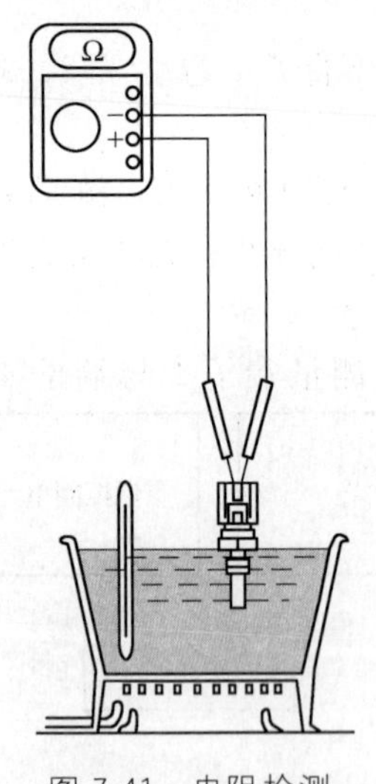

图 7-41 电阻检测

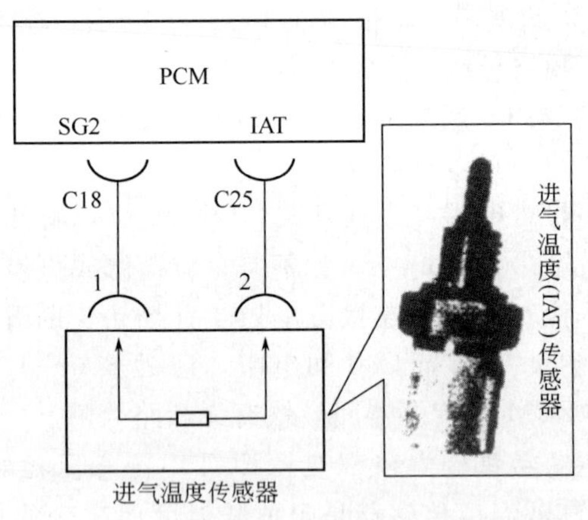

图 7-42 进气温度（IAT）传感器控制电路

知识拓展

传感器的电阻检测　断开传感器 2 针插头，测量隐于 1 端和 2 端间电阻，应在 0.4～4.0kΩ，否则，应更换传感器。进气温度传感器的电压检测可参考冷却液温度传感器。

4. EGR 阀升程传感器控制电路分析

控制电路如图 7-43 所示，端子 3 为传感器电源端子，EGR 阀升程传感器将检测 EGR 阀的提升量，并通过传感器端子输出，将该信息发送给 PCM，PCM 通过该信息与存储在存储器中的 EGR 阀的最佳升程和其他传感器输入装置发送的信息相比较。如果存在差异，则 PCM 从 B7 脚输出控制指令，解除 EGR 控制电磁阀来降低作用在 EGR 阀上的真空度。端子 2 为接地端子。

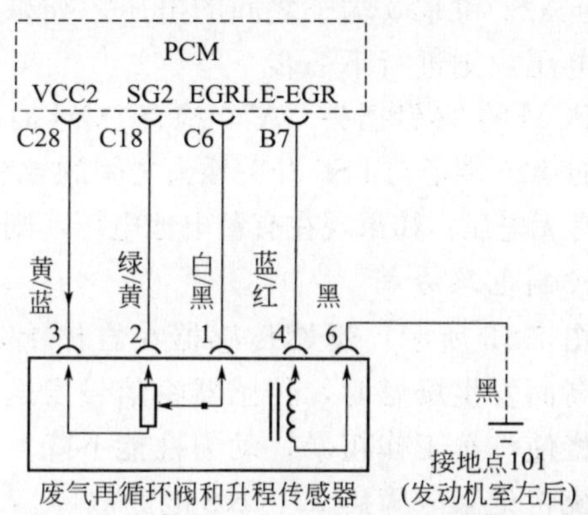

图 7-43　废气再循环阀和升程传感器控制电路

知识拓展

当传感器发生故障时、可能使废气再循环过多或过少，从而导致汽车动力性能下降或者工作粗暴等故障。

5. 动力转向油压开关电路分析

动力转向油压开关用来监测动力转向负荷，当转向负荷高时，油压开关所开，将信号通过 A26 传入 PCM，PCM 将提高发动机转速来补偿负载。电路如图 7-44 所示。

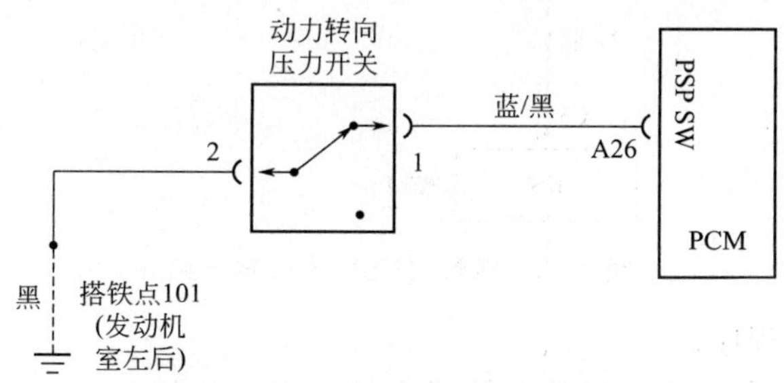

图 7-44　动力转向油压开关电路

① 打开点火开关，测量 PCM 插头的 A26 和 B20 端子之间的电压。如果电压为 1V 或 1V 以上，则进行步骤③；如果电压小于 1V，则进行下一步。

② 启动发动机，将转向盘缓慢转到全锁位置，测量 PCM 插头的 A26 和 B20 端子之间的电压。如果电压为蓄电池电压，则说明 PSP 开关信号正常，如果电压不是蓄电池电压，则进行步骤④。

③ 关闭点火开关，断开 PSP 开关的 2 针插头，开关在挨着转向器的高压软管上，将一跨接线连在 PSP 开关线束插头的两个端子之间。打开点火开关，测量 PCM 插头的 A26 和 B20（PCM 接地）端子之间的电压。如果电压在 1V 或 1V 以上，则检修 PCM 插头的 B20 端子与 PSP 开关之间的导线；如果导线无故障，则检修 PSP 开关和接地之间的导线；如果电压小于 1V，则更换 PSP 开关。

④ 关闭点火开关，断开 PSP 开关的 2 针插头，开关在挨着转向器的高压软管上。打开点火开关，测量 PCM 插头的 A26 和 B20 端子之间的电压。如果电压为蓄电池电压，则更换 PSP 开关；如果不是蓄电池电压，则进行下一步。

⑤ 关闭点火开关，断开 PCM 的 32 针插头“A”，检查 PCM 插头的 A26 端子对地是否导通。如果导通，则检修 PCM 插头的 A26 端子与 PSP 开关插头之间的导线；如果不导通，则用一个好的 PCM 代替，然后重新检查有无电压；如果现在有蓄电池电压，则更换原 PCM。

6. 爆燃（KS）传感器控制电路分析

爆燃传感器控制电路如图 7-45 所示。爆燃传感器在缸体上，靠近机油滤清器。当点火提前角过大或气缸内温度过高而发生爆燃时，传感器将信号发送给 PCM，PCM 调整正时以对这种情况进行补偿。爆燃将使汽车工作粗暴，动力性能下降，严重时可使发动机损坏。当爆燃传感器发生故障时，系统将记录故障码 23（KS 电路故障），此时，应进行以下的检查。

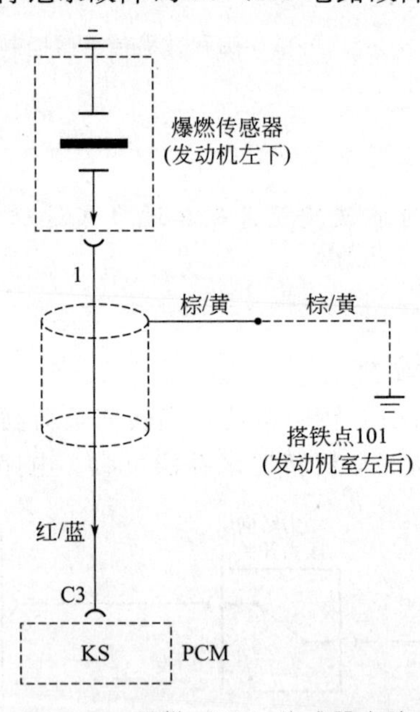

图 7-45 爆燃（KS）传感器电路

① 执行 PCM 复位程序。

② 启动发动机，将变速杆上于驻车挡或空挡，发动机以 3000r/min 的转速运转至散热器风扇开始工作，然后让发动机急速运转。

③ 发动机在 3000～4000r/min 的转速下至少工作 1min，检查 MIL 是否点亮并指示 DTC23。如果是，转到下一步，否则故障为间歇故障，系统目前正常，检查爆燃传感器和 PCM 间是否连接不良或导线松动。

④ 点火开关转到“OFF”位，断开爆燃传感器插头，然后检查 PCM 插头端子 C3 与车身接地间的导通性。如果导通，则修理 PCM 插头 C3 和爆燃传感器插头间导线的短路故障；

否则转入下一步。

⑤ 用跨接线连接爆燃传感器插头端子 1 和车身接地。检查 PCM 插头端子 C3 与车身接地间的导通性，如果导通转到下一步，否则检修 PCM 插头端子 C3 和爆燃传感器间导线。

⑥ 检查爆燃传感器插头和爆燃传感器间的爆燃传感器分线束是否断路或短路，如果正常，则换上一个好的爆燃传感器，并重新检查。如果 MIL 再次点亮并指示 DTC23，则换上一个好的 PCM 并重新检查。如果症状/指示消失，则更换原来的 PCM，否则更换原来的爆燃传感器或将其分线束。

7. 进气歧管绝对压力（MAP）传感器控制电路分析

MAP 传感器将进气歧管绝对压力转换成电信号并将该信号发送给 PCM，是间接测量空气供给量的主信号，PCM 根据进气歧管压力信号和进气温度传感器等修正信号，进行喷油量的控制。

传感器的电路控制如图 7-46 所示，端子 1 为传感器 5V 电源，端子 3 为传感器信号端，端子 2 为搭铁端。当传感器发生故障时，系统自动记录 DTC3 故障。

8. 节气门位置（TP）传感器控制电路分析

节气门位置传感器是连到节气门轴的 3 线电位计。随着节气门开度的增大，节气门位置传感器的输出电压信号也跟着增大，其控制电路如图 7-47 所示，端子 3 为传感器电源，端子 2 为节气门开度信号，端子 1 为传感器接地端。

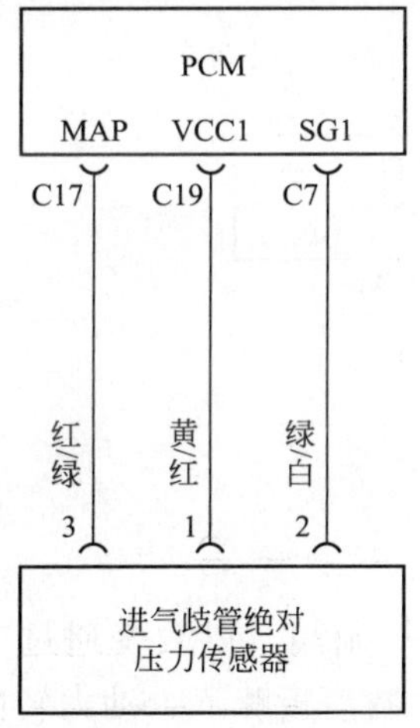

图 7-46 进气歧管绝对压力传感器控制电路

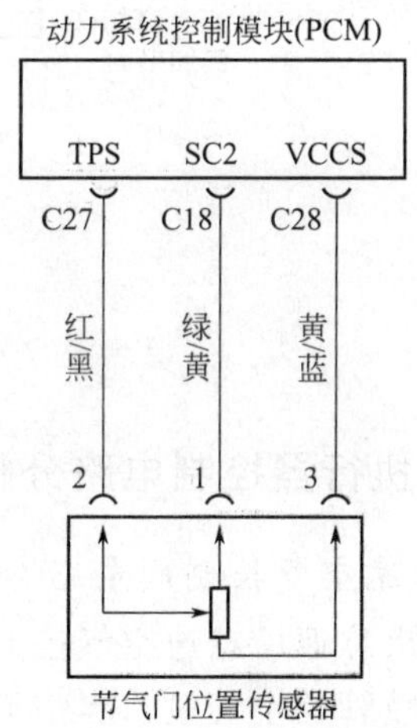

图 7-47 节气门位置传感器控制电路

知识拓展

传感器的检查 从节气门体上拆下传感器，测量端子 1 与端子 2 间电阻。用手缓慢转动节气门轴，随着开度的增大，电阻值应随着增大。在节气门完全关闭或全开时，电压应为 0.5V 或 4.8V；否则，更换或检修传感器。

9. 加热型氧（HO_2S）传感器控制电路分析

加热型氧传感器检测排气中的氧含量并将该信号发送给 PCM，PCM 改变空燃比，使在大多数工况下保持 14.7∶1 的比值。该比值对于燃烧和三元催化转化器（TWC）的工作尤其有效。氧传感器具有一内加热器以使传感器输出稳定。

控制电路如图7-48所示，端子4为氧传感器加热器电源，连接至15A6号熔丝（巡航控制熔丝），当发动机在较低温度工作时，为使氧传感器更快、更稳定地投入工作，PCM控制传感器端子3接地，从而使电热丝工作，加热氧传感器。氧传感器信号输出端为端子2，端子1为搭铁端。当氧传感器出现故障时，因PCM得不到正确的空燃比的反馈，从而无法控制最佳空燃比，导致汽车可能出现排放不良或性能下降等。

知识拓展

氧传感器加热器的检查　检查电热丝电阻。断开4针插头，测量端子3与端子4间电阻，应为10～40Ω；如不符，应更换传感器。

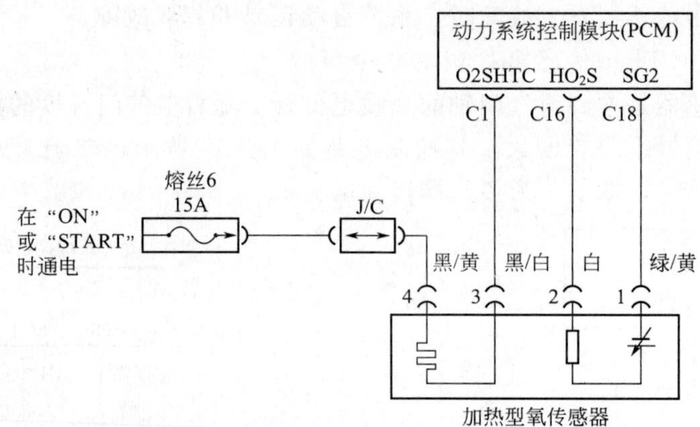

图7-48　加热型氧（HO_2S）传感器控制电路

三、执行器控制电路分析

1. 怠速空气控制阀电路分析

发动机怠速由怠速空气控制阀控制。PCM控制怠速空气控制阀，以改变通过节气门体进入进气歧管的空气量。当空调压缩机工作、变速器挂上挡、制动板踩下、动力转向负载存在以及发电机正在充电时，怠速空气控制阀用来维持正常的怠速转速。激活时间取决于发动机冷却液温度。发动机达到正常工作温度后，怠速空气控用阀被激活，只维持最小怠速转速。

怠速空气控制阀控制电路如图7-49所示，当“ON”或“START”时，蓄电池电源→1号熔丝→主继电器1线圈→二极管→搭铁→蓄电池负极，从而控制开关闭合。怠速空气控制阀电源通过33号熔丝得电，PCM根据发动机运行状况，从控制阀3脚输入控制信号，控制空气控制阀的接通和关闭。

怠速空气控制阀故障可引起汽车怠速过低或过高，或其他怠速不良故障，同时，记录故障码14。此时，可进行按步骤诊断。

① 执行PCM复位程序。

② 将点火开关转到“ON”位，如果MIL点亮并指示DTC14，转到下一步，否则故障

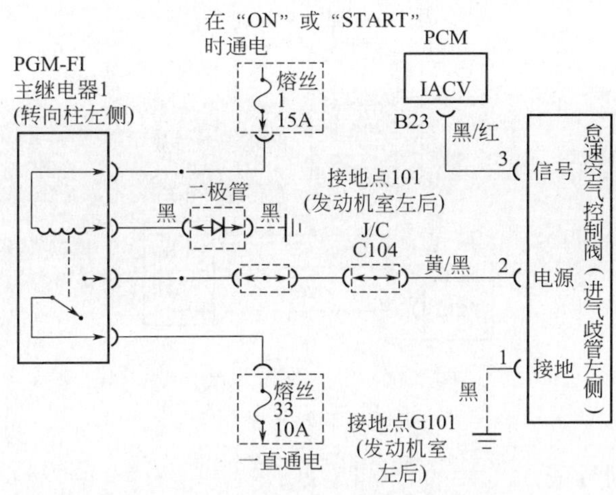

图 7-49 怠速空气控制阀控制电路

为间歇故障，系统目前正常，检查 IAC 阀和 PCM 间是否连接不良或导线松动。

③ 点火开关转到“OFF”位，断开 IAC 阀的 3 针插头，然后将点火开关转到“ON”位。测量 IAC 阀 3 针插头 2 号端子与车身接地间的电压。如果为蓄电池电压，转到下一步，否则检修 IAC 阀和 PCM-FI 主继电器间导线。

④ 点火开关转到“OFF”位，检查车身接地和 IAC 阀 3 针插头 1 号端子间的导通性。如果导通则转到下一步，否则检修 LAC 阀和 G101 之间导线。

⑤ 断开 PCM 插头 B（25 针），检查 PCM 插头端子 B23 和车身接地间的导通性。如果导通，检修 IAC 阀和 PCM 的插头端子 B23 间导线，否则转到下一步。

⑥ 检查 IAC 阀 3 针插头的 3 号端子与 PCM 插头端子 B23 间的导通性。如果导通，检修 IAC 阀和 PCM 的插头端子 B23 间导线，然后转到下一步，否则检修 IAC 阀和 PCM 的插头端子 B23 间导线。

⑦ 重新连上 IAC 阀 3 针插头和 PCM 插头 B（25 针），将点火开关转到“ON”位，然后测量 PCM 插头端子 B23 与车身搭铁间的电压。如果电压为零，则更换 IAC 阀，否则换上一个好的 PCM 并重新检查，如果症状/指示消失，则更换原来的 PCM。

2. 燃油蒸气排放净化控制电磁阀电路分析

EVAP 控制系统包括加油口盖、燃油箱 EVAP 阀、EVAP 双通阀、燃油箱压力传感器、EVAP 旁通电磁阀、EVAP 控制炭罐、EVAP 控制炭罐通风切断阀、EVAP 三通阀以及 EVAP 净化控制电磁阀。

燃油蒸气净化控制系统控制何时进行 EVAP 控制炭罐的净化。当 PCM 激活 EVAP 净化控制电磁阀时，EVAP 控制炭罐得到净化，从而使新鲜空气进入进气歧管内。控制阀电路如图 7-50 所示。

电路检修如下。

① 检查 6 号熔丝。

② 从 MVAP 净化控制电磁阀上脱开 2 针插头，将发动机转速快速提高到 3000r/min，如果出现真空，检查真空软管的布置，如果布线正常则更换燃油蒸气排放控制净化电磁阀。

③ 将点火开关转到 OFF 位，断开 PCM 的插头 A，检查 EVAP 净化控制电磁阀 2 针插头的 2 号端子与车身插头间的导通性，应不导通。如果导通，检修 EVAP 净化控制电磁阀

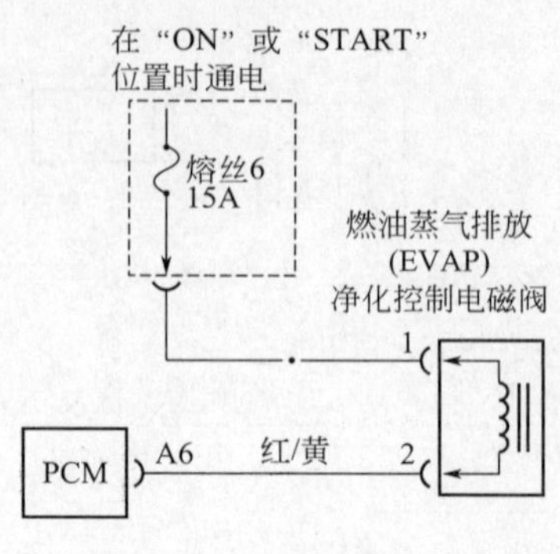

图 7-50　燃油蒸气排放净化控制阀电路

和 PCM 插头端子 A6 间导线。

3. 燃油供给系统控制电路分析

燃油供给系统的作用是在适当的时机向发动机提供足够的燃油，保证发动机的正常工作。桑德赛 F23Z4 发动机采用的程控燃油喷射（PCM-FI）系统是顺序多点燃油喷射系统。程控燃油喷射系统由动力系统控制模块（PCM）控制。喷油器基本持续时间编入 PCM 存储器中。根据各种传感器发送的输入信号，PCM 修正喷油器基本持续时间来获得燃油供给的喷油器最终持续时间。

燃油供给控制电路如图 7-51 所示，PCM 控制燃油泵及喷油器的搭铁，从而根据发动机运行状况，依据存储在 PCM 中程序，决定喷油持续时间及关闭时间等。PCM-FI 主继电器 1 控制着 PCM-FI 主继电器 2（燃油泵继电器）线圈的工作。当点火开关“ON”或“START”位置时，燃油泵控制如下。

蓄电池电源→1 号熔丝→PCM-FI 主继电器 1 端子 5→PCM-FI 主继电器 1 端子 3→二极管→搭铁。此时，PCM-FI 主继电器 1 开关吸合，电源通过 PCM-FI 主继电器 1 控制 PCM-FI 主继电器 2 的线圈；蓄电池常火电源→33 号熔丝→PCM-FI 主继电器 1 开关→PCM-FI 主继电器 2 端子 2→PCM-FI 主继电器 2 端子 3→PCM 端子 A15。当 PCM 控制燃油泵继电器线圈搭铁时，蓄电池电源→1 号熔丝→PCM-FI 主继电器 2 端子 1→PCM-FI 主继电器 2 端子 4→燃油泵→搭铁，此时，燃油泵电路完全接通，油泵电机工作。

喷油器电路控制如下。

喷油器由电磁线圈、柱塞针阀和壳体组成。当电流通在电磁线圈上时，针阀升起且接近进气门时喷射增压燃油。由于针阀升程和燃油压力恒定，所以空燃比由针阀打开的时间（电流通在电磁线圈上的持续时间）决定。通过顶部和底部的 O 形圈和密封环密封喷油器。所有密封件、O 形圈以及橡胶垫降低了喷油器工作噪声和热传递。

当点火开关置于“ON”或“START”时，蓄电池电源→1 号熔丝→PCM-FI 主继电器 1 线圈→二极管→搭铁→蓄电池负极。PCM-FI 主继电器 1 控制开关闭合。蓄电池常火电源→33 号熔丝→PCM-FI 主继电器 1 端子 7→PCM-FI 主继电器 1 端子 4→插接器 C469→插接器 C122→各喷油器端子 2→各喷油器端子 1→PCM 喷油器控制端子 B3、B4、B5、B11。

喷油器的触发取决于上止点（TDC）/曲轴位置（CKP）/汽缸位置（CYP）传感器产生的脉冲电压信号，当 PCM 控制喷油器端子 1 搭铁时，喷油器电磁阀得电，针阀打开，喷油器出油，当端子 1 不搭铁时，喷油器电磁阀失电，针阀关闭，喷油结束。

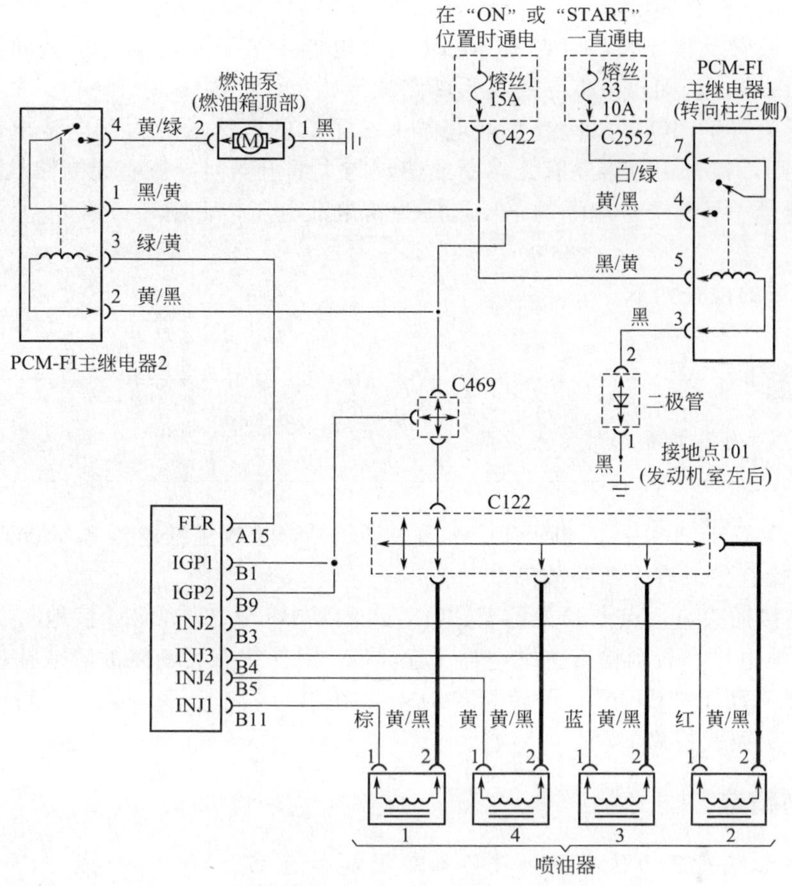

图 7-51 燃油供给控制电路

相关链接

燃油泵及喷油器的故障，可能产生油压过高或过低、不供油、喷油正时错误或滴油等故障，致使发动机工作不良、熄火、难启动或是不启动等。

电路检修如下。

对燃油供给系统的电路检修，主要集中在以下几个方面。

（1）喷油器的检修　拆下喷油器插头，测量喷油器1号端子和2号端子间的阻值。应为10～13Ω，否则更换喷油器。

（2）燃油泵的检修　拆下燃油泵电动机，直接连接蓄电池电源，电动机应运转平顺；否则，检修油泵电动机。

（3）主继电器的检修　注：如果发动机启动并继续运转，则说明PCM-FI（程控燃油喷射）主继电器正常。主继电器具有两个单独的继电器：PCM-FI主继电器1和2，只要点火开关打开时，PCM-FI主继电器1就通电，该继电器供给PCM蓄电池电压、供给喷油器电源以及为PCM-FI主继电器2提供电源，PCM-FI主继电器2给燃油泵供电。当点火开关初次打开以及发动机运转时，PCM-FI主继电器2就通电2s。

主继电器 1 的检查如下。

① 检查二极管及其导线，检查 PCM-FI 主继电器 1 端子 3 与车身搭铁间的导通性。若导通，进行下一步；否则，检查导线有无断路故障。

② 点火开关置于“ON”，检查主继电器 1 端子 5 的电压，应为蓄电池电压。如是，进行下一步；否则，检查 1 号熔丝有无熔断或熔丝与主继电器间导线有无断路故障。

③ 分别测量 4 号与 7 号端子的电压，应为蓄电池电压；否则，检修 33 号熔丝和主继电器 1。

主继电器 2 的检查如下。

检查前，确保主继电器 1 无故障。

① 点火开关置于“OFF”，断开 PCM 插头端子 A，检查主继电器 2 与端子 A15 间导线，应导通；否则检查导线有无断路故障。

② 重新连接插头 A，点火开关置于“ON”，测量 B1 与 B2（PCM 接地）、B9 与 B2 间电压，应为蓄电池电压；否则检查主继电器 1 至 PCM 间导线有无断路故障或插接器故障。

③ 点火开关置于“OFF”，再转至“ON”，在 2s 内测量 A15 与 B2 间电压，应小于 1.0V；否则，更换或检修 PCM。

四、案例精选

1. 进气歧管绝对压力传感器插接器断路引起加速无力。

（1）故障现象　该车在行驶时，发动机加速乏力，最高车速只能达到 60km/h。

（2）故障诊断与排除

① 读取故障码为“3”，含义为进气歧管绝对压力传感器信号不良。

② 检查进气歧管绝对压力传感器、5V 电源与搭铁线，均正常，检查进气歧管绝对压力传感器的信号时，发现无输出信号。检查进气歧管绝对压力传感器的插接器，发现该传感器插头上的导线断开，因而没有信号输出。

③ 修复播接器，故障排除。

知识拓展

进气歧管绝对压力传感器的作用是将进气歧管内的真空度变为电信号输入发动机控制单元。节气门关闭时，进气歧管内的真空度大，气缸内的进气量少，供给的燃油量也少；节气门开大时，进气歧管内的真空度降低，气缸的进气量增多，所需的燃油量也增多。发动机控制单元根据进气歧管绝对压力传感器、节气门位置传感器等信号，适时调整油量，保证发动机的正常运转。如果进气歧管绝对压力传感器出现故障，不能输出信号，则发动机控制单元自动按原设定程序和数据进行控制，使发动机维持运转，但原设定程序信号不能随真空度的变化而变化，因此导致发动机性能变坏。

2. 节气门位置传感器故障引起发动机故障指示灯亮

(1) 故障现象 该车发动机故障指示灯常亮，行驶中自动变速器指示灯有时也亮。

(2) 故障诊断与排除

① 上路试车，感觉车辆行驶时加速正常，只是在自动变速器升挡时略有冲击。

② 对发动机电控系统进行诊断，发现故障码为7，其可能的故障原因有：节气门位置传感器线路有故障；节气门位置传感器有故障；ECM/PCM 有故障。

③ 经检查节气门位置传感器线路正确，更换节气门位置传感器，试车，故障排除。

3. PCM 模块故障导致里程表不走

(1) 故障现象 一辆2008年生产的广本奥德赛，因加装 GPS 卫星导航仪时拆装过音响系统，安装完成里程表不走，拆之前一切都正常。

(2) 故障诊断与排除

① 打开点火开关，观察仪表上的指示灯及各仪表工作状况完全正常。

知识拓展

拆装音响而导致的里程表不走，极有可能是拆装过程中哪条线忘接或是哪个插头忘了插或无意间碰掉了。

② 把音响拆掉，检查音响附近接线及插头，未发现问题。把仪表拆下，见仪表上有一根线用胶布包着。经检查，此线为车速信号线。

知识拓展

GPS 系统需采集车速信号，该车与其他常见车型有所不同，该车车速信号不是变速器提供的专门车速传感器信号，而是由发动机控制模块根据变速器的转速信号处理后输出到仪表、巡航定速系统、自动空调。

③ 首先测量仪表 A5 脚与发动机控制模块 A9 脚的导通性，正常。接下来需要检查仪表、发动机控制模块以及变速器上的传感器到发动机控制模块间的导线。

④ 车速信号是自动变速器换挡的主要参考信号，当该传感器有故障时，发动机控制模块中会有故障码存在，用 HDS 诊断仪检测无故障码，读取系统数据信息，用手转动车轮，车速显示出相应数值，并随转动快慢而做相应的变化，看来发动机控制模块已接收到车速信号。

⑤ 用万用表的直流电压挡测量发动机控制模块 A9 脚有无车速信号输出，万用表显示12V，转动车轮时无变化，而正常情况下，用手转动车轮时应为0～5V 不断变化，故障出在发动机控制模块无车速信号输出，而不是仪表问题。

⑥ 顺着 A5 脚测量，发现发动机控制模块中有一只三极管被击穿，但外表无烧毁的痕迹，更换同型号的三极管，试车，故障排除。

4. 怠速抖动，有时熄火

(1) 故障现象 一辆广州本田轿车，发动机怠速抖动，有时熄火，特别是行驶中踩制动踏板停车时易熄火。

（2）故障诊断与排除

① 用故障诊断仪诊断发动机电控系统，无故障码。

② 查看数据流，检查节气门位置传感器电压值，怠速时在 0.5～0.8V 间跳动，节气门全开时为 4.5V。正常情况下，怠速时电压值应为 0.5V，节气门全开时为 4.5V。

③ 把电压表一端接在节气门位置传感器的信号端子 2 上，一端搭铁，测量结果与故障诊断仪的显示一致。再用电压表测量端子 1 和 3 之间的电压，为 5V，这说明节气门位置传感器电源搭铁正常。

④ 更换节气门位置传感器，故障排除。

第八章 空调系统电路分析、故障检修和案例精选

第一节 空调系统的组成和识图示例

一、空调系统概述

汽车空调系统具有制冷、供暖、通风、净化、去湿、除霜等功能，能根据驾乘人员的需要对车内环境的温度、湿度、空气流动速度、方向和洁净度进行调节，给车内的驾乘人员提供一个最舒适的环境。汽车空调按照自动化的程度不同，可分为手动空调、半自动空调和全自动空调三种。

相关链接

自动空调和手动空调都是由制冷装置、采暖装置和控制装置组成。两种系统的区别在于，自动空调加装了一系列检测车内、车外和导风管空气温度变化以及太阳辐射的传感器（如日光传感器、车内温度传感器），并且两者的空调控制器总成也不相同。

二、空调系统的组成

汽车空调系统主要由制冷系统、供暖系统、通风系统、空气净化系统、操作与控制系统等组成。在阅读汽车空调系统的电路图时，可以把空调系统分为三部分，即信号输入装置、执行器和空调控制单元三部分。

1. 空调系统信号输入装置

（1）温度传感器信号　汽车空调系统温度传感器主要有车外温度传感器、车内温度传感器、冷却液温度传感器、蒸发器温度传感器等。这些温度传感器都采用负温度系数热敏电阻材料制成，传感器的阻值随着温度的升高而减小，即传感器阻值与温度变化成反比。空调控制单元向温度传感器提供 5V 的工作电压，通过测量与温度传感器串联电阻的电压来确定温度传感器所处的环境温度。空调控制单元将温度传感器输入的温度信号与设定的温度进行对比，并根据对比的结果向各控制继电器发出控制信号，控制空调压缩机的工作或停止。

（2）空调压力开关　空调压力开关用来测量空调系统管路里制冷剂的压力。在制冷剂压力过低或过高时，空调压力开关将相应的信号输送到空调控制单元。空调控制单元根据收到的信号关闭空调压缩机继电器和电磁离合器，使空调压缩机停止工作，防止空调压缩机损坏。

(3) 阳光照射传感器　阳光照射传感器用来测量阳光强弱的主要部件，是一只光敏电阻，阳光越强，电阻越小；阳光越弱，电阻越大。空调控制单元根据阳光照射传感器信号来修正调温门的位置与鼓风机的转速。

相关链接

拆下阳光传感器，测量传感器两端子间的电阻值。用布遮住阳光传感器，电阻为∞；在灯光或阳光下测量，电阻不为∞。

(4) 冷却风扇热敏开关　在有的汽车空调系统中，利用冷却风扇热敏开关来控制冷却液风扇的运转。冷却风扇热敏开关主要部件是一只负温度系数的热敏电阻，冷却液的温度越高，电阻越小。

在现代的一些汽车空调系统中，还安装了空气质量传感器、烟雾传感器、压缩机转速传感器等。空调控制单元根据这些传感器的信号，使空调系统的工作更能满足人们的要求。

2. 汽车空调系统执行器装置

(1) 空调压缩机电磁离合器　空调压缩机电磁离合器安装在空调压缩机上，空调控制单元通过控制电磁离合器的通断电来控制空调压缩机的运转或停止。

(2) 鼓风机　鼓风机用来使空气流过蒸发器表面，从各个出风口吹出，实现空气的流动和循环。为了调节鼓风机的转速，常采用：①通过在鼓风机电路中串联不同的电阻来改变鼓风机两端的电压，控制鼓风机的转速；②空调控制单元通过控制功率晶体管来改变流至鼓风机的电流，从而控制鼓风机的转速。

(3) 冷却液风扇　冷却液风扇用来加速空调冷凝器的散热。空调控制单元可以通过控制冷却液风扇电路中继电器的通断来调节串入冷却液风扇电路中的电阻，从而控制冷却液风扇的转速。

相关链接

冷却器循环泵　一般的车上见不到此泵，环境温度比较高的地区的车辆才安装此泵。一般来说，它将在点火开关切断 15s 后启动并运转 10～12min。

(4) 出风口风向和风量调节装置　空调控制单元根据驾乘人员的设定，通过控制出风口风向和风量调节装置来控制出风口的风量和风向。

(5) 发动机怠速提升装置　发动机怠速提升装置在空调系统打开时，提升发动机怠速时的转速，使发动机输出动力增加，防止发动机熄火。

(6) 各类电液阀和保护开关　汽车空调系统中的各类电液阀和保护开关用来调节或保护汽车空调系统，防止汽车空调系统因过载而损坏。

三、广州本田飞度汽车空调系统识图示例

广州本田飞度汽车空调系统的电路如图 8-1 所示。

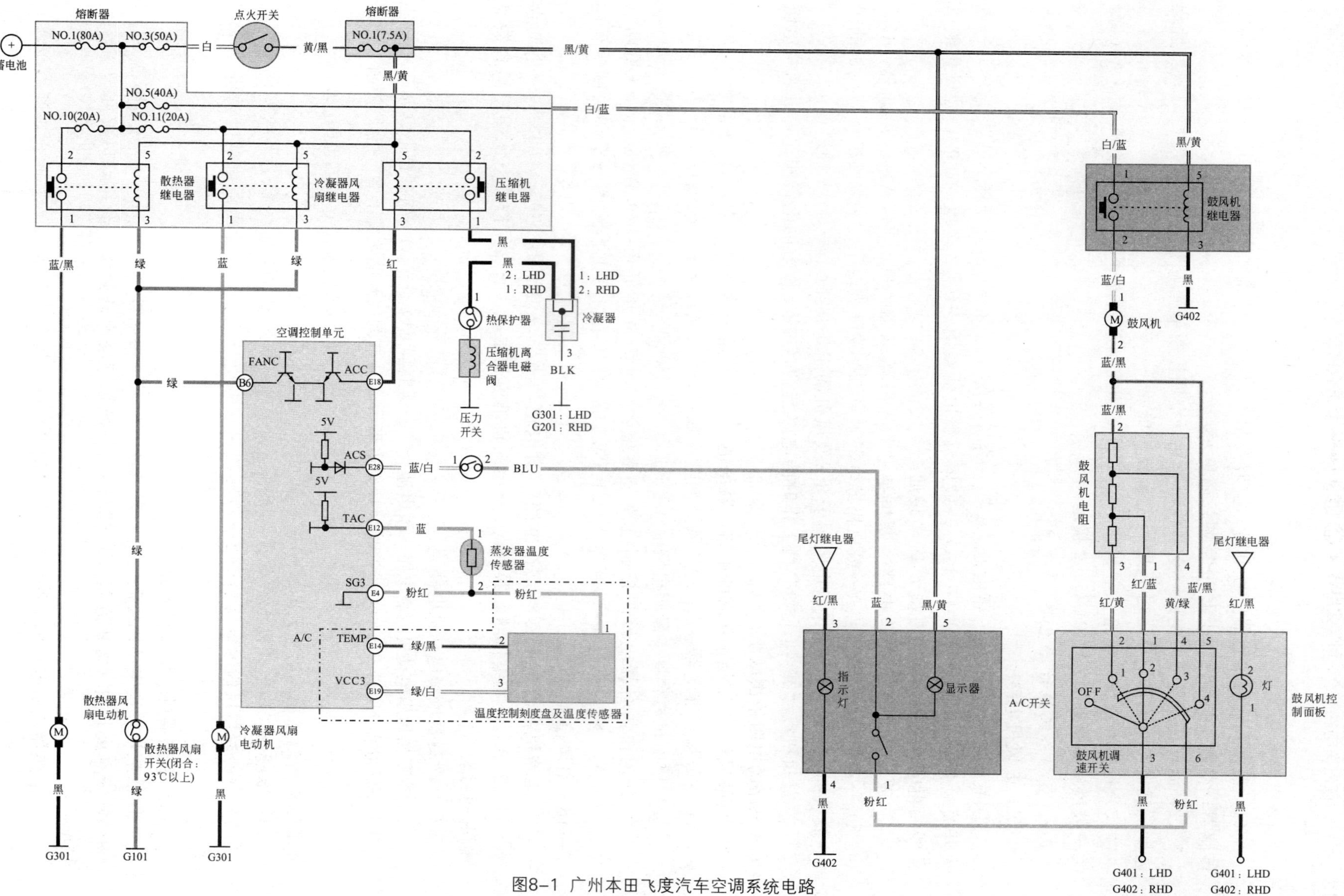

图8-1 广州本田飞度汽车空调系统电路

1. 空调系统信号输入电路

(1) 蒸发器温度传感器信号电路　空调控制单元→空调控制单元端子 E12→蒸发器温度传感器→空调控制单元端子 E4→空调控制单元。

(2) 温度传感器信号电路　空调控制单元→空调控制单元端子 E14→温度控制刻度盘及温度传感器→空调控制单元端子 E4→空调控制单元。

(3) 压力开关信号电路　空调控制单元→空调控制单元端子 E28→压力开关→A/C 开关→鼓风机调速开关→G401/G402 接地。

2. 空调系统执行器电路

(1) 鼓风机电路

① 鼓风机继电器电路　蓄电池“+”→熔断器 NO. 1 (80A) →熔断器 NO. 3 (50A) →点火开关触点→熔断器 NO. 1 (7. 5A) →鼓风机继电器线圈→G402 接地。此时，鼓风机继电器线圈得电，鼓风机继电器端子 1、2 接通。

② 鼓风机“1”挡工作电路　蓄电池“+”→熔断器 NO. 1 (80A) →熔断器 NO. 5 (40A) →鼓风机继电器触点 1→鼓风机继电器触点 2→鼓风机端子 1→鼓风机→鼓风机端子 2→鼓风机电阻端子 2→鼓风机电阻端子 3→鼓风机调速开关触点 1→G401 接地。

③ 鼓风机以“2”挡、“3”挡工作时的电路与“1”挡工作时的电路相比，鼓风机电阻串入电路的电阻依次减小。

④ 鼓风机“4”挡工作时的电路　蓄电池“+”→熔断器 NO. 1 (80A) →熔断器 NO. 5 (40A) →鼓风机继电器触点 1→鼓风机继电器触点 2→鼓风机调整开关触点 4→G401 接地。

(2) 压缩机离合器电磁阀电路

① 压缩机离合器电磁阀控制电路　蓄电池“+”→熔断器 NO. 1 (80A) →熔断器 N0. 3 (50A) →点火开关→熔断器 NO. 1 (7. 5A) →压缩机继电器线圈→空调控制单元端子 E18→空调控制单元。

② 压缩机离合器电磁阀工作电路　蓄电池“+”→熔断器 NO. 1 (80A) →熔断器 NO. 11 (20A) →压缩机继电器触点 2→压缩机继电器触点 1→热保护器→压缩机离合器电磁阀→接地。

(3) 冷凝器风扇电动机电路

① 冷凝器风扇电动机控制电路　蓄电池“+”→熔断器 NO. 1(80A)→熔断器 NO. 3(50A)→点火开关→熔断器 NO. 1(7. 5A)→冷凝器风扇继电器线圈┬→空调控制单元端子 B6→空调控制单元。
└→散热器风扇开关 → G101 接地。

此继电器由散热器风扇开关和空调控制单元 B6 端子共同控制。

② 冷凝器风扇电动机工作电路　蓄电池“+”→熔断器 NO. 1 (80A) →熔断器 NO. 11 (20A) →冷凝器风扇继电器端子 2→冷凝器风扇继电器端子 1→冷凝器风扇电动机→G301 接地。

(4) 散热器风扇电动机电路

① 散热器风扇电动机控制电路　蓄电池“+”→熔断器 NO. 1 (80A) →熔断器 NO. 3 (50A) →点火开关→熔断器 NO. 1 (7. 5A) →散热器继电器线圈→散热器风扇开关→G101 接地。

② 散热器风扇电动机工作电路　蓄电池“+”→熔断器 NO. 1 (80A) →熔断器 NO. 10

（20A）→散热器继电器端子 2→散热器继电器端子 1→散热器风扇电动机→G301 接地。

（5）鼓风机控制面板指示电路　尾灯继电器→鼓风机控制面板指示灯→G401 接地。

（6）A/C 开关显示器电路　蓄电池“＋”→熔断器 NO.1（80A）→熔断器 NO.3（50A）→点火开关→熔断器 NO.1（7.5A）→显示器→A/C 开关→鼓风机调速开关触点→G401 接地。

四、一汽大众速腾空调系统识图示例

该电路采用德国大众汽车公司独具特色的纵向排版方式，整个电路上部约 1/4 部分表示中央继电器板总成，最下面一横线表示接地线，接地线至上部中央继电器板之间从左到右集依次是各种电路元件、开关、连接导线等，接地线下面的数字则把各种电路元件、开关、连接导线在图纸上的唯一位置以数字序号表示出来。在某一序号的位置上通常只对应画一个元件或一根导线。

一汽大众速腾空调电路（如图 8-2、图 8-3 所示）从左至右按主要部件的工作情况可分成三大部分：第一部分，即图中 1～22 位置，是鼓风机 V2 的控制电路；第二部分，即图中 16～58 位置，是压缩机电磁离合器线圈 N25 及内循环真空电磁阀 N63 的控制电路；第三部分，即图中 31～45 及 64～68 位置，为电子风扇 V7、V8 的控制电路。三方面电路互相联系、互相渗透，构成较完善的整个轿车空调系统的控制电路。

1. 鼓风机 V2 的控制电路

鼓风机除了在制冷系统工作时将冷风吹向车厢内各个角落处，还要用于车厢内的通风与暖气以及前风窗玻璃的除霜去雾等功能，所以它应该在点火开关接通后即可进行控制操作，并根据鼓风机工作情况，鼓风电机电路可分为两种工况分析如下。

（1）点火开关接通后满足通风或去雾除霜功能的电路分析　根据车辆通风或去雾除霜功能的要求，无论发动机处于熄火还是工作状况，都应满足车辆通风或去雾除霜功能的基本操作。为此只要点火开关接通，中央继电器板内 X 线将有电，这将导致空调继电器的一组触点进入工作状态。即图 8-2 中 J32 的 3-1 脚之间的线圈与对应所控制的触点，其工作状况如下：

合上点火开关，使 X 线有电，于是 X 线$^{+}$→S 16→J32/(3-1)→J32/(8—6)$^{+}$。

上式中，X 线为中央继电器板中大容量用电设备电源线，当点火开关在启动或熄火状态，X 线都是有电的，用 X 线右上角加“＋”表示，即 X 线$^{+}$。“—”表示某个元件总成内部的连接线，“→”表示各元件之间的连接导线。式中，S16 表示第 16 号熔丝，另外 J32/(3-1) 中 J32 表示元件名称，括号中 3 与 1 分别表示 J32 元件上的 3 号与 1 号接线柱，J32 右上角的“＋”号表示 J 32的 3-1 接线柱之间的线圈得电，而 J32/(8-6)$^{+}$表示 J32 的 8-6 脚之间接通，而如果是 J32/(8-6) 则表示 J32 的 8 脚至 6 脚。以上表示方法在后述文中还常会用到。

上式中，由于 J32/(3-1) 电磁线圈得电，又导致 J32/(8-6)$^{+}$，于是产生如下工作电流：

30 号线→S5→J32/(8-6)$^{+}$→E9/2^{+}。

当鼓风机处于任意挡速度运转时，通过操作空调面板上的出风方向控制旋钮，即可改变出风的流动方向，以实现通风、取暖和除霜去雾等不同功能。

（2）空调开关 E30 接通后鼓风机运转的电路分析　发动机启动后，如果直接接通空调开关 E30，而此时如果并没有接通鼓风机开关 E9 电路，但鼓风机仍将以最低转速自动运转，

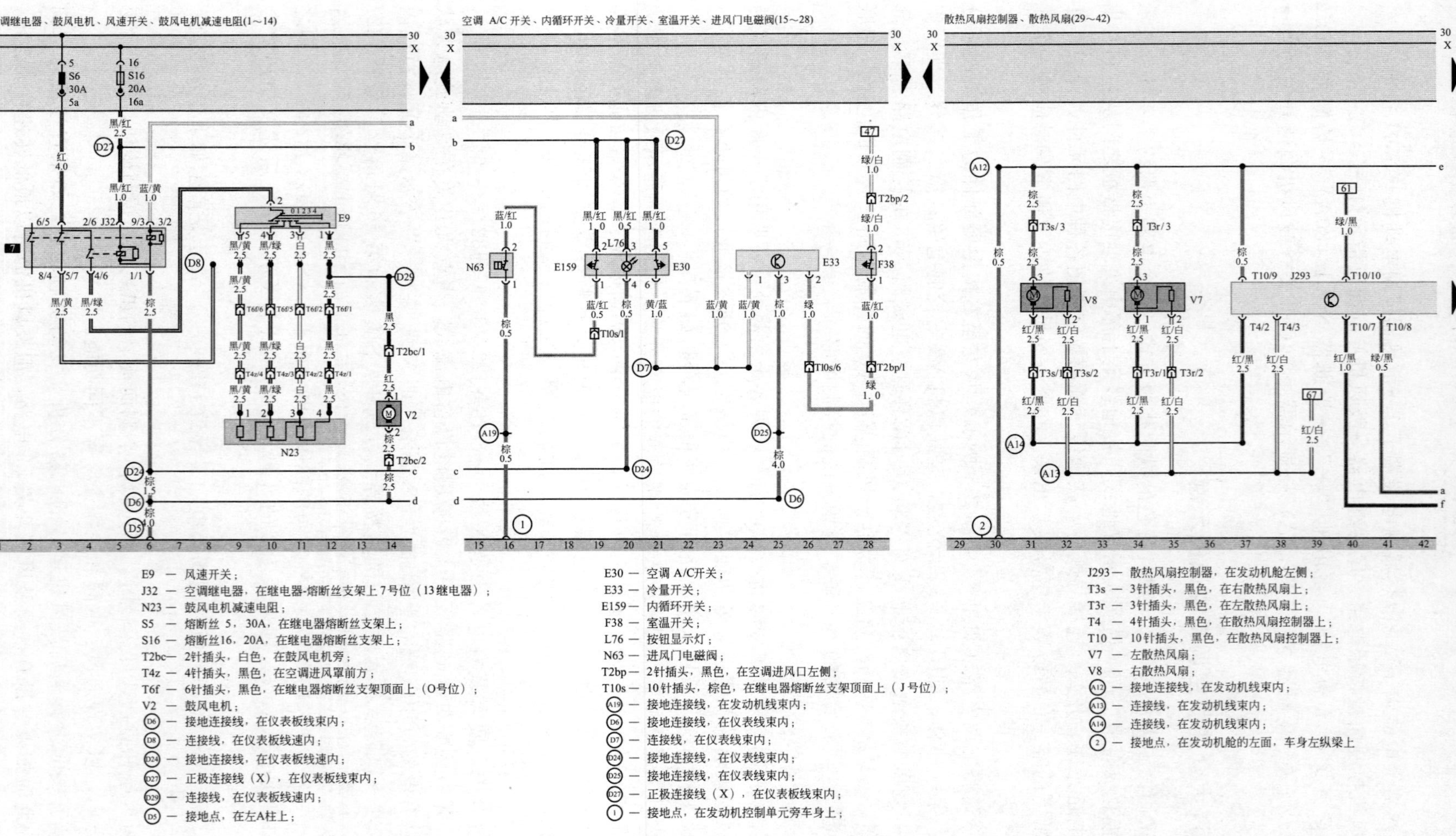

图 8-2　一汽大众速腾空调系统电路（1）

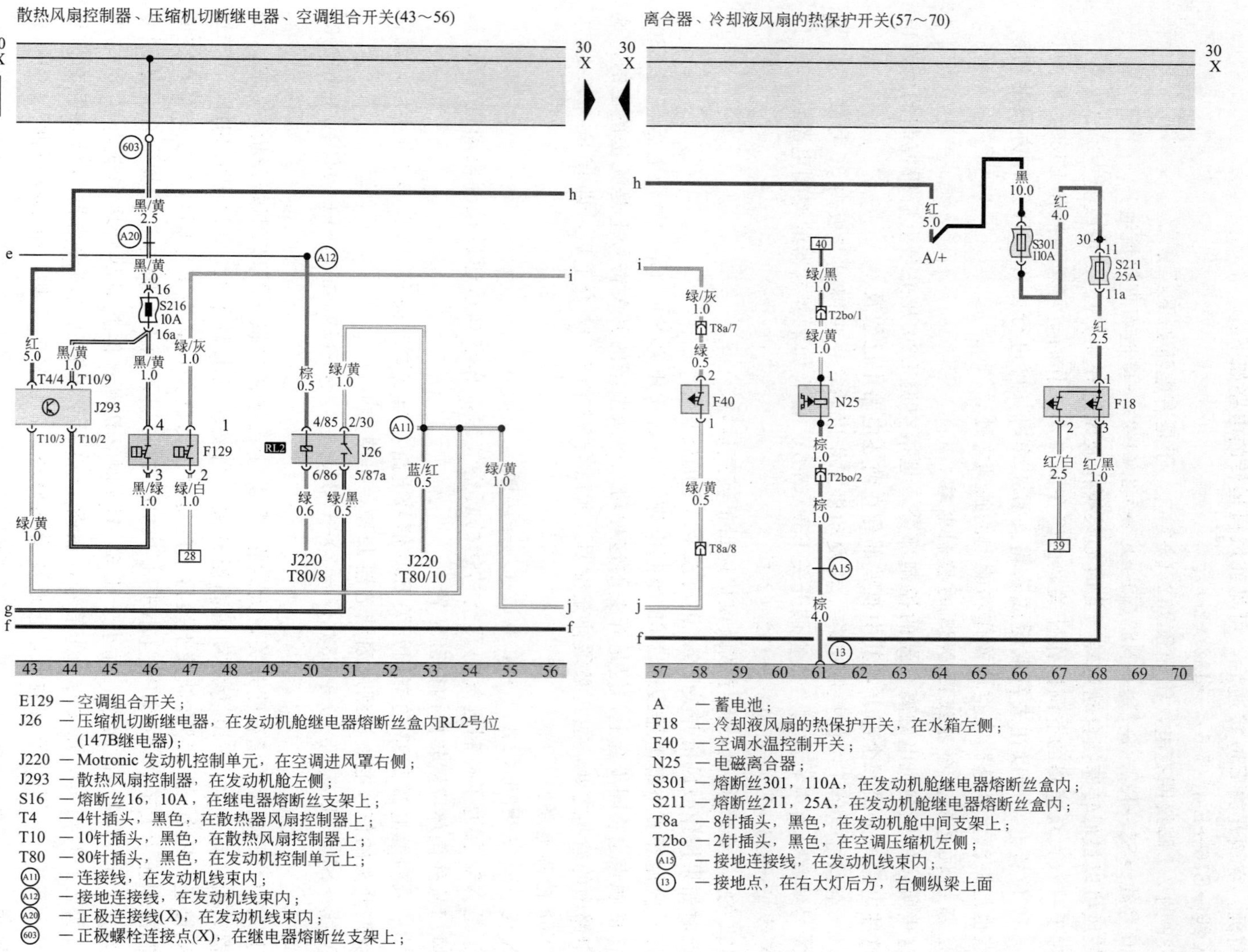

图 8-3 一汽大众速腾空调系统电路（2）

以保证汽车空调在制冷系统工作后，有循环风吹经蒸发器的散热片及蛇形管的表面，不致因蒸发器表面温度太低而结霜，同时也不致蒸发器内制冷剂由于吸收不到热量而以液态形式进入压缩机。空调开关 E30 接通后，可见鼓风机运转的电路如下：

X 线→S16→E_{30}/(5-6) →J32/(2-1)。

J32 的 2-1 脚线圈有电，将导致 J32/(8-7)$^+$，于是有电流如下：

30 号线→S5→J32/(8-7) →N23/(1-4) →V2 (1-2)→接地而直接流通。

鼓风机以最低转速挡自动运转，此时如果操作鼓风机开关 E9，仍可改变 V2 的转速。

对于一汽大众速腾的空调操作开关，由于在 E30 不工作时，可单独操作 E159，即图 8-2 中 16～19 位置上，所以在进行取暖或除霜去雾工作时，可进行内外循环工作方式的切换，这一点也是一汽大众速腾在空调操作功能上的独到之处。

2. 压缩机电磁离合器线圈 N25 的控制电路

这里所述的压缩机电磁离合器的控制部分，是指空调 E30 开关合上后所控制的所有电路。这些电路可分成四个部分，其中有些部分在前述电路中已叙及。

(1) 空调继电器 J32 的控制电路　在发动机工作以后，中央继电器板内 30 号线、15 号线与 X 号线都已有电，此时合上空调开关 E30/(5-6)$^+$ 便有如下继电器的控制电路：

X 线$^+$→S16→E30/(5-6) →J32/(2-1)。

J32 的 2-1 线圈得电，将导致鼓风机以最低转速运转。

此时如果操作鼓风机开关 E9，则可改变 V2 的转速。

(2) 内循环真空继电器线圈 N63 控制电路　当空调开关 E30/(5-6)$^+$ 合上后，则 E30/(2-1)$^+$ 的触点也将同步合上，但是开关的这种功能单从图纸的开关符号上是无法确定的，这也是电路图的遗憾之处，在此必须补充说明。所以当 E30/(5-6)$^+$ 合上后，即有 E30/(2-1)$^+$，所以 N63 控制电路如下：

X 线→S16→E30/(2-1) →N63/(2-1) →接地。

于是 N63 接通了控制进气门真空马达的真空气源，真空马达通过拉杆驱动进气风门，使进风门从外循环位置转向内循环位置。

(3) 风扇继电器 J293 的空调开关 E30 信号电路　当空调开关 E30/(5-6)$^+$ 合上后，就有 E30 空调开关的信号电流通到风扇继电器 J293，电路如下：

X 线→S16→E30/(5-6)→E33/(1－2)→F38/(1-2)→F129/(2-1)→F40/(2-1)→J293/T10/3。

上式中，F38 为环境温度开关，大约在 2℃以上为接通状态，2℃以下断开状态；E33 为蒸发器表面防霜开关；F40 为发动机高温开关，当发动机水温在 120℃以上时切断，120℃以下则接通；F129 是安装在储液干燥器上的复合压力开关，其中 1 号脚与 2 号脚是在空调系统制冷剂压力大于 0.196MPa 且小于 3.14MPa 时接通，而 3 号脚与 4 号脚则在系统制冷剂压力大于 1.77MPa 时接通，而小于 1.37MPa 时又切断；但此时尽管风扇继电器 J293 的 T10/3 脚已经收到 E30 开关的工作信号，然而 J293 对于压缩机电磁离合器 N25 的控制信号并不马上在 J293/T10/10 脚输出，它还要受到另外一个信号的控制，所以有下面第 (4) 方面的电路。

(4) 与发动机电脑 J220 相联系的控制电路　一汽大众速腾在发动机部分虽稍做改动，但总体上仍采用与时代超人相同的电喷发动机 2VQS，所以也采用了相同的发动机控制单元 J220，即 BOSCH M3.8.2 控制单元。该发动机控制单元 J220 与空调开关 E30 相连，还通过安装在发动机舱继电器一熔丝盒内 RL2 位置上的空调压缩机切断继电器 J26 与风扇继电器 J293/T10/8 的脚相连接，对空调实现如下的控制功能。

在发动机正常工况条件下，如果接通空调开关 E30，BOSCH M3.8.2 控制单元会在接到空调 E30 信号后 140ms 内接通压缩机电磁离合器线圈电路，空调便开始工作，由于空调工作要引起发动机输出功率和转速的变化，为此发动机控制单元通过节气门控制部件 J338 始终维持发动机怠速稳定。另外在下列工况下，发动机控制单元将切断空调压缩机的工作：当驾驶员急加速把油门突然踩到底时；当发动机节气门控制器 J338 处于紧急运行模式时；当发动机冷却水温度超过 120℃时。

为此与发动机电脑 J220 相联系的控制电路如下：

当发动机工作后，按下空调开关 E30，E30 通知发动机电脑的信号电流如下：

X 线→S16→E30/(5-6)→E33/(1-2)→E38/(1-2)→F129/(2-1)→F40/(2-1)→J220/T80/10。

如果发动机电脑不允许空调电路工作，则 J220/T80/8 脚就会输出低电压信号至 J26/86，否则 J220/T80/8 脚将会输出高电压信号至 J26/86，见图 8-3 中 50 位置，控制 J26 的触点保持闭合，其工作过程如下：

J220/T80/8→J26/(86-85)$^+$→接地。

如果 J26/(86-85)$^+$ 则先前到达 J293/T10/3 端的空调开关 E30 工作信号将进一步经过 J26/(30-87a) 送到 J293/T10/8，电流如下：

J293/T10/3→J26/(30-87a)→J293/T10/8。

J293/T10/8 收到 E30/(5-6)$^+$ 信号后立刻在相应输出端 J293/T10/10 输出高电压至压缩机电磁离合器线圈 N25，使 N25 压缩机电磁离合器吸合，制冷系统进行循环工作。

空调电子风扇继电器 J293 的顶面一端有两个熔丝，都是 30A 的规格，其中一个是电子风扇 V7、V8 的短路保护控制，另一个是压缩机电磁离合器线圈 N25 短路保护控制。

3. 电子风扇的控制电路

在汽车上，电子风扇安装在发动器散热器的后面，电子风扇的运转及对应转速受到发动机冷却水温度以及空调运转及工况的双重控制，桑塔纳 3000 空调的电子风扇的控制电路在图 8-2、图 8-3 中 29～68 位置之间，分析如下。

(1) 当发动机水温达到 95℃时，安装在发动机散热器上热敏开关 F18 的低温挡触点闭合，电路图 8-3 中 68 号位置上的 F18/(1-2)$^+$。

V7、V8 低速挡的电流路径如下：

A/＋→S301→S211→F18/(1-2)$^+$→V7/(2-3)→A/→V8/(2-3)。

式中，A/＋中的“A”表示蓄电池，“＋”表示蓄电池正极，相应的“A/-”表示蓄电池负极，于是电子风扇 V7、V8 以低速挡运转。

(2) 当发动机冷却温度达到 105℃时，电路图 8-3 中 67 号位置上的 F18/(1-3)$^+$，即高速挡触点闭合，于是高速挡电流路径如下：

A/＋→S301→S211→F18/(1-3)$^+$→J293/T10/7。

图 8-2、图 8-3 中 37～44 位置上 J293 是空调的风扇继电器，主要起到功率的放大与控制作用，用于控制电子风扇 V7、V8 及压缩机电磁离合器 N25。当 J293 的 T10/7 脚接到 F18/3 脚高速挡运转信号后，在 37 号位置上 J293 的 T4/2，即 J293/T4/2 输出高电压信号并送至 31 号位置 V8/1 脚与 34 号位置 V7/1 脚，于是 V7、V8 高速运转。

由于当发动机冷却液温度足够高，大于等于 95℃后，发动机散热器与空调冷凝器的电子风扇就会旋转，所以在高温季节，即使发动机熄火后的较长时间内，电子风扇仍会高速旋转，这主要是发动机冷却液实际温度较高所致，如果发动机冷却液实际温度已低于 92℃，电子风扇仍在旋转，则可能是 F18 或风扇电路存在其他故障。

(3) 当空调开关 E30/(5-6)，电子风扇也会低速旋转，分析如下：

在图 8-2 中 19～21 号位置上空调开关 E30/(5-6)$^+$后，有电流如下：

X 线→S16→E293/(5-6)→E33/(1-2)→F38/(1-2)→F129/(2-1)→F40/(2-1)→J293/T10/3。

当 J293/T10/3 脚接到信号后，J293 相对应的 J293/T4/3 输出端输出高电压信号至 V7、V8 的 2 脚，使 V7、V8 以低速挡运转。由以上分析可见，只要空调开关 E30 合上，电子风扇就会低速运转，以满足空调工作时对冷凝器的散热要求。

(4) 运行中的空调系统在高压压力达到 1.77MPa 时，电子风扇也会高速旋转。分析如下：

如果运行中的空调系统在高压压力达到 1.77MPa 时，则安装在储液干燥器上的复合压力开关 F129/(4-3)$^+$（图 8-3 中 46 号位置上），于是有电流如下：

X 线→S216→F129/(4-3)→J293/T10/2。

当 J293/T10/2 接受到信号后，就会控制其相应输出端 T4/2 输出高电压，该高电压通至 V7、V8 的 1 号脚，使 V7、V8 以高速挡转速旋转，以加大冷凝器的散热速度，直至系统压力下降到 1.37MPa 时 F129 的 4-3 脚断开，电子风扇又恢复低速挡运转。

相关链接

在该空调电路里，空调系统压力开关很重要。它的主要作用是当系统压力过低（大约小于 200kPa）时，切断空调压缩机；当压力太高（大约大于 3000kPa）时，切断系统工作，以保护压缩机；当制冷剂循环压力升高时，提高散热风扇风速，优化冷凝器性能。

第二节 长安马自达 M3 车系全自动空调系统电路分析、故障检修和案例精选

一、电路分析

长安马自达 M3 车系全自动空调系统电路如图 8-4、图 8-5 所示。

汽车空调系统的功能是通过人为的方式创造一个对人体适宜的环境，即对车内的温度、湿度、气流速度进行调节，并具有净化空气的功能。除此之外，汽车空调还能除去风窗玻璃上风、霜、冰、雪，给驾驶员一个清晰的视野，确保行车安全。全制动空调系统包括信号输入装置（开关信号、传感器信号）、气候控制单元、执行元件等，其中空调制冷部分工作包括：压缩过程、冷凝过程、膨胀过程、蒸发过程。

在全自动空调系统中，气候控制装置根据来自于各种传感器的信号以及来自于气候控制装置的控制信号，执行五种基本类型的控制，包括有：气流温度自动控制、气流量自动及手

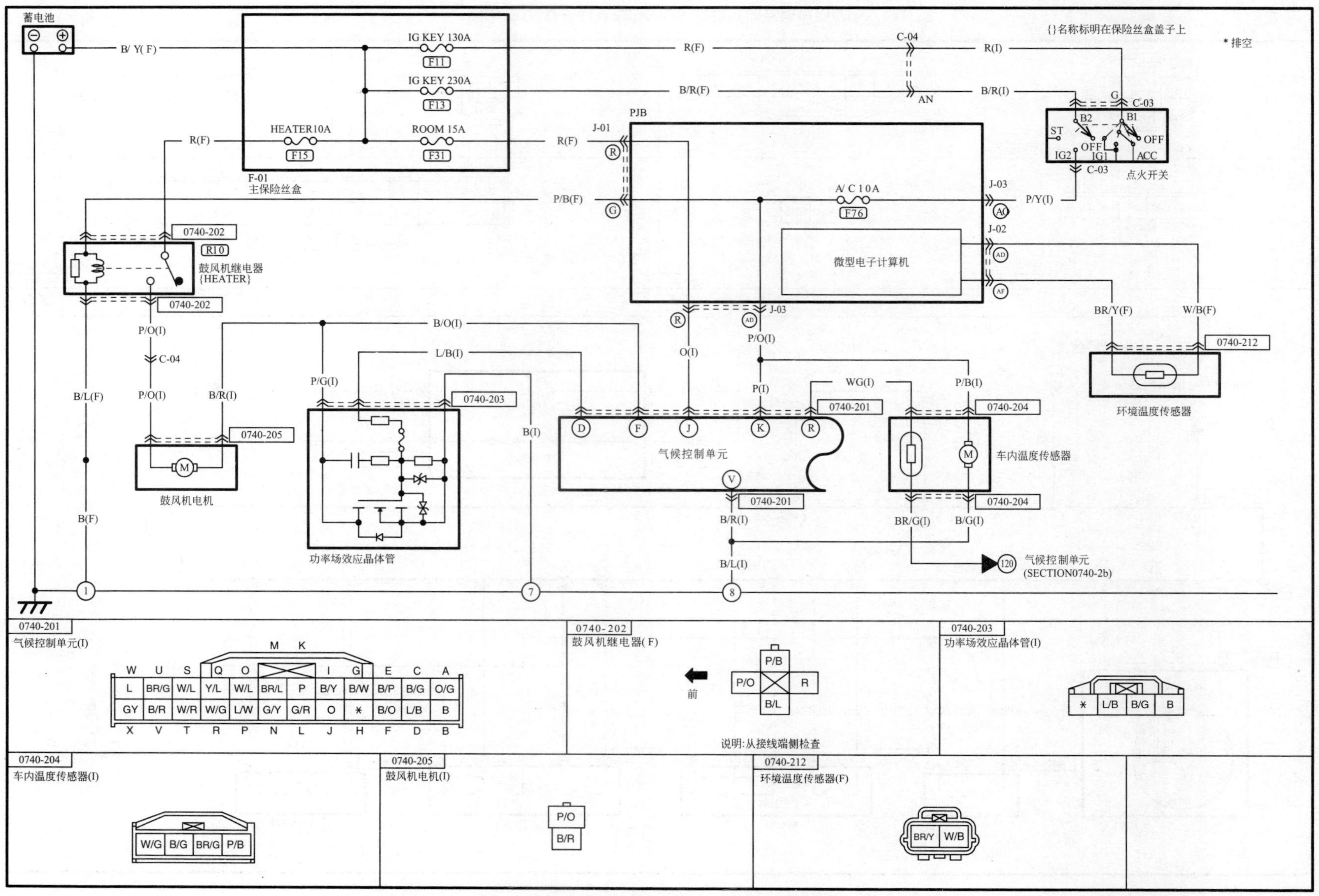

图8-4 长安马自达M3车系全自动空调系统电路(1)

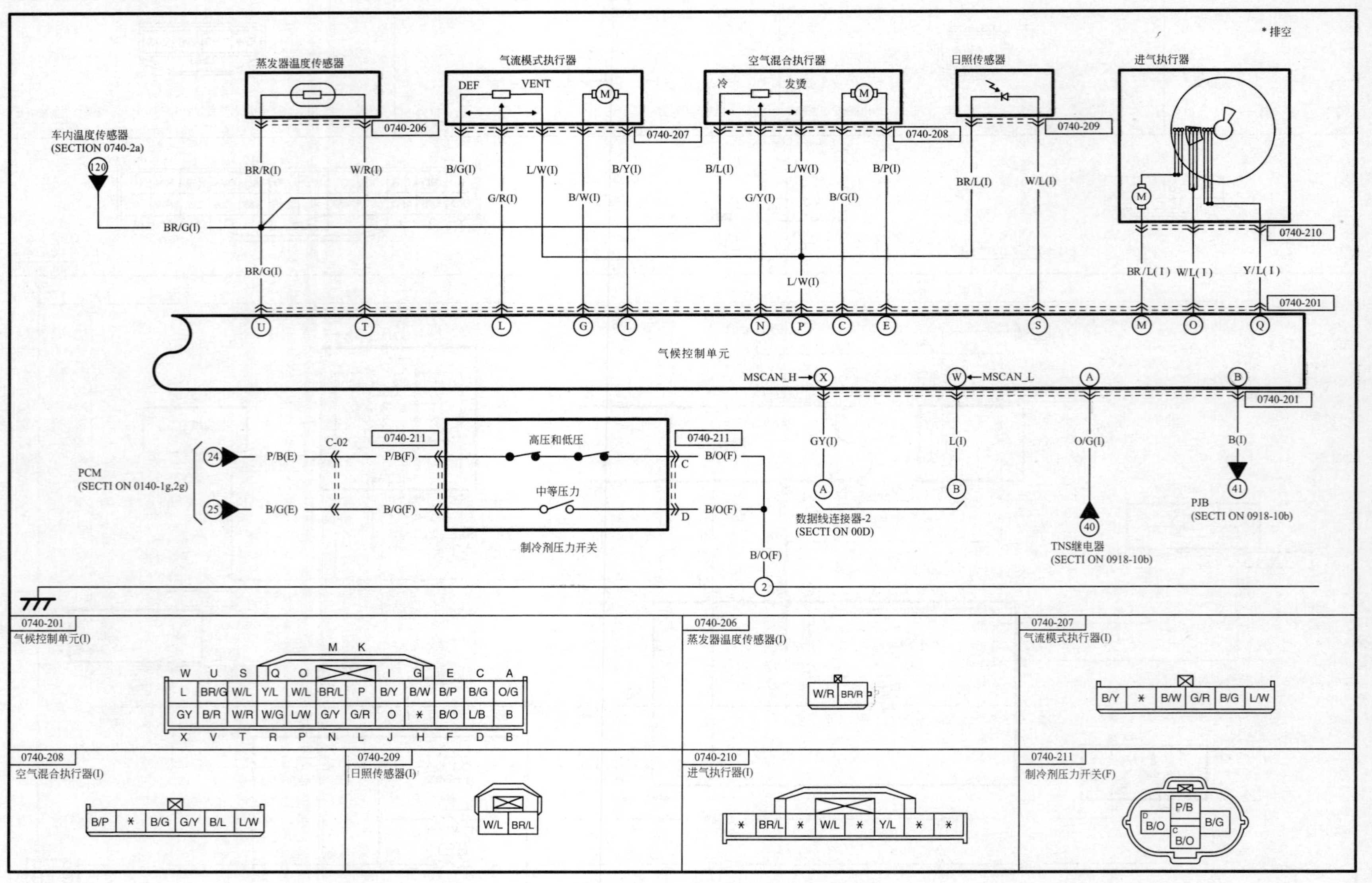

图8-5 长安马自达M3车系全自动空调系统电路(2)

动控制、气流模式控制、进气自动及手动控制、A/C 压缩机自动及手动控制。

1. 气候控制装置的电源电路

气候控制单元有 3 个端子与电源有直接或间接的输入和输出，它们分别是 J 端子、K 端子、V 端子。

K 端子为电源的输入端，当点火开关处于 IG2 位置时，电源对其供电，供电电路为蓄电池正极→30A 熔丝 IG KEY 2→点火开关 B2 端子→点火开关 IG2 端子→连接器 J-03 的 AO 端子→10A 电阻丝 F76→连接器 J-03 的 AD 端子→气候控制单元 K 端子。

J 端子为备用电源端，即使点火开关处于 OFF 位置时，自动空调系统利用此电源也可以工作，电源电路为：蓄电池正极→15A 熔丝 F31→连接器 J-01 的 R 端子→连接器 J-03 的 R 端子→气候控制单元 J 端子。

V 端子为气候控制单元的接地端，为气候控制单元的相关电路提供闭合回路。

2. 执行器及各传感器控制电路

(1) 车内温度传感器　车内温度传感器是一个负温度系数热敏电阻，它的电阻值随温度降低而增大。此传感器有 2 个端子与气候控制单元连接，气候控制单元通过检测两端子的电压的变化来获得车内温度信号。

(2) 环境温度传感器　环境温度传感器也是一个负温度系数的热敏电阻，用于检测外界空气温度。

(3) 蒸发器温度传感器　检测蒸发器表面的温度，防止制冷过量，造成冰堵现象。根据此信号，气候控制单元输出 A/C 开启或关闭信号。

(4) 日照传感器　日照传感器是一个光敏电压二极管，在受到光照时产生电压及电流输送至控制单元，控制单元根据实际监测数据来确定进气模式。

(5) 压力开关信号　检测制冷剂管路压力，当压力过高或过低时，PCM 将切断空调继电器，停止压缩机的工作以保护压缩机不被损坏。

(6) 鼓风机控制电路　当点火开关于 IG2 位置时，其电路为：蓄电池正极→30A 熔丝 F13→点火开关 B2 端子→点火开关 IG2 端子→连接器 J-03 的 AO 端子→10A 电阻丝 F76→鼓风机继电器电磁线圈→搭铁→蓄电池负极。此时继电器得电接通，电磁开关闭合，则主电路为：蓄电池正极→10A 熔丝 F15→鼓风机继电器电磁开关→鼓风机电机，到气候控制单元。

知识拓展

功率场效应晶体管根据气候控制装置的控制信号，控制鼓风机电动机的转速，实现鼓风机的无级调速。

3. A/C 压缩机控制电路

A/C 压缩机控制电路如图 8-6 所示。

当点火开关处于 IG2 位置时，PCM 接收从仪表控制台传输的 A/C 开启信号，其电路为：蓄电池正极→主保险丝盒 30A 熔丝 F13→点火开关 B2 端子→点火开关 IG2 端子→连接器 J-03 的 AO 端子→10A 电阻丝 F76→连接器 J-01 的 G 端子→A/C 继电器线圈→PCM。此时，A/C 继电器得电闭合，其电源电路为：蓄电池正极→10A 熔丝 F26→A/C 继电器电磁开关→电磁离合器热保护器→电磁离合器线圈→搭铁→蓄电池负极。

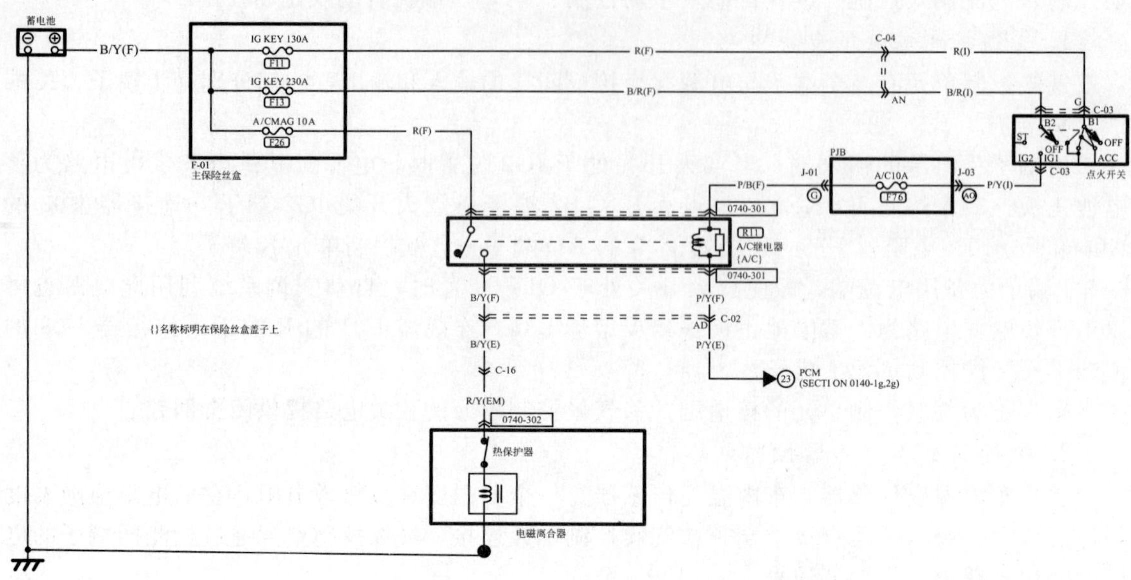

图 8-6 A/C 压缩机控制电路

二、故障检修

空调系统常见故障：通风管路空气量不足（或者无空气）、通气管道输送的空气量不变化、通气模式无法改变、气候控制装置失去温度调节功能、风窗玻璃不除霜、通气管路输送的空气不够冷、无冷空气、运行空调系统期间产生噪声、空调不制冷。

知识拓展

① 在修理空调时，由于经常需要启动发动机，所以温度一直没有能够降下来，加上设计的原因，空调 ECU 就一直没有反映修复后的真实温度，而始终认定环境温度是在−49℃，根本不需要制冷，从而命令制冷系统不工作。

② 在之前的几个修理厂实际上已经修好，但是由于没有查到相关的信息，所以没有彻底地完成，而造成功亏一篑。因为一般的汽车在修理空调时，是用不着在路上去试空调的。这给修理工提出了较高的要求，不仅要有丰富的经验，更要有丰富的资料，才能够应对众多的车型。不过，如果拥有原厂的检测仪，或许情况可以改观。

三、案例精选

（1）故障现象　启动发动机并稳定在 1500r/min 左右运行 2min，打开空调开关，冷气口无冷风吹出。制冷系统不能产生冷空气，失动制冷作用。

（2）故障原因

① 驱动皮带太松或皮带断裂。

② 压缩机不工作，皮带在皮带轮上打滑，或在离合器接合后皮带轮不转。

③ 压缩机阀门不工作，发动机不同转速时，高低压表读数仅有轻微变动。

④ 膨胀阀不能关闭，低压表读数太高，蒸发器流出液体制冷剂。

⑤ 熔断器熔断，接线脱开或断线，开关或鼓风机的电动机不工作。

⑥ 制冷剂管道破裂或泄漏，高低压表读数为0。

⑦ 储液干燥器或膨胀阀中的细网堵死，软管堵死，通常在限制点结霜。

(3) 故障诊断与处理

① 拉紧皮带或更换皮带。

② 拆下压缩机，修理或更换。

③ 修理或更换压缩机阀门。

④ 更换膨胀阀。

⑤ 更换熔断器、导线，修理开关或鼓风机的电动机。

⑥ 修理或更换储液干燥器。

第三节 广州本田雅阁车系全自动空调系统电路分析、故障检修和案例精选

一、电路分析

广州本田雅阁车系空调系统电路如图8-7所示。

各执行器电路分析如下。

1. 散热器风扇电路

(1) 控制电路 蓄电池正极→熔断器/继电器盒（发动机盖下）100A熔丝No.41→熔断器/继电器盒（发动机盖下）50A保险丝No.42→点火开关IG2挡→熔断器/继电器盒（驾驶席侧仪表板下）7.5A保险丝No.3→散热器风扇继电器端子3→散热器风扇继电器线圈→散热器风扇继电器端子4，一路经ECM/PCM端子A20→ECM/PCM；另一路经散热器风扇开关→接地端子G101→蓄电池负极。此时当点火开关接通，按下空调压力开关或散热器温度高于93℃时，线路接通，散热器风扇继电器得电闭合，散热器风扇继电器端子1、2接通。即使不按下空调压力开关，散热器风扇开关也会闭合。

(2) 主电路 蓄电池正极→熔断器/继电器盒（发动机盖下）100A熔丝No.41→熔断器/继电器盒（发动机盖下）20A保险丝No.57→散热器风扇继电器端子1→散热器风扇继电器电磁开关→散热器风扇继电器端子2→散热器风扇电机端子2→散热器风扇继电器→散热器风扇电机端子1→接地端子G201→蓄电池负极。

2. 冷凝器风扇电路

(1) 控制电路 蓄电池正极→熔断器/继电器盒（发动机盖下）100A熔丝No.41→熔断器/继电器盒（发动机盖下）50A保险丝No.42→点火开关IG2挡→熔断器/继电器盒（驾驶员侧仪表板下）7.5A保险丝No.3→冷凝器风扇继电器端子3→冷凝器风扇继电器线圈→冷凝器风扇继电器端子4，一路经ECM/PCM端子A20→ECM/PCM；另一路经散热器风扇开关→接地端子G101→蓄电池负极。此时当点火开关接通，按下空调压力开关或散热器温度高于93℃时，线路接通，冷凝器风扇继电器得电闭合，此时冷凝器风扇继电器端子1、2接通。当散热器测试温度高于93℃时，即使不按下空调压力开关，此电路也会接通。

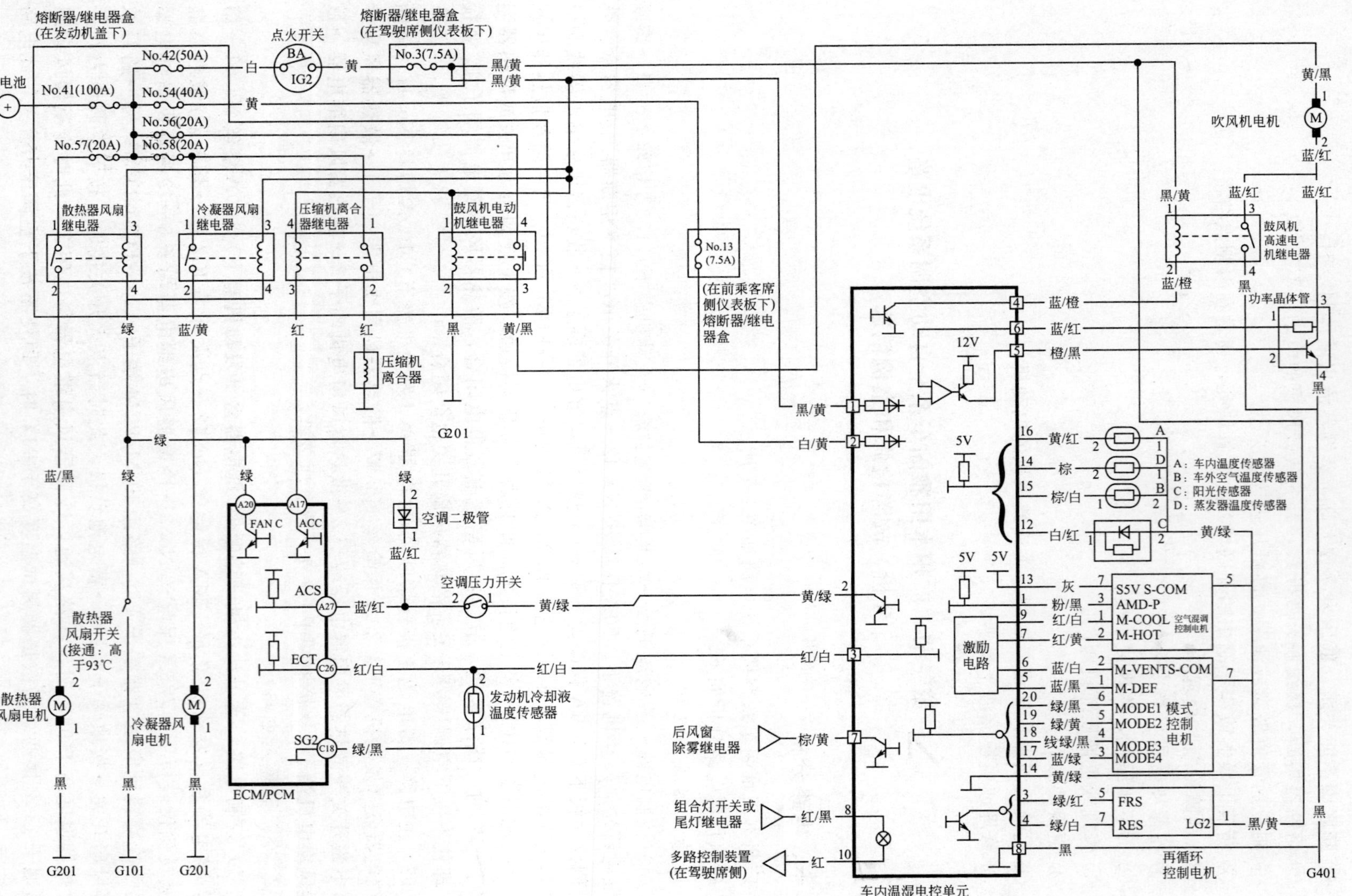

图 8-7 广州本田雅阁车系空调系统电路

（2）主电路　蓄电池正极→熔断器/继电器盒（发动机盖下）100A熔丝No.41→熔断器/继电器盒（发动机盖下）20A保险丝No.58→冷凝器风扇继电器端子1→冷凝器风扇继电器电磁开关→冷凝器风扇继电器端子2→冷凝器风扇电机端子2→冷凝器风扇电机→冷凝器风扇电机端子1→接地端子G201→蓄电池负极。

相关链接

分析该电子风扇的控制原理可知，该风扇运转条件如下。

① 开空调后，由空调组合压力开关控制风扇运转。

② 当发动机冷却液温度超过92℃时，由下水管上的冷却液温度控制开关控制风扇运转。

以上两条件风扇运转时，都有高速挡和低速挡。该车没开空调，冷却液温度也不高，风扇运转可能是空调的组合开关或其线束有搭铁的地方，也可能是下水管的冷却液温度控制开关有故障，或其线束有搭铁的地方。

3. 压缩机离合器电路

（1）控制电路　蓄电池正极→熔断器/继电器盒（发动机盖下）100A熔丝No.41→熔断器/继电器盒（发动机盖下）50A保险丝No.42→点火开关IG2挡→熔断器/继电器盒（驾驶员侧仪表板下）7.5A保险丝No.3→压缩机离合器继电器端子4→压缩机离合器继电器电磁线圈→压缩机离合器继电器端子3→ECM/PCM端子A17→ECM/PCM。此时继电器得电闭合，压缩机离合器继电器端子1、2接通。

（2）主电路　蓄电池正极→熔断器/继电器盒（发动机盖下）100A熔丝No.41→熔断器/继电器盒（发动机盖下）20A保险丝No.58→压缩机离合器继电器端子1→压缩机离合器继电器电磁开关→压缩机离合器继电器端子2→压缩机离合器→搭铁→蓄电池负极。

4. 鼓风机电动机电路

（1）控制电路　蓄电池正极→熔断器/继电器盒（发动机盖下）100A熔丝No.41→熔断器/继电器盒（发动机盖下）50A保险丝No.42→点火开关IG2→熔断器/继电器盒（驾驶员侧仪表板下）7.5A保险丝No.3→鼓风机电动机继电器端子1→鼓风机电动机继电器电磁线圈→鼓风机电动机继电器端子2→搭铁→蓄电池负极。此时鼓风机电动机继电器得电接通，鼓风机电动机继电器3、4端子得电闭合。另一路控制电路为：鼓风机高速电机端子1→鼓风机高速电机电磁线圈→鼓风机高速电机继电器端子2→车内温湿电控单元端子4。此时车内温湿控制单元接收各传感器信号，适时控制鼓风机高速电机继电器的通断。

（2）主电路　蓄电池正极→熔断器/继电器盒（发动机盖下）100A熔丝No.41→熔断器/继电器盒（发动机盖下）20A保险丝No.56→鼓风机电动机继电器端子4→鼓风机电动机继电器端子3→吹风机电机端子1→吹风机电机→吹风机电机端子2。一路经功率晶体管端子3→功率晶体管端子4→G401搭铁→蓄电池负极。另一路则经鼓风机高速电机继电器端子3→鼓风机高速电机继电器端子4→G401搭铁→蓄电池负极。

车内温湿控制单元，接受各传感器信号，来判断车内温度和湿度，从而来控制鼓风机高速电机继电器的接通和断开，以达到对制冷效果的自动控制。

其中车内温度传感器是一负温度系数热敏电阻，车内温湿控制单元通过检测此传感器两个端子的电压降的变化来获得车内温度信号；车外空气温度传感器也是一个负温度系数的热敏电阻，用于检测车外空气温度。

二、故障检修

汽车空调系统的故障，经常用系统内各部件的压力进行分析，制冷效果、制冷剂泄漏也是分析事故的重要依据。电气系统方面的故障常表现为：电气元件损坏、保险丝烧断、触头接触不良、过载烧坏、电动机不工作等。这些故障使制冷循环停止工作，并且常伴有异味、过热等现象，机械元件出现异常一般为压缩机、风机、皮带轮、离合器、膨胀阀、轴封、热交换器、轴承阀片等。

汽车空调系统基本诊断方法是根据看、听、摸等方式直观感觉故障的部位。

（1）看

① 查看仪表板上的压力、水温、油压及各性能指示灯是否显示正常。

② 观察冷凝器、蒸发器及管路连接处是否有油污，如有说明有制冷剂和冷冻润滑油泄漏。

③ 观察系统部件和管路接头处是否有结霜、结冰现象。

④ 从贮液干燥器视液窗观察制冷剂量。

（2）听　耳听压缩机、送风机、排风扇是否有异常声音，听取驾驶人员对故障现象的描述。

（3）摸　开启空调系统15～20min后，用手触摸系统部件，感受其温度。

① 压缩机进、排气管，应有明显温差。

② 冷凝器进、出口管应有温差，出口管温度应低于进口管温度。

③ 贮液干燥器进出口温度的比较：进口温度与出口温度相等时，表示冷气系统正常；进口温度低于出口温度时，表示制冷剂不足；进口温度高于出口温度时，表示制冷剂过多。

④ 膨胀阀进、出口温差明显。

这只是一些检查明显故障的基本方法，对于一些严重的故障，更需借助一些诊断器具进行检查。

知识拓展

空调刚开始工作时，还可以勉强制冷，这时吹的是冷风，因为该车有一个机械风扇在工作。随着制冷的进行，冷凝器热量散发太慢，引起压力过高，系统的高压保护作用切断了压缩机，这时吹的就是热风（相对制冷时）。压缩机停止工作后，由于机械风扇的散热作用，系统的压力逐渐降低，直到规定的压力时，压缩机又开始工作，系统制冷，如此循环下去，就造成一会儿吹冷风、一会儿吹热风的现象。

三、案例精选

行驶时冷却液温度过高，空调风扇不转。

（1）故障现象　本田雅阁轿车，发动机经过拆装后，工作时出现发动机故障指示灯，怠速不稳，且开启空调后出现转速明显下降的现象。

（2）故障诊断与处理

① 该车装有自诊断系统，按照电控发动机故障诊断的一般程序，首先调取故障码。

② 接通点火开关，这时故障指示灯开始闪烁，读出其故障代码，代表的意思为进气温度传感器有故障。

③ 打开发动机罩盖，找到进气温度传感器，发现其插接器上的两根导线拉得很紧，怀疑是布线不好，导致连接器接触不良。

④ 对进气温度的电压进行测量，为11V，明显高于4.5V，通过进一步观察发现，该传感器已经烧成黑色，且感应芯片已变形翘起。

⑤ 当检查怠速控制阀时，发现怠速控制阀就在进气温度传感器附近，且两者的导线侧插接器完全一样，估计是拆装时将两者插错了。于是将它们相互调换后，换上新的进气温度传感器，启动发动机，故障现象消失，发动机在各工况下均能平稳运转。

第九章 电动助力转向系统电路分析、故障检修和案例精选

第一节 电动助力转向系统结构、工作原理和控制

电动助力转向系统（EPS）是一种直接依靠电动机提供辅助转矩的电动助力式转向系统。该系统仅需要控制电动机电流的方向和幅值，不需要复杂的控制机构。另外，该系统由于利用微机控制，为转向系统提供了较高的自由度，同时还降低了成本和重量。

相关链接

机械转向系统其所有的传力件都是机械的，以驾驶员的体力作为转向能源，这种转向系统结构简单、工作可靠且易于维护，但所需的转向力较大。动力转向系统是在机械转向传动机构中增加了助力装置，在驾驶员的控制下，借助于液压或电动装置的驱动力来实现转向，可使转向轻便灵活，所以现代汽车上广泛采用。

电动助力转向系统主要特点如下。

① 电动机、减速机、转向柱和转向齿轮箱可以制成一个整体，管道、液压泵等不需单独占据空间，易于装车。

② 基本上只增加电动机和减速机，没有了液压管道等部件，使整个系统趋于小型轻量化。

③ 液压泵仅在必要时用来使电动机运转，故可以节能。

④ 因为零件数目少，不需要加油和抽空气，所以在生产线上的装配性好。由此，从发展的角度看，电动式动力转向系统将成为标准件装备在汽车上。

一、电动式电控动力转向系统的结构与工作原理

电动式动力转向系统基本上是由转矩传感器、车速传感器、控制元件、电动机和减速机组成的，如图 9-1 所示。

知识拓展

在操纵转向盘时，转矩传感器根据输入力的大小产生相应的电压信号，由此检测出操纵力的大小，同时根据车速传感器产生的脉冲信号又可测出车速，再控制电动机的电流，形成适当的转向助力。

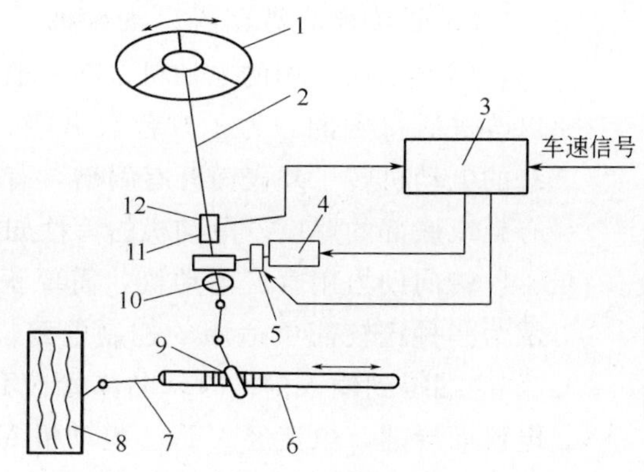

图 9-1 电动式 EPS 的组成

1—转向盘；2—输入轴；3—电控单元；4—电动机；5—电磁离合器；6—转向齿条；7—出拉杆；8—转向轮；9—转向齿数；10—输出轴；11—扭杆；12—转矩传感器

1. 转矩传感器

转矩传感器的作用是测量转向盘与转向器之间的相对转矩，以作为电动助力的依据之一。

如图 9-2 所示为无触点式转矩传感器的结构及工作原理图。在输出轴的极靴上分别绕有 A、B、C、D 四个线圈，转向盘处于中间位置（直驶）时，扭力杆的纵向对称面正好处于图示输出轴极靴 AC、BD 的对称面上。当在 U、T 两端加上连续的输入脉冲电压信号 U_i 时，由于通过每个极靴的磁通量相等，所以在 V、W 两端检测到的输出电压信号 $U_o=0$。转向时，由于扭力杆和输出轴极靴之间发生相对扭转变形，极靴 A、D 之间的磁阻增加，B、C 之间的磁阻减少，各个极靴的磁通量发生变化，于是在 V、W 之间就出现了电位差，其电位差与扭力杆的扭转角和输入电压 U_i 成正比。

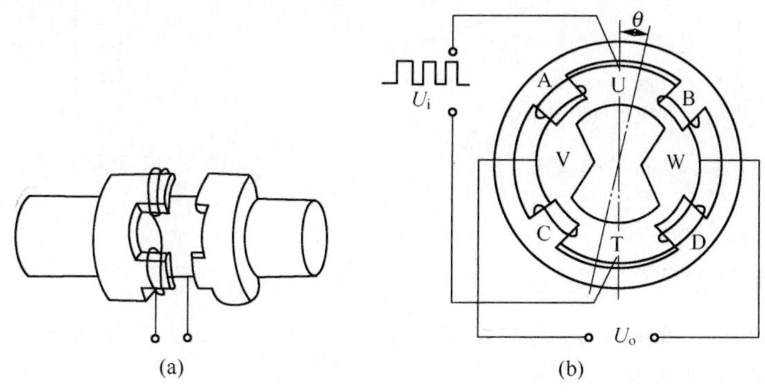

图 9-2 无触点式转矩传感器

所以，通过测量 V、W 两端的电位差就可以测量出扭力杆的扭转角，于是也就知道转向盘施加的转矩。

如图 9-3 所示为滑动可变电阻式转矩传感器的结构。它是将负载力矩引起的扭力杆角位移转换为电位器电阻的变化，并经滑环传递出来作为转矩信号。

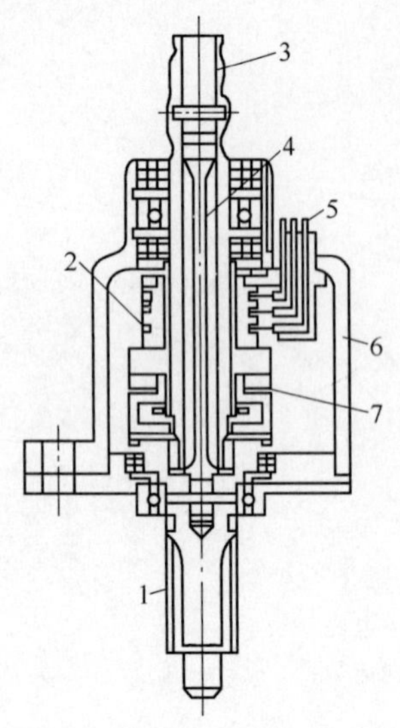

图 9-3 滑动可变电阻式转矩传感器结构

1—小齿轮；2—集电环；3—轴；4—扭杆；5—输出端；6—外壳；7—电位器

2. 电动机、离合器、减速机

EPS上所采用的电动机是在一般汽车用电动机基础上加以改进后得到的。为了改善操纵感、降低噪声和减少振动，有的电动机转子外表面开有斜槽，有的则改变定子磁铁的中心处或底部的厚度。电动机的特性如图 9-4 所示。

转向助力用直流电动机，需要正反转控制，如图 9-5 所示为一种比较简单适用的控制电路。a_1、a_2 为触发信号端。当 a_1 端得到输入信号时，晶体管 VT_3 导通，VT_2 得到基极电流而导通，电流经 VT_2、电动机 M、VT_3、搭铁而构成回路，于是电动机正转；当 a_2 端得到输入信号时，电流则经 VT_1、电动机 M、VT_4、搭铁而构成回路，电动机则因电流方向相反而反转。控制触发信号端电流的大小，就可以控制通过电动机电流的大小。

电动机的工作范围限定在某一速度区域内，如果超过规定速度，则离合器使电动机停转，且离合器分离，不再起传递动力的作用。在不加助力的情况下，离合器可以清除电动机惯性的影响。同时，在系统发生故障时，因离合器分离，可以恢复手动控制转向。

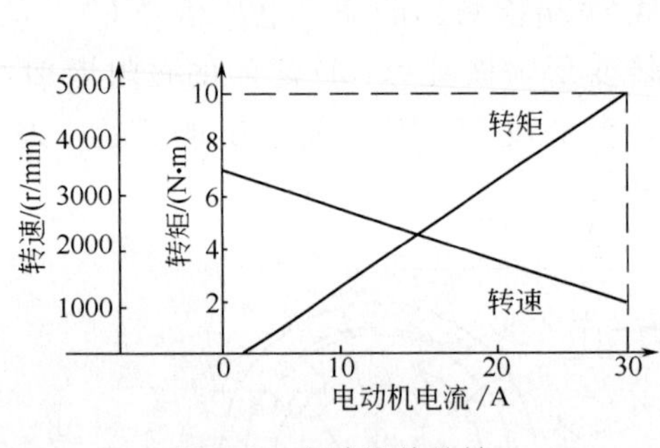

图 9-4 电动机的特性

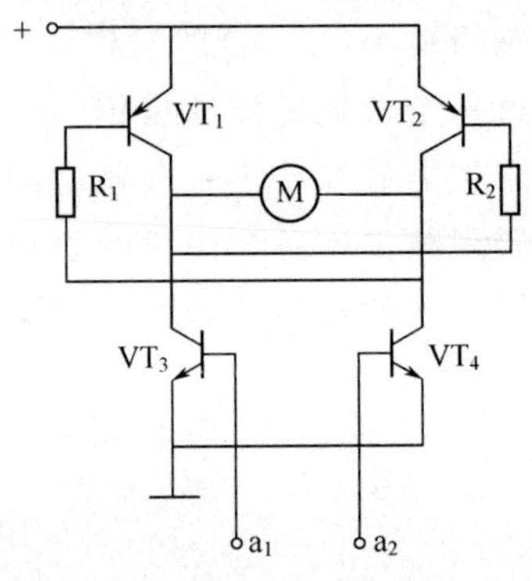

图 9-5 电动机正反转控制电路

知识拓展

为了减少加与不加助力时驾驶车辆感觉的差别，设法使离合器具有滞后输出特性，同时还使其具有半离合状态区域。

图 9-6 为单片干式电磁离合器的工作原理图。当电流通过集电环进入电磁离合器线圈时，主动轮产生电磁吸力，带花键的压板被吸引与主动轮压紧，于是电动机的动力经过轴、主动轮、压板、花键、从动轴传递给执行机构。

减速机构（见图 9-7）是把电动机的输出放大后，再传给转向齿轮箱的主要部件。目前已使用的有多种组合方式，如两级行星齿轮与传动齿轮驱动组合式、涡轮蜗杆与转向轴驱动

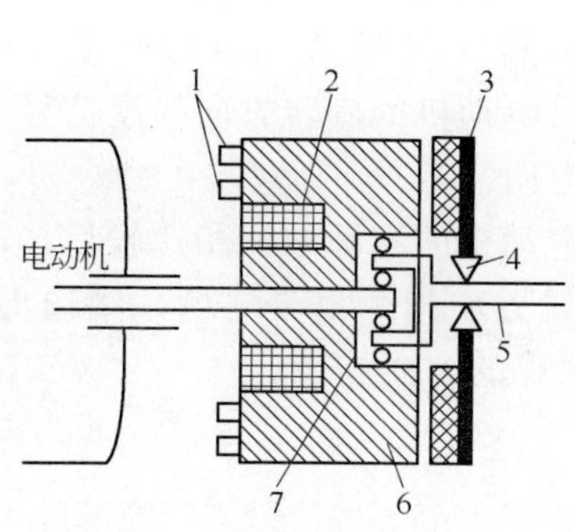

图 9-6 电磁离合器工作原理

1—集电环；2—线圈；3—压板；4—花键；5—从动轴；6—主动轮；7—滚动轴承

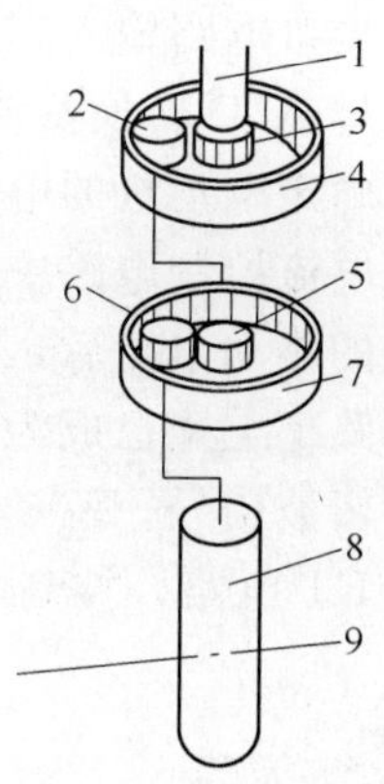

图 9-7 减速机构

1—电动机传动齿轮；2—传动齿轮；3—太阳轮；4—齿圈；5—太阳轮；6—传动齿轮；7—齿圈；8—传动齿；9—齿条

组合式等。为了抑制噪声和提高耐久性，减速机构上采用了部分树脂材料及特殊齿形。

二、电动式电控动力转向系统的控制

1. 控制电路

控制电路方框图见图 9-8。控制电路的中心是 8 位的单片微型计算机，内装 256B 的 RAM，4KB 的 ROM 和 8 位的 A/D 转换器。

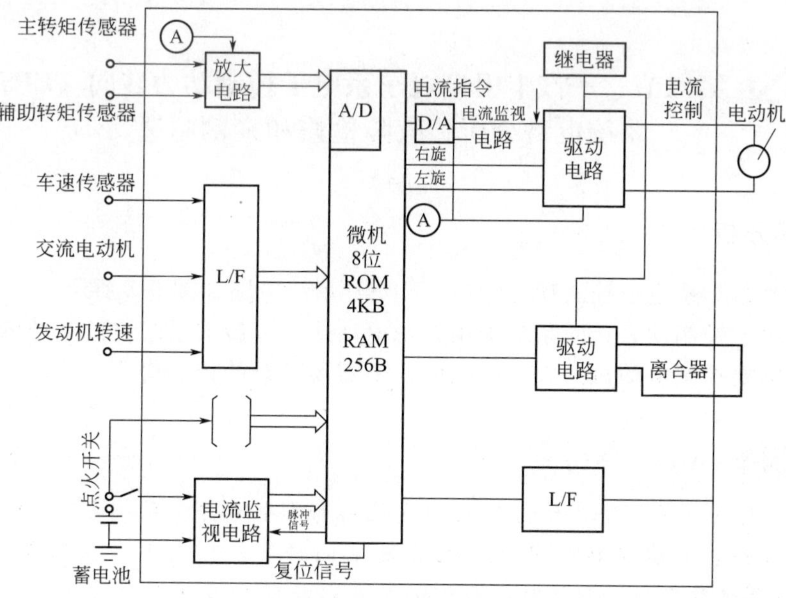

图 9-8 控制电路方框图

主传感器和辅助传感器的转矩及电动机的电流信号，通过 A/D 转换器输入到微型计算机中，而车速信号、发动机转速、蓄电池电压和启动机开关的通断状态、交流发电机的 L

端子电压则通过接口电路输入到微型计算机中。

转矩信号通过 A/D 转换器输入到计算机后，计算机根据车速范围按照规定的转矩-电动机电流变换值，确定电动机的电流指令值，把电流指令值输入到 D/A 转换器转换成模拟信号，之后输入到电流控制电路中去；同时，计算机还输出电动机的旋转方向指示信号，这个信号输入电动机的驱动电路后，便决定了电动机的旋转方向。

电流控制电路把上述已成为模拟信号的电流指令与电动机的实际电流相比较后，产生与二者幅度相同的斩波信号。驱动电路收到斩波信号与旋转方向指令信号之后，则输出指令，驱动功率 MOSFET 电路，控制电动机的电流，使其按规定的方向旋转。

知识拓展

当超过规定的车速时，离合器的驱动信号被切断，电动机与减速机构分离，同时电动机也停止工作。

2. 故障诊断与安全保护

控制元件具有故障自我诊断功能，当发生电气系统故障时，能自动停止助力。同时，计算机可以记忆故障内容，并使故障指示灯点亮。维修时可读取故障码，找出故障原因。

知识拓展

出现电气故障后，控制电路停止向电动机供电，在装有离合器的 EPS 上，离合器脱开，恢复到手动控制转向。

第二节　一汽丰田皇冠车系电子控制动力转向（EPS）系统电路分析、故障检修和案例精选

一、电路分析

一汽丰田皇冠车系电子控制动力转向（EPS）系统电路如图 9-9 所示。

皇冠轿车电子控制动力转向系统采用的是电动式动力转向系统，此系统依靠电动机提供辅助转矩，仅需要控制电动机的方向和幅值，不需要复杂的控制机构。

相关链接

4 轮动力转向系统是轿车动力转向的发展趋势。4 轮转向系统也称 4WS（4 Wheel Steering）系统。它能使转向时后轮也能发生偏转，其特点是：在汽车做轻微转向、缓慢转向或高速改变行驶路线时，后轮偏转方向与转向盘的转动方向一致，使行车摆动小，稳定性好；在车辆出入库、大角度转向或调头时后轮的偏转方向与转向盘的转动方向相反，可减小汽车的转弯半径和内轮差，提高机动性。

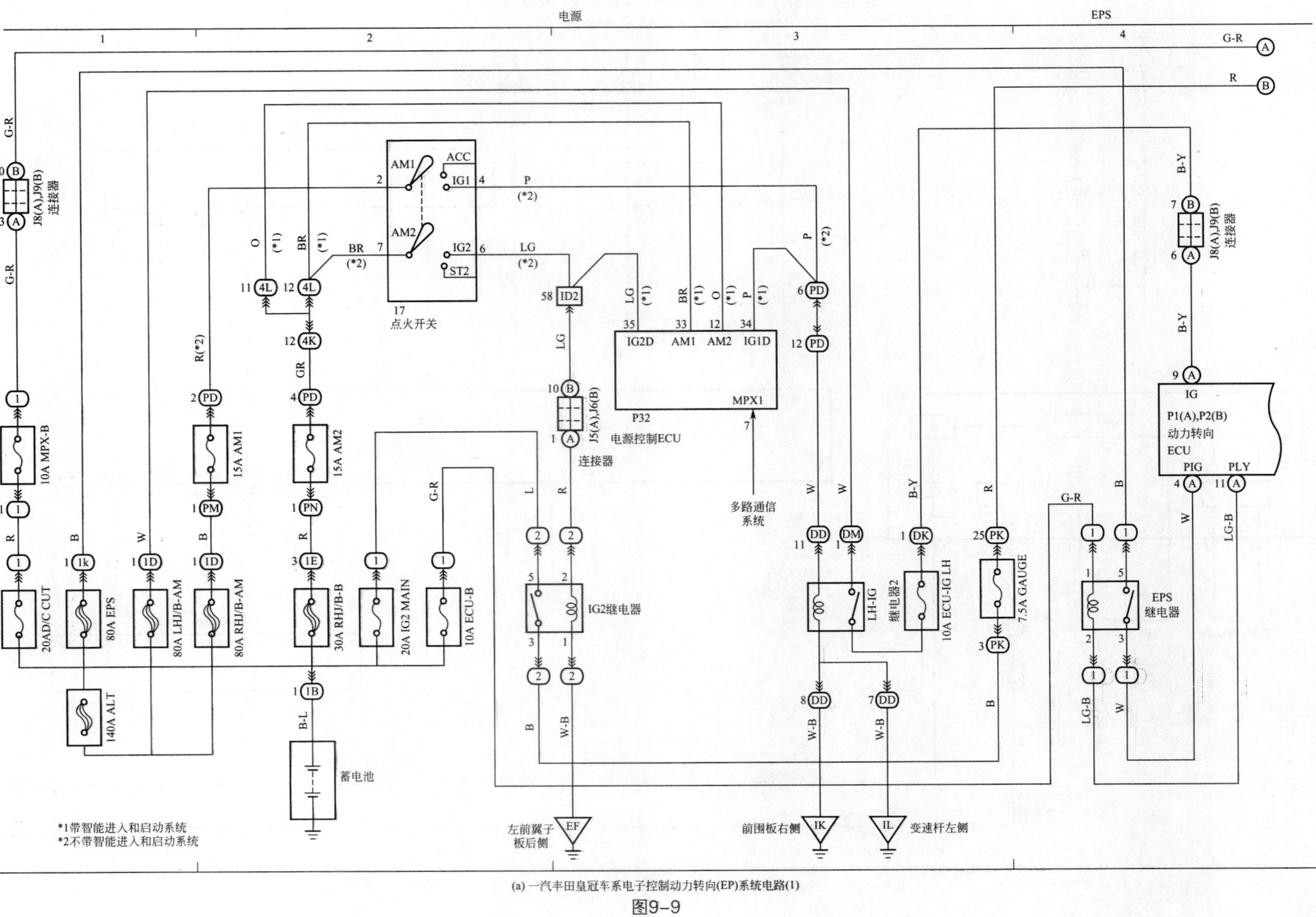

(a) 一汽丰田皇冠车系电子控制动力转向(EP)系统电路(1)

图9-9

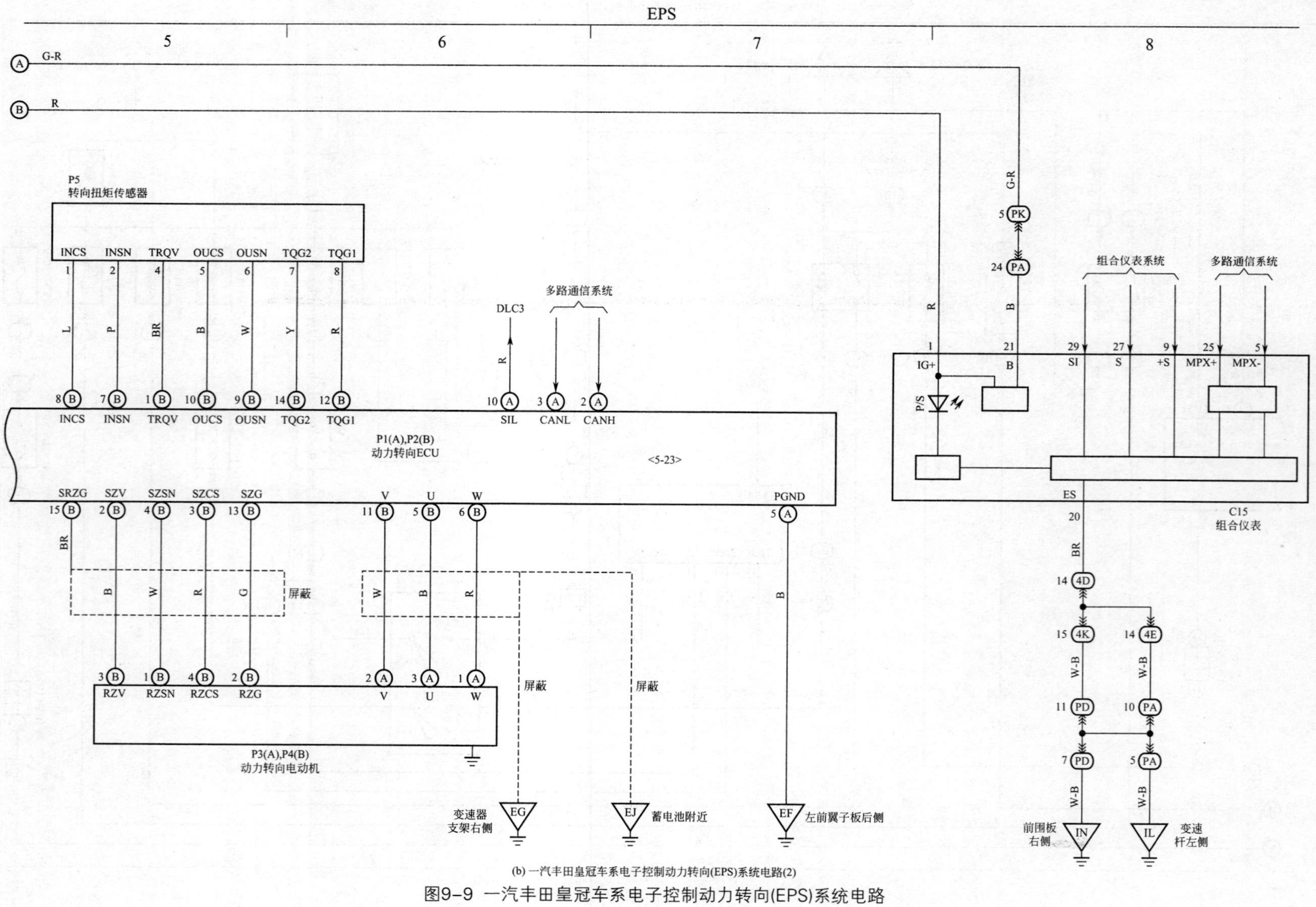

(b) 一汽丰田皇冠车系电子控制动力转向(EPS)系统电路(2)

图9-9 一汽丰田皇冠车系电子控制动力转向(EPS)系统电路

电动式动力转向系统主要特点有：①电动机、减速机、转向柱和转向齿轮箱可以制成一个整体，管道、液压泵等不需单独占据空间，易于装车；②基本上只增加电动机和减速机，使整个系统趋于小型轻量化；③液压泵仅在必要时用来使电动机运转，可以节能；④零件数目少，不需要加油和抽空气，在生产线上的装配性好。

电动式动力转向系统加装有转向转矩传感器、车速传感器、动力转向 ECU、直流电机等装置。动力转向 ECU 根据车速和转向参数控制电动机通电电流强度，调节电动机工作力矩，进而控制转向助力强度。

1. 电源及搭铁电路

蓄电池正极→连接器 1B 的 1 号端子→10A 熔丝 ECU-B→EPS 继电器 1 号端子→EPS 继电器 2 号端子→动力转向 ECU 的 A11 端子，动力转向 ECU 的 RLY（A11）端子，控制此条继电器电路的导通，此时 EPS 继电器得电闭合，EPS 继电器 3 号、5 号端子接通，则动力转向 ECU 的 A4 端子供电电路为：蓄电池正极→连接器 1B 的 1 号端子→80A 易熔丝 EPS→连接器 1K 的 1 号端子→EPS 继电器 5 号端子→EPS 继电器 3 号端子→动力转向 ECU A4 端子。

当点火开关位于 IG1 时，LH-IG 继电器 2 的控制电路为：蓄电池正极→140A 易熔丝 ALT→80A 易熔丝 RH J/B-AM→连接器 1D 的 1 号端子→连接器 PM 的 1 号端子→7.5A 熔丝 AM1→连接器 PD 的 2 号端子→点火开关 2 号端子→点火开关 AM1 触点→点火开关 IG1 触点→点火开关 4 号端子→连接器 PD 的 6 号端子→连接器 PD 的 12 号端子→连接器 DD 的 11 号端子→LH-IG 继电器 2 线圈→连接器 DD 的 8 号端子→前围板右侧 IK 端搭铁→蓄电池负极，此时 LH-IG 继电器 2 的控制电路接通，LH-IG 继电器 2 开关闭合后，则动力转向 ECU 的 A9 端子供电电路为：蓄电池正极→连接器 1B 的 1 号端子→140A 易熔丝 ALT→80A 易熔丝 LH J/B-AM→连接器 IJ 的 1 号端子→连接器 DM 的 1 号端子→LH-IG 继电器 2→100A 熔丝 ECU-IG LH→连接器 DK 的 1 号端子→J8（A），J9（B）连接器的 B7 端子→J8（A），J9（B）连接器的 A6 端子→动力转向 ECU 的 A9 端子供电。

当点火开关位于 IG2 挡时，IG2 继电器控制电路为：蓄电池正极→连接器 1B 的 1 号端子→30A 易熔丝 RH J/B-B→连接器 1E 的 3 号端子→连接器 PN 的 1 号端子→15A 熔丝 AM2→连接器 PD 的 4 号端子→连接器 4K 的 12 号端子→连接器 4L 的 12 号端子→点火开关 7 号端子→点火开关 AM2 触点→点火开关 IG2 触点→点火开关 6 号端子→连接器 ID2 的 58 号端子→IG2 继电器 2 号端子→IG2 继电器 1 号端子→左前翼子板后侧 EF 端搭铁→蓄电池负极，此时 IG2 继电器的控制电路接通，IG2 继电器开关关闭后，则蓄电池正极→连接器 1B 的 1 号端子→20A 熔丝 IG2 MAIN→IG2 继电器 5 号端子→IG2 继电器 3 号端子→连接器 PK 的 3 号端子→75A 熔丝 GAUGE→连接器 PA 的 25 号端子→组合仪表的 1 号端子，组成仪表的 21 号端子与蓄电池正极相连。

动力转向 ECU 的 A5 端子为搭铁端子，通过左前翼子板后侧的 EF 端搭铁。

2. 信号电路

转向扭矩传感器的 1 号、2 号、3 号、4 号、5 号、6 号、7 号、8 号端子分别与动力转向 ECU 的 B8、B7、B1、B10、B9、B14、B12 号端子相连，扭矩传感器检测驾驶员作用在转向盘上的转矩大小，根据此计算出驾驶员期望的转向角度并送入动力转向 ECU。

相关链接

组合仪表的1号端子与通过EPS指示灯相连，点火开关位于ON（Ⅱ）位置时，EPS指示灯会亮，发动机启动后它会熄灭，以上说明EPS指示灯及其电路运行正常。若此系统有故障，EPS指示灯会常亮。

动力转向ECU的A3、A2端子与多路通信系统相连。

3. 执行器电路

动力转向电动机的B3、B1、B4、B2号端子通过屏蔽线分别与动力转向ECU的B2、B4、B3、B13号端子相连。动力转向电动机的A2、A3、A1号端子分别与动力转向ECU的B11、B5、B6端子相连，接收动力转向ECU的电压信号，动力转向电动机通过外壳独立接地。

相关链接

动力转向ECU具有自诊断功能，当发生电气系统故障时，能自动停止助力。同时计算机可以记忆故障内容，并使故障指示灯点亮。

二、故障检修

电控动力转向系统常见故障现象及原因如表9-1所示。

表9-1 电控动力转向系统常见故障及原因

故障现象	故障原因
左右转向力不一致	前轮胎压不一或磨损不均；前悬挂下球头故障；扭矩传感器校准不当；转向角传感器校准不当；前轮定位不准；转向柱总成故障；电动转向机总机故障；动力转向ECU故障
车速变化时转向力不变	速度传感器故障；牵引力执行器总成故障；前悬架故障；电动转向机总成故障；CAN总线故障；动力转向ECU总成故障
转向总成	前轮胎压不一或磨损不均；前悬挂下球头故障；前轮定位不当；转向柱总成故障；电动转向机总机故障；蓄电池电量不足或线路故障；动力转向ECU故障
P/S警告灯常亮不熄	组合仪表故障；IG电源电路故障；动力转向ECU故障
低速行驶转动方向盘有噪声	转向柱总成故障；电动转向机总成故障
静止时转动方向盘有噪声并振动	转向柱总成故障；电动转向机总成故障

动力转向电控系统相当一部分故障为电控系统故障，检查故障时首先读取故障码，诊断故障码及可能故障部位，如表9-2所示。

表9-2 故障码检修

故障码	故障码内容	可能故障部位
C1511/C1512/C1513	扭矩传感器异常	连接器或线束 扭矩传感器 动力转向ECU

续表

故障码	故障码内容	可能故障部位
C1521	电机异常	连接器或线束 动力转向电机 动力转向 ECU
C1522	电机异常	连接器或线束 动力转向电机 动力转向 ECU
C1523	电机异常	连接器或线束 动力转向电机 动力转向 ECU
C1524	电机异常	连接器或线束 动力转向电机 动力转向 ECU
C1528	转向角传感器故障	转向角传感器 连接器或线束 动力转向搭铁 动力转向 ECU
C1531/C1532/C1533/C1534	ECU 异常	动力转向 ECU
C1541	车速系统异常	速度传感器电路 制动防滑控制 ECU 动力转向 ECU CAN 通信系统
C1551	IG 电源电压故障	动力转向 ECU 总成
C1552	DC 电机电源电压故障	EPS 熔丝或继电器 连接器或线束 动力转向 ECU
C1554	电源继电器故障	EPS 熔丝或继电器 连接器或线束 动力转向 ECU
C1555	电机继电器焊接故障	动力转向 ECU
C1581	未写辅助地图号	动力转向 ECU
U0073	控制模块通信总线关闭	CAN 通信系统
U0105	与动力系统 ECU 之间的通信中断	CAN 通信系统
U0121	与 ABS 控制模块之间的通信中断之间	CAN 通信系统 制动防滑控制 ECU

三、案例精选

扭矩传感器异常故障排除

（1）故障现象 一辆皇冠轿车，方向盘转向沉重且感觉到左右转向力不一致。

（2）故障诊断与处理

① 首先检查前轮胎无异常，且轮胎无磨损不均的现象。

② 检查前悬架及车轮定位也无异常。

③ 连接检测仪读取故障码，故障码 C1511、C1512、C1513；扭矩传感器异常。

④ 断开动力转向 ECU 总成连接器，断开扭矩传感器连接器，检测动力转向 ECU 与扭矩传感器之间的线束和连接器，经检查符合标准。

⑤ 检测电动转向方向机，正常运转无异常。

⑥ 更换动力转向 ECU，对转向角传感器进行初始化，校准扭矩传感器的零点。

⑦ 再次检查故障码，故障码消失，一切恢复正常。

IG 电源电路故障检测流程如图 9-10 所示。

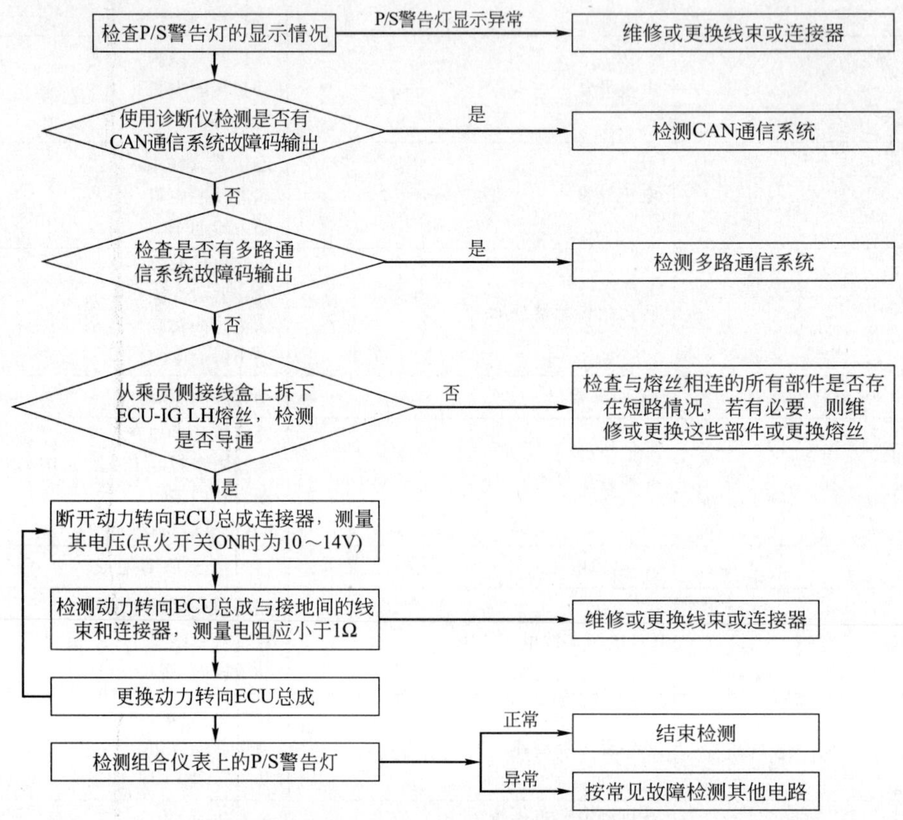

图 9-10 IG 电源电路故障检测流程

第十章 防抱死制动系统电路分析、故障检修和案例精选

第一节 防抱死制动系统组成原理、识图示例和故障检修

一、防抱死制动系统概述

汽车在制动时车轮抱死是非常危险的。若是前轮抱死，汽车就失去转向性和方向性；若是后轮抱死，汽车容易发生跑偏、甩尾和侧翻。为了防止车轮在制动时抱死，在现代汽车上普遍装配了防抱死制动系统，英文缩写为ABS。

汽车打滑有两种情况，一是汽车制动时车轮的滑移；二是汽车驱动时车轮的滑转。ABS系统是防止制动时车轮抱死而滑移；ASR系统是防止驱动车轮原地不动而不停地滑转。

二、防抱死制动系统的组成及原理

ABS系统主要由ABS电控单元、信号输入装置（各车轮处的轮速传感器）和执行器（普通制动系统、ABS泵、ABS电磁阀）等部分组成，其中ABS电控单元是ABS系统的控制核心，也是ABS系统电路的核心。在阅读ABS系统电路时，可以参考发动机电控系统电路的阅读方法。

1. 防抱死制动系统信号输入装置

(1) 轮速传感器　轮速传感器又叫车速转速传感器，常安装在车轮外，用来检测车轮运动状态，获得车轮的转速信号。常用的主要结构形式有电磁感应式和霍尔效应式，其中最常见的是电磁感应式。

电磁感应式轮速传感器主要由静止的传感器头和随车轮一起转动的转子组成，其结构如图10-1所示。传感器头主要由永磁体、电磁感应线圈、极轴等组成。在电路图中一般只画出电磁感应线圈来表示电磁感应式轮速传感器。

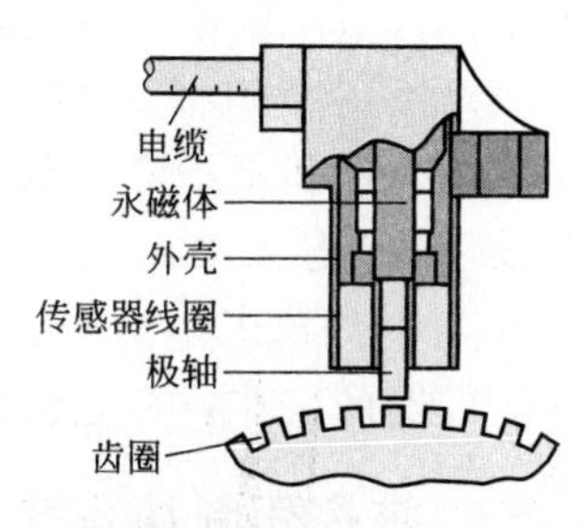

图10-1　电磁感应式轮速传感器输出

霍尔式传感器利用霍尔效应制成，主要由传感器头和齿

圈组成。传感器头主要由永磁体、霍尔元件、电子模块等组成，在电路图中一般只画出霍尔元件和电子模块来表示霍尔效应式轮速传感器。另外，一般车辆ABS系统在车速低于10km/h时是不起作用的。

相关链接

轮速传感器用于感知车轮转速，产生交流电压信号。当轮速较低时，交流电压信号的频率较低；当轮速较高时，交流电压信号的频率较高。轮速传感器的电阻规格值：25℃时为1280～1920Ω。前轮速传感器信号轮齿数为47，后轮速传感器信号轮齿数为29。轮速传感器不能修理，前轮速传感器可以单独更换，后轮速传感器只能与后轮毂轴承一起更换。轮速传感器与轮速传感器信号轮间隙不能调整。

（2）横向加速度传感器　横向加速度传感器又叫横向加速度开关，常装备在高级轿车上，用于检测汽车在制动时的横向加速度范围。ABS电控单元根据该信号来修正控制指令，调节左右车轮的制动力，防止制动侧滑，使ABS系统更有效地工作。

（3）制动开关　制动开关常安装在制动踏板上，用于向ABS电控单元输送制动信号。ABS电控单元根据该信号来启动ABS系统工作。

（4）压力开关　压力开关装在储能器上，作用是检测储能器中的压力，向ABS电控单元输入压力信号，从而控制液压泵电机的工作状态。

（5）减速度传感器　汽车减速传感器又叫G传感器，其作用是在汽车制动时获得汽车减速度信号。ABS电控单元根据该信号来判断地面附着系数的高低，调节作用在各车轮上的制动力。

相关链接

制动性能是汽车的主要性能之一。评价制动性能的指标主要有制动效能和制动稳定性。制动效能包括制动距离、制动时间和制动减速度。制动稳定性是指汽车在制动时仍能按指定方向的轨迹行驶，即不发生跑偏、侧滑和失去转向能力。ABS的功能就是获得最佳的制动效能和制动稳定性。

2. 防抱死制动系统执行器

（1）制动压力调节器　制动压力调节器常和ABS电控单元、制动液压泵安装在一起组成ABS控制模块。根据ABS电控单元的指令调节各车轮制动轮缸的压力，控制车轮制动力的大小。在电路图中一般只画出ABS电控单元来表示整个ABS控制模块。

（2）ABS继电器　ABS继电器受ABS电控单元的控制，在ABS系统工作时，接通制动压力调节器和制动液压泵的电源电路，使ABS系统工作。

3. ABS电控单元

ABS电控单元是整个ABS系统的控制中心，接受信号装置传来的信号，经计算分析后控制执行器的工作，在电路图中常用电控单元符号来表示。

三、防抱死制动系统识图示例

广州本田雅阁防抱死制动系统的电路如图10-2所示。

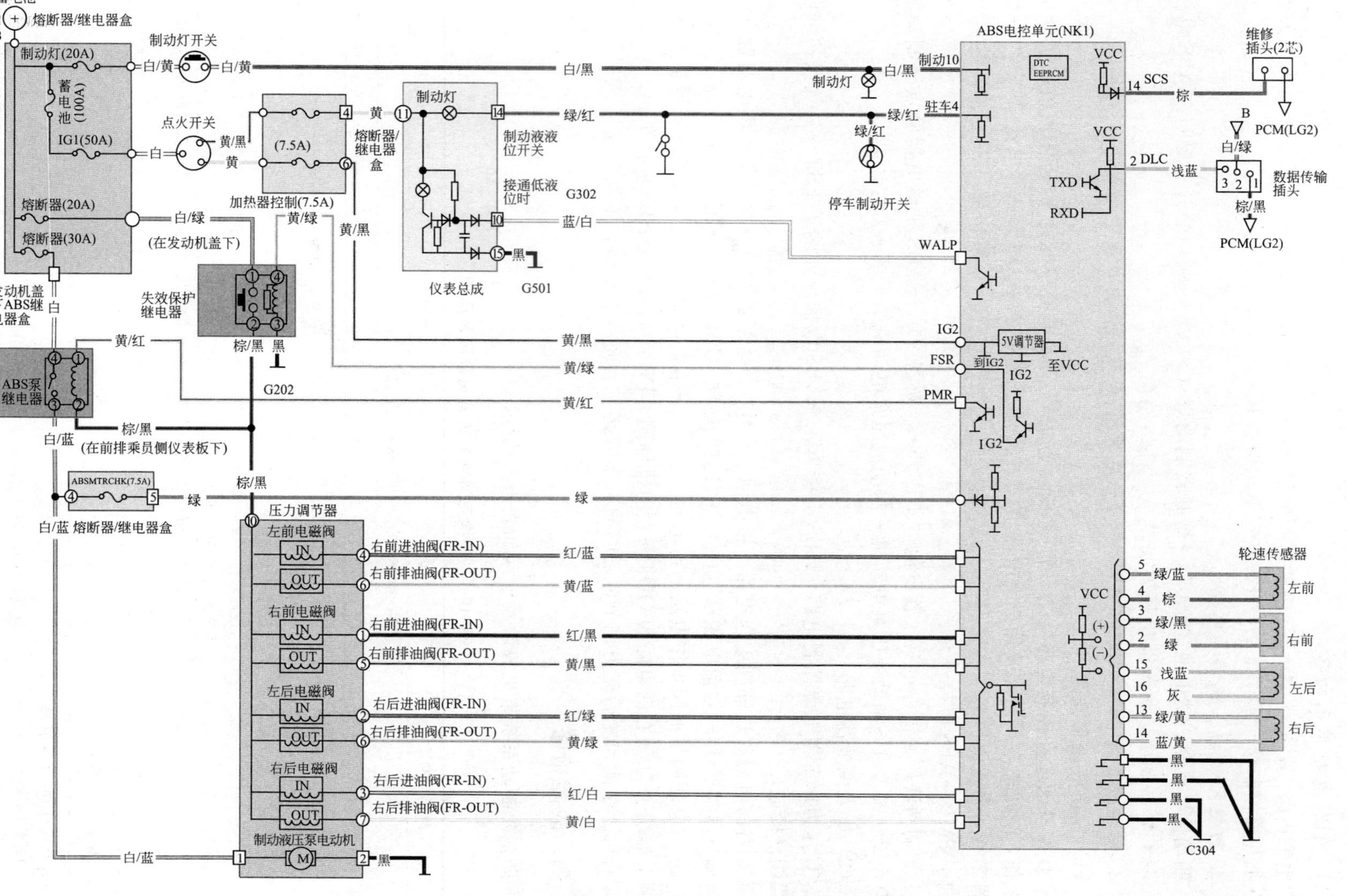

图 10-2 广州本田雅阁防抱死制动系统电路

1. ABS电控单元电路

电源电路：蓄电池"＋B"熔断器蓄电池（100A）→熔断器IG1（50A）→点火开关触点→加热器控制熔断器7.5A→ABS电控单元端子IG2→ABS电控单元。

2. 防抱死制动系统信号电路

制动信号电路：蓄电池"＋B"→熔断器制动灯（20A）→制动灯开关触点→ABS电控单元端子10（制动）→ABS电控单元。

3. 防抱死制动系统执行器电路

（1）制动液压泵电路

① 制动液压泵控制电路　当ABS系统工作时，ABS电控单元的FSR使失效保护继电器工作，线圈通电，则失效保护继电器①、②接通，此时控制电路为：蓄电池"＋B"→熔断器20A→失效保护继电器触点①→失效保护继电器触点②→泵继电器线圈→ABS电控单元端子PMR→ABS电控单元。

② 制动液压泵工作电路　蓄电池"＋B"→熔断器30A→ABS泵继电器触点→制动液压泵电动机端子1→制动液压泵电动机→制动液压泵电动机端子2→接地。

（2）压力调节器电路

① 压力调节器电源控制电路　ABS电控单元→ABS电控单元端子FSR→失效保护继电器线圈→接地。

② 右前电磁阀进油阀工作电路　蓄电池"＋B"→熔断器20A→失效保护继电器触点→压力调节器端子10→右前电磁阀（IN）→右前电磁阀（FR—IN）→ABS电控单元。

③ 右电磁阀排油阀工作电路　蓄电池"＋B"→熔断器20A→失效保护继电器触点→压力调节器端子10→右前电磁阀OUT→右前排油阀（FR—OUT）→ABS电控单元。

右后、左前和左后压力调节电磁阀的工作电路与上面所述相似，不再重复。

四、故障检修

防抱死制动系统常见故障及原因如表10-1所示。

表10-1　防抱死制动系统常见故障及原因

故障现象	可能的故障原因
ABS不能有效工作	再次检查故障码，并确保输出正常系统代码
	ABS电控单元（NK1）电源电路
	前轮转速传感器电路
	后轮转速传感器电路
	制动灯开关电路
	用诊断仪检查制动器执行器总成（利用主动测试功能检查制动器执行器总成的工作情况）。如果不正常，则检查液压回路是否泄漏
	若上述可能部位中的电路检查正常，而故障仍然存在，则更换制动器执行器总成（ABS电控单元ECU）
ABS警告灯和/或多信息显示屏（＊1）异常（一直亮）	ABS警告灯电路
	制动器执行器总成（ABS电控单元ECU）
ABS警告灯和/或多信息显示屏（＊1）异常（不亮）	ABS警告灯电路
	制动器执行器总成（ABS电控单元ECU）

＊1：带多信息显示屏的车辆。

第二节 一汽大众捷达车系防抱死制动系统电路分析、故障检修和案例精选

一、电路分析

一汽大众捷达车系防抱死制动系统（ABS）电路如图 10-3 所示。

核心是电子控制单元，它通过传感器监视汽车制动时车轮是否抱死。在一般的制动情况下，驾驶员踩在制动踏板上的力较小，车轮不会被抱死，电控单元控制信号输出，此时，如同普通的制动系统，制动力完全由驾驶员踩在制动踏板上的力来控制。在紧急制动或是在松滑路面行驶时制动，车轮将要被抱死的情况下，电控单元就会输出控制信号，通过执行机构控制制动器的制动力，使车轮不被抱死。

（1）防抱死制系系统（ABS）的电源电路　从 A＋端子出发分两路分别经过一个 30A 保险丝，最后到 ABS 控制单元 J104 的 9 和 25 端子。此电路为常电源电路，稳定地为 ABS 控制单元和轮速传感器提供电压。另一路供电线路为：D/15→10A 保险丝 S4→连接器 T10 的端子 8→ABS 控制单元 J104 的端子 4。只有当点火开关处于 IG 位置时，此电路才能接通。

（2）信号电路　4 个车轮转速传感器分别为 G44、G45、G46、G47，主要是将车轮转速信号转换成电压脉冲信号提供给 ABS 控制单元。其信号输出端分别是 ABS 控制单元 J104 的 1 和 2、5 和 6、19 和 20、22 和 23 端子。其中组合仪表通过 T10/6 与 ABS 控制单元 J104 的端子 16 连接。F 为制动开关，当踩下制动踏板时，此电路接通，通过 T10/4 到 ABS 控制单元 J104 的端子 18，松开制动踏板时，此电路断开。CAN-L 和 CAN-H 为它的局域网通信线。

（3）执行器相关电路　N55 为其油压控制单元，它包括 8 个电磁阀，每一个回路各一对，其中一个是常开进油阀，一个是常闭出油阀。ABS 电控单元接收四个车轮转速传感器脉冲信号，并进行比较、分析和判断处理，计算出车轮转速、车轮减速度，再进行逻辑比较分析四个轮的制动情况，一旦判断出车轮将要抱死，将立即进入防抱死控制状态，即电子控制单元向液压控制单元发出指令，通过控制制动轮缸中电磁阀的通断和液压泵的工作来调节制动压力和防止车轮抱死。

二、故障检修

ABS 故障大致可分为以下几种情况：一是紧急制动时，车轮被抱死；二是制动效果不良；三是报警灯亮起；四是 ABS 出现不正常现象。应根据情况，采用正确的方法，具体检修时应注意如下几点。

① 首先应对 ABS 的外观进行检查，如导线的插头和插接器有无松脱，制动油路和泵及阀有无漏损、蓄电池是否亏电等。

② 遇到制动不良故障时，应先区分是 ABS 机械部件（制动器、制动总泵、制动管路等）不良还是 ABS 电子控制系统的故障。方法是：拆下 ABS 继电器线束插接器或 ABS 制动压力调节器电磁阀线束插接器，使 ABS 制动压力调节器不能通电工作，让汽车以普通制动器工作方法制动，如果制动不良故障消失，则说明是 ABS 电子控制系统有故障，否则，为 ABS 机械部分的故障。

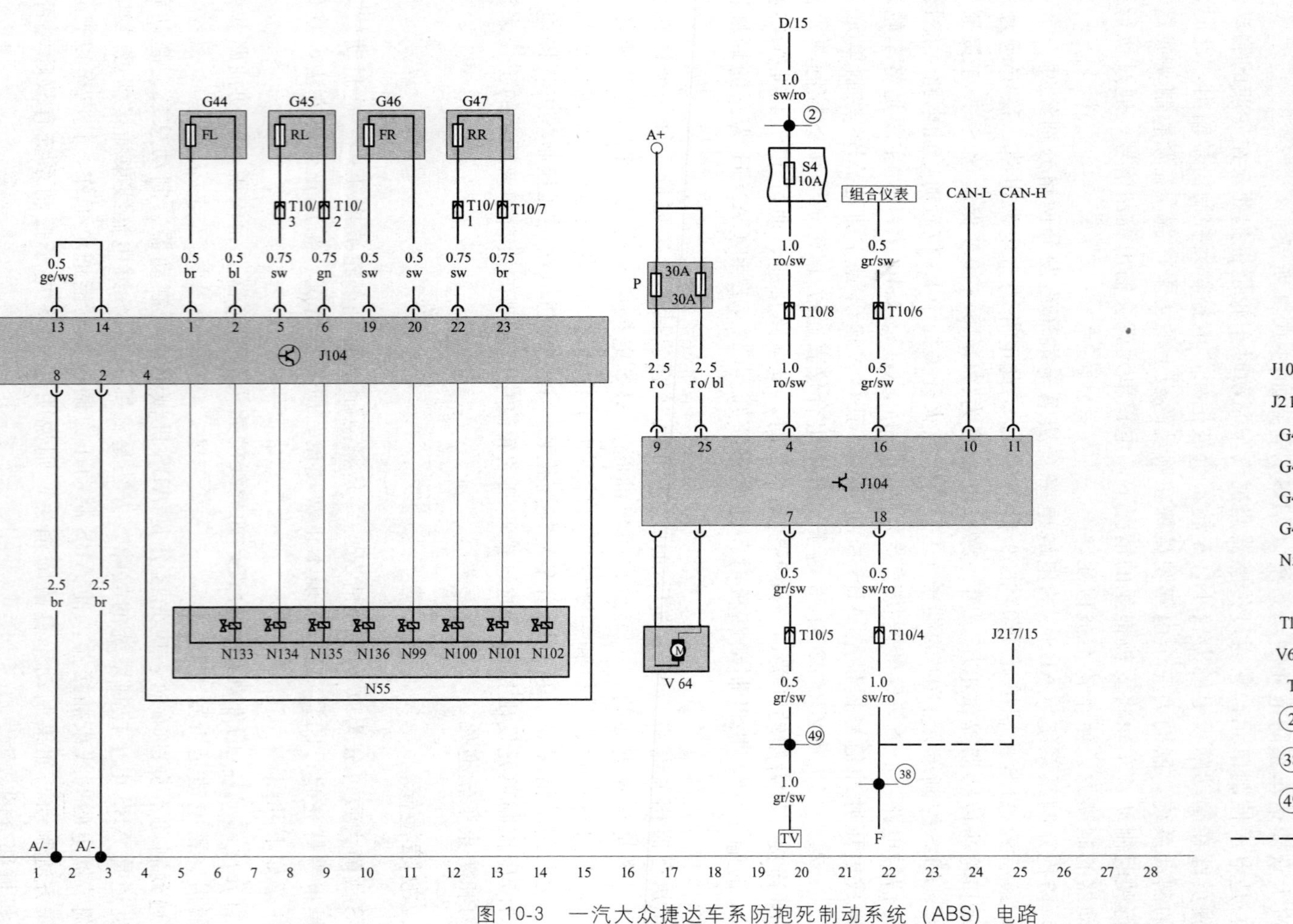

图 10-3 一汽大众捷达车系防抱死制动系统（ABS）电路

③ ABS电子控制系统故障多由于线束插接器或导线头松动、车速传感器不良等。应先对这几个部件和部位进行检查，而制动压力调节器等故障相对较少，ABS的制动器故障更少，所以一般情况下，不要轻易去拆检ABS控制器和制动压力调节器。此外，在检查线路故障时，不应漏检熔断器。

④ 在需拆检ABS液压控制器件时，应先进行泄压，以避免高压油喷出伤人，尤其是有蓄能器的ABS。

通常在检修如下部件时需进行泄压：制动压力调节器的各部件、制动分泵、蓄能器、制动液管路、压力警告和控制开关。

ABS警告灯

电子制动控制模块（EBCM）能不断监视自身和防抱死制动系统的其他部件，当防抱死制动系统出现故障时，电子制动控制模块将点亮ABS警告灯。当ABS警告灯点亮时，防抱死制动系统将无法正常工作，而基本制动功能仍正常工作。要恢复防抱死制动系统的功能，必须维修防抱死制系统的故障。

三、案例精选

汽车行驶中，制动踏板震动并伴有异响。

（1）故障现象　一辆捷达轿车，汽车在正常行驶过程中，制动踏板震动并伴有异响。

（2）故障诊断与处理

① 查看ABS系统保险丝，无异常。

② 用专用工具对ABS电控系统进行检测，无故障码。

③ 先对故障现象进行分析，确定故障是在基本制动系统还是在ABS系统：关闭点火开关，拆下ABS液压电子控制单元插头，打开点火开关，重新试车，没有上述故障发生，由此可以判断故障出在ABS系统。

④ 对ABS系统的电源线、接地线及相关的各部件连接线进行检查，无异常情况。

⑤ 对蓄电池电压和ABS警告灯进行检查，均正常。

⑥ 检查轮速传感器线路，并测量其信号电压及其传感器电阻，一切正常。

⑦ 更换一个新的液压电子控制单元，用专用的检测仪表对其重新编码，然后对制动液压系统中的空气进行排除。此项操作完成后，故障还在。

⑧ 进入检测仪的阅读测量数据块功能，对车速数据进行测量，发现如果车速不低于10km/h，4个轮速基本相同；如果车速降到10km/h下，右前轮轮速迅速降为0km/h，有可能为右前轮轮速传感器故障。

⑨ 拆下右前轮，对右前轮速传感器进行检查，检查发现右前车轮速传感器间隔比左前轮轮速传感器大许多。

⑩ 将右前轮轮速传感器间隔与左前轮调至相同，再次进行试车，故障消失。

第三节 上海通用别克林荫大道车系防抱死制动系统电路分析、故障检修和案例精选

一、电路分析

上海通用别克林荫大道车系防抱死制动系统（ABS）电路如图 10-4 所示。

防抱死制动系统（ABS）主要由车轮转速传感器、电控单元、液压调节器等部分组成。其中车轮转速传感器用来检测车轮转速，每个车轮安装转速一个，设置在轮毂或车桥上，采用电磁式；液压调节器是 ABS 制动系统的执行机构，它安装在制动主缸与车轮制动器之间的管路上，用来在制动过程中车轮有抱死趋势时，调节车轮制动器的制动力；电控单元，在汽车制动过程中检测各车轮转速传感器输入的信号，按特定的程序分析、计算，调节电磁阀的位置和制动液的流动路线，改变将要抱死的车轮的制动力，以防止车轮抱死。

汽车在制动过程中，ABS 控制单元控制流经制动压力调节器电磁线圈的电流的大小，使 ABS 系统处于“升压”、“保压”和“减压”三种状态。

升压：常规制动时，电磁线圈中无电流通过，电磁阀处于“升压”位置，此时，制动主缸与轮缸相通，由制动主缸来的制动液直接进入轮缸，轮缸压力随主缸压力增减，ABS 不工作，回油泵也不工作。

保压：当 ABS 控制单元向电磁线圈通入一个较小的保压电流（约为最大电流的 1/2）时，电磁阀处于“保压”位置，此时主缸、轮缸和回油孔相互隔离密封，轮缸中保持一定制动压力。

减压：当 ABS 控制单元向电磁线圈通入一个最大电流时，电磁阀处于“减压”位置。此时电磁阀将轮缸与回油通道或蓄能器接通，轮缸中的制动液经电磁阀进入蓄能器，轮缸压力下降。

1. 电源的连接线路

（1）常电源电路　蓄电池正极→熔断器盒 100A 熔丝 ALT→熔断器 60A ABS 熔丝→熔断器盒端子 5，此处分两路分别到 ABS 控制 ECU 与执行器的端子 2 和 24。

（2）主电源电路　蓄电池正极→熔断器盒 100A 熔丝 ALT→熔断器盒端子 4→连接器 1G 端子 1→50A 熔丝 AM1→连接器 IO 的端子 8→点火开关端子 1→点火开关 AM1 端子→点火开关 IG1 挡→点火开关端子 2→连接器 IO 的端子 4→7.5A 保险丝 ECU-IO→连接器 1B 的端子 3→ABS 控制 ECU 与执行器的端子 3；另一路经 10A 保险丝 GAUGE→连接器 1G 的端子 B→组合仪表的 A6 端子→电阻丝 1→二极管 3→晶体管 4→组合仪表 A1 端子→连接器 1F 端子 12→连接器 IO 端子 2→左侧减振块 1A 端子搭铁→蓄电池负极。

其中 ABS 控制 ECU 与执行器的端子 1 和 23 通过左侧悬架支柱 EB 搭铁。

2. 信号电路

汽车车轮转速传感器有 4 个，分别是左后 ABS 转速传感器、右后 ABS 转速传感器、左前 ABS 转速传感器、右前 ABS 转速传感器，它们分别对应的信号输出端为 ABS 控制与 ECU 执行器的端子 6 和 7、4 和 5、13 和 26、27 和 28。组合仪表通过连接器端子 5 与 ABS 控制 ECU 与执行器的端子 30 相连。ABS 控制 ECU 与执行器的端子 12，经连接器 IC2 的端子 10→连接器 IB2 的端子 4→驻车制动开关→搭铁→蓄电池负极。当实施驻车制动时，此电

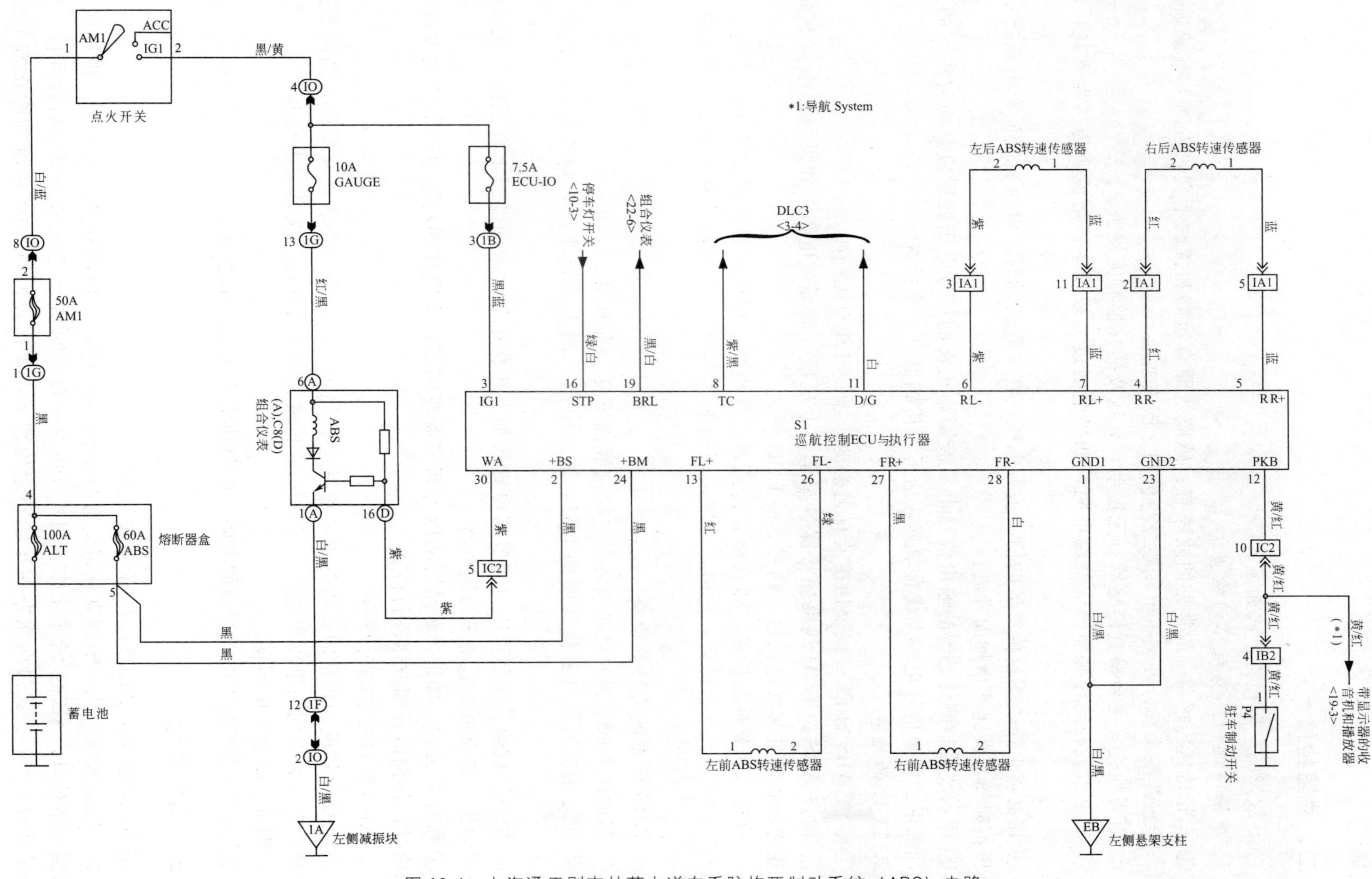

图 10-4 上海通用别克林荫大道车系防抱死制动系统（ABS）电路

路接通。

二、故障检修

ABS故障的一般检查方法如下。

1. 车轮转速传感器故障的检查

① 车轮转速传感器一般常见的故障有：感应线圈有短路和接触不良、齿圈上有缺损或脏污、传感器探头部分安装不牢或磁级与齿圈之间有脏物。

② 直观检查，主要检查传感器有无松动，导线及插接器有无松脱。

③ 用电阻表检测传感器感应线圈电阻，如果电阻过大或过小，均说明传感器不良，应更换。

④ 用交流电压表测量传感器的输出信号电压，在车轮转动时，电压表应该有电压指示，其电压值应随其转速的增加而升高。

⑤ 用示波器检测传感器的输出信号电压波形，正常的信号电压波形应是均匀稳定的正弦电压波形。如果信号电压无或有缺损，应拆下传感器进一步检查。

2. ECU的检查

① 检查ABS的ECU线束插接器有无松动，连接导线有无松脱。

② 检查ABS的ECU线束插接器各端子的电压值、波形或电阻，如果与标准值不符，与之相连的各部件和线路正常，则应更换ECU再试。

③ 直接采用替换法检验，即在检查传感器、继电器、电磁阀及其线路均无故障时，怀疑ABS的ECU是否有故障，这时，可以用新的ECU替代，如果故障现象消失，怀疑就被证实。

3. ABS压力调节器的检查

① 制动压力调节器的可能故障有电磁阀线圈不良、有泄漏。

② 用万用表测量电磁阀线圈的电阻，如果电阻无限大或过小等，均说明其电磁阀有故障。

③ 加电压试验，将制动压力调节器电磁阀加上工作电压，看阀能否正常工作。如果不能正常动作，则应更换制动压力调节器。

④ 解体后检查，如果怀疑是制动压力调节器有问题，则应在制动压力调节器内无高压制动液时，仔细拆开调节器进行检查。

4. ABS控制继电器的检查

① 对继电器施加正常的工作电压，看继电器能否正常动作。若能正常动作，则用万用表检测继电器触点间的电压和电阻，正常情况下触点闭合时的电压为零，若电压大于0.5V以上，则说明触点接触不良。

② 用万用表检测继电器线圈的电阻，电阻值应在正常范围之内。

三、案例精选

ABS系统失效，ABS故障灯亮故障处理。

(1) 故障现象　当一辆别克林荫大道行驶到5km时，ABS故障灯突然亮了。维修试车急踩制动踏板时，ABS系统不工作。用户反应前一段时间ABS系统故障灯亮后曾开往一服务站进行过维修，更换过两次左前车轮转速传感器，每次更换后ABS系统均能正常工作，但过了几天后，ABS 故障灯又亮且踩制动踏板时 ABS 系统失效。

（2）故障诊断与处理

① 将专用诊断仪与该车的诊断接口连接，进行 ABS 系统故障码读取，诊断故障显示为未收到左前车轮转速信号。

② 进行路试并开始用专用诊断仪进行 ABS 系统参数测量，左前轮车速显示为 0km/h。

③ 拔下左前车轮转速传感器，用万用表测量传感器，电阻为无穷大，显然该传感器因断路故障而损坏。

④ 但此车已经更换过两次左前车轮转速传感器，是什么原因频繁导致左前车轮转速传感器损坏呢，通过查看电路图，怀疑故障真正原因可能是该传感器线路和 ABS 控制单元损坏。

⑤ 于是拔下 ABS 控制单元插头，检测左前车轮传感器线路，结果正常，并无短路、断路。

⑥ 通过以上诊断，导致该故障的原因已基本确定：ABS 控制单元损坏，引起频繁烧坏左前车轮转速传感器，因而出现系统故障灯亮，系统不能正常工作。

第四节 一汽丰田罗拉车系防抱死制动系统电路分析

一、ABS（不带 VSC）系统

ABS（不带 VSC）系统电路主要由电源电路、车轮转速传感器电路、带执行器的 ABS ECU 以及 ABS 警告灯电路组成，当 ABS ECU 接收到车轮抱死信号时，接通电磁阀控制电路，控制制动轮缸的压力。ABS（不带 VSC）系统电路如图 10-5 所示。

1. 供电电路

当点火开关 ON 时，ABS 系统供电电路如下。

① 蓄电池电源通过 50A ABS 1 号熔丝供电给 ABS 控制单元的 2 脚。

② 蓄电池电源通过 30A ABS 熔丝供电给 ABS 控制单元的 3 脚。

③ 经点火开关后的电压经 7.5A ECU 2 号点火熔丝，供电给 ABS 控制单元的 18 脚。

④ ABS 控制单元的 1 脚和 4 脚为接地脚。

2. 信号输入电路

（1）ABS 控制单元的 5 脚、6 脚接左前车轮速传感器；10 脚、9 脚接右前车轮速传感器；7 脚、17 脚接左后车轮速传感器；19 脚、8 脚接右后车轮速传感器。车轮转动时，速度传感器产生随着车轮转速提高的电压信号。当转速信号不正常时，可检查转速传感器。检测传感器连接器端子 1、2 间电阻，其值在 20℃时前轮速传感器应为 1.4～1.8kΩ，后轮速传感器应低于 2.2kΩ。检测连接器端子 1 与搭铁、端子 2 与搭铁间电阻，其值应不小于 10kΩ，否则应更换轮速传感器。

知识拓展

在检测时，应注意传感器周围零件的安装情况，并仔细观察传感器头部及传感器转子等。传感器头部应无刮痕或异物，转子齿面应无刮痕、缺齿或异物，否则应清洁或修理。

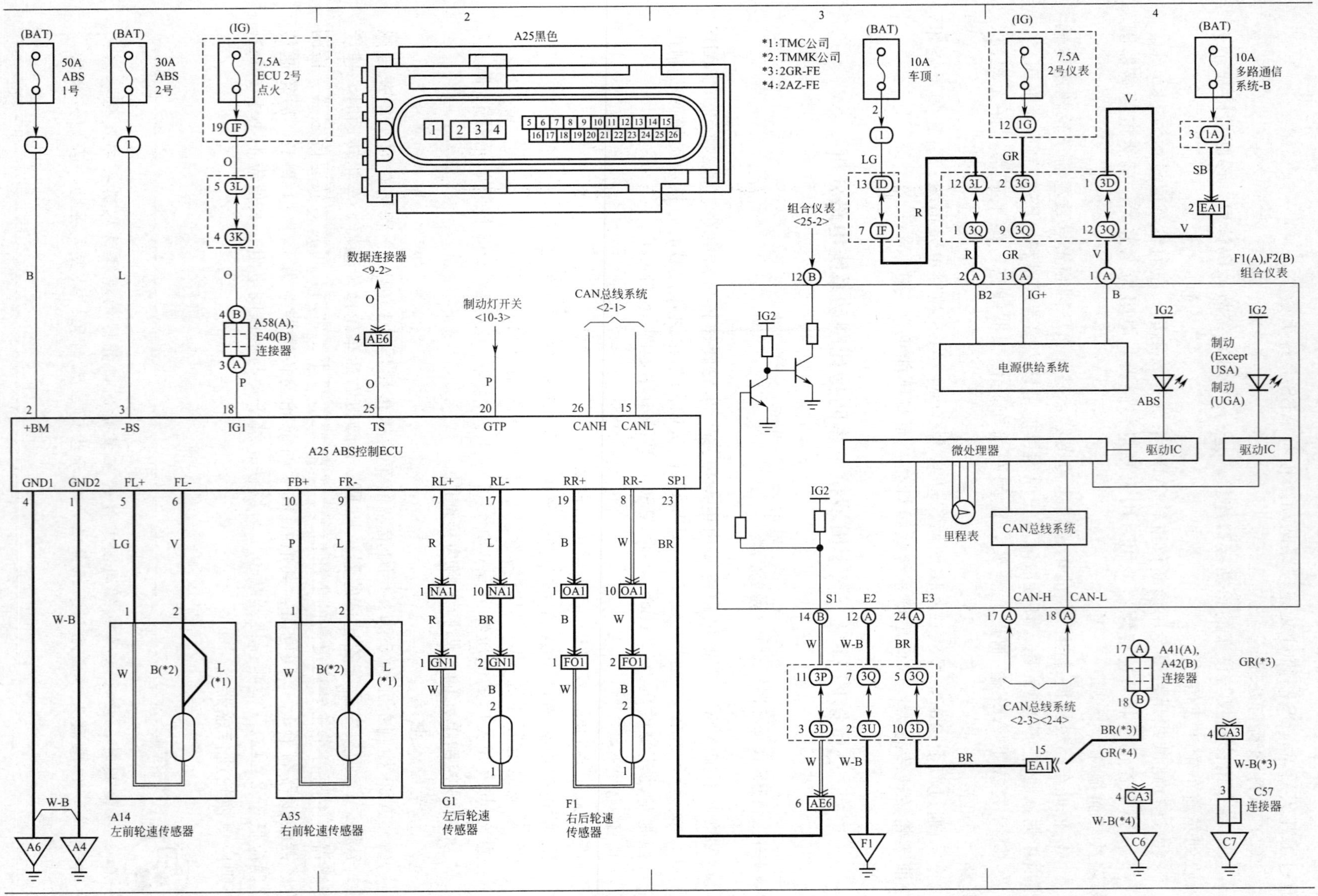

(BAT)
50A
ABS
1号
(BAT)
30A
ABS
2号
(IG)
7.5A
ECU 2号
点火
A25黑色
*1:TMC公司
*2:TMMK公司
*3:2GR-FE
*4:2AZ-FE
(BAT)
10A
车顶
(IG)
7.5A
2号仪表
(BAT)
10A
多路通信
系统-B
组合仪表
<25-2>
数据连接器
<9-2>
制动灯开关
<10-3>
CAN总线系统
<2-1>
A58(A),
E40(B)
连接器
+BM
-BS
IG1
TS
GTP
CANH
CANL
A25 ABS控制ECU
GND1
GND2
FL+
FL-
FB+
FR-
RL+
RL-
RR+
RR-
SP1
F1(A),F2(B)
组合仪表
电源供给系统
IG2
ABS
制动
(Except
USA)
制动
(UGA)
微处理器
驱动IC
驱动IC
里程表
CAN总线系统
S1
E2
E3
CAN-H
CAN-L
CAN总线系统
<2-3><2-4>
A41(A),
A42(B)
连接器
GR(*3)
BR(*3)
GR(*4)
W-B(*3)
W-B(*4)
C57
连接器
A14
左前轮速传感器
A35
右前轮速传感器
G1
左后轮速
传感器
F1
右后轮速
传感器

图10-5　ABS(不带VSC)系统电路图

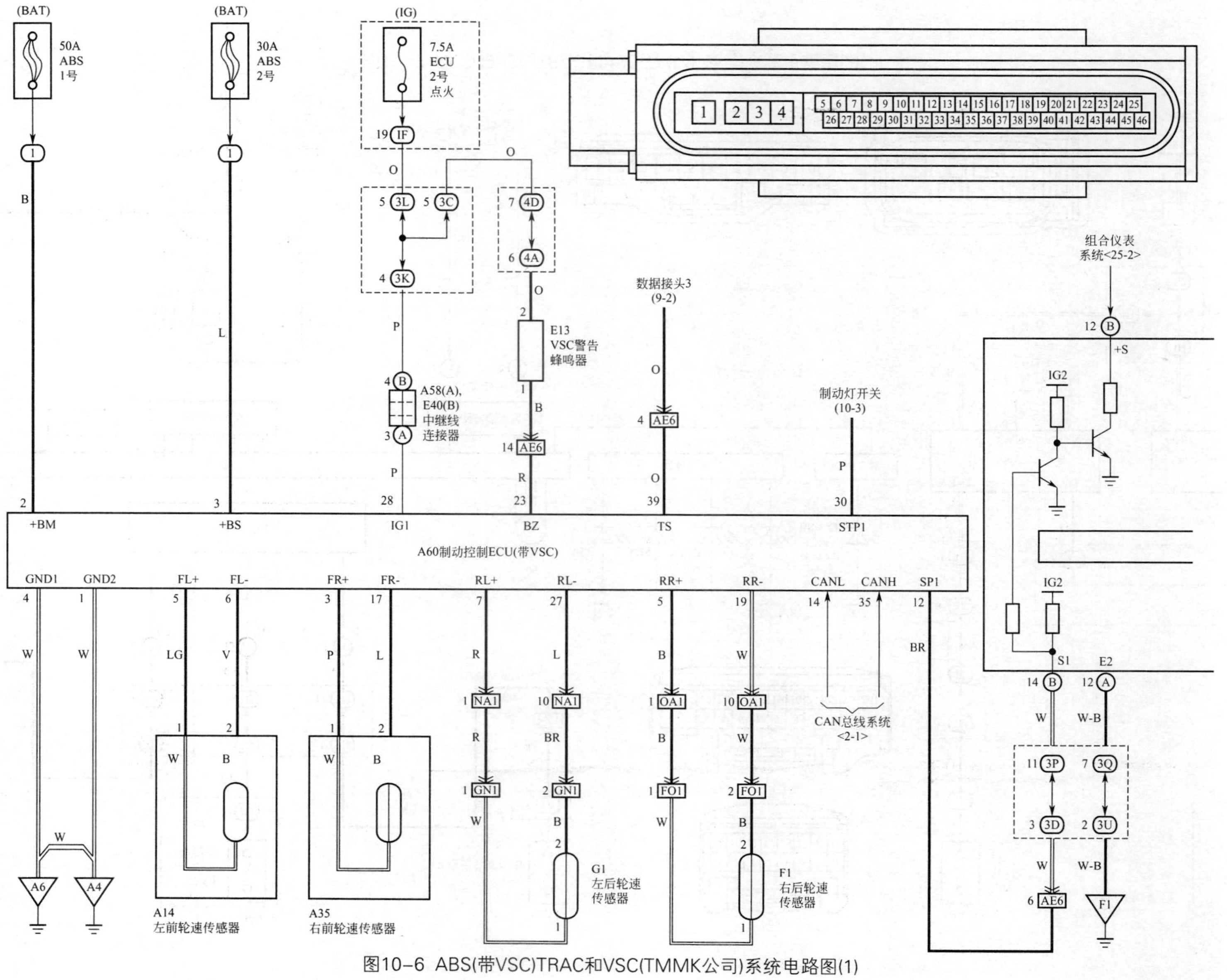

图10-6 ABS(带VSC)TRAC和VSC(TMMK公司)系统电路图(1)

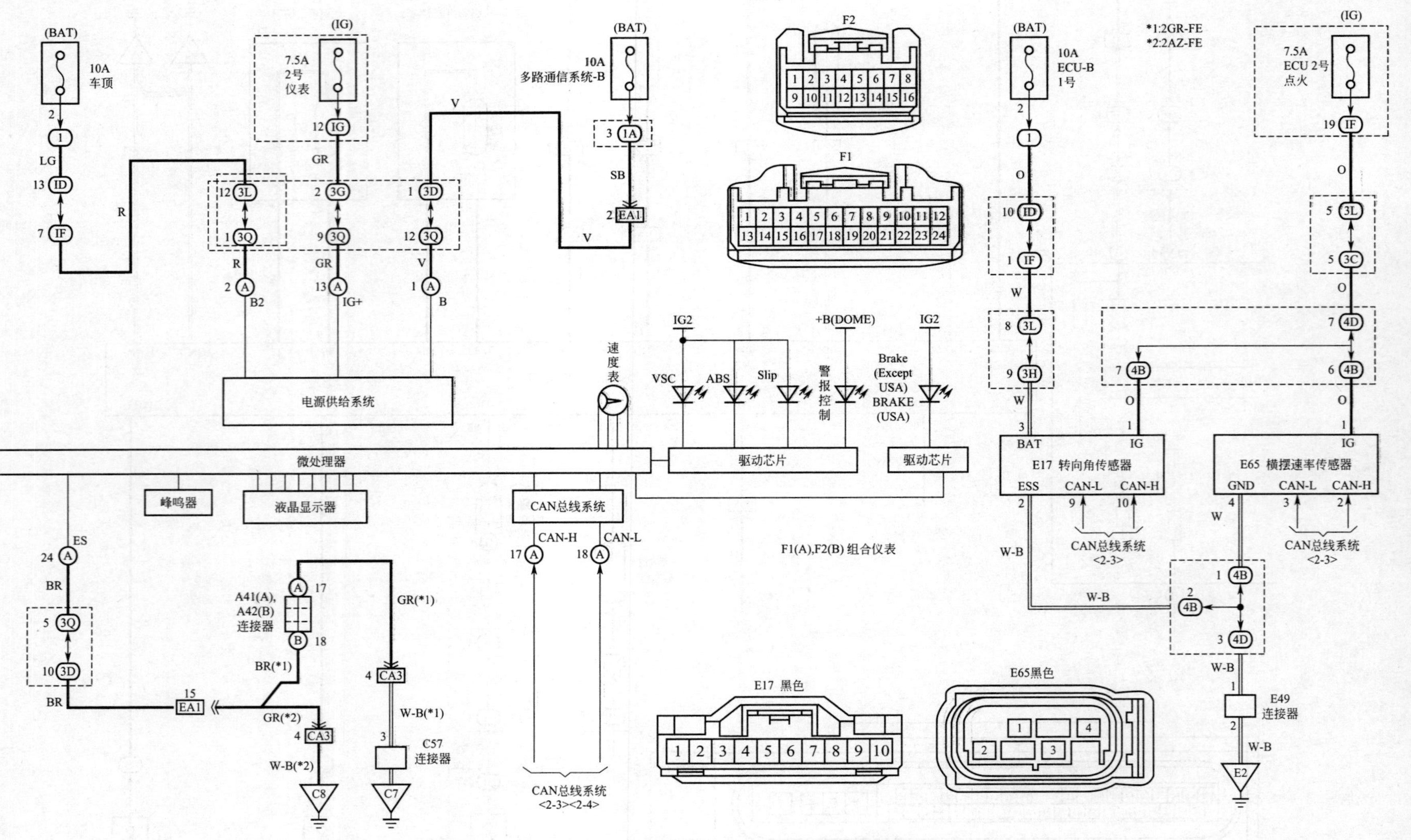

图10-7 ABS(带VSC)TRAC和VSC(TMMK公司)系统电路图(2)

（2）ABS 20 脚为制动灯开关信号输入端。

3. 信号输出电路

ABS 控制单元 23 脚输出 ABS 制动灯信号到组合仪表的 B14 脚。

二、ABS（带 VSC）TRAC 和 VSC（TMMK 公司）系统

如图 10-6、图 10-7 所示是 TMMK 公司生产的带有 TRAC 和 VSC 的 ABS 系统电路图。TRAC 是驱动力控制系统，又称驱动轮防滑转调节系统（Antislip Regulation 简称 ASR），它是继防抱死制动系统（ABS）之后，设置在汽车上专门用来在驱动轮起步、加速和在湿滑路面行驶时防止驱动轮滑转的电子驱动力调节系统。它可以在驱动状态下，通过计算机帮助驾驶员实现对车轮运动方式的控制，以便在汽车的驱动轮上获得尽可能大的驱动力，同时保持汽车驱动时的方向控制能力，改善了燃油经济性，减少了轮胎磨损。VSC 是电子稳定控制系统，通过有选择性的分缸制动及发动机管理系统干预，防止车辆滑移。

知识拓展

该电路与不带 VSC 的 ABS 电路相比，主要区别在于多了一个转向角传感器、一个横摆速率传感器。

电路分析如下。

1. 供电电路

当点火开关 ON 时，系统供电电路如下。

① 蓄电池电源通过 50A ABS 1 号熔丝供电给 ABS 控制单元的 2 脚。

② 蓄电池电源通过 30A ABS 2 号熔丝供电给 ABS 控制单元的 3 脚。

③ 经点火开关后的电压经 7.5A ECU 2 号点火熔丝，分两路：一路供电给 ABS 控制单元的 28 脚；另一路供电给 VSC 蜂鸣器 E13 的 2 脚。

④ ABS 控制单元的 1 和 4 脚为接地脚。

2. 信号输入电路

① ABS 控制单元的 5 脚、6 脚接左前轮速传感器；3 脚、17 脚接右前轮速传感器；7 脚、27 脚接左后轮速传感器；5 脚、19 脚接右后轮速传感器。车轮转动时，速度传感器产生随着车轮转速提高的电压信号。

知识拓展

当转速信号不正常时，可检查转速传感器。检测传感器连接器端子 1、2 间电阻，其值在 20℃时前轮速传感器应为 1.4～1.8kΩ，后轮速传感器就在 0.9～2.1kΩ；检测连接器端子 1 与搭铁、端子 2 与搭铁间电阻，其值应不小于 10kΩ，否则应更换轮速传感器。同时，在检测时，应注意传感器周围零件的安装情况，并仔细观察传感器头部及传感器转子等。传感器头部应无刮痕或异物，转子齿面应无刮痕、缺齿或异物，否则应清洁或修理。

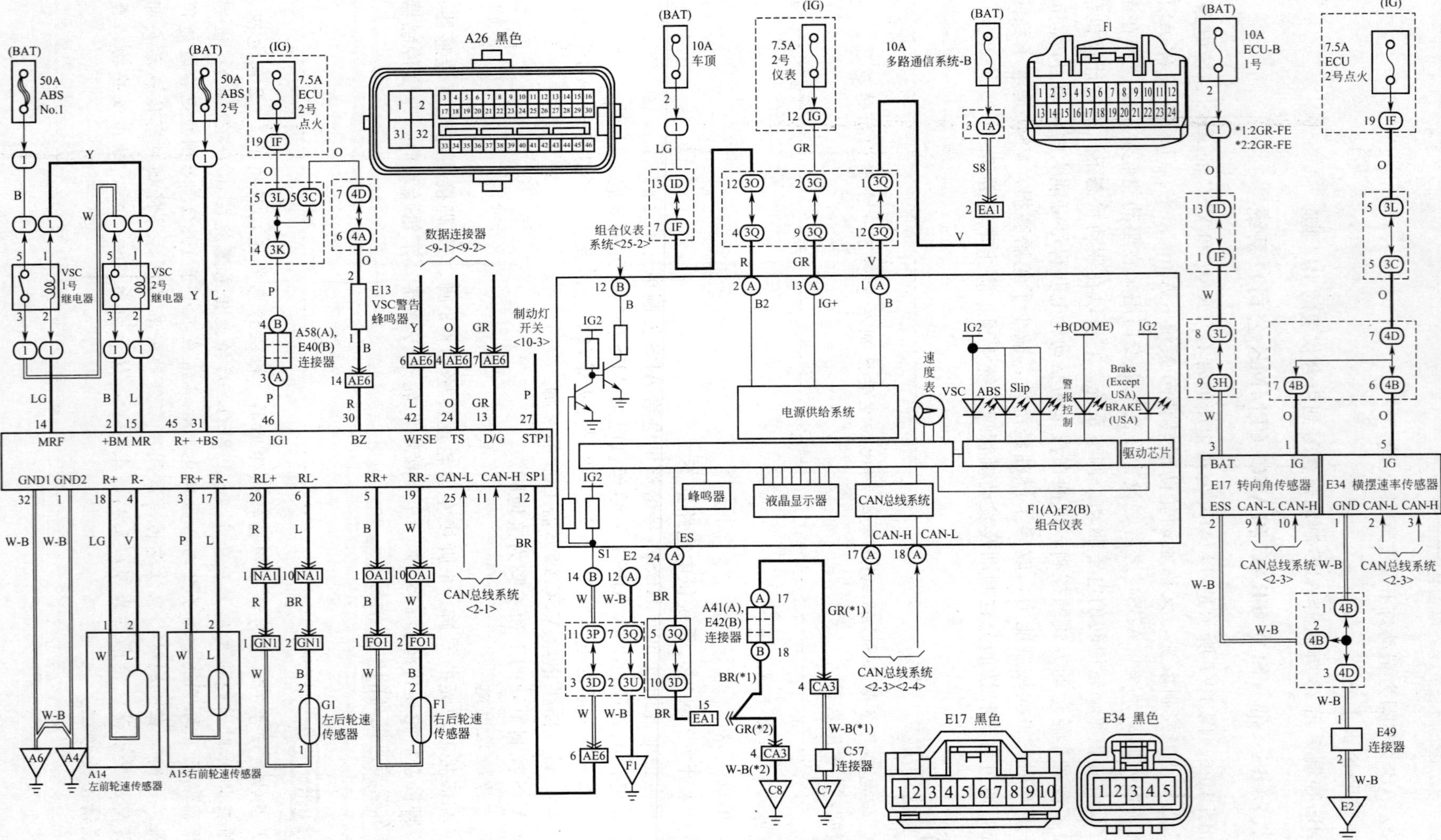

图10-8　ABS(不带VSC)TRAC和VSC(TMC公司)系统电路图

② ABS 30 脚是制动灯开关信号输入端。

③ 转向角传感器 E17 蓄电池电压经 10A ECU-B1 号熔丝供电给转向角传感器的 3 脚；当点火开关处于 ON 的位置时，经点火开关后的电压经 7.5A ECU 2 号点火熔丝供电给转向角传感器的 1 脚；转向角传感器的 2 脚接地；传感器信号通过 9 脚、10 脚 CAN 总线输出。

④ 横摆速率传感器 E65 当点火开关处于 ON 的位置时，经点火开关后的电压经 7.5AECU 2 号点火熔丝供电给横摆速率传感器的 1 脚；横摆速率传感器的 4 脚接地；传感器信号通过 2 脚、3 脚 CAN 总线输出。

3. 信号输出电路

ABS 控制单元 33 脚输出 ABS 制动灯信号到组合仪表的 B14 脚。

三、ABS（带 VSC）TRAC 和 VSC（TMC 公司）系统

如图 10-8 所示是 TMC 公司生产的带有 TRAC 和 VSC 的 ABS 系统电路图。该电路与 TMMK 公司的 ABS 系统电路相比，主要区别在于供电电路上多两个继电器，一个是 VSC 1 号继电器，一个是 VSC 2 号继电器；另外 ABS 电控单元的脚位功能也有所不同，但传感器的检查方法相同，具体电路分析如下。

1. 供电电路

当点火开关 ON 时，系统供电电路如下。

① 蓄电池电源通过 30A ABS 2 号熔丝供电给 ABS 控制单元的 3 脚。

② 经点火开关后的电压经 7.5A ECU 2 号点火熔丝，分两路：一路供电给 ABS 控制单元的 46 脚；另一路供电给 VSC 蜂鸣器 E13 的 2 脚。

③ ABS ECU 的 2 脚的供电受 VSC 1 号、VSC 2 号继电器的控制，而 VSC 1 号、VSC 2 号继电器又受 ECU 的控制。ECU45 脚输出控制电压，分别供电给 VSC 1 号继电器线圈和 VSC 2 号继电器线圈，当 ECU 的 14 脚、15 脚同时输出低电平信号时，VSC 1 号继电器和 VSC 2 号继电器线圈得电，继电器触点闭合。蓄电池电源→50A ABS 1 号熔丝→VSC 1 号继电器 5 脚→VSC 1 号继电器 3 脚→VSC 2 号继电器 5 脚→VSC 2 号继电器 3 脚→ABS 控制单元的 2 脚。

④ ABS 控制单元的 1 脚和 32 脚为接地脚。

2. 信号输入电路

① ABS 控制单元的 18 脚、4 脚接左前轮速传感器；3 脚、17 脚接右前轮速传感器；20 脚、6 脚接左后轮速传感器；5 脚、19 脚右后轮速传感器。

② ABS 27 脚是制动灯开关信号输入端。

③ 转向角传感器 E17 与图 10-7 相同，在此不再分析。

④ 横摆速率传感器 E34 当点火开关处于 ON 的位置时，经点火开关后的电压经 7.5A ECU 2 号点火熔丝供电给横摆速率传感器的 5 脚。横摆速率传感器的 1 脚接地，传感器信号通过 2 脚、3 脚 CAN 总线输出。

3. 信号输出电路

ABS 控制单元 12 脚输出 ABS 制动灯信号到组合仪表的 B14 脚。

第五节 一汽马自达 CX-7 车系防抱死制动系统/牵引力控制系统（ABS/TCS）电路分析

ABS（ABS/TCS）HU/CM 通过接收来自各速度传感器的车速信号确定车轮抱死状态，

然后将控制信号发送到泵电动机和电磁阀，泵电动机和电磁阀通过控制各轮缸液压以避免车轮抱死。当点火开关为 ON 时，ABS 和制动系统的报警信号灯将在 2.4s 内熄火，如 2.4s 后仍未熄灭，表明 ABS（ABS/TCS）HU/CM 出故障。其控制电路如图 10-9 所示。

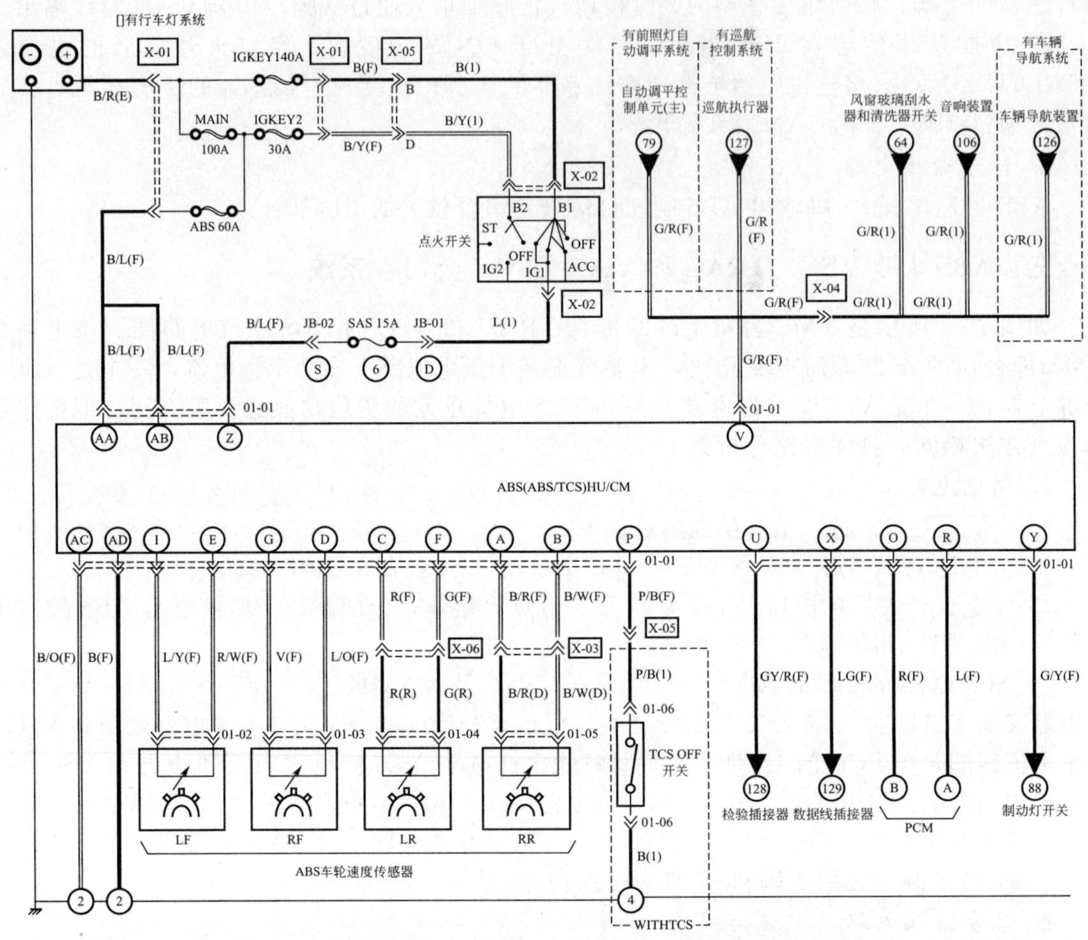

图 10-9 防抱死制动系统/牵引力控制系统（ABS/TCS）电路图

1. ABS（ABS/TCS）HU/CM 电源电路

蓄电池电源电压经主熔丝及 ABS 熔丝向控制单元提供恒电压，其电路为：蓄电池电源→X-01→MAIN 100A→ABS 60A→ABS（ABS/TCS）HU/CM。AA、AB 分别为电源输入端，电源经此两端子而入，分别向控制单元及电磁阀提供恒电源。无论何时，此两端子检测电压应为蓄电池电压。当点火开关处于 IG1（ON）时，蓄电池电源经点火开关向控制提供电压，其电路为：蓄电池电源→X-01→IG KEY1 40A→X-01→X-05→点火开关 IG1 触点→JB-01→SAS 15A→JB-02→控制单元端子 Z。当点火开关处于 IG1 时，此端子检测电压为蓄电池电压。AD、AC 为控制单元接地端，经 W（F）、B（F）线接至 2 号线束至接地点。

2. 信号电路

（1）轮速信号　四个车轮转速信号传感器采用电磁感应式，因此，在拆装时应特别注意防止外物进入插头，以免输出信号的错误。车速传感器检测到电磁转子（电磁转子的南北极均匀地分布在周向方向上）产生的磁场变化，并产生车速脉冲，控制单元根据车速脉冲检测各个车轮转速，根据车速信号判断车辆是否处于抱死状态。(I、E)，(G、D)，(C、F)，(A、B) 分别为各轮速传感器信号输入端。

(2) TCS OFF 开关信号　TCS OFF 开关仅在装配有 TCS（牵引力控制系统）系统的车型上，驾驶员可自主选择关闭或开启 TCS 功能，当按下 TCS OFF 开关时，TCS 功能被关闭，此时 P 端经 TCS OFF 开关接至 4 号线束至接地，端子检测电压为小于 1V。再次按下 TCS OFF 开关时，TCS 功能重新开启。TCS（牵引力控制系统）主要用于起步或加速时，控制单元根据车速信号、加速踏板信号等判断车轮是否打滑，进而通过泵及电动机控制制动力并与发动机 PCM 通信控制发动机转矩，防止驱动轮打滑。R、O 为 CAN 通信端。

(3) 制动开关信号　当踩下制动踏板时，制动开关闭合，制动灯点亮，制动信号经控制单元端子 7 输入。

(4) V 端为车速信号输出，接至大灯水平调节控制单元、巡航执行器、风窗玻璃刮水器和清洗开关等装置，以进行相关的控制。

安全气囊系统电路分析、故障检修和案例精选

第一节　安全气囊系统组成原理、识图示例和故障检修

一、安全气囊系统概述

安全气囊系统简称 SRS，按照保护的方向可以分为正面安全气囊和侧面安全气囊。正面安全气囊常安装在驾驶员前端方向盘的装饰板内和副驾驶员杂物箱上端。侧面安全气囊为帘式安全气囊，常安装在 A 柱与车顶纵梁的内衬里。当汽车发生碰撞时，安全气囊展开挡在车体和驾乘人员之间，保障驾乘人员的安全，减少碰撞时巨大惯性对驾乘人员造成的伤害。

二、安全气囊系统的组成及原理

汽车安全气囊系统由信号输入装置（碰撞传感器）、执行器（安全气囊组件）和安全气囊控制单元等组成。安全气囊控制单元是安全气囊系统的核心，在识读电路图时可先从安全气囊控制单元开始。安全气囊系统的工作原理如图 11-1 所示。

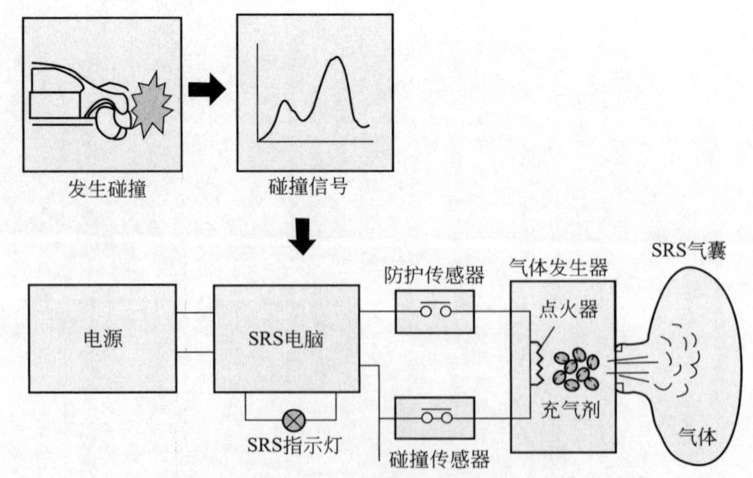

图 11-1　安全气囊工作原理示意图

1. 安全气囊信号输入装置

安全气囊信号输入装置主要是指安全气囊碰撞传感器，包括前碰撞传感器、侧面碰撞传

感器、中央碰撞传感器和安全传感器。这些碰撞传感器在汽车发生碰撞时把碰撞信号输送到安全气囊控制单元，安全气囊控制单元根据该信号来打开安全气囊。

碰撞传感器包含一个加速度传感器、滤波器、扩音器与一个用于传递信号的应用特性机体回路，且安装于发动机盖弹簧锁面板上。前方碰撞传感器会依碰撞的严重程度向RCM发出信号。RCM则将此信号与储存的数据进行比较，并在必要时使前方气囊与安全带预紧器作用。前方碰撞传感器与内部RCM纵向加速度传感器信号都必须超过一预设的门槛值，才会使气囊展开。

侧面碰撞传感器位于车辆任一侧B-柱的底部上，配备有远程纵向碰撞传感器。每侧的碰撞传感器包括一个加速度传感器、滤波器、扩音器与一个用于传递信号的应用特性机体回路。一旦发生碰撞，侧面碰撞传感器会依碰撞的严重程度向RCM发出信号。RCM将此信号与储存的数据进行比较，并在必要时触发该侧的气囊。侧面碰撞传感器与内部RCM纵向加速度传感器信号都必须超过预设的限制，才会使气囊展开。RCM对侧气囊保持控制。

2. 安全气囊执行器

安全气囊执行器主要是指安装在汽车各部位的安全气囊组件。安全气囊组件主要由充气装置、气囊、外壳等组成。在汽车发生碰撞时，安全气囊控制单元引爆充气装置中的引爆装置，产生高温使气体发生剂迅速产生大量气体经过滤后充入气囊，使气囊在瞬间展开。驾驶员侧的安全气囊组件安装在方向盘上，通过螺旋电缆与安全气囊控制单元相连。

3. 安全气囊控制单元

安全气囊控制单元是安全气囊系统的控制中心，它根据碰撞传感器信号判断汽车是否发生了碰撞及碰撞的强度，并确定是否输出引爆信号给安全气囊充气，安全气囊控制单元由安全气囊备用电源、引爆电路、安全气囊自诊断电路等组成。

安全气囊备用电源由电源控制电路和容量较大的储能电容组成。在汽车正常运行时，蓄电池通过充电电路向储能电容充电，使储能电容始终储存有电量。当蓄电池供电电路因发生碰撞而损坏时，备用电源里储存的电能可及时释放出来，足以引爆气体发生剂，使气囊膨胀充气。

传感和诊断模块使微小电流通过内部电路，检查气囊模块导线连接和电阻。如果警告灯正常闪烁，传感和诊断模块连续检查警告灯端子上的电压。如果车辆碰撞导致气囊展开，传感和诊断模块将保持警告灯点亮，事后应更换所有气囊系统，包括传感和诊断模块、气囊模块和导线。

三、安全气囊系统识图示例

北京现代悦动汽车安全气囊系统的电路如图11-2所示。

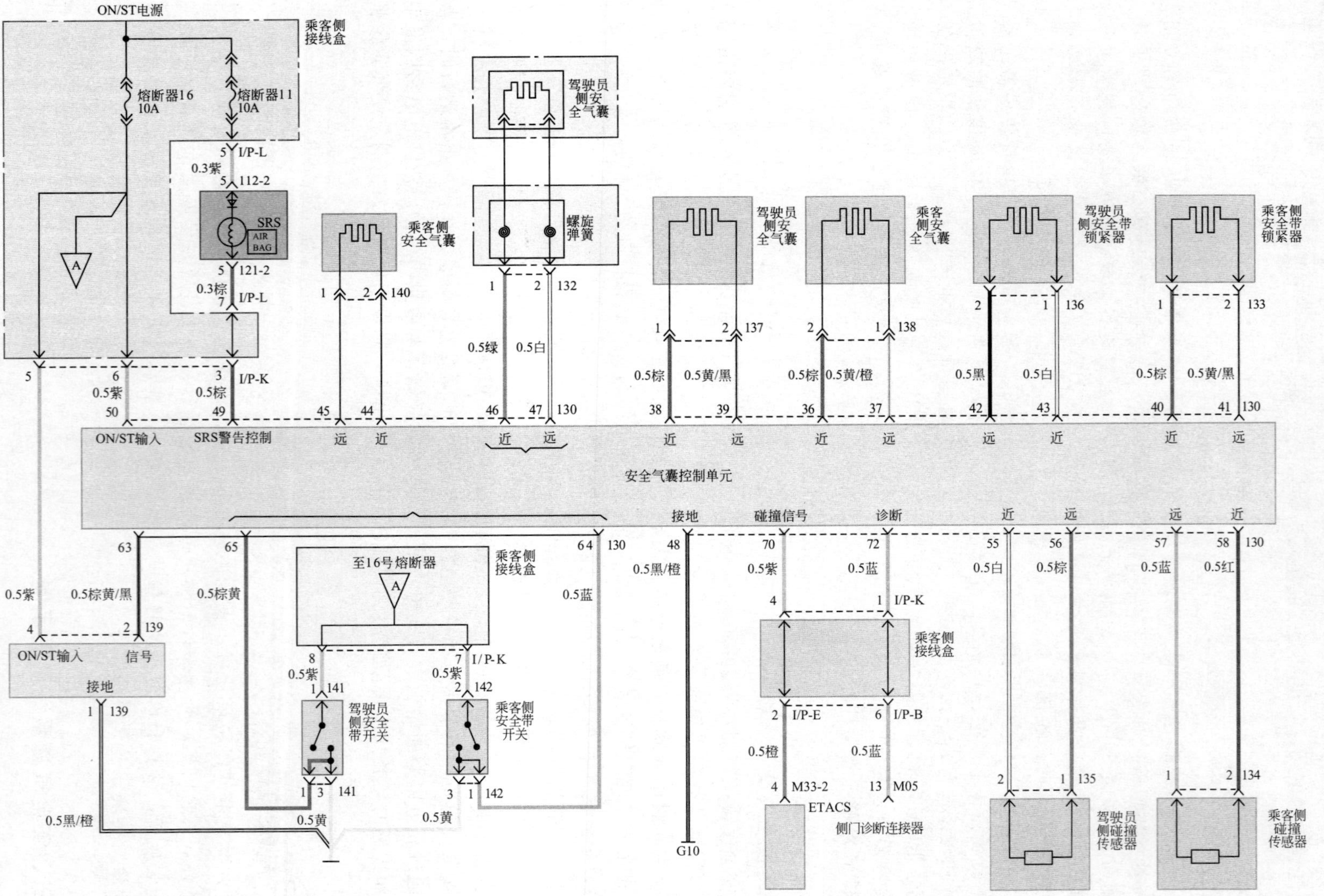

图 11-2 北京现代悦动汽车安全气囊系统电路

1. 安全气囊系统信号输入电路

(1) 驾驶员侧碰撞传感器信号电路　驾驶员侧碰撞传感器端子 2 和 1 分别与安全气囊控制单元端子 55 和 56 相连，安全气囊控制单元根据接收到的信号进行分析、判断、处理。

(2) 乘客侧碰撞传感器信号电路　乘客侧碰撞传感器信号输出端 1 和 2 分别与安全气囊控制单元端子 57 和 58 相连，根据接收到的信号进行分析、判断、处理。

(3) 驾驶员侧安全带开关信号电路　ON/ST 电源→熔断器 16 (10A) →驾驶员侧安全带开关→安全气囊控制单元端子 65→安全气囊控制单元。

(4) 乘客侧安全带开关信号电路　ON/ST 电源→熔断器 16 (10A) →乘客侧安全带开关→安全气囊控制单元端子 64→安全气囊控制单元。

2. 安全气囊控制单元电路

(1) 安全气囊控制单元电源电路　ON/ST 电源→熔断器 16 (10A) →安全气囊控制单元端子 50→安全气囊控制单元。

(2) 安全气囊控制单元接地电路　安全气囊控制单元→安全气囊控制单元端子 48→G10 接地。

3. 安全气囊系统执行器电路

(1) 驾驶员侧安全气囊工作电路　安全气囊控制单元→安全气囊控制单元端子 47→螺旋弹簧→驾驶员侧安全气囊→螺旋弹簧→安全气囊控制单元端子 46→安全气囊控制单元。

(2) 驾驶员侧侧面安全气囊工作电路　安全气囊控制单元→安全气囊控制单元端子39→驾驶员侧侧面安全气囊→安全气囊控制单元端子 38→安全气囊控制单元。

(3) 乘客侧安全带锁紧器工作电路　安全气囊控制单元→安全气囊控制单元端子 41→乘客侧安全带锁紧器→安全气囊控制单元端子 40→安全气囊控制单元。

4. 安全气囊警告灯电路

ON/ST 电源→熔断器 11 (10A) →连接器 I/P-L 端子 5→连接器 112-2 端子 5→安全气囊警告灯→连接器 I/P-K 端子 3→安全气囊控制单元端子 49→安全气囊控制单元。

相关链接

气囊警告指示灯整合于组合仪表内，与自动分离侦测回路一起。气囊警告指示灯在钥匙 ON 时会点亮 3s。如果系统自测正常，指示灯将会熄灭；如果有故障，气囊警告指示灯将会保持点亮，或在 5s 后点亮。如果 RCM 回路中断，不论是断电或接地不良，或模块被拆下，或 CAN 总线失效，系统会使气囊警告灯持续地点亮。RCM1 固定螺栓是接地回路中的一部分。

SRS 的诊断评估，可以经由数据传输线连接接头 (DLC) 与入侵检测系统 (IDS) 来找出问题的原因。一旦得知 DTC 数据后，就可从故障表中选取相应的措施。

5. 安全气囊系统诊断电路

安全气囊控制单元→安全气囊控制单元端子 72→乘客侧接线盒→侧门诊断连接器。

四、故障检修

安全气囊系统常见故障及排除如表 11-1 所示。

表 11-1 安全气囊系统常见故障及排除

故 障 现 象	可能的故障原因
点火开关在 ACC 或 ON 位置时,6s 后 SRS 警告灯有时会亮	SRS 警告灯故障 安全气囊控制单元故障
点火开关在 LOCK 位置时,SRS 警告灯一直亮; 点火开关在 ACC 或 ON 位时,SRS 警告灯不亮	
没有故障码显示	ON/ST 端子电路故障
在进行故障码检测时,SRS 警告灯一直亮	
诊断座端子未连接时,有故障码显示	

第二节 北京现代伊兰特车系安全气囊系统（SRS）电路分析、故障检修和案例精选

一、电路分析

北京现代伊兰特车系安全气囊系统（SRS）电路如图 11-3 所示。

安全气囊系统（SRS）是辅助安全系统，属于被动安全保护装置，对驾驶员的头部和颈部安全起着明显的保护作用，特别是汽车正面碰撞和侧面碰撞时，其保护作用十分明显。

安全气囊系统（SRS）主要由传感器、安全气囊 ECU、气囊组件、安全气囊指示灯、安全气囊线束及保险机构等组成。

当汽车发生碰撞时，传感器将电信号传送给安全气囊 ECU，安全气囊 ECU 将信号进行处理，当确定需要打开安全气囊时，安全气囊 ECU 立即发出点火信号，气体发生器在 30ms 内将大量气体充满气囊，从而实现对驾驶员和乘客的安全保护。

电源电路：点火开关处于 ON/ST 时，电源→室内接线盒 15A 保险丝 3→I/P-K 连接器的端子 1→连接器 I101 的端子 3→SRS 控制模块的端子 5→SRS 控制模块的端子 6 通过 G27 端子搭铁。安全气囊诊断连接器通过连接器 M07 的 13 端子经过室内接线盒连接到 SRS 控制模块的诊断端子。

信号电路：SRS 警告灯电路，蓄电池正极→室内接线盒 10A 保险丝 12→连接器 I/P-H 端子 3→仪表盘的 SRS 警告灯→连接器 I/P-K 的端子 3→连接器 I101 的端子 5→SRS 控制模块的端子 7。SRS 同时具有自诊断功能，即能检查 SRS 部件及相关导线是否有故障，当点火开关打开时，SRS 警告灯应闪烁 6s 左右熄灭，若超过 6s 不熄灭或汽车行驶中该灯点亮或闪动，说明有故障。

SRS 控制模块的端子 10 和 11 控制着驾驶席侧安全气囊的点火，通过组合开关中的时钟弹簧连接到转向盘驾驶席安全气囊、副驾驶席安全气囊、侧面安全气囊（驾驶席），侧面安全气囊（副驾驶席）分别与 SRS 控制模块端子 13 和 14、16 和 17、18 和 19 相连，SRS 控制模块根据接收到的碰撞传感器信号进行分析、处理、判断，控制各个气囊点火电路的通断，SRS 模块的端子 15 和 37、22 和 27、23 和 25 分别接收来自副驾驶有无乘客检测传感器、驾驶席侧面碰撞传感器、副驾驶席侧面碰撞传感器的信号。安全带及安全带拉紧器、SRS 控制模块监测行车人员安全带的佩戴情况，通过对安全带开关的智能控制，从而控制安全带拉紧器的运动，即在气囊引爆的同时，安全带拉紧器拉紧安全带。检测传感器同时向

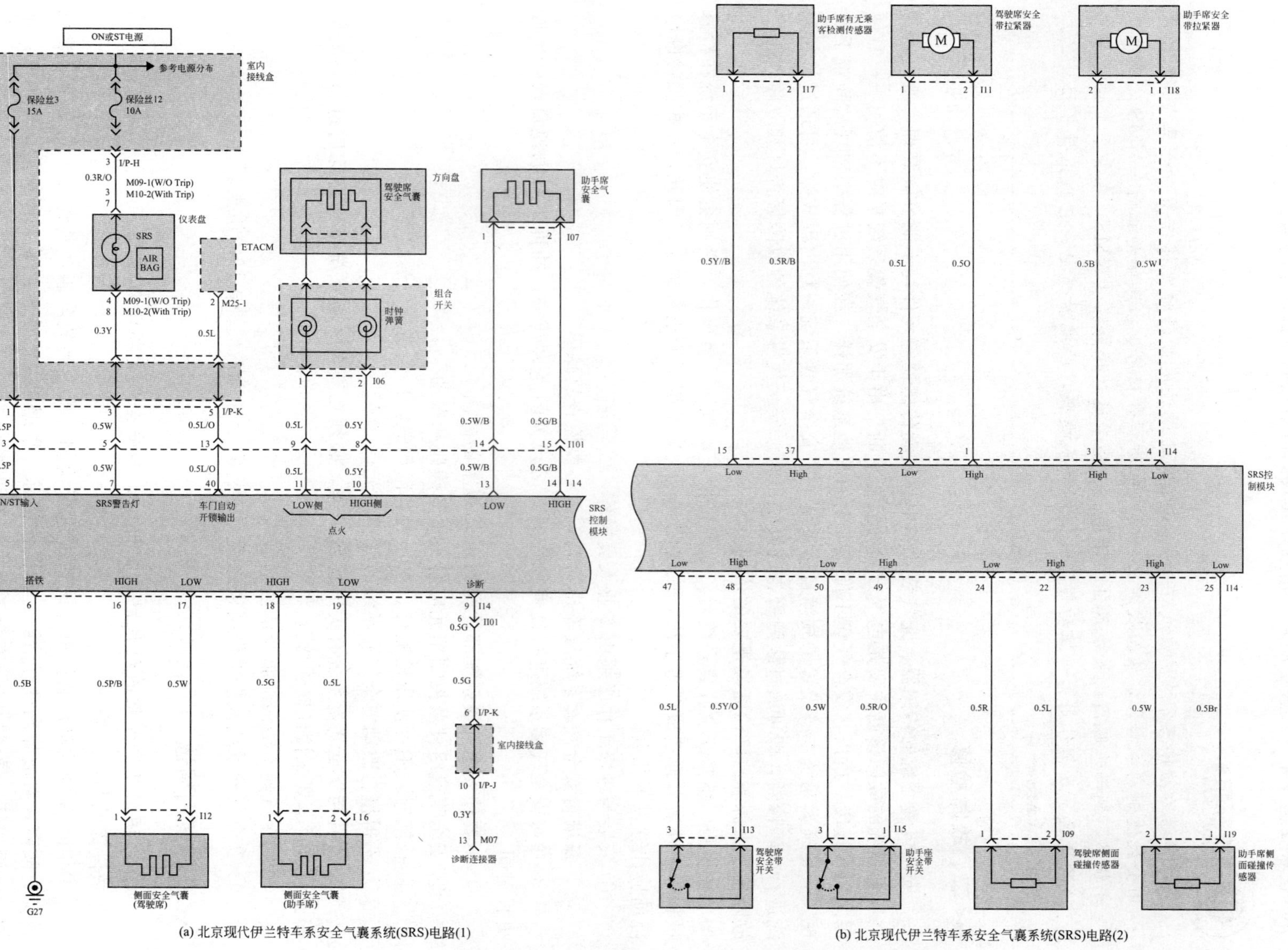

(a) 北京现代伊兰特车系安全气囊系统(SRS)电路(1)

(b) 北京现代伊兰特车系安全气囊系统(SRS)电路(2)

图11-3 北京现代伊兰特车系安全气囊系统(SRS)电路

SRS 模块发送一个“气囊已展开”信息，其收到该信息后将打开车门锁。

相关链接

车辆运动传感器（VMS）在车辆突然减速或过度倾斜时发挥作用。一旦 VMS 作用会致使制动爪啮合，从而收缩器锁定以防防护带松垮。当车辆静止时，VMS 处于稳定状态，制动爪脱离，收缩器自由活动。安全带运动传感器（WMS）在安全带快速加速的情况下发挥作用。一旦动作将致使制动爪啮合，收缩器锁定。它阻止带子松垮的原理和 VMS 一样。

二、故障检修

安全气囊系统的传感器、充气装置和中央气囊传感器等元件均不能分解修理，所以，安全气囊系统的故障诊断主要是电气方面的故障诊断。由于安全气囊系统平时不使用，一旦使用之后便报废。所以，安全气囊不像汽车上的其他系统那样，在使用过程中出现故障难于发现。安全气囊系统本身设置了故障自诊系统，若安全气囊系统一旦出现故障，可通过诊断系统进行故障诊断，即可通过故障警告灯反映出来。安全气囊系统的故障警告灯和故障代码是故障信息来源和故障诊断最重要的依据。

在检测、维修安全气囊系统时，要严格按正确顺序进行操作，否则会使安全系统在检修过程中意外展开而造成严重事故，或致使安全气囊系统不能正常运作。因此，在排除诊断故障前应注意以下几点。

① 安装与维修工作必须由专业人员操作。

② 在进行安全气囊系统故障排除时，务必要检查故障码。

③ 在对安全气囊系统进行任何操作时，必须关闭点火开关，并拆下蓄电池负极 30s 或更长时间。

④ 不要使安全气囊系统部件受到 85℃以上的高温。

⑤ 安全气囊组件及控制单元应避免受到磕碰和振动。

⑥ 检测时，不可使用检测灯、电压表和欧姆表，以免造成气囊误爆。

⑦ 不得擅自改动安全气囊系统的线路和元件。

⑧ 所有与安全气囊系统有关的检修工作，必须在安全气囊系统正确拆除后进行，安装安全气囊时不要试探任何连接处。

⑨ 安全气囊不能沾油脂及清洗剂。

⑩ 安全气囊系统检修工作结束之后，进行安全气囊系统警告灯的检查。

三、案例精选

1. 一辆刚过磨合期的现代伊兰特轿车，其安全气囊指示灯常亮。

故障诊断与处理如下。

① 用专用的故障诊断仪表对该系统进行检测，检测到故障码，其含义为副安全气囊触发器有故障，对故障码进行清除，却无法清除。根据以往的维修经验判断可能的原因有：副安全气囊损坏、导线短路、安全气囊控制单元损坏。

② 考虑到该车刚过磨合期，怀疑线路中连接器连接松动，查看线路图，并对车中线路

及连接器进行检查，没有发现松动或损坏的连接器。

③ 对副安全气囊进行检测，检查其线束侧连接器电压，该电压正常，于是拆下副安全气囊检查，结果发现为旧安全气囊，已经被触发过。

④ 更换新的安全气囊，进行试车，故障不再出现。

2. 一辆伊兰特轿车仪表板上的安全气囊系统故障指示灯常亮不熄，此车有过维修空调的历史。

故障诊断与处理如下。

① 维修此车前，首先选择专用的检测仪清除历史故障码。

② 将检测仪与诊断插座连接前，先关闭点火开关，二者连接之后再次打开点火开关，清除系统存储的故障码，然后再关闭点火开关，等待大约 25s 后，再次把点火开关打开。在正常的情况下仪表板上的故障指示灯亮 7s 后熄灭，若故障指示灯常亮不熄或在行驶中亮，说明安全气囊系统有故障，应对该系统读取故障码，故障码显示内容为碰撞传感器故障，对此传感器进行下一步检查。

③ 首先检查碰撞传感器的插头和安全气囊装置的插头，拆下右前碰撞传感器的插头和安全气囊控制模块插头，换一个新的右前碰撞传感器，再打开点火开关测试，结果安全气囊故障指示灯还是常亮不熄。

④ 试着检查控制模块与碰撞传感器之间的线路，发现此线路异常。

⑤ 对上述相关电路进行仔细检查，在右前碰撞传感器线路处发现有维修的痕迹。又想到车主说过有维修过空调的历史，仔细检查二者相关电路，结果发现空调压力开关的两条线路与此有错接，把此处接错线路重新接好，并用检测仪清除历史故障码，再次试车检查，结果一切正常，故障不再出现。

第三节 奇瑞东方之子车系安全气囊系统（SRS）电路分析、故障检修和案例精选

一、电路分析

奇瑞东方之子车系安全气囊系统（SRS）电路如图 11-4 所示。

安全气囊系统主要由传感器、安全气囊 ECU、气囊组件、安全气囊指示灯、安全气囊线束及保险机构等组成。

当汽车发生碰撞时，传感器将电信号传送给安全气囊 ECU，安全气囊 ECU 将信号进行处理，当确定需要打开安全气囊时，安全气囊 ECU 立即发出点火信号，气体发生器在 30ms 内将大量气体充满气囊，从而实现对驾驶员和乘客的安全保护。安全气囊的简单工作原理如图 11-5 所示。

如图 11-4 所示，当点火开关处于 ON 或 ST 位置时，其供电电路为：蓄电池正极→15（IGN1）端子→10A 熔丝 FUSE49→连接器 CE BOX/C/6→连接器安全/5→SDM 安全气囊模块的端子 5。SDM 安全气囊模块的端子 7 连接安全气囊警告灯并由 15（IGN1）供电。SDM 安全气囊模块的端子 6 为接地端子，通过 30-端子接地。SDM 安全气囊的端子 10、11 经螺旋电缆后与驾驶侧安全气囊相连，前乘客侧安全气囊直接与 SDM 安全气囊模块端子 13、14 连接。SDM 安全气囊模块的端子 20 和 45、21 和 46 分别接收来自驾驶员侧碰撞传感器、

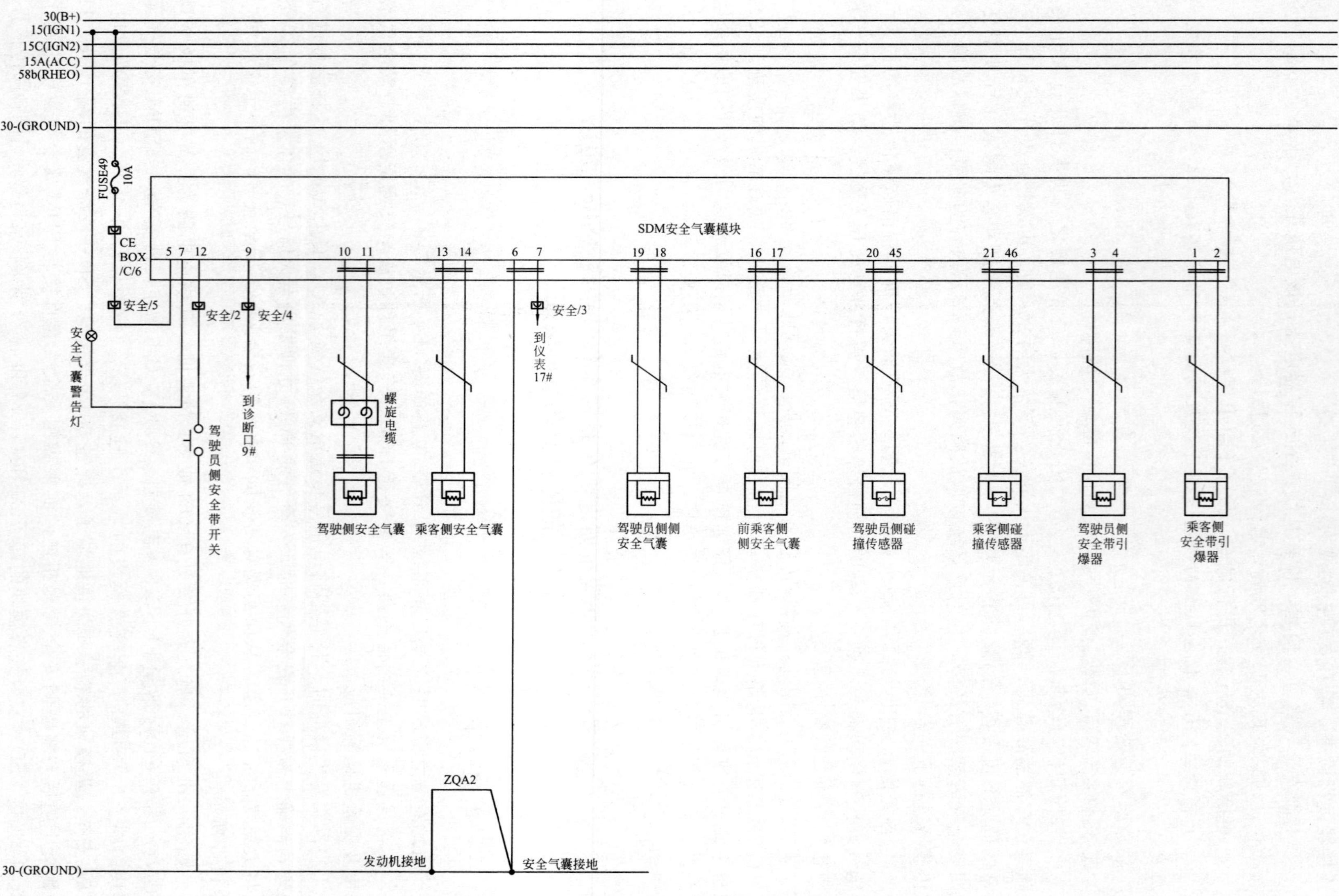

图 11-4 奇瑞东方之子车系安全气囊系统（SRS）电路

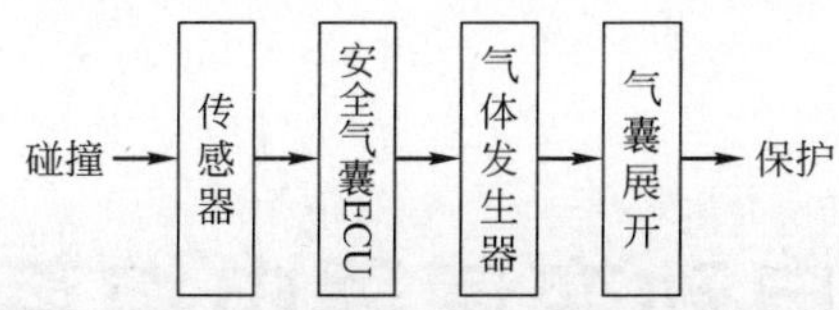

图 11-5 安全气囊工作原理

前排乘客侧碰撞传感器的信号。SDM 安全气囊模块的端子 12 通过连接器、安全/2 连接到驾驶员侧安全带开关，最后经由 30-端子接地。SDM 安全气囊模块根据接收到的各个传感器的信号，经过分析、判断、处理之后，控制安全气囊的爆发，在安全气囊弹出的同时，SDM 安全气囊模块控制驾驶员侧安全带引爆器和乘客侧安全带引爆器工作，收紧安全带。

知识拓展

当点火开关置于 ON 时，仪表板内的 SRS 警告灯闪烁 6s 后熄灭，若不是闪烁 6s，而是一直亮或熄灭后又亮起，说明安全气囊系统工作不良。

二、故障检修

安全气囊系统不像汽车上其他系统那样，在使用过程中出现故障会表现出来。因为没有异常现象的出现，其故障就难以发现，一般有三种方法来确定故障的故障的部位，即安全气囊警告灯法、参数测量法和扫描仪法。诊断中充分利用电脑提供故障码，可以减小故障诊断的难度。

三、案例精选

安全气囊指示灯常亮不熄。

(1) 故障现象 有时记录故障码，但清除故障码或故障码消失时故障指示灯常亮。

(2) 故障诊断与处理

① 用诊断仪检测气囊系统，发现有时有故障码，系统正常；但有时却显示是副气囊故障，即副气囊短路或电阻过低，由此怀疑可能是系统电压过低造成的。

② 断开安全气囊系统，用万用表的电压挡检测 SRS 插件电源相关端子的电压，经测量得的电压值为 12.4V，因此安全气囊系统电压正常。

③ 用万用表检查相关电路，各线路都无异常。

④ 检查相关线路的插接器，发现副气囊与气囊主线的一个插件未固定好，致使插件损坏。更换线束，一切连接好，进行试车，故障消失。

自动变速器电控系统电路分析、故障检修和案例精选

第一节　自动变速器电控系统组成、原理、识图示例和故障检修

一、自动变速器电控系统概述

汽车自动变速器电控系统主要是指现代汽车上安装的电控自动变速器控制系统。早期的自动变速器是全靠液压控制的，直到1968年法国雷诺汽车公司将电子元件应用到自动变速器上，但当时电控技术还不完善，电控技术在自动变速器上应用的范围还比较狭窄。随着电控技术的发展，直到20世纪80年代末电控系统才在自动变速器上大量应用。

现代汽车自动变速器的控制系统由电控系统和液控系统两部分构成。电控系统由自动变速器控制单元、信号输入装置（各种传感器）和执行器（各种电磁阀、控制电路）等组成。自动变速器控制单元接收各种传感器输送的换挡参数信号，经分析、计算、处理后确定自动变速器的换挡时刻，并通过控制换挡电磁阀来控制液压换挡执行机构实现自动换挡。

相关链接

液压控制系统由液压传动装置（油泵、自动传动液）、阀体（电磁阀、换挡阀、锁止阀和调压阀等）以及连接这些液压装置的油道组成。

油泵通常安装在液力变矩器的后面，由发动机飞轮通过液力变矩器壳体直接驱动，其功用：一是为液力变矩器和液压控制系统提供具有一定压力的传动油液；二是为齿轮变速机构和变速器运动部件提供润滑油液。

油泵作为液压控制系统的动力源将油底壳中的自动传动液ATF（Automatic Transmis-sion Fluid）泵出，经过调压阀将油压调节到规定值后，一部分输送到液力变矩器，其余输送到液压控制系统的控制机构、换挡执行机构和齿轮变速机构，以便实现挡位变换和运动部件的润滑。

液压控制系统的功用是：根据电磁阀的工作状态，控制换挡元件（换挡离合器和换挡制动器）的油路接通与切断，从而改变齿轮变速机构的传动比来实现自动换挡。

二、自动变速器电控系统的组成及原理

1. 自动变速器电控系统信号输入装置

（1）车速传感器　车速传感器安装在自动变速器输出轴附近或差速器上，用来测量自动

变速器输出轴的转速，并把该信号输送到自动变速器控制单元。自动变速器控制单元根据车速传感器信号计算出车速，作为控制自动变速器换挡的重要依据。

车速传感器有电磁感应式车速传感器、霍尔效应式车速传感器和光电式车速传感器。在电路图中一般用电气符号来表示整个车速传感器。

（2）节气门位置传感器　节气门位置传感器安装在节气门体上，常采用可变电阻式传感器把节气门开度的变化转变成电压信号输送到发动机电控单元。发动机电控单元根据节气门位置传感器信号来确定喷油器的喷油量。自动变速器电控单元根据该信号来确定自动变速器的换挡时刻。

（3）变速器油温度传感器　变速器油温度传感器常采用负温度系数热敏电阻传感器，安装在自动变速器油底壳的阀板上，把自动变速器油的温度转变成电压信号输送到自动变速器控制单元，自动变速器控制单元根据该信号来控制自动变速器的换挡、油压和锁止离合器的锁止。

（4）空挡启动开关　空挡启动开关安装在自动变速器手动阀摇臂轴上或换挡杆下方，把换挡杆的位置转变成电压信号输送到自动变速器控制单元。自动变速器控制单元根据该信号来确定换挡杆的位置，控制自动变速器的挡位和发动机的启动。只有在空挡启动开关置于“P”或“N”位时，发动机才能启动。

（5）制动灯开关　制动灯开关安装在制动踏板支架上，当驾驶员踩下制动踏板时，开关触点闭合，把制动信号输送到自动变速器控制单元。自动变速器控制单元根据该信号松开变矩器，锁止离合器，切断发动机与自动变速器间的动力传递，同时点亮制动灯。

（6）超速挡开关　超速挡开关用来控制自动变速器的超速挡。在自动变速器换挡杆置于D位置且超速挡开关闭合时，自动变速器能升到最高挡，否则自动变速器只能升到次高挡。

（7）强制降挡开关　强制降挡开关常安装在油门踏板下方，用来检测节气门的开度。在节气门开度大于85%，即节气门全开时触点闭合，把节气门全开信号输送到自动变速器控制单元。自动变速器控制单元根据该信号，按照预先设定的程序在自动变速器原来的挡位上自动降低1～2个挡位。

（8）模式选择开关　模式选择开关用来把驾驶员选择的自动变速器换挡模式信号输送到自动变速器控制单元。自动变速器控制单元根据该信号和预先设定的换挡程序确定自动变速器的换挡时刻。

2. 自动变速器控制单元

自动变速器控制单元在不同的车型上结构和功能会有所不同。例如：在有的车型上，自动变速器控制单元和发动机控制单元为一整体；有的控制功能会多一些，有的控制功能会少一些，但是基本的控制功能还是相同的。自动变速器控制单元基本控制功能如下。

（1）换挡时刻控制　自动变速器电控单元都能根据预先设定的换挡程序、节气门位置、车速、挡位开关、挡位模式开关、超速挡开关等来确定自动变速器的换挡时刻并控制换挡电磁阀实现自动换挡。

（2）锁止离合器锁止时刻和锁止压力控制　自动变速器电控单元根据预先设定的程序，节气门位置、车速、换挡模式开关来确定锁止离合器是否锁止，并控制锁止电磁阀接合或分离锁止离合器。自动变速器电控单元还利用锁止电磁阀来调节作用于锁止离合器上的液压力，使锁止离合器接合和分离更为柔和平顺。

（3）自诊断功能　自动变速器电控单元在工作时不断地检测各传感器、执行器和自动变速器电控单元本身。当检测到故障时，自动变速器电控单元把故障以故障代码的形式记录在电控单元中并点亮仪表板的故障指示灯来提醒驾驶员检查自动变速器系统。

（4）自动换挡模式选择控制　自动变速器电控单元根据预先设定的程序和换挡模式开关位置确定自动变速器的换挡规律，并控制自动变速器按选择的规律换挡，以满足汽车不同的行驶要求。

（5）失效保护功能　失效保护功能是在自动变速器电控系统发生故障时仍能维持自动变速器基本的工作条件，使汽车继续行驶。

（6）换挡品质控制　自动变速器电控单元能够协调发动机电控单元，在自动变速器换挡时，通过延迟发动机的点火时间或减少发动机的喷油量，暂时减小发动机的动力输出，以减小换挡冲击和汽车加速时出现的波动。

相关链接

变速器控制模块（TM）是一个电子部件，用于监视控制各种变速驱动桥功能的输入，包括换挡质量和变速驱动桥传感器、开关和部件，以处理这些信息，供控制程序使用。变速器控制模块根据输入信息控制各种变速驱动桥输出功能和设备。

变速器控制模块（TCM）程序的通常功能是执行内部检查，检验RAM存储器分配的完整性。当执行初始化检查时，如果随机存取存储器（BAM）工作不正常，将设置故障诊断码，RAM区示通过读/写测试。

三、自动变速器电控系统识图示例

上海通用别克凯越汽车自动变速器电控系统电路如图12-1、图12-2所示。

1. 自动变速器电控单元电路

（1）自动变速器电控单元电源电路

① 自动变速器电控单元常电源电路　接续通电→熔断器E11（30A）→熔断器F13（10A）→自动变速器电控单元端子B3→自动变速器电控单元。

② 自动变速器电控单元运行时电源电路　运行和启动时通电→熔断器F2（10A）→S205端子7→S205端子8→自动变速器电控单元端子C15→自动变速器电控单元。

（2）自动变速器电控单元接地电路　自动变速器电控单元端子B12和B13分别通过S205经连接器C206的端子7到接地端G201接地。

2. 自动变速器电控单元信号输入装置电路

（1）制动开关信号电路　持续通电→熔断器E113（15A）→连接器C202端子40→制动开关触点2→制动开关触点4→连接器C201端子61→连接器C201端子50→连接器C206端子9→自动变速器电控单元端子A5→自动变速器电控单元。

（2）保持模式开关信号电路　自动变速器电控单元→自动变速器电控单元端子C4→连接器C206端子1→连接器C210端子3→保持模式开关触点→连接器C210端子4→G203接地。

（3）输入轴转速传感器信号电路　自动变速器电控单元端子B2→输入轴转速传感器→自动变速器电控单元端子B4→自动变速器电控单元。

（4）输出轴转速传感器信号电路　自动变速器电控单元端子B10→输出轴转速传感器→自动变速器电控单元端子B3。

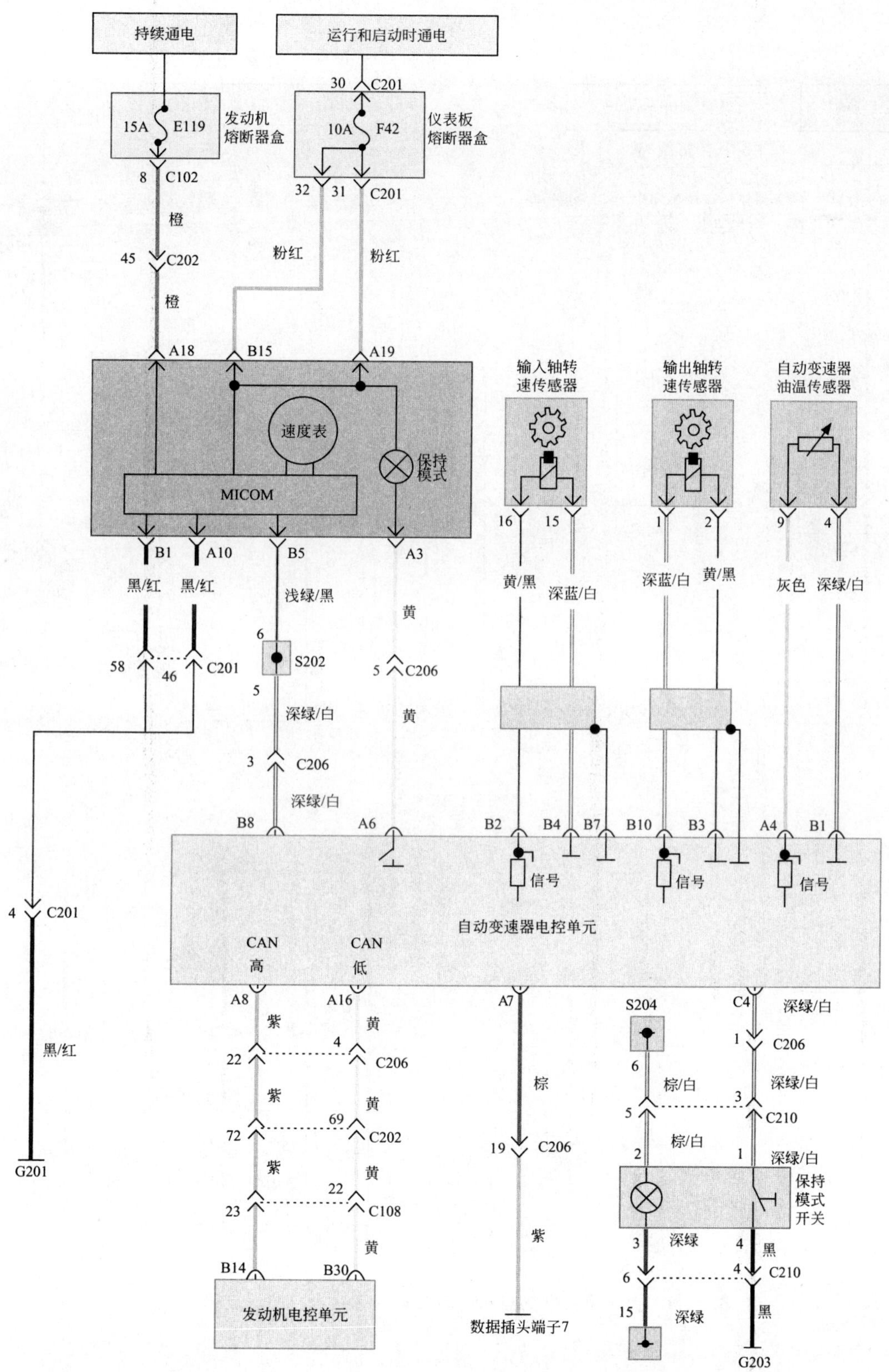

图 12-1 上海通用别克凯越汽车自动变速器电控系统电路 (1)

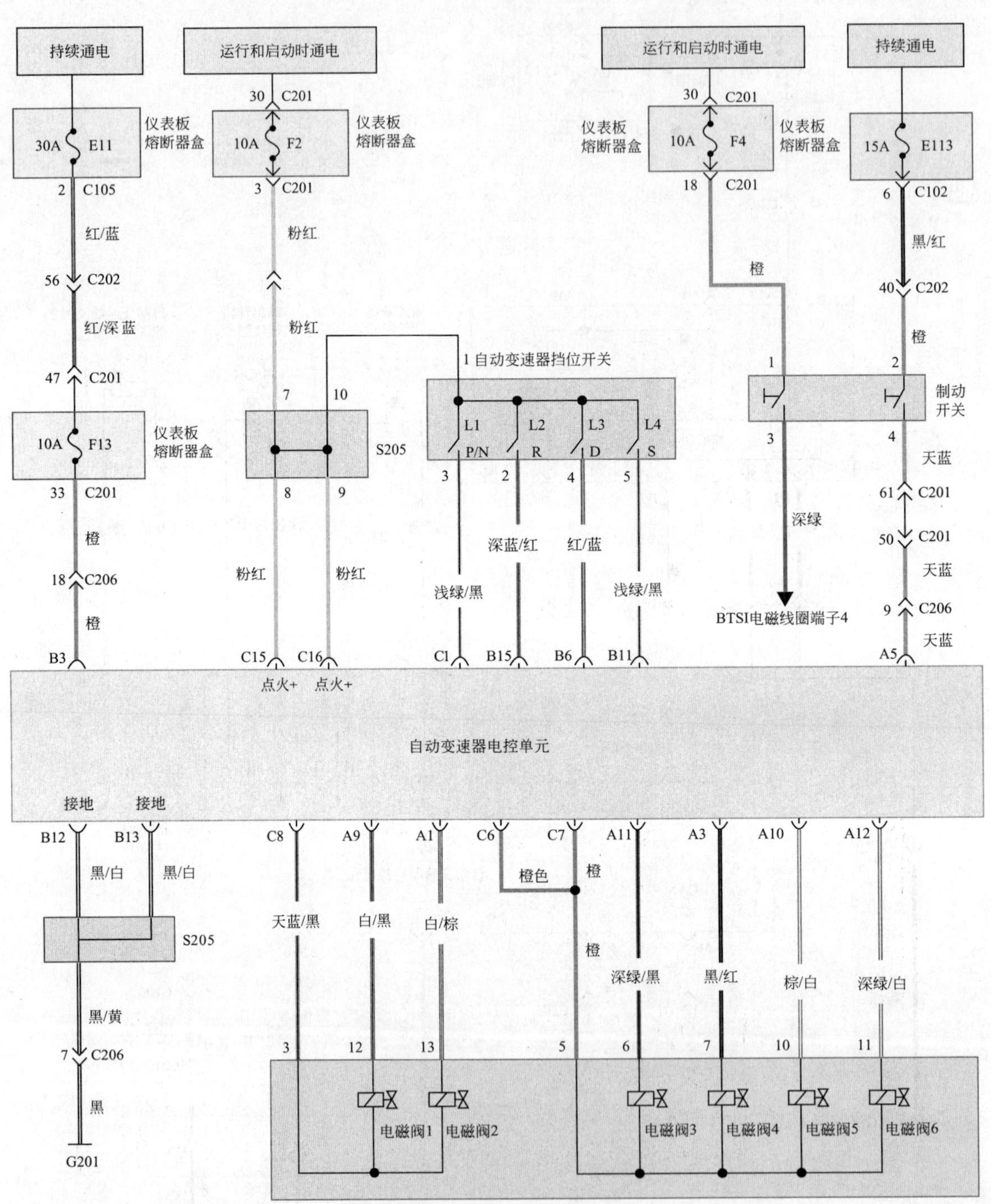

图 12-2 上海通用别克凯越汽车自动变速器电控系统电路（2）

相关链接

车辆速度传感器（VSS）也称输出轴转速传感器，它也是一个电磁感应式传感器，PCM 利用 VSS 信号来控制管路压力、变速器换挡模式和变矩器离合器 TCC 的释放。PCM 的 C1-64 脚外接 VSS 的 B 端子，此脚是 VSS 信号输入脚；PCM 的 C1-65 脚外接 VSS 的 A 端子，此脚是接地脚。在 20℃时，VSS 传感器的电阻值应该在1650～2200Ω。

（5）自动变速器油温度传感器信号电路　自动变速器电控单元→自动变速器电控单元端子 A4→自动变速器油温传感器→自动变速器电控单元端子 B1→自动变速器电控单元。

（6）自动变速器挡位开关信号电路

P/N 挡位开关信号电路：自动变速器电控单元→自动变速器电控单元端子 C16→S205 的端子 9→S205 的端子 10→自动变速器挡位开关端子 1→自动变速器挡位开关 L1（P/N 挡位开关）触点→自动变速器挡位开关端子 3→自动变速器电控单元端子 C1→自动变速器电控单元。

相关链接

TFT 传感器是一个正温度系数热敏电阻（热敏电阻器），为变速器控制模块提供变速驱动桥油液温度信息。该温度传感器位于阀体内，所计算的温度是用来确定换挡时间和换挡延迟时间的一个因数。传感器内电阻随变速驱动桥油液工作温度变化，变速器控制模块向温度传感器发送 5V 基准信号并测量电路上的电压上升。油液温度越高，温度传感器电阻越大，因此测量信号的电压越大。变速器控制模块测量该电压，作为另一个帮助控制管路压力、换挡规律和变矩器离合器接合的输入。当变速驱动桥油液温度达到 120℃时，变速器控制模块进入“热模式”。超过此温度，变速器控制模块将修正。变速驱动桥换挡规律和变矩器离合器接合，以便通过减少变速驱动桥发热量，降低油液温度。

3. 自动变速器电控系统执行器工作电路

（1）自动变速器电控系统电磁阀 1 工作电路　自动变速器电控单元→自动变速器电控单元端子 A9→自动变速器换挡电磁阀端子 12→自动变速器换挡电磁阀 1→自动变速器换挡电磁阀端子 3→自动变速器电控单元端子 C8→自动变速器电控单元。

自动变速器电控系统电磁阀 2 工作电路与电磁阀 1 工作电路相似，不再重复。

（2）自动变速器电控系统电磁阀 3 工作电路　自动变速器电控单元→自动变速器电控单元端子 A11→自动变速器换挡电磁阀端子 6→自动变速器换挡电磁阀 3→自动变速器换挡电磁阀端子 5 ──→自动变速器电控单元端子 C7→自动变速器电控单元。

└→自动变速器电控单元端子 C6 → 自动变速器电控单元。

电磁阀 5、电磁阀 4 和电磁阀 6 的电路与电磁阀 3 的工作电路相似，不再重复。

4. 自动变速器电控单元与发动机电控单元通信电路

自动变速器电控单元与发动机电控单元通过 CAN 通信线相连。

（1）CAN 高速通信电路　自动变速器电控单元→自动变速器电控单元端子 A8（AN 高端子）→连接器 C206 端子 22→连接器 C202 端子 72→连接器 C108 端子 23→发动机电控单元端子 B14→发动机电控单元。

（2）CAN 低速通信电路　自动变速器电控单元→自动变速器电控单元端子 A16（AN 低端子）→连接器 C206 端子 4→连接器 C202 端子 69→连接器 C108 端子 22→发动机电控单元端子 B30→发动机电控单元。

四、故障检修

自动变速器电控系统的常见故障及原因如表 12-1 所示。

表 12-1　自动变速器电控系统常见故障及原因

故 障 现 象	故 障 原 因
发动机不能启动	换挡索线或挡位开关调整不当 驻车空挡位置开关损坏
操纵手柄从 P/N 到 D 或 R 位时，发动机失速，或减速时，发动机失速	发动机怠速控制不良 锁止电磁阀及其电路故障 压力控制电磁阀及其电路故障 变速器控制模块(ECU)故障 换挡索线或挡位开关调整不当 阀体故障
加速不良	发动机动力不足 发动机与自动变速器间 CAN BUS 通信故障 阀体故障 自动变速器电控系统故障 自动变速器内部机械故障
无 1-2 升挡或 2-1 降挡	换挡索线或挡位开关调整不当 换挡电磁阀 2 及其电路故障 变速器控制模块(ECU)故障 节气门开度信号故障 阀体故障
无 2-3 升挡或 3-2 降挡	换挡索线或挡位开关调整不当 换挡电磁阀 1 及其电路故障 变速器控制模块(ECU)故障 节气门开度信号故障 阀体故障 自动变速器内部机械故障
无 3-4 升挡或 4-3 降挡	换挡索线或挡位开关调整不当 换挡电磁阀 1 及其电路故障 换挡电磁阀 2 及其电路故障 变速器控制模块(ECU)故障 节气门开度信号故障 阀体故障

续表

故障现象	故障原因
不能锁止	锁止电磁阀及其电路故障 制动开关及其线路故障 变速器控制模块(ECU)故障 节气门开度信号故障 阀体故障
不能强制降挡	输出速度传感器信号故障 换挡电磁阀 1 及其电路故障 换挡电磁阀 2 及其电路故障 正时电磁阀及其线路故障 压力控制电磁阀及其线路故障 变速器控制模块(ECU)故障 节气门开度信号故障
换挡点不正确	输出速度传感器信号故障 换挡索线或挡位开关调整不当 压力控制电磁阀及其线路故障 变速器控制模块(ECU)故障 阀体故障
换挡感觉生硬	发动机故障 输入速度传感器故障 变速器油温传感器及其线路故障 换挡电磁阀 1 及其电路故障 换挡电磁阀 2 及其电路故障 正时电磁阀及其线路故障 压力控制电磁阀及其线路故障 锁止电磁阀及其线路故障 变速器控制模块(ECU)故障 发动机水温信号不良 阀体故障 自动变速器油液型号不正确或油面不正确

第二节 广州本田雅阁车系自动变速器控制系统电路分析、故障检修和案例精选

一、电路分析

广州本田雅阁车系自动变速器控制系统电路如图 12-3 所示。

本田雅阁车系自动变速器系统由电控模块、执行器（电磁阀）、传感器组成。其中自动变速器控制模块和发动机控制模块共用一个模块，即动力控制模块（PCM）；传感器包括主轴转速传感器、中间轴转速传感器、冷却液温度传感器、节气门传感器、A/T 挡位开关等；执行器（电磁阀）包括离合器压力电磁阀、锁定电磁阀、换挡电磁阀等。

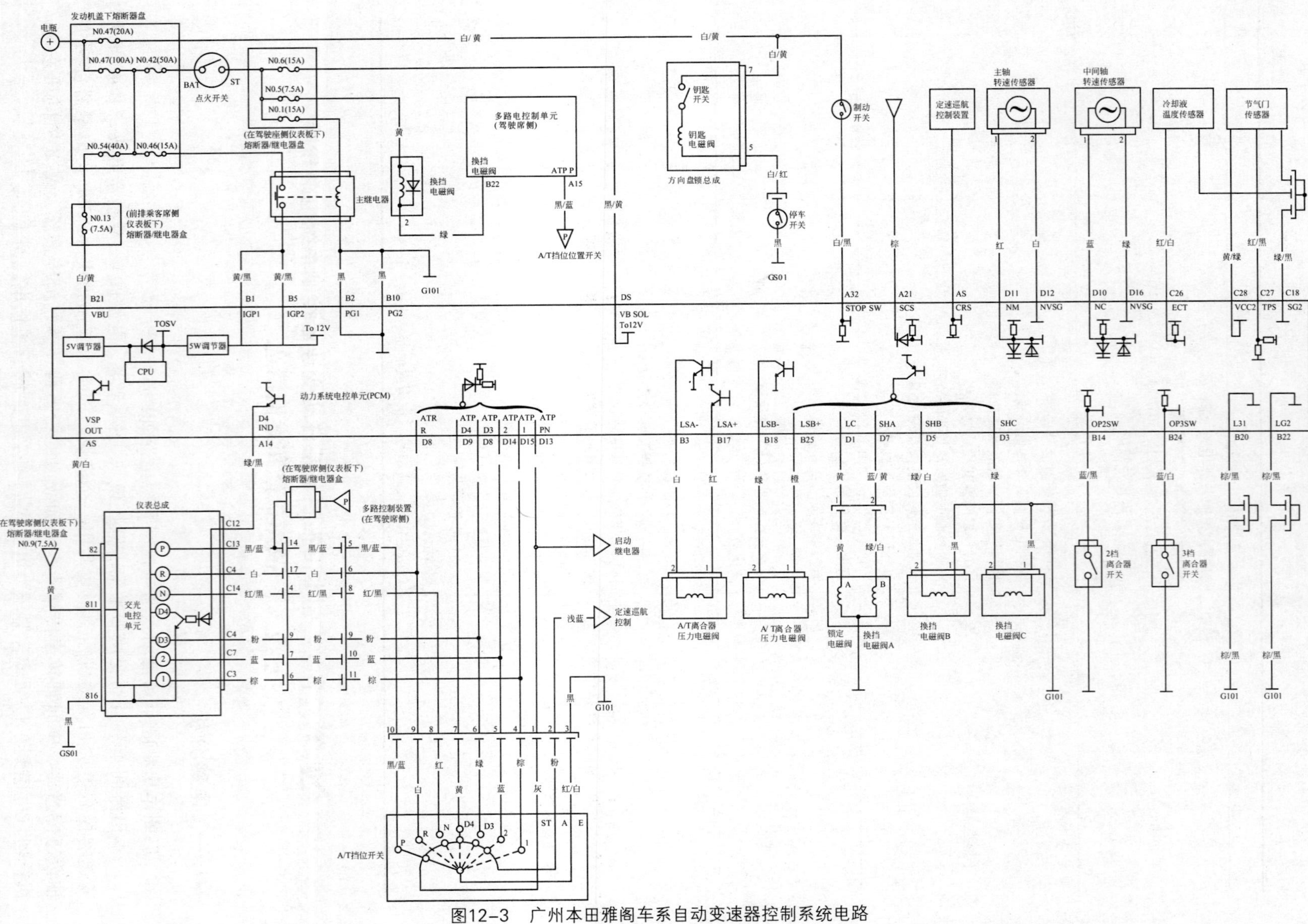

图12-3　广州本田雅阁车系自动变速器控制系统电路

动力系统控制模块是控制系统的核心，它根据安装在发动机、自动变速器上的各种传感器所测得的节气门开度（由 CAN 通信线提供发动机工况数据），汽车速度、自动变速器油温等各种运行参数，和其他控制开关提供的此时工况信号，对其进行分析比较，根据其内部的控制程序，对各种执行器发出动作信号，促使各液压控制阀动作，实现控制换挡。

1. 动力系统电控单元供电电路

常电源电路：蓄电池正极→熔断器盒（发动机盖下）100A 熔丝 NO. 47→熔断器盒（发动机盖下）40A 熔丝 NO. 54→熔断器/继电器（前排乘客侧仪表板下）7.5A 熔丝 NO. 13→动力系统电控单元（PCM）B21 端子。当点火开关位于 ST 位置时，动力系统电控单元（PCM）供电电路：蓄电池正极→熔断器盒（发动机盖下）100A 熔丝 NO. 47→熔断器盒（发动机盖下）50A 熔丝 NO. 42→点火开关→熔断器/继电器（驾驶员侧仪表板下）15A 熔丝 NO. 6→动力系统电控单元（PCM）DS 端子。当主继电器闭合后，供电电路为：蓄电池正极→熔断器盒（发动机盖下）100A 熔丝 NO. 47→熔断器盒（发动机盖下）15A 熔丝 NO. 46→主继电器→动力系统电控单元（PCM）B5 和 B1 端子。

动力系统电控单元（PCM）的 B20 端子、B22 端子通过 G101 端搭铁。

2. 自动变速器信号电路

主轴速度传感器是一个电磁感应式传感器，动力系统控制单元（PCM）利用主轴速度传感器信号来控制管路压力、变速器换挡模式和变矩器离合器的释放，以便精确地控制换挡过程，减小换挡冲击。主轴速度传感器的 1 号端子接动力系统电控单元（PCM）的 D11 号端子，此为信号输入端；主轴速度传感器的 2 号端子接动力系统电控单元（PCM）的 D12 端，此为接地端。

中间轴转速传感器用来检测中间轴的转速，动力系统电控单元（PCM）接收此传感器信号，以便能精确控制换挡过程。中间轴转速传感器的 1 号端子接动力系统电控单元（PCM）的 D10 端子，此为信号输入端；中间轴转速传感器的 2 号端子接动力系统电控单元（PCM）的 D16 端子，此为接地端。

知识拓展

冷却液温度传感器两端子分别接动力系统电控单元（PCM）的 C26 和 C18 端子，C26 端子为信号输入端，C18 端子为接地端，为其提供发动机冷却液温度。

节气门位置传感器安装在节气门体上，通过 C28 端子、C27 端子、C18 端子与动力系统电控单元相连，以指示节气门的位置。

2 挡离合器开关一端接动力系统电控单元（PCM）的 B14 端子，另一端搭铁；3 挡离合器开关一端接 B24 端子，另一端搭铁。

A/T 挡拉开关分为 P、R、N、D4、D3、2、1、挡位，动力系统电控单元（PCM）的 D8 端子、D9 端子和 D7 端子、D14 端子、D15 端子、D13 端子分别与 A/T 挡位开关的 9 号端子、7 号端子、6 号端子、5 号端子、4 号端子和 1 号端子相连，A/T 挡位开关的 3 号端子通过 G101 端搭铁，A/T 挡位开关的 2 号端子与定速巡航控制系统相连，A/T 挡位开关的 1 号端子与启动继电器相连，当 A/T 挡位处于 P 位或 N 位时，发动机才能启动。同时，A/T 挡位开关的 10 号端子、9 号端子、8 号端子、6 号端子、5 号端子、4 号端子分别与仪表总成变光控制单元的 C13 端子、C4 端子、C14 端子、C2 端子、C7 端子、C3 端子相连，当 A/T 挡位开关处于某一挡位时，仪表板上对应的相应指示灯亮。

当制动开关闭合时，蓄电池正极→熔断器盒（发动机盖下）20A 熔丝 NO. 47→制动开关→动力系统电控单元（PCM）A32 端子。转向盘锁总成的 7 号端子接蓄电池的正极，转向盘锁总成经停车开关至 GS01 端子搭铁。

3. 自动变速器执行器（电磁阀）电路

A/T 离合器压力电磁阀，用于控制管道压力，提高换挡的平顺性，减少换挡冲击。两个 A/T 离合器压力电磁阀的 1 端子和 2 端子，分别接动力系统电控单元（PCM）的 B17 端子和 B3 端子、B25 端子和 B18 端子，其中 B17 端子和 B25 端子为正信号输出端。

换挡电磁阀 A、B、C 来控制变速器换挡，电磁阀根据挡位被操纵，换挡电磁阀 B、C 的 2 号端子分别接动力系统电控单元（PCM）的 D5 端子和 D3 端子，此端子为换挡电磁阀输出信号，换挡电磁阀 B、C 和 1 号端子通过 G101 端搭铁。

锁定电磁阀和换挡电磁阀 A 通过 D1 端子和 D7 端子与动力系统电控单元（PCM）相连。

知识拓展

在 20℃时，PC 阀电阻测量值应在 3.5～4.6Ω，如电阻值不正常，说明压力控制电磁阀有故障。

二、故障检修

对于装有自动变速器的汽车，汽车启动时必须将变速杆置于 P 位或 N 位，然后启动发动机。发动机启动后，按常规预热、升温，待冷却液温度及变速器油温达到正常值后再起步。

自动变速器出现故障时，首先需要区别故障是由发动机还是自动变速器液压自动操纵系统、电子控制系统引起的，或者是液力自动变速器本身引起的；然后区分自动变速器故障是机械方面的、液压系统的，或是电子控制系统的；是需维护方面的还是必须拆解自动变速器才可修理的。

电控自动变速器的检修一般包括故障诊断和故障维修两部分，故障诊断是利用各种故障诊断方法，对自动变速器的电子控制系统、液压控制系统、机械操纵系统等进行测试和分析，最后确定故障的具体部位和故障部件；故障维修是对已确定的故障部件进行修理、调整和更换。只要按操作规程正确使用，发生故障是较少的。如果出现故障，根据一定的检修方法借助检测仪器，故障也是不难排除的。

自动变速器常见故障现象和原因如表 12-2 所示。

三、案例精选

1. 挂挡时冲击大

(1) 故障现象　一辆本田雅阁轿车换挡时冲击大，O/D OFF 灯闪烁，并且仪表有时无显示。

表 12-2 自动变速器常见故障现象和原因

故障现象	故障原因
自动变速器打滑	单向超速离合器故障;自动变速器油面低;离合器或制动器故障;油泵故障
无前进挡位	前进离合器油路故障;前进离合器故障;操纵手柄位置错误;前进单向超越离合器故障
自动变速器无法升挡	挡位开关故障;车速传感器故障;换挡阀故障;节气门位置传感器故障;高挡离合器故障
跳挡	换挡电磁阀故障;节气门位置传感器故障;车速传感器故障;电控单元故障;控制系统电路故障
换挡冲击	换挡执行元件故障;发动机怠速过高;升挡过迟;油压电磁阀故障;主油路调压阀故障;节气门位置传感器调整不当;电控单元故障
不能强制降挡	强制降挡开关故障;强制降挡电磁阀故障;强制降挡电磁阀线路故障;节气门位置传感器位置调整不当
液压油易变质	液压油散热器故障;离合器或制动器自由间隙太小;主油路油压过低;液压散热器管路的限压阀故障
汽车不能行驶	操纵手柄位杆故障;主油路压力过低;油泵故障;油泵进油滤网堵塞
无倒挡	倒挡油路无压力;操纵手柄调整不当;倒挡及高挡离合器故障;低挡及倒挡制动器故障

(2) 故障诊断及处理

① 首先使用专用的故障诊断仪进行故障码读取，读取的故障码含义分别为“曲轴转速信号不良”、“点火器电路故障”，没有读到关于自动变速器的故障码。

② 检查自动变速器本身，测量各挡位油压，油压在规定范围内。在测量油压的过程中启动发动机，发现启动困难，当将自动踏板踩下时，发动机熄火，再次读取故障码，还是原先的故障码没有变。

③ 试着拆下动力系统控制单元（PCM)，故障依然存在，在诊断过程中一不小心将空调开关打开了，仪表的显示消失，但 OD/OFF 灯却亮了，经过观察发现，当鼓风机在最高挡时 OD/OFF 才亮，由此判断这些故障与自动变速器本身无关，故障原因应在电控系统。

④ 根据上述诊断信息，试着打开某些用电器。当打开前照灯、空调开关时，OD/OFF 灯都会亮，但仪表显示时有时无；当鼓风机位于最高挡时，仪表根本不显示，此时进行挂挡试验，挂任何挡位时都出现挂挡冲击的现象。

⑤ 当把车上所有用电器都关闭时，上述故障便消失了。综上所述，只要车辆负荷过大，仪表显示便会消失，且 OD/OFF 灯亮，判断可能为系统电压过低。

⑥ 于是对仪表供电端进行测量，电压一切正常，把仪表搭铁端与蓄电池负极相连，结果仪表显示正常，由此判定某处线路或搭铁不良。

⑦ 检查搭铁及其相关电路，发现蓄电池负极与搭铁处外观颜色不正常，触摸时发现烫手，拆开发现接有防盗报警装置，对其进行处理，排除后试车，故障消失，一切正常。

2. 发动机空转，无法换挡

(1) 故障现象 一辆广州本田雅阁轿车，车速达到 50km/h 左右时，此时发动机转速为 3600r/min，发动机空转。当车速降至 40km/h 时，又可以换挡了，经司机描述，此车前段时间换过轴曲后油封。

（2）故障诊断及处理

① 先对自动变速器进行外观的检查，各部件及插接器无异常现象，检查自动变速器油，无烧焦变质、无异味，自动变速器油内无杂质和碎屑。

② 对自动变速器进行失速测试，将车辆举起，测得的失速转速正常（2500r/min 左右）。测量发动机油压，油压表测得自动变速器油压为 0.8MPa 以上，说明自动变速器油压正常。

③ 根据以上测试可以判断，由自动变速器内部原因引起故障的可能被排除，推断可能为控制电路故障，于是读取故障码，无故障码出现，初步判定控制电路也没有故障。

④ 对自动变速器进行手动换挡试验，以确定其故障部位，拆下所有换挡电磁阀后进行手动换挡，结果正常，可以确定此故障发生在自动变速器电控系统。

⑤ 拔下自动变速器换挡操纵手柄指示灯插接器，试车时故障并未消失，一直提高汽车速度至 100km/h 左右时发动机仍不失速，说明故障是由换挡电磁阀异常引起的。

⑥ 检查换挡电磁阀时，发现换挡电磁阀 B、C 的插头接反，把其对调后重接，试车故障消失，一切恢复正常。

3. 自动变速器维修后发动机不能转动

（1）故障现象　一款广州本田轿车，在运行过程中出现发动机无力、变速器油温太高的现象，到最后发动机因被卡死而停止转动，自动变速器维修后发动机不能转动。

（2）故障诊断及处理

① 首先拆除发动机的一些附属部件，在发动机前端转动曲轴，却无法转动，当把自动变速器与发动机分离后，发动机可以正常转动。

② 检查自动变速器，发现油泵壳体因高温已经烧至变色，对变速器进行解体，看到油泵外壳胶圈过热与壳体粘在一起，以至于解体油泵十分困难，而油泵内齿轮与泵壳烧结在一起。

③ 由以上分析可知产生故障的原因是变速器温度过高，但装好后发动机却又不能转动，可能是因为装复过程中安装错位所至。

④ 按照正确的程序安装变速器，将变速器轴套上的缺口与油泵内齿轮凸键对准，将变速器安装到位后与变速器一起装到飞轮壳上，最后紧固到规定力矩，启动发动机运转正常，故障排除。

第三节　一汽大众捷达车系自动变速器控制系统电路分析、故障检修和案例精选

一、电路分析

一汽大众捷达车系自动变速器控制系统电路如图 12-4 所示。

一汽大众捷达轿车用的是 OIM 型自动变速器，它集成于自动变速驱动桥中，由液力变矩器、行星齿轮变速器、液压操纵系统、电控系统、主减速器和差速器等部分组成。动力通过行星齿轮系统的输出斜齿轮传递到主传动齿轮轴（中间传动），进而传递到差速器（主传动），再通过差速器分配给左右车轮。其电子控制装置由传感器、控制开关、自动变速器控

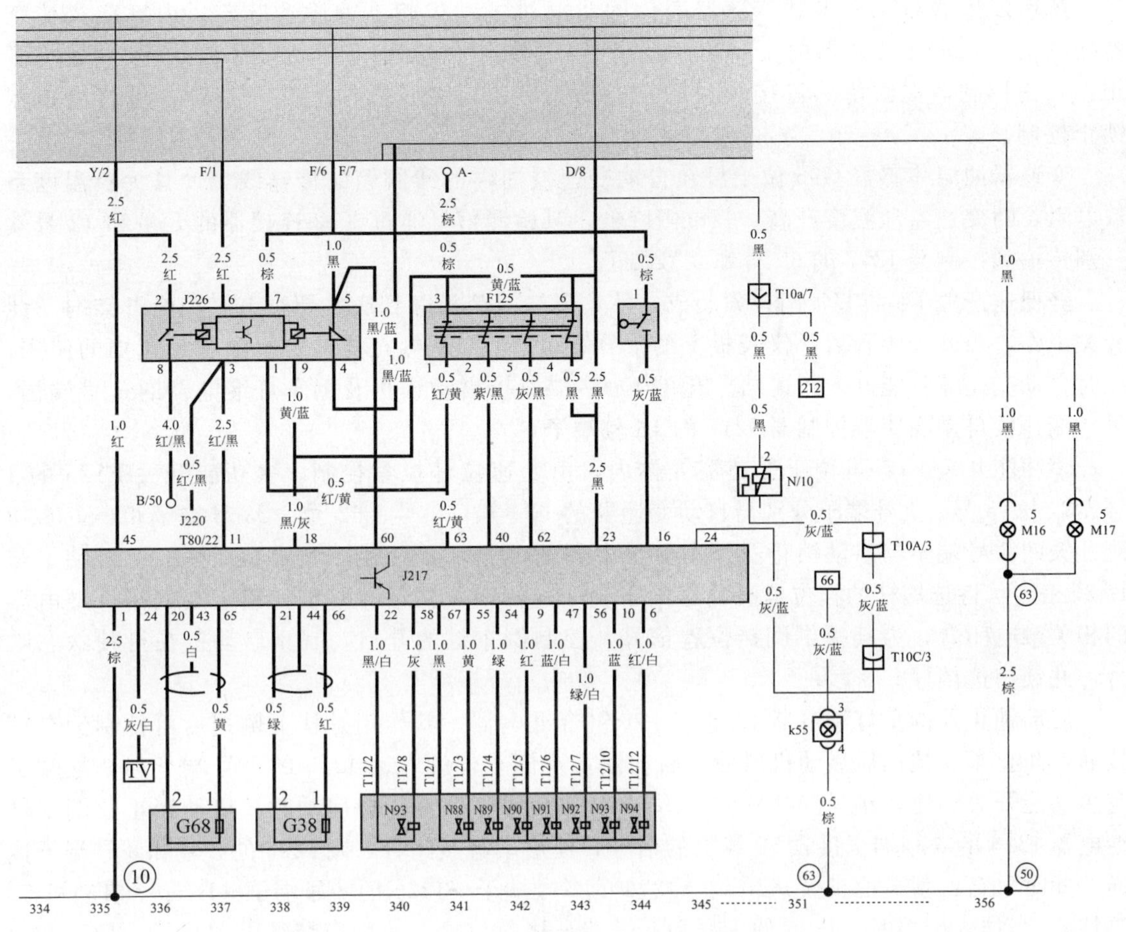

图 12-4 一汽大众捷达车系自动变速器控制系统电路

制单元（微电脑）等部件组成。控制单元是电控系统的核心，它根据安装在发动机、自动变速器上的各种传感器所测得的节气门开度、汽车车速、变速器油温等运行参数，以及各种控制开关传来的当前状态信号，进行运算比较和分析，然后调用其内设定的控制程序，向各个执行器发出指令，以使各液压控制阀动作，从而实现对自动变速器的控制。

1. 自动变速器控制器供电及搭铁电路

自动变速器控制器的 45 号端子为电压输入端，通过 30 线为自动变速器控制器提供常电压。自动变速器控制器的 1 号端子为搭铁端，通过⑩接地点搭铁。自动变速器控制器的 23 号端子通过 15 线为自动变速器控制器提供电压，当点火开关在“ON”或“START”位置时，此端子得电。自动变速器控制器的 60 号端子，也由 15 线提供电压，当点火开关在“ON”或“START”位置时其电路为：蓄电池正极→15 线→保险丝 S14→启动锁止及倒车灯继电器的 5 号端子→黑/蓝线→自动变速器控制器的 60 号端子。

2. 自动变速器信号电路

变速器转速传感器 G38 是感应式传感器，位于变速器壳体内，用于指示行星齿轮系中大太阳轮的转速，通过 J217 的 21、66 号端子与控制器 J217 进行信号交换，使控制器可精确识别换挡时刻，控制多片离合器。

车速传感器 G68 安装在变速器壳体内，通过主动齿轮上的脉冲叶轮，由感应式传感器接收信息，车速传感器的 1 号和 2 号端子分别与控制器 J217 的 65 号和 20 号端子相子相连，为控制器提供传感器接收到的车速信息，决定变速器换入某一挡位，进行变矩器锁止控制。

变速器油温传感器 G95 位于浸在自动变速器油内的滑阀箱的传输线上，其为负温度系数电阻，随变速器油温度升高，其电阻降低。其检测信号通过 T12 连接器的 3 号和 12 号端分别传输到控制器 J217 的 69 号和 6 号端子。

轻低速开关 F8 与节气门拉索装成一体，节气门踏板踩到底并超过节气门全开点时，此开关工作，当开关闭合后，仪表板上的“OD OFF”指示灯点亮，表示限制超速挡的使用，此时自动变速器不能升入超速挡。开关 F8 一端连接启动锁止及倒车灯继电器的 7 号端子，另一端连接自动变速器控制器 J217 的 16 号端子。

多功能开关 F125，位于变速器壳体内，由变速拉杆拉索控制。多功能开关 F125 的 1 号、2 号、5 号、4 号端子分别与自动变速器的 63 号、40 号、62 号、23 号端子相连，多功能开关的 3 号端子与启动锁止及倒车灯继电器的 9 号端子相连，多功能开关的 6 号端子与 15 线相连，将选挡杆的挡位信息输送给自动变速器控制器，并使启动锁止及倒车灯继电器的相关触电闭合，为其提供倒挡位置信号，控制倒车灯的开启，制止启动机在行驶状态啮合，并锁住选挡杆。

启动锁止及倒车灯继电器 J226 是一个组合继电器，其作用是挂上倒挡后可控制倒车灯接通，防止车在挂挡后启动机启动。启动锁止及倒车灯继电器 J226 的 1 号端子和 9 号端子与多功能开关相连，接受变挡杆的 N 位或 P 位信号，当发动机启动时，启动锁止及倒车灯继电器 J226 的 6 号端子接收 50 线上的信号，使启动触点闭合，则 J226 的 2 号和 8 号端子接通，此时电路：蓄电池正极→30 线→J226 的 2 号端子→J226 的 8 号端子→B/50（启动机 50 接柱）。当挂入倒挡时，J226 的 1 号和 9 号端子接收信号，使倒车灯继电器接通，J226 的 4 号和 5 号端子接通，则倒车灯 M16、M17 点亮。

3. 自动变速器执行器（电磁阀）电路

变速杆锁止电磁阀 N110，位于变速杆上。该电磁阀与点火系统接通，起到挡位锁止作用，其电路为：蓄电池正极→15 线→T10a/7→变速杆锁止电磁阀 N110 的 2 号端子→变速杆电磁阀 N110 的 1 号端子→T10N/3→T10C/3→自动变速器控制器的 29 号端子。

相关链接

电磁阀 N88、N89、N90、N92 和 N94 是“是≠非”阀，其中自动变速器控制器 J217 通过电磁阀 N88、N89 和 N90 打开或关闭某一油道，使变速器换入确定的挡位，电磁阀 N92 和 N94 使换挡平顺。电磁阀 N91 和 N93 是调压阀，电磁阀 N91 调节锁止离合器压力，电磁阀 N93 控制多片式离合器和制动器的压力。电磁阀 N88～N92 和 N94 通过连接器 T12 的 3 号端子与自动变速器控制器 J217 的 67 号端子相连，为其提供电压。自动变速器控制器 J217 的 55 号、54 号、9 号、47 号、56 号和 10 号端子分别通过连接器 T12 的 3 号、4 号、5 号、6 号、7 号和 10 号端子与电磁阀 N88、N89、N90、N91、N92 和 N94 的另一端相连，控制其搭铁。

二、故障维修

自动变速器系统故障多为电磁阀故障，利用诊断工具可以很方便地找出故障部位，故障代码是在读取故障记忆时，由故障诊断仪 VAG1551 显示并打印出来的，故障诊断仪 VAG1551 打印的故障代码、故障可能原因及排除方法如表 12-3 所示。

表 12-3 自动变速器系统故障代码、故障原因及排除

VAG1551 打印机打出信息	可能的故障原因	故障排除
00258 电磁阀 1-N_{88}： 断路[①] 对搭铁短路[①]	导线断路或对搭铁短路 电磁阀 1-N_{88} 有故障	按电路图检查导线和插接器连接[②] 阅读测量数据块 进行电气检查
00260 电磁阀 2-N_{89}： 断路[①] 对搭铁短路[①]	导线断路或对搭铁短路 电磁阀 2-N_{89} 故障	按电路图检查导线和插接器连接[②] 阅读测量数据块 进行电气检查
00262 电磁阀 3-N_{90}： 断路[①] 对搭铁短路[①]	导线断路或对搭铁短路 电磁阀 3-N_{90} 故障	按电路图检查导线和插接器连接[②] 阅读测量数据块 进行电气检查
00264 电磁阀 4-N_{91}： 断路[①] 对搭铁短路[①]	导线断路或对搭铁短路 电磁阀 4-N_{91} 有故障	按电路图检查导线和插接器连接[②] 阅读测量数据块 进行电气检查
00266 电磁阀 5-N_{92}： 断路[①] 对搭铁短路[①]	导线断路或对搭铁短路 电磁阀 5-N_{92} 有故障	按电路图检查导线和插接器连接[②] 阅读测量数据块 进行电气检查
00268 电磁阀 6-N_{93}： 断路[①] 对搭铁短路[①]	导线断路或对搭铁短路 电磁阀 6-N_{93} 有故障	按电路图检查导线和插接器连接[②] 阅读测量数据块 进行电气检查
00270 电磁阀 7-N_{94}： 断路[①] 对搭铁短路[①]	导线断路或对搭铁短路 电磁阀 7-N_{94} 有故障	按电路图检查导线和插接器连接[②] 阅读测量数据块 进行电气检查
00281 车速传感器 G_{68}： 无信号	导线断路 车速传感器 G_{68} 有故障 主动齿轮上脉冲叶轮松动	按电路图检查导线和插接器连接[②] 阅读测量数据块 进行电气检查 更换车速传感器 G_{68} 更换主动齿轮
00293 多功能开关 F_{125}： 开关状态不确定	导线断路 多功能开关 F_{125} 有故障	按电路图检查导线和插接器连接[②] 阅读测量数据块 进行电气检查 更换多功能开关 F_{125}
00297 变速器转速传感器 G_{38}： 无信号	导线断路或对搭铁短路 变速器转速传感器 G_{38} 有故障	按电路图检查导线和插接器连接[②] 阅读测量数据块 更换变速器传感器 G_{38}

续表

VAG1551 打印机打出信息	可能的故障原因	故障排除
00300 变速器机油温度传感器 G_{93}： 无法识别故障类型	导线断路 变速器机油温度传感器 G_{93} 有故障	按电路图检查导线和插接器连接 阅读测量数据块 进行电气检查
00518 节气门电位计 G_{69}： 信号超出允许值	导线断路或短路 节气门电位计 G_{69} 损坏 6 缸机、柴油机或带有 Simos 点火和喷射装置的 4 缸机，节气门电位计 G_{69} 损坏（信号是从发动机控制单元传到变速器控制单元上的）	如果还显示故障代码 00638，则应先排除该故障 按电路图检查导线和插接器连接 阅读测量数据块 进行电气检查 更换节气门电位计 G_{69} 对系统进行基本调整
00529 无转速信号	导线断路	按电路图检查导线和插接器连接② 阅读测量数据块 进行电气检查 进行与当时发动机故障代码相应的修理
00532 电源电压	蓄电池损坏 整流器电压过低	检查蓄电池 阅读测量数据块 检查控制单元 J_{217} 电压 进行电压检查
00545 发动机/变速器电气连接： 断路① 对搭铁短路	导线断路或对搭铁短路 发动机/变速器控制单元未接上	按电路图检查导线和插接器连接 阅读测量数据块 发动机控制单元 进行与当时发动机故障码相应修理 对系统进行调整
00596 整流器导线间短路	传输线/滑阀箱和线束间 10 孔插接器连接 接滑阀箱的传输线损坏	按电路图检查导线和插接器连接 进行电气检查 更换传输线
00638 发动机/变速器电气连接： 无信号	导线断路或对搭铁短路 发动机/变速器控制单元未接上 节气门信号未传至变速器控制单元	按电路图检查导线和插接器连接② 阅读测量数据块 检查发动机控制单元，如需要，更换；进行与当时发动机故障代码相应的修理 对系统进行基本调整
00641 自动变速器机油温度： 信号过大	变速器太热，最高 148℃。自动变速器油温过高时，变速器自动换入相邻低挡 汽车拖载过大 自动变速器油位不正常，变速器油温传感器损坏	检查油位 阅读测量数据块 读取自动变速器油温度 更换传输线
00652 挡位监控： 不可靠信号	电气/液压故障 离合器或滑阀箱损坏	阅读测量数据块 在行驶中确定，哪一挡有故障
00660 强制低速挡开关/ 节气门电位计： 不可靠信号	导线断路 节气门电位计 G_{69} 损坏 强制低速挡开关 F_8 损坏	按电路图检查导线和插接器连接 按故障代码 00518（节气门电位计 G_{69}）中所述进行修理 阅读测量数据块 进行电气检查 调整或更换节气门拉索
65535 控制单元损坏	控制单元 J_{217} 损坏	更换控制单元 对系统进行基本调整

① 显示自动变速器机油温度传感器有故障。

② 先检查插接器连接是否锈蚀、进水，如需要，则进行更换。显示电磁阀有故障时，要特别注意变速器上、传输线/润滑箱和线束间的 10 孔插接器连接。

三、案例精选

1. 变速杆在“R”位时，变速杆锁止电磁铁故障

(1) 故障现象　一辆捷达轿车行驶里程为2000km，当变速杆在“R”位时，变速杆锁止电磁铁发出异常的响声。

(2) 故障诊断与处理

① 首先查找故障部位及原因，重现故障现象，将变速杆挂到R位，将耳朵贴近此处仔细听故障部位发出的声音，听到“叭叭”的声音，且出现响声时变速杆有颤动，将变速杆换至其他挡位时未能听到声音。

② 根据上述分析判断，故障可能是其自身故障，但考虑到变速杆锁止电磁铁由自动变速器控制器控制，也有可能出现在控制器部位。

③ 对其读取故障，连接专用故障诊断仪VAG1551对其检查，但对其控制系统进行检查时，故障诊断仪却无法进入，自动变速器控制器可能有故障。

④ 检查自动变速器控制器的供电与搭铁线路，供电和搭铁都正常。

⑤ 大胆猜想，可能为控制器故障，用替代法检查，更换一个新的自动变速器控制器，再次将变速杆挂至R位和其他挡位时，故障消失，一切恢复正常。

2. 自动变速器只能在低挡变化

(1) 故障现象　一辆捷达轿车，在车辆运动的过程中，当发动机转速表在3500r/min左右时，汽车速度还是只能在40km/h左右。

(2) 故障诊断与处理

① 根据故障现象初步判断，可能为电控系统故障。

② 连接专用故障诊断仪VAG1551对其控制系统读取故障码为DTC00518，故障码显示内容为节气门电位计G69：信号超出允许值。

③ 使汽车离地，将变速杆挂到D位，在变化油门的情况下观察故障诊断仪，看到诊断仪上显示只能在1H～2H变化。

④ 使用故障诊断仪检查节气门角度，其值只能显示60°，说明节气门电位计G69故障。

⑤ 用替代法换一个匹配的节气门总成，对其进行调整后检查，一切恢复正常，故障消失。

⑥ 换一个新的节气门重新调整检修结束。

中央门锁控制系统电路分析、故障检修和案例精选

第一节 中央门锁控制系统组成原理、识图示例和故障检修

汽车中央门锁系统的最基本功能是钥匙联动锁门和开锁。驾驶员可以在锁住或打开自己车门的同时锁住或打开其他的车门，这样既为驾驶员提供了方便，又提高了汽车安全性。

一、中央门锁系统的组成及原理

汽车中央门锁系统按照中央门锁控制器可以分为继电器式、集成电路-继电器式、中央门锁控制单元控制式等。中央门锁系统一般由门锁控制开关、钥匙操纵开关、各门锁总成、行李箱开启器和门锁控制器等组成。中央门锁系统常和汽车防盗系统联合使用。

当用钥匙转动驾驶员侧锁芯进行开锁或锁止时，门锁开关中的开锁或锁止触点闭合，把开锁或锁止信号输送到中央门锁控制单元或直接控制其他门锁总成打开或锁止车门。当用遥控器打开或锁止车门时，遥控门锁接收器接收遥控器发出的信号，并把该信号输送到中央门锁控制单元。门锁控制单元控制各车门门锁总成打开或锁止车门。

二、中央门锁系统识图示例

一汽丰田威驰汽车中央门锁系统电路如图 13-1 所示。

1. 中央门锁控制继电器电路

(1) 中央门锁控制继电器电源电路　蓄电池正极→熔断器盒熔断器 ALT（100A）→熔断器 D/L（25A）→中央门锁控制继电器端子 4→中央门锁控制继电器。

(2) 中央门锁控制继电器接地电路　中央门锁控制继电器→中央门锁控制继电器端子 8→IB 接地。

2. 中央门锁系统开锁电路

(1) 中央门锁系统开锁信号电路　中央门锁控制继电器→中央门锁控制继电器端子 7→中央门锁控制开关“UNLOCK”触点→IB 接地。

(2) 中央门锁系统开锁电路

① 左前门锁开锁电路　中央门锁控制继电器→中央门锁控制继电器端子 ACT+→左前门锁锁电动机车门钥匙锁和未锁开关端子 4→左前门锁电动机电阻→左前门锁电动机→左前门锁电动机端子 1→中央门锁控制继电器端子 ACT-→中央门锁控制继电器。

② 右前门锁开锁电路　中央门锁控制继电器→中央门锁控制继电器端子 ACT+→右前门锁电动机端子 4→右前门锁电动机电阻→右前门锁电动机→右前门锁电动机端子 ACT-→

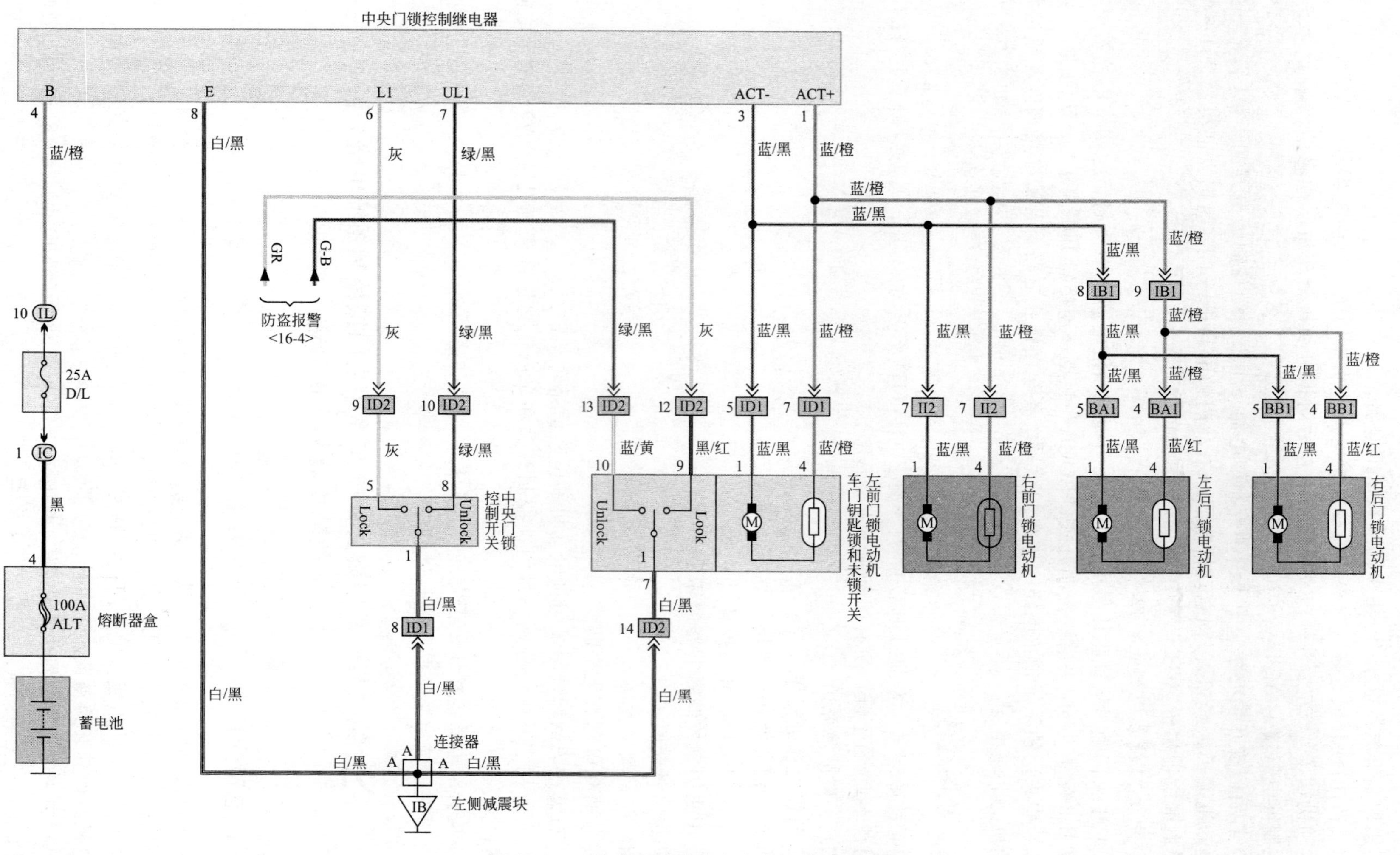

图 13-1　一汽丰田威驰汽车中央门锁系统电路

中央门锁控制继电器端子 1→中央门锁控制继电器。

③ 左后门锁开锁电路　中央门锁控制继电器→中央门锁控制继电器端子 ACT+→左后门锁电动机端子 4→左后门锁电动机电阻→左后门锁电动机→左后门锁电动机端子 1→中央门锁控制继电器端子 ACT-→中央门锁控制继电器。

④ 右后门锁开锁电路　中央门锁控制继电器→中央门锁控制继电器端子 ACT+→右后门锁电动机端子 4→右后门锁电动机电阻→右后门锁电动机→右后门锁电动机端子 1→中央门锁控制继电器端子 ACT-→中央门锁控制继电器。

3. 中央门锁系统锁止电路

(1) 中央门锁系统锁止信号电路　中央门锁控制继电器→中央门锁控制继电器端子 6→连接器 ID2 端子 9→中央门锁控制开关"LOCK"触点→连接器 ID1 端子 8→IB 接地。

(2) 中央门锁系统锁止电路　中央门锁系统各车门锁止电路与开锁电路相同，流经各门锁电动机的电流相反。

三、故障检修

(1) 故障现象　左前门锁不上/打不开、左后门锁不上/打不开、右前门锁不上/打不开、右后门锁不上/打不开、所有门都锁不上/打不开。

(2) 一般故障原因

① 门锁电动机损坏。

② 车门钥匙锁和未锁开关损坏。

③ 中央门锁控制开关损坏。

④ 中央门锁控制断电器损坏。

⑤ 保险丝烧断。

(3) 简易测量方法

① 检查保险丝有无烧断。

② 有万用表欧姆挡测量门锁电动机的电阻值是否正常。

③ 有万用表欧姆挡分别测量门锁控制开关和车门钥匙锁和未锁开关相应的端子之间是否导通良好。

④ 检查继电器连接线是否完好，重点是电源线和搭铁线。

⑤ 更换门锁控制继电器进行试验。

第二节　奇瑞旗云 A15 车系中央门锁控制系统电路分析、故障检修和案例精选

一、电路分析

奇瑞旗云 A15 车系中央门锁控制系统电路如图 13-2 所示。

奇瑞旗云 A15 轿车采用的是全电控中央门锁系统，此系统包括控制模块、执行电机和行李箱执行电机等组成。中央门锁控制器（即左前门闭锁器，在左前门内）控制其他各车门门锁电机，使其开锁与锁止。

(1) 中央门锁控制器供电电路　蓄电池正极→30 端子→30A 熔丝 S18→D/11 插脚→TS1/12 插脚→左前门锁闭锁器端子 4 供电。

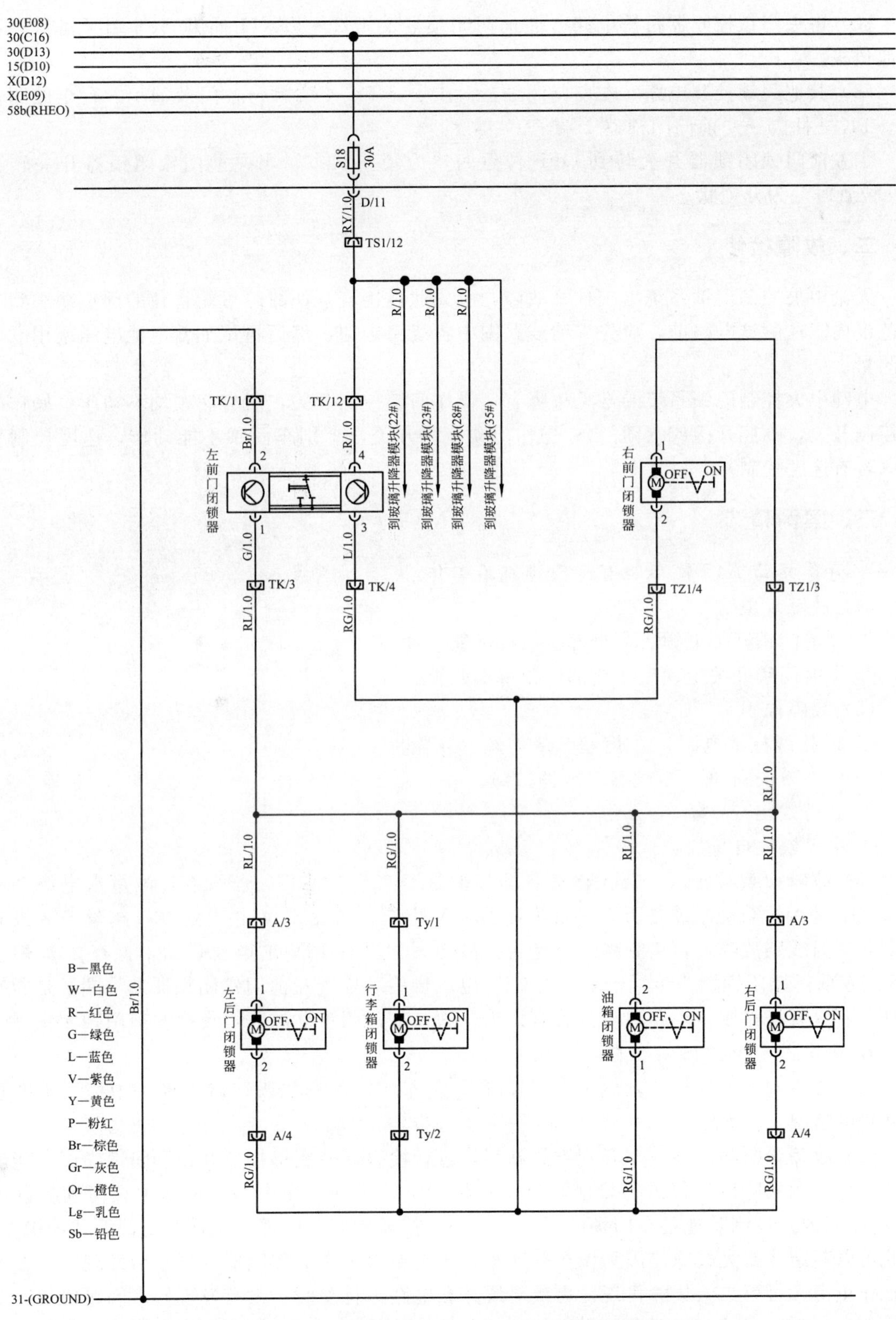

图 13-2　奇瑞旗云 A15 车系中央门锁控制系统电路

（2）中央门锁控制器搭铁电路　左前门闭锁器端子 2→TK/11 插脚→31-端子搭铁→蓄电池负极。

（3）其他门锁控制电路　左前门闭锁器 3 端子→TK/4 插脚→各门及油箱、行李舱闭锁器→TK/3 插脚→左前门闭锁器 1 端子。

当左前门锁闭锁器开关转到 OFF 位置时，为锁止状态；当左前门锁闭锁器开关转到 ON 位置时，为开锁状态。

二、故障检修

无论中央控制门锁系统出现什么故障，应先通过检查，使故障可能存在的部位缩小到一定范围内。在测试电路前，应先弄清线路图中各线路走向，然后再试加蓄电池电压或用欧姆表测量。

电动中央控制门锁系统的常见故障有：操作门锁控制开关，所有门锁均不动作；操作门锁控制开关，不能开门或（锁门）；操作门锁控制开关，个别车门锁不能动作；速度控制失灵（若有速度控制）。

三、案例精选

1. 奇瑞旗云 A15 轿车所有车门锁都不工作

（1）故障现象

① 左前门锁开关上锁后，全部车门都不能上锁。

② 左前门锁开关上锁后，全部门锁都不开锁。

（2）故障原因

① 30 接线柱常电源 30A 熔丝 S18 熔丝过载烧断。

② 中央模块到 30A 熔丝 S18 线路故障。

③ 到搭铁线路故障。

④ 中央模块自身故障。

（3）故障诊断与处理　首先检查各插接器是否有连接不良，若没有，测量常电源 30A 熔丝 S18 是否过载烧断或是否有常电源提供 12V 电压。若无 12V 电压或 30A 熔丝 S18 没有烧断，应为线路故障，再检查各线路是否有故障；如果有 12V 的电压供给，检查 30A 熔丝 S18 到左前门锁闭锁器 4 号端子是否有 12V 电压供给，检查左前门锁闭锁器 2 号端子是否有搭铁。若没有搭铁则是线路故障；若有搭铁，为左前门闭锁器故障，更换左前门锁闭锁器。

2. 奇瑞轿车中控门锁会自动开锁

（1）故障现象　一辆新款旗云 A15 轿车，新车购回的第二天，就出现了中控门锁会自动开锁的情况。

（2）故障诊断与处理　车开到维修站后，进行检查，使用遥控器开锁和闭锁尝试，能够正常操作，用故障检测仪进行检测，显示一切正常。查询该车电路，可知中央门锁控制器（左前车门内）控制其他各车门锁的开闭，因为遥控器能对各门进行正常的闭锁、开锁操作，由此可以断定线路无故障。因为该车是新车，于是更换了中央控制器。试车后发现，中控系统工作正常，可第二天故障再现。再次对线路和电路进行检测，没有发现异常问题出现。于是和车主一起试车，可进行了一个下午的试车，上述故障一直未出现。将车泊在车主原先的车位，大概过了三四个小时，听到“咔哒”一声，车门锁打开了，车内照明灯同时点亮。于是立即准备工具进行检查，发现楼上的空调水落在前挡风玻璃左侧，而水一直流到叶子板和A柱间，而门锁控制器线路刚好经过这里。于是拆下外部部件拉出线束，发现线束连接器上全是水珠。用遥控器将车门锁上，然后向该连接器浇水，发现“咔哒”一声车门锁又打开了，将前门闭锁器线束连接器做防水处理后，故障排除。

第三节 别克凯越车系中央门锁控制系统电路分析、故障检修和案例精选

一、电路分析

汽车中央门锁别克凯越车系中央门锁系统电路如图13-3所示。系统一般都由门锁主开关、门锁开关、门锁继电器及门锁电机执行机构组成。

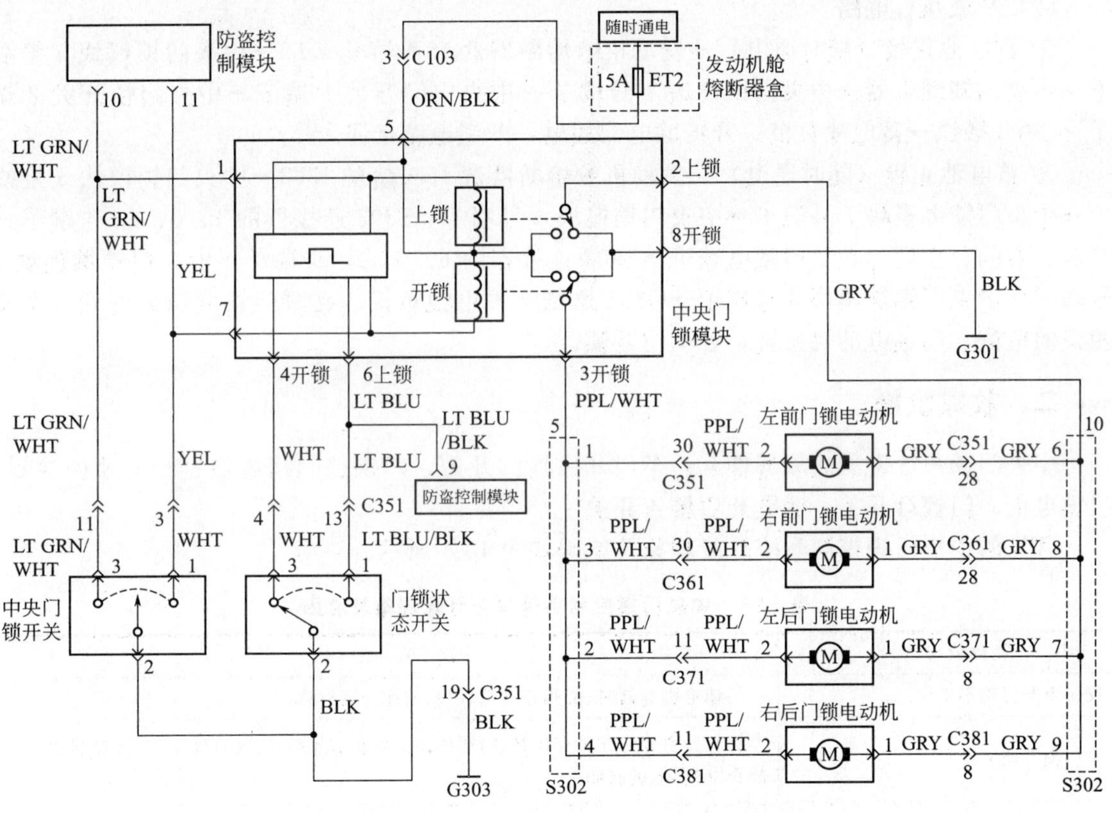

图13-3 别克凯越车系中央门锁系统电路

1. 车门上锁时

（1）上锁信号电路 当需要上锁时，用遥控钥匙或左前门上锁开关动作，此时中央门锁开关2端子与3端子接通，同时，门锁状态开关2端子与1端子接通，则中央门锁模块6号端子→C351连接器的13号端子→门锁状态开关1端子→门锁状态开关2端子→G303搭铁。中央门锁模块获得上锁信号。

（2）上锁执行电路

① 因为中央门锁开关2、3端子相通，则蓄电池正极（随时通电）→发动机舱熔断器盒

15A 熔丝 ET2→中央门锁模块 5 号端子→中央门锁开关 2 端子→G303 搭铁。此时上锁电路接通。

② 蓄电池正极→发动机舱熔断器盒 15A 熔丝 ET2→中央门锁模块 5 号端子→中央门锁开关 2 端子→S302 连接器的 6、8、7、9 端子→左前、右前、左后、右后门锁电动机→S302 连接器的 1、3、2、4 端子→中央门锁模块 3 端子→中央门锁模块 8 端子→G301 搭铁→蓄电池负极。此时，各车门门锁电动机通电，使各车门上锁。

2. 车门开锁时

(1) 开锁信号电路　当需要开锁时，用遥控钥匙或左前车门开锁开关动作，此时，中央门锁开关 2 端子和 1 端子接通，同时，门锁状态开关 2 端子和 3 端子接通，则中央门锁模块 4 号端子→G351 连接器的 4 号端子→门锁状态开关 3 端子→门锁状态开关 2 端子→G303 搭铁→蓄电池负极。中央门锁模块获得开锁信号。

(2) 开锁执行电路

① 蓄电池正极（随时通电）→发动机舱熔断器盒 15A 熔丝 ET2→中央门锁模块 5 号端子→中央门锁继电器→中央门锁模块 7 号端子→中央门锁开关 1 端子→中央门锁开关 2 端子→G303 搭铁→蓄电池负极。开锁继电器通电，开锁电路接通。

② 蓄电池正极（随时通电）→发动机舱熔断器盒 15A 熔丝 ET2→中央门锁模块 5 号端子→中央门锁继模块 5 号端子→中央门锁模块 3 号端子→S302 连接器的 1、3、2、4 端子→左前、右前、左后、右后门锁电动机→S302 连接器的 6、8、7、9 端子→中央门锁继模块 2 号端子→中央门锁继模块 8 号端子→G301 搭铁→蓄电池负极。此时门锁电动机得到与上锁相反的电流，门锁电动机反转，各车门开锁。

二、故障检修

中央门锁系统常见故障部件有：车门开启检测开关、门锁控制接收器、配线及插接器、门锁电机、门控灯开关、钥匙开启警告开关。

常见的中央门锁控制系统故障现象及原因如表 13-1 所示。

表 13-1　中央门锁控制系统常见故障现象及原因

故障现象	故 障 原 因
仅一个车门锁不工作	门锁电机有故障、配线有故障、门闩或连杆有故障
车门锁不能开启	钥匙开启警告开关有故障、门锁控制接收器有故障、配线有故障、车身控制系统有故障、门锁电机故障
车门锁不能上锁	车门钥匙锁止和开启开关故障、门锁接收器故障、配线插接器故障
门锁间歇工作	连接点松动、继电器故障、开关故障
门锁只有一种工作方式	继电器故障、配线故障、搭铁故障
所有门锁只有一个工作	配线故障、开关故障
门锁控制系统不工作	门锁熔断器故障、继电器故障、配线故障

三、案例精选

由连接器相关配线短路导致中央门锁系统不工作。

（1）故障现象　一辆刚行驶3000km的凯越轿车，车主讲述在换过玻璃压条及A柱轻微整形后发现中控门锁失效，无线遥控和手动开关都不能使车门上锁。

（2）故障诊断与处理

① 首先检查各连接器线束插接器是否完好，若完好无故障，检查中控门锁的电源和搭铁线路也都正常，当输入解锁信号不工作时，其对地断路，对电源电压断路，工作时连接搭铁导通。当输入上锁信号不工作时，对地断路，对电源电压断路，工作时搭铁导通。由此可以断定门锁开关和线路正常。

② 检查左前门锁和防盗开关，检查发现开关和线路无故障，调换一个新的中控模块对其测试，之前的故障依然表现。

③ 对遥控模块也更换新的，但故障依然存在。

④ 供电法测试。对执行器和门锁输出控制电路测试，首先，把蓄电池正极连接到中央门锁模块2号端子上，把其3号端子连接搭铁，结果发现无异常，上锁正常；其次，反过来检查，把中央门锁模块3号端子连在蓄电池正极，把2号端子对地短接，结果开锁也正常。此项测试表明输出电路和门锁执行器正常。

⑤ 分开测试各系统正常，在反复测试中发现，中央门锁模块的继电器有“咔哒”的动作声音传出，但是检查模块电压输出端发现，并不能输出控制电压。另一个症状是，无论是上锁和解锁，上锁信号线和解锁信号线同时都搭铁。对两信号的电阻进行测量，发现二者出现短路，然后依次断开两信号线上的门锁状态开关，此处依然短路。接下来查看两根线上的连接点，当拆开线束发现实际的分线比电路图上的分线多出两根。

⑥ 把整个线束拆下，发现多出的两根线通往205连接器，而此连接器的另一端无任何连接。车辆在修整过程中，有多余的水进入此连接器，使插件生锈短路，从而造成整个中控门不能工作。

⑦ 经除锈处理后，中控门锁工作正常，故障不再出现。

电动车窗系统电路分析、故障检修和案例精选

第一节　电动车窗系统的构造和原理

电动车窗又称自动车窗或电动门窗，它可以使驾驶员或乘客在座位上利用开关，控制车窗玻璃自动上升或下降。

一、电动车窗

电动车窗系统主要由双向直流电动机、车窗玻璃升降器、控制开关、继电器、断路器等装置组成。电动机有永磁式和双绕组串励式两种。每个车窗都装有一个电动机，通过开关控制它的电流或磁场方向，使车窗玻璃上升或下降。

车窗玻璃升降器常见的有钢丝滚筒式和齿扇式两种。钢丝滚筒式玻璃升降器双向直流电动机前端安装有减速机构，其上安装一个绕有钢丝的滚筒，玻璃卡座固定在钢丝上且可在滑动支架上移动。齿扇式玻璃升降器双向直流电机带动蜗轮蜗杆减速改变方向后，驱动齿扇，从而使玻璃上下移动，齿扇上安有螺旋弹簧，当门窗下降时，螺旋弹簧收缩；当门窗上升时，螺旋弹簧伸展；达到直流电机双向负荷平衡的目的。

控制开关有两套：一套为主控开关，安装在驾驶员侧车门扶手上或仪表板，由驾驶员控制玻璃升降；另一套为分控开关，安装在每个车门扶手上，可由乘客控制玻璃升降。主控开关上还安装有控制分开关的总开关，如果它断开，分开关就不起作用。若带有延迟开关的电动车窗系统，可在点火开关关断后约 10min 内，或在门打开以前，仍提供电源，使驾驶员和乘客有时间关闭车窗。

知识拓展

为了防止电动机过载，在电路或电动机内装有一个或多个双金属片式热敏断路器，用以控制电动机中的电流。若车窗玻璃因某种原因卡住（如结冰），即使操纵开关没有断开，双金属片式热敏断路器会因电流过大发热、变形，自动断路。

二、永磁型直流电动机电动车窗

如图 14-1 所示为日本凌志 LS400 轿车电动车窗控制系统线路图。它采用永磁式直流电动机驱动车窗玻璃升降，其基本原理是：通过控制开关改变直流电动机的电流方向，达到改

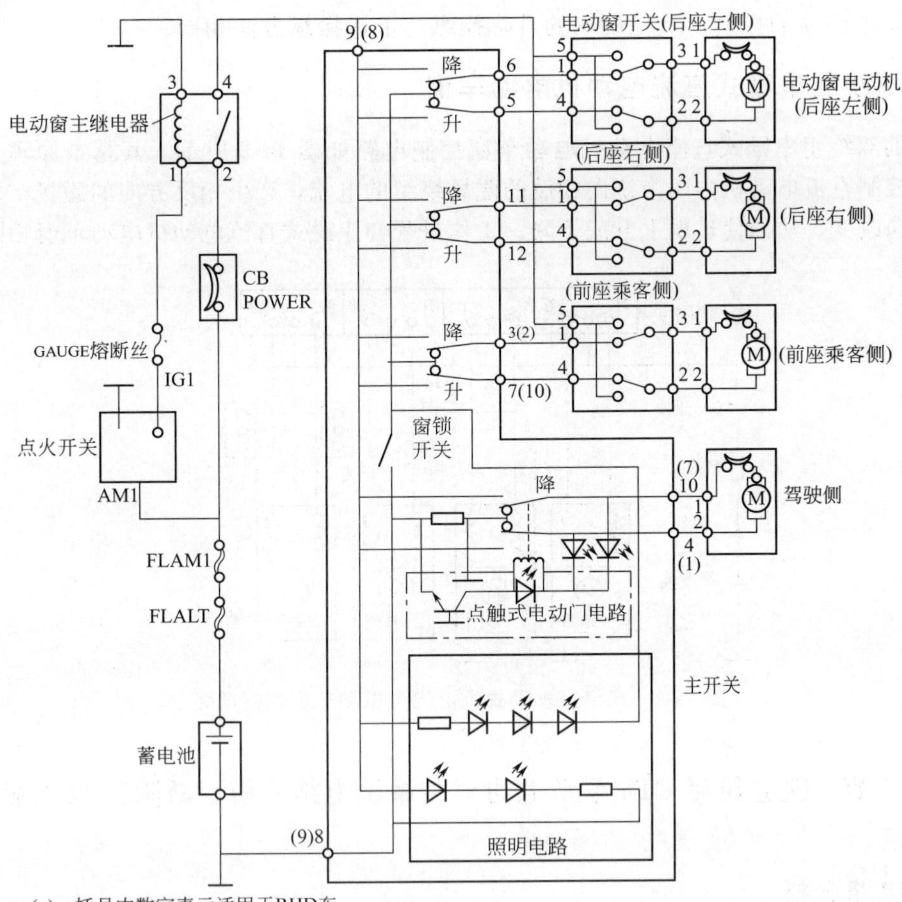

图 14-1 凌志 LS400 轿车电动车窗控制系统线路图

变电动机的运转方向，从而使玻璃上升或下降。

工作过程如下。

(1) 点火开关闭合　由蓄电池“+”→熔断丝→点火开关→主继电器磁化线圈→搭铁→蓄电池“−”；主继电器触点闭合，给电动门窗控制电路提供电源，同时，电源指示灯亮。

(2) 总开关（图中窗锁开关）断开　除驾驶侧外，其他车门窗玻璃驱动电动机的搭铁线均被切断，驾驶侧由对应的分开关控制。如驾驶侧车窗玻璃上升时，由蓄电池正极→熔断丝→断路器→主继电器触点→“9”接柱→驾驶侧控制开关“升”→“10”接柱→驾驶侧电机→“4”接柱→蓄电池负极，完成上升动作。另外，驾驶侧车门窗玻璃在下降的同时也可受触点式开关电路的点动控制。

(3) 当总开关闭合时，驾驶员对其他车门窗玻璃的控制　如驾驶员按下主开关相应的后座左侧门窗上升开关时，电流由蓄电池正极→熔断丝→断路器→主继电器→主开关后座左侧开关“升”→后座左侧开关→电动机→断路器→后座左侧开关→主开关后座左侧开关“降”→窗锁开关→搭铁→蓄电池负极，使门窗上升。

(4) 当总开关闭合时，乘客对相应车门窗玻璃的控制　如乘客接下分开关相应的后座左侧门窗上升开关时，电流由蓄电池正极→熔断丝→断路器→主继电器→后座左侧开关“升”→断路器→电动机→后座左侧主开关→窗锁开关→搭铁→蓄电池负极，使门窗上升。

（5）其他门窗的控制　其他门窗的升降操纵与上述操纵方法相同。

三、双绕组串励式直流电动机电动车窗

典型的双绕组串励式直流电动机电动车窗控制电路如图 14-2 所示。其基本原理是：通过控制开关控制直流电动机内两个绕向相反的磁场绕组的电流，产生相反方向的磁场，使电动机的运转方向改变，从而使玻璃上升或下降。工作过程与永磁式直流电动机电动车窗相同。

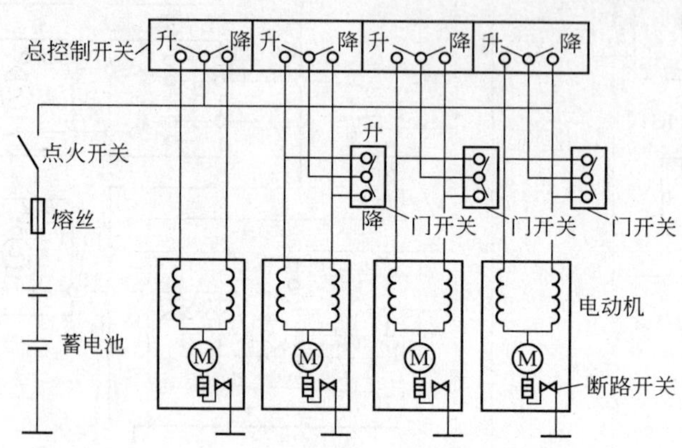

图 14-2　双绕组串励式直流电机电动车窗控制电路

第二节　凯迪拉克 CTS 车系电动车窗系统电路分析、故障检修和案例精选

一、电路分析

凯迪拉克 CTS 车系电动车窗系统电路如图 14-3 所示。

电动车窗装置主要由升降控制开关、电动机、升降器、控制模块等组成。电动天窗控制电路一般设置两套开关电路：一套为总开关，装在仪表板或驾驶员侧车门扶手上（便于驾驶员操纵），它由驾驶员控制每个车窗的升降；另一套为分开关，分别安装在每一个乘员的车门上，可由乘员操作。总开关上装有锁止开关，如果将其断开，则分开关不起作用。有的电动车窗控制电路可以实现手动控制和自动控制。手动控制是指按着相应的手动按钮时，车窗可以上升或下降，若中途松开按钮，车窗上升或下降的动作即停止；而自动控制是指按下按钮时，即松开手后，车窗也会一直上升至最高或下降至最低。

驾驶员侧车门开关总成（DDSA）内包含一个逻辑模块，通过串行数据 Class2 端子与驾驶员侧车门模块（DDM）、前排模块（RRDM）、左后门模块（LRDM）以及右后门模块（RRDM）进行数据连通。

驾驶员侧电源电路为：驾驶员侧车门开关总成内逻辑模块蓄电池正极电压→驾驶员侧车门开关总成（DDSA）9 号端子→连接器 C501 的 4 号端子→连接器 C3 的 B11 端子→驾驶员侧车门模块（DDM）的蓄电池正极电压端。驾驶员侧车门模块（DDM）的搭铁端与驾驶员侧车门开关总成（DDSA）内的搭铁端相连。

驾驶员侧车门模块（DDM）的车门电动车窗高速串行数据和车门电动车窗低速串行数据端口分别与车窗马达驾驶员侧的 D 端子和 E 端子相连。电源的供给电路为：驾驶员侧车

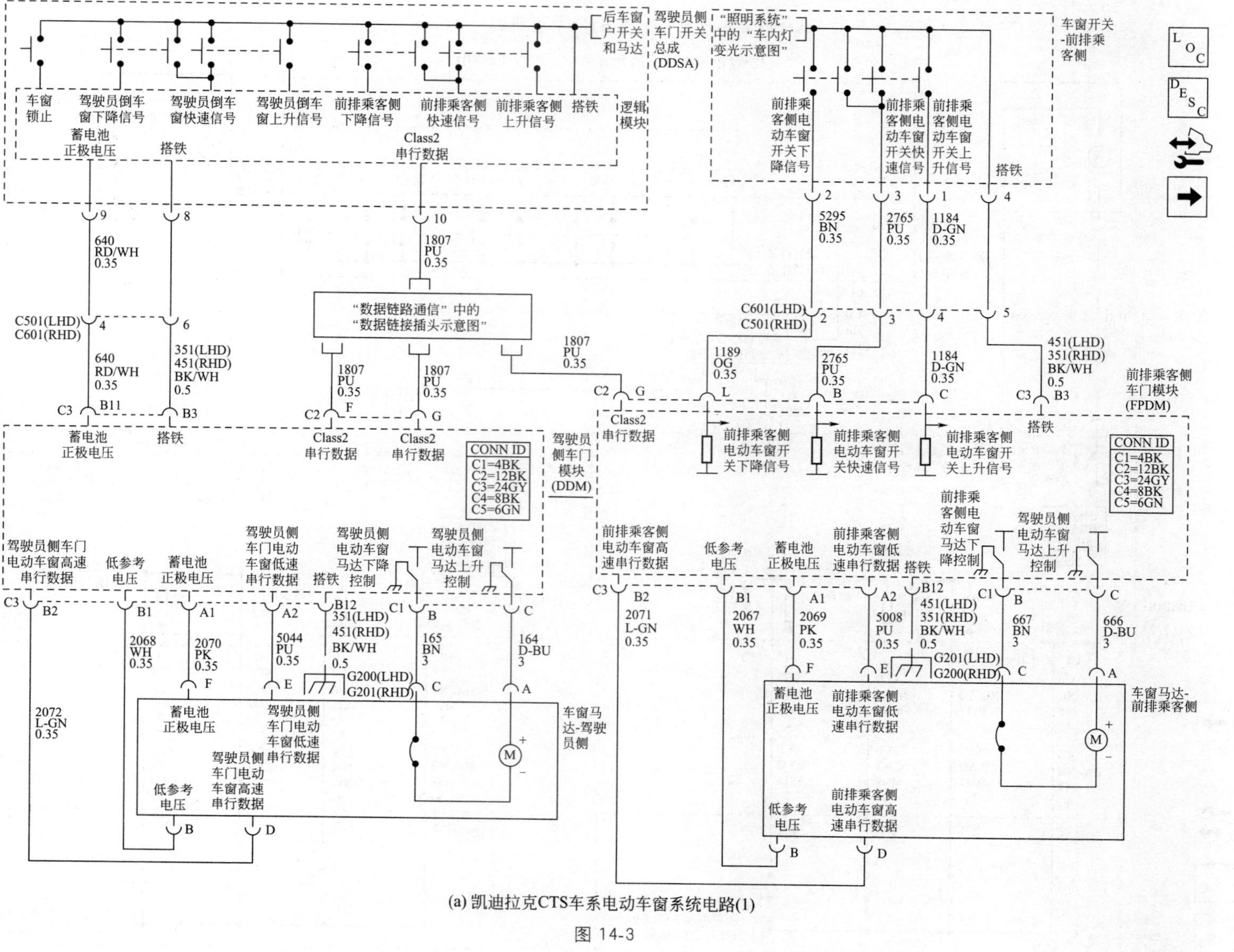

(a) 凯迪拉克CTS车系电动车窗系统电路(1)

图 14-3

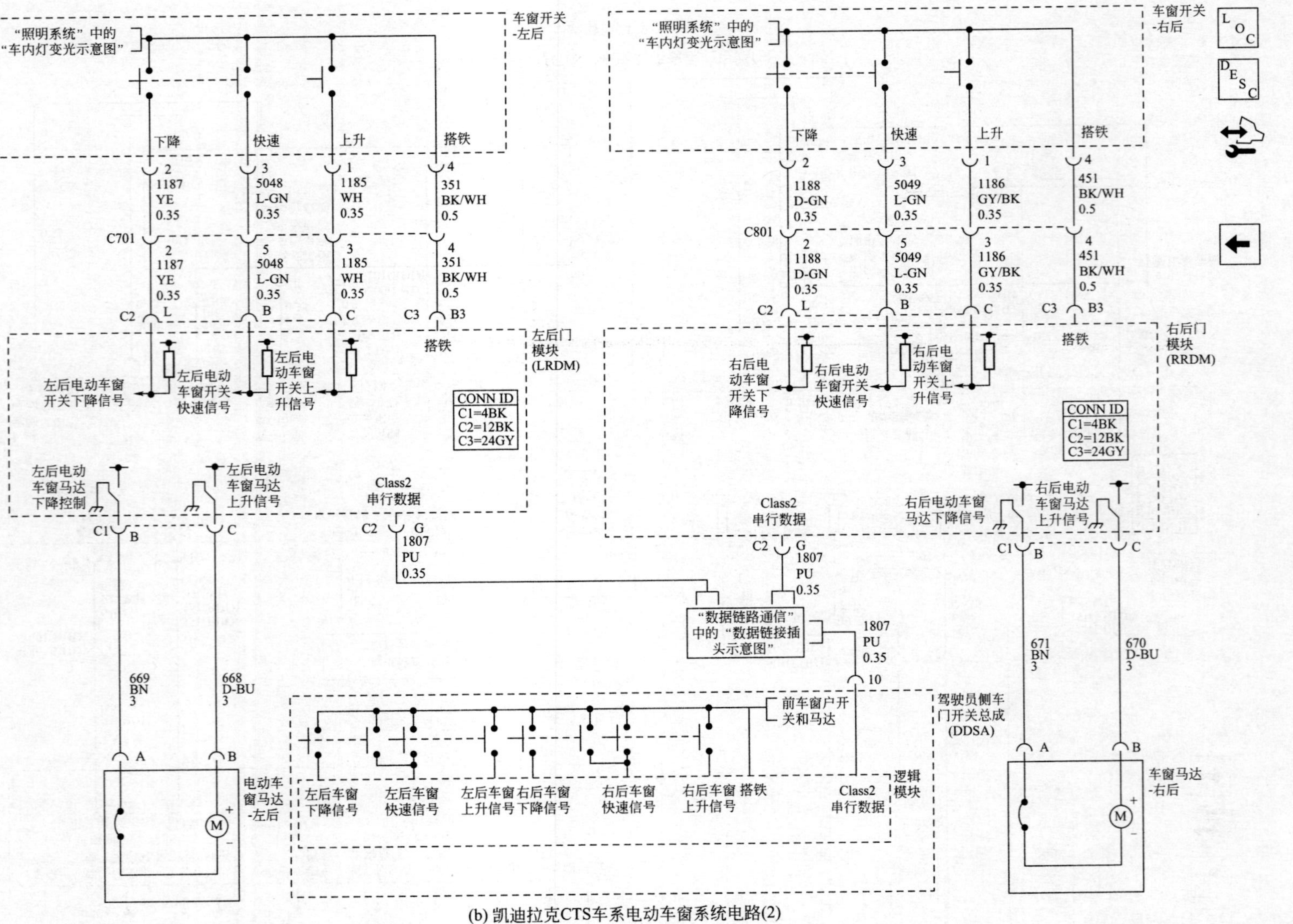

(b) 凯迪拉克CTS车系电动车窗系统电路(2)

图 14-3 凯迪拉克 CTS 车系电动车窗系统电路

门模块（DDM）的蓄电池正极电压端→车窗马达→驾驶员侧蓄电池正极电压；驾驶员侧车门模块（DDM）低参考电压端→车窗马达→驾驶员侧低参考电压端。驾驶员侧车门模块（DDM）的搭铁端（连接器 C3 的 B12 端子）通过 G200 端搭铁。

当需要车窗下降时，按动下降按钮，此时驾驶员侧车门模块（DDM）使驾驶员侧电动车窗马达下降控制端闭合，则车窗马达→驾驶员侧电动机电流流向：驾驶员侧车门模块（DDM）C1 连接器 B 端子→车窗马达→驾驶员侧 C 端子→断路器→车窗马达→驾驶员侧电动机→车窗马达→驾驶员侧 A 端子→连接器 C1 的 C 端子→驾驶员侧车门模块的内部搭铁端。当需要车窗上升时，按动上升按钮，此时驾驶员侧车门模块（DDM）使驾驶员侧电动车窗马达上升控制端闭合，则车窗马达→驾驶员侧电动机电流流向：驾驶员侧车门闭合模块（DDM）C1 连接器的 C 端子→车窗马达→驾驶员侧 A 端子→车窗马达→驾驶员侧电动机→断路器→车窗马达→驾驶员侧 C 端子→连接器 C1 的 B 端子→驾驶员侧车门模块（DDM）内部搭铁。

由于其他三个车门的电路与此相似，不再进行详细分析。

二、故障检修

电动车窗常见的故障现象有：升降器不工作；某车窗只能一个方向运动；仅一个门窗玻璃不能上升；升降器工作有异响；副驾驶席门窗不工作；开关无法操作门窗升降。电动车窗出现故障的大部分是电气故障。

三、案例分析

凯迪拉克轿车左前门的电动车窗玻璃无法升降。

（1）故障现象　2005 款凯迪拉克 CTS 轿车，该车的左前门的电动车窗玻璃无法升降。

（2）故障诊断及处理

① 首先检查蓄电池电压及搭铁状况，一切正常。

② 检查与玻璃升降相关的机械部件，结果也正常，根据故障的现象分析，认为故障可能出现在线路上。

③ 检查左前门电动车窗电动机的 A 端子和 C 端子，测量电压为 13.4V，属正常；再测量电动机的电阻为 2.8Ω，也为正常值，通过测量值判断电动机应该没有问题，但为了保险起见，更换一个新的电动机再次测试，故障依然存在。

④ 对电动机端子 A 和 C 进行测量，有电却不工作，判断可能为虚电。接上试灯进行测量，试灯却不亮。

⑤ 对驾驶员侧车门模块（DDM）的 A1 端子进行测量，试灯不亮，可见驾驶员侧车门模块（DDM）供给电动机的电压也是虚电，由上述检测可见，只能测量驾驶员侧车门模块（DDM）的供电线路。

⑥ 用一根导线从驾驶员侧车门模块（DDM）供电处直接跨接，检查供电线路是否有故障。查看电路，故障可能出现在插接器 C501 的 4 号端子，因为其他车门玻璃升降正常，只有左前门有故障，从而说明此连接处有线路虚接。

⑦ 对线路进行检查，找出线路虚接的地方，参照电路图查看故障点，结果发现连接器 C501 的 4 号端子有接触不良的现象，导致虚接。对其进行处理后，试车，故障排除。

第三节 广州本田奥德赛车系电动车窗系统电路分析、故障检修和案例精选

一、电路分析

广州本田奥德赛车系电动车窗系统电路如图 14-4 所示。

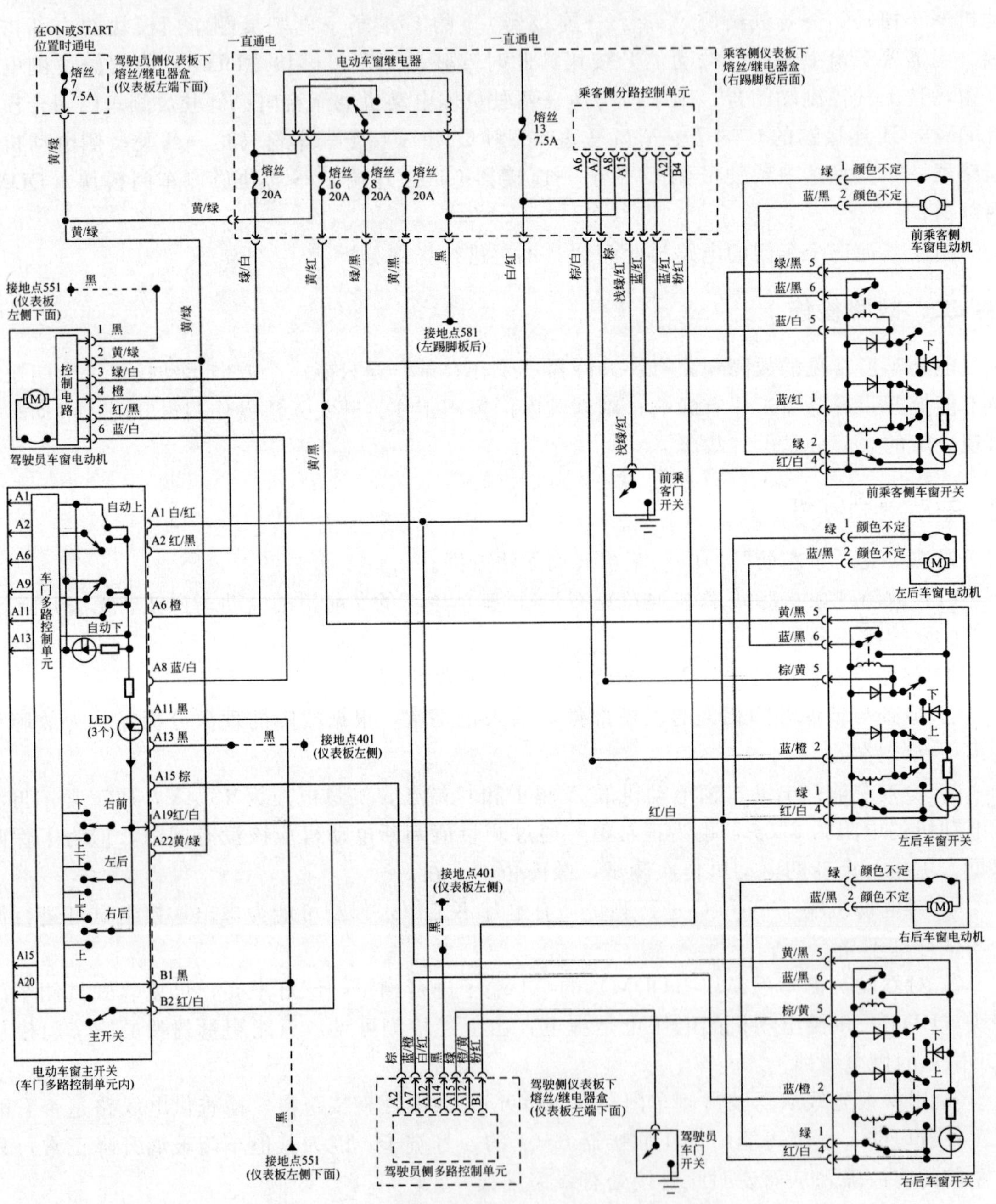

图 14-4 广州本田奥德赛车系电动车窗系统电路

电动车窗装置主要由升降控制开关、电动机、升降器、控制模块等组成，其中电动机一般采用双向永磁电动机，通过控制电流方向，使其正反向转动，达到车窗升降功能。

电动天窗控制电路一般设置两套开关电路：一套为总开关，安装在仪表板或驾驶员侧车门扶手上（便于驾驶员操纵），它由驾驶员控制每个车窗的升降；另一套为分开关，分别安装在每一个乘员的车门上，可由乘员操作。总开关上装有锁止开关，如果将其断开，则分开关不起作用。

当关闭点火开关时，蓄电池正极→发动机盖下保险丝/继电器盒中100A/120A熔丝1→发动机盖下保险丝/继电器盒中50A熔丝42→点火开关→驾驶员仪表板下保险丝/继电器7.5A熔丝7→乘客仪表板下保险丝/继电器盒电动车窗继电器→G581端搭铁→蓄电池负极，此时常开开关闭合。由蓄电池正极→发动机盖下保险丝/继电器盒中100A/120A熔丝41→发动机盖下保险丝/继电器盒中40A熔丝51→电动车窗继电器→分别到乘客仪表板下保险丝/继电器盒中20A熔丝7、20A熔丝16、20A熔丝8→分别到右后电动车窗开关、左后电动车窗开关、前乘客开关。其中右后电动车窗控制电路、左后车窗控制电路、前乘客电动车窗控制电路基本相同，现以右后电动车窗控制电路为例加以说明。

各分开关进行控制时，电动车窗主控开关中的主开关闭合，即G551端的搭铁会接通。

1. 右后电动车窗开关按下时

控制电路：蓄电池正极→发动机盖下保险丝/继电器盒中100A/120A熔丝41→发动机盖下保险丝/继电器盒中40A熔丝51→电动车窗继电器→乘客仪表板下保险丝/继电器盒20A熔丝7→右后电动车窗开关5号端子→右后电动车窗开关下触点→右后电动车窗开关内继电器a→右后电动车窗开关4号端子→电动车窗主控开关（位于车门多路控制装置内）B2端子→主开关→电动车窗主控开关（位于车门多路控制装置内）B1端子→G551端搭铁→蓄电池负极。此时，右后电动车窗开关内继电器控制电路接通，线圈得电，继电器a常开触点接通。主电路：蓄电池正极→发动机盖下保险丝/继电器盒中100A/120A熔丝41→发动机盖下保险丝/继电器盒中40A熔丝51→电动车窗继电器→乘客仪表板下保险丝/继电器20A熔丝7→右后电动车窗开关5号端子→右后电动车窗开关下触点→继电器a常开触点→右后电动车窗马达2号端子→右后电动车窗马达1号端子→继电器b常闭触点→电动车窗主控开关（位于车门多路控制装置内）B2端子→主开关→电动车窗主控开关（位于车门多路控制装置内）B1端子→G551端搭铁→蓄电池负极。此时，右后电动车窗马达电路接通，后电动车窗马达带动玻璃向下运动。其中，驾驶员侧多路控制装置的A19号端子接收到右后电动车窗开关向下的信号。

2. 右后电动车窗开关按至“上”时

控制电路：蓄电池正极→发动机盖下保险丝/继电器盒中100A/120A熔丝→发动机盖下保险丝/继电器盒中40A熔丝51→电动车窗继电器→乘客仪表板下保险丝/继电器20A熔丝7→右后电动车窗开关5号端子→右后电动车窗开关上触点→继电器b→电动车窗主控开关（位于车门多路控制装置内）B2端子→主开关→电动车窗主控开关（位于车门多路控制装置内）B1端子→G551端搭铁→蓄电池负极。此时右后电动车窗内继电器控制电路接通，线圈得电，继电器b常开触点接通。主电路：蓄电池正极→发动机盖下保险丝/继电器盒中100A/120A熔丝41→发动机盖下保险丝/继电器盒中40A熔丝51→电动车窗继电器→乘客仪表板下保险丝/继电器20A熔丝7→右后电动车窗开关5号端子→右后电动车窗开关上触点→继电器b常开触点→右后电动车窗开关1号端子→右后电动车窗马达1号端子→右后电动车窗马达 2 号端子→继电器 a 常闭触点→右后电动车窗开关 4 号端子→电动车窗主控开关（位于车门多路控制装置内）B2 端子→主开关→电动车窗主控开关（位于车门多路控制装置内）B1 端子→G551 端搭铁→蓄电池负极。此时，右后电动车窗马达电路接通，得到反向电流，右后电动车窗马达带动玻璃向上运动。其中，右后车窗向上的信号通过多路控制装置的 A7 号端子、A19 号端子传送到多路控制装置驾驶员侧。

驾驶员侧多路控制装置的 A14 号端子通过 G401 搭铁，驾驶员侧多路控制装置的 A16 号端子连接驾驶员车车门开关后搭铁。

其他电动车窗的控制电路与右后电动车窗控制相似，可参考右后电动车窗电路分析。

二、故障检修

电动车窗是汽车上使用比较频繁的一个系统，也是比较容易出现故障的部位。

电动车窗系统常见的故障现象及原因如表 14-1 所示。

表 14-1 电动车窗系统常见故障现象及原因

故障现象	故障原因
主开关无法操作门窗升降	主开关故障；电机故障；熔丝烧断；导线或连接器不良
升降器不工作	连接导线断路；有关继电器开关损坏；电动机损坏；搭铁线锈蚀、松动
驾驶席门窗不工作	主控开关故障；电机限位机构故障；导线或连接不良；搭铁不良
副驾驶席门窗不工作	副驾驶席开关故障；电机限位开关机构不良；导线不良
升降器工作不导向	安装时未调整好位置；卷丝筒内钢丝跳槽；滑动支架内传动钢丝夹转动；电动机盖板或固定架与玻璃摩擦等机械故障
仅一个车门窗玻璃不能升降	电动车窗开关故障；电动门窗电机故障；导线不良；电动车窗主开关故障
某车窗只能一个方向运动	车窗开关或电机损坏；导线或插接器松脱

知识拓展

电动车窗系统其实并不复杂，出现故障大部分也都是电气故障，有相当一部分电气故障是由机械部件的损坏引起的，所以平时对电动车窗的维护保养是必要的。电动开关车窗的耗电量很大，慢车状态时激活的一刹那甚至会使引擎声音发生变化，对于电池较弱的汽车，注意不要将车窗同时开或关。

三、案例精选

右后车窗开关损坏

（1）故障现象 一款奥德赛轿车，使用电动车窗主开关无法控制右后车门车窗玻璃上升，却可以控制其下降。驾驶侧车窗升降开关能够控制玻璃上升和下降。

（2）故障诊断与处理

① 首先检查右后车窗玻璃升降器无故障，右后电动车窗开关正常，连接线路一切正常。

② 检查电动车窗主开关连接无故障，车门多路控制装置连接正常。

③ 询问车主得知右后电动车窗开关二极管因损坏进行过两次更换，可以判断造成故障的原因不是开关，推测有可能是线路某处有短路。

④ 仔细查看和分析控制电路图，然后对右后车窗控制电路进行认真排查，结果发现从电动车窗主控开关到右后车窗控制开关间的一系线束破裂裸露，此线束旁加装有一条黑色线。

⑤ 对此处破裂线束处理好后，更换已坏的右后车窗控制开关，再次进行测试，一切正常，故障不再出现。

防盗系统电路分析、故障检修和案例精选

第一节 防盗系统组成原理、识图示例和故障检修

一、防盗系统的组成及工作原理

汽车上的防盗系统主要是用来增加盗车的难度和延长盗车的时间。汽车防盗系统按照防盗的形成可分为机械式、电子式和网络式三种。目前在汽车上运用最多的为电子式防盗系统。电子式防盗系统由开关和传感器、防盗电控单元和执行器三部分组成，其组成示意图如图 15-1 所示。当防盗系统确认车辆被非法入侵时防盗控制单元就会令警报器发出刺耳的警报音，同时还令警报灯发光耀眼的闪光，以引起行人的注意，恐吓盗贼的心理压力，使其主动放弃。当车辆被非法启动时，防盗系统电控单元会令发动机电控单元切断启动点火和燃油喷射系统的电路使发动机无法启动。

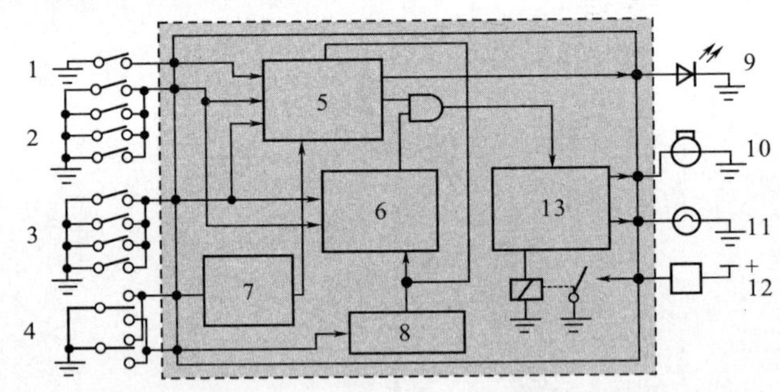

图 15-1 汽车防盗系统的组成

1—钥匙存在开关；2—开门开关；3—锁门开关；4—钥匙操作开关；5—警报状态设置；6—是否盗贼检测；7—30s 定时器；8—解除警报状态；9—LED 指示灯；10—警报器；11—警报灯；12—启动断电器；13—警报控制

二、防盗系统识图示例

上海通用别克凯越汽车防盗系统的电路如图 15-2 所示。

1. 防盗电控单元电路

(1) 防盗电控单元电源电路

防盗电控单元电源电路有两条。电路一：持续通电→发动机熔断器盒熔断器 Ef1

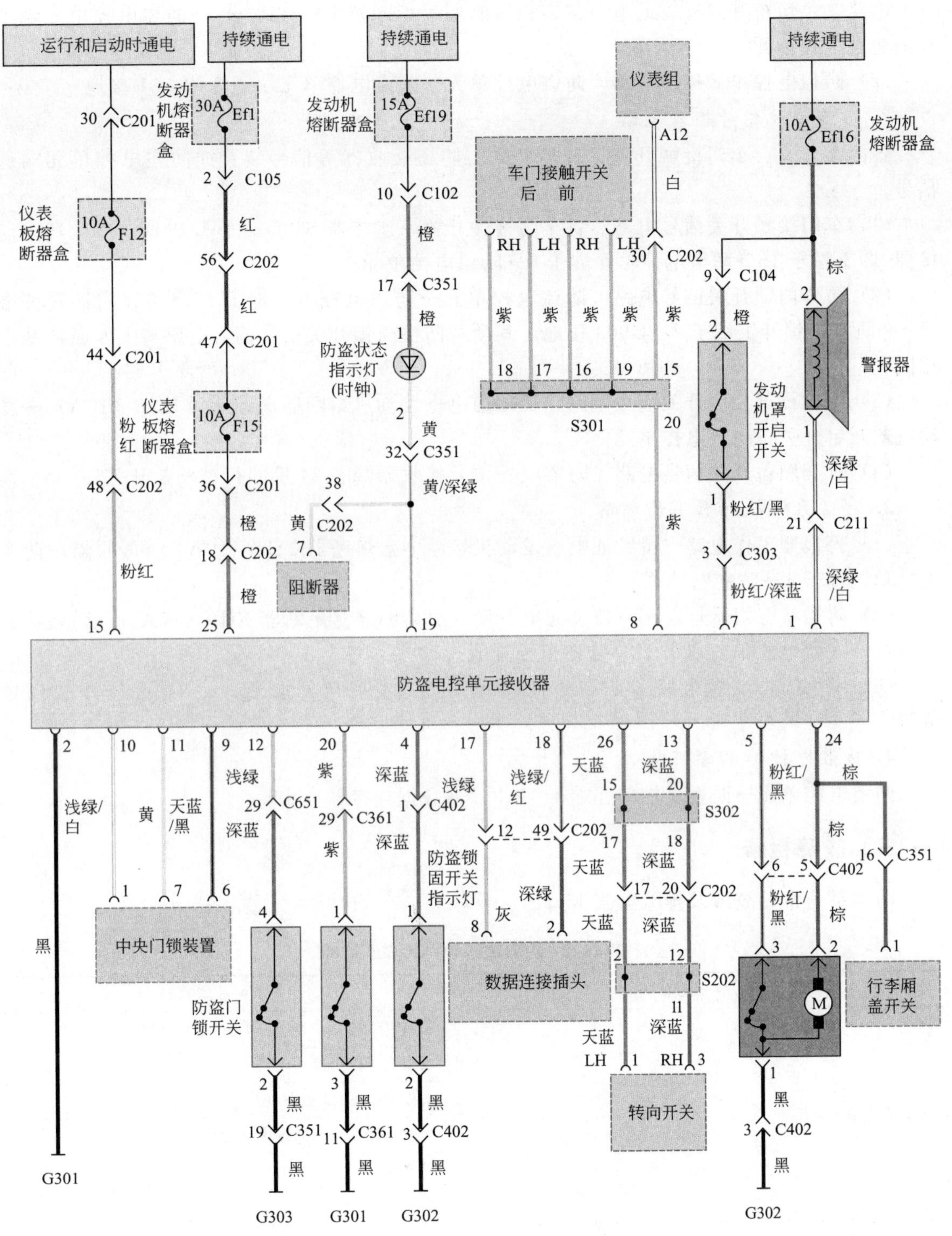

图 15-2 上海通用别克凯越防盗系统电路

(30A) →连接器 C105 端子→连接器 C202 端子 56→仪表板熔断器盒熔断器 F15 (10A) →防盗电控单元端子 25→防盗电控单元。

电路二：运行和启动时通电→仪表板熔断器盒熔断器 F12（10A）→防盗电控单元端子 15→防盗电控单元。

（2）防盗电控单元接地电路　防盗电控单元→防盗电控单元端子 2→G301 接地。

2. 防盗系统信号输入电路

各门锁开关、车门接触开关、开启开关、防盗接收器等信号装置向防盗电控单元输送信号。

（1）车门接触开关信号电路　各车门接触开关→连接器 S301 端子 18、17、16、19→连接器 S301 端子 15→防盗电控单元端子 8→防盗电控单元。

（2）防盗门锁开关信号电路　防盗电控单元→防盗电控单元端子 12→防盗门锁开关端子 4→防盗门锁开关端子 2→G303 接地。其余两防盗门锁开关信号输入电路与上面所述基本相同。

（3）发动机罩开启开关信号电路　持续通电→发动机熔断器盒熔断器 Ef16（10A）→发动机罩开启开关→防盗电控单元。

（4）行李厢盖开关信号电路　防盗电控单元接收器端子 24 控制行李厢盖开关。

3. 防盗系统执行器工作电路

（1）警报器工作电路　持续通电→发动机熔断器盒熔断器 Ef16（10A）→警报器→防盗电控单元端子 1→防盗电控单元。

（2）防盗状态指示灯电路　持续通电→发动机熔断器盒熔断器 Ef19（15A）→防盗状态指示灯→防盗电控单元端子 19→防盗电控单元。

（3）中央门锁装置电路　防盗电控单元→防盗电控单元端子 10、11、9→中央门锁装置。

4. 防盗电控单元诊断电路

防盗电控单元→防盗电控单元端子 17、18→数据连接器插头。

三、故障检修

防盗系统常见故障及排除见表 15-1。

表 15-1　防盗系统常见故障及排除

故障现象	可能的故障原因
防盗系统无法设置	检查是否输出防盗警报 ECU 通信故障码
	安全指示灯电路
	防盗警报 ECU 电源电路
	驾驶员侧车门钥匙锁止/解锁开关
	发动机罩开启开关电路
	防盗警报 ECU 总成
设置防盗系统时，防盗状态指示灯不闪烁	防盗状态指示灯电路
	防盗警报 ECU 总成
将点火开关置于 ON 位置时，警报鸣响状态不能取消	解锁警告开关电路
	防盗警报 ECU 总成

续表

故障现象	可能的故障原因
即使某一车门开启,防盗系统仍可启用	中央门锁装置
	防盗警报 ECU 总成
防盗系统报警时,危险警告灯不闪烁	线束
	转向信号闪光灯总成
	防盗警报 ECU 总成
防盗系统报警时,警报器不鸣响	警报器电路
	防盗警报 ECU 总成
即使没有设置防盗系统,危险警告灯也会闪烁	线束
	转向信号闪光灯总成
	防盗警报 ECU 总成

第二节 奇瑞瑞虎车系防盗系统电路分析和案例精选

一、电路分析

奇瑞瑞虎车系防盗系统电路如图 15-3 所示。

汽车上的遥控防盗系统是由手控发射器（遥控器）、接收器、继电器开关、喇叭报警电路、门锁开关控制电路、灯光报警电路等组成。

电源电路：蓄电池正极→30 接线柱→60A 熔丝 F13→ISU 的 E 端子；蓄电池正极→IG1 接线柱→10A 熔丝 F18→ISU 的 A1 端子；蓄电池正极→IG2 接线柱→10A 熔丝 F15→ISU 的 B10 端子。其中 ISU 的 F 端子为接地端子，通过 31 接线柱搭铁。

ISU 的 B11 端子接防盗指示灯，防盗指示灯的另一端通过 10A 熔丝 F26 接蓄电池的正极。ISU 的 C6 端子接报警喇叭，其中报警喇叭的另一端搭铁。ISU 的 D3 端子、D4 端子控制各门的闭锁器，而 C11、C12 控制各转向灯及侧灯。

当车辆遭到外界的非法撬动时，ISU 接受相关的信号并能其分析判断，控制防盗指示灯闪烁并使报警喇叭鸣响。

二、案例精选

1. 行驶中熄火后无法启动

（1）故障现象　一辆行驶 1 万公里的瑞虎轿车，该车在正常行驶中突然熄火，再次启动，却怎么也无法启动。

（2）故障诊断与处理

① 试着打开点火开关，启动发动机，此时启动机正常运转，可发动机却无法启动。经分析引起发动机不能启动的原因主要有以下几种情况：点火系统无火、气缸压力不足、燃油系统故障、机油压力不足、进气系统故障，再者就是一些机械系统的故障。

② 首先检查发动机电控系统是否有故障。当发动机启动时高压能点火，检查系统各路高、低油路，工作压力也正常，进气缸压力也都正常，再次试着启动发动机，仍然无法启动。

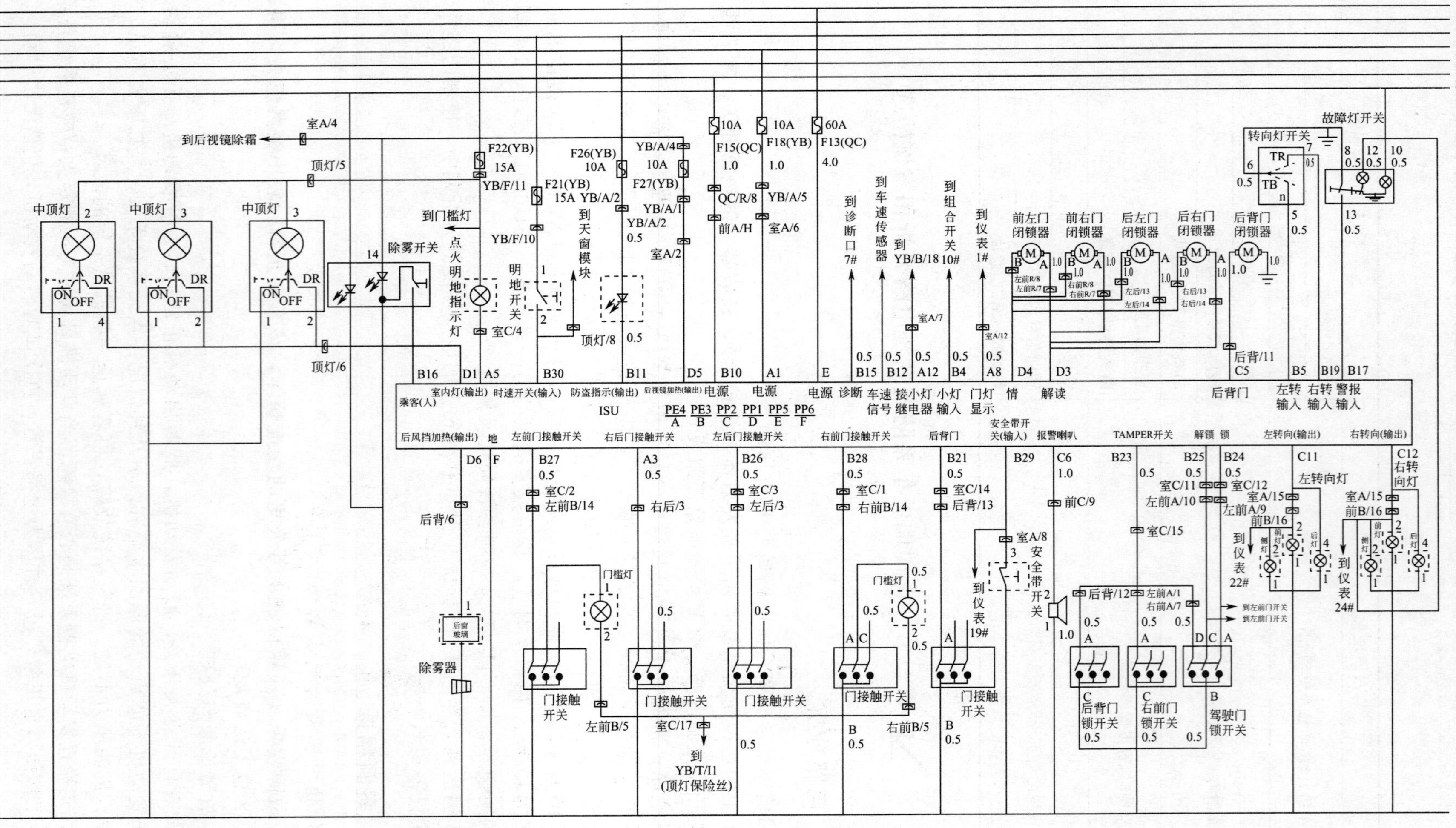

图 15-3 奇瑞瑞虎车系防盗系统电路

③ 经检查得知该车安装 ACTEC01.6L 发动机，影响汽车无法启动的系统除以上系统之外，还包括发动机防盗系统，如果故障出现在此系统，车辆也无法启动。

④ 使用专用的故障诊断仪，进入发动机防盗系统，查看防盗系统故障码与数据流，结果插入钥匙后，系统数据中未发现钥匙信号。

⑤ 取另外一把钥匙尝试，查看数据，这次发现有钥匙信号，且一切数据正常。再次启动，发动机正常启动，由此可以推断前一把钥匙失效，使得车辆无法正常启动，对该钥匙的防盗系统进行重新匹配，试车后一切恢复正常，故障不再出现。

2. 瑞虎轿车使用遥控器无法开启行李厢

(1) 故障现象　瑞虎轿车使用遥控器，各个车门可以打开，但行李厢无法开启，且开启行李厢时防盗喇叭不响。

(2) 故障诊断与处理

① 检查 ISU 的各个插接器端子是否接触不良和损坏，各个保险丝有无烧断。

② 使用专用诊断仪检查 ISU，诊断仪并无故障码显示。

③ 使用诊断仪检查数据流，根据数据流显示可知行李厢信号是常开的。

④ 试着手动开关几次行李厢，行李厢在关闭的情况下，行李厢灯还依然亮着，并且仪表板上行李厢指示灯也是常亮不息。

⑤ 将行李厢灯及指示灯与 ISU 的相关插头断开，但行李厢灯和中央仪表板上的行李厢指示灯仍然亮着，不熄灭。

⑥ 检查行李厢信号开关，将行李厢上的信号开关的相关插接器断开，发现故障未消除。

⑦ 逐个检查与此相关的线束，发现驾驶员侧 B 柱下边安全带螺栓将线束压破，电线绞在一起短路。

⑧ 将破裂的线束处理好，再次检查，故障消除。

第三节　别克凯越车系防盗系统电路分析、故障检修和案例精选

一、电路分析

别克凯越车系防盗系统电路如图 15-4 所示。

(1) 电源电路

① 蓄电池正极（运行和启动时通电）→仪表板保险丝盒 10A 保险丝 F13→遥控防盗控制模块端子 15。

② 蓄电池正极（随时通电）→发动机保险丝盒 30A 保险丝 SB1→仪表板保险丝盒 10A 保险丝 F10→遥控防盗控制模块端子 25。

③ 蓄电池正极（随时通电）→发动机保险丝盒 10A 保险丝 FE1→发动机罩开启开关 2 端子→发动机罩开启开关 1 端子→遥控防盗控制模块端子 7。

蓄电池在不同状态下，分别通过遥控防盗控制模块的 15 端子、25 端子、7 端子为遥控防盗控制模块供电。

遥控防盗控制模块的 2 端子为搭铁端子，通过 G301 端搭铁。其中遥控防盗控制模块的 12 端子和 20 端子，分别连接左防盗门锁开关、右防盗门锁开关后，通过 G303 端子、G301 端子搭铁；遥控防盗控制模块的 4 号端子连接防盗监控开关后，通过 G302 端子搭铁；遥控

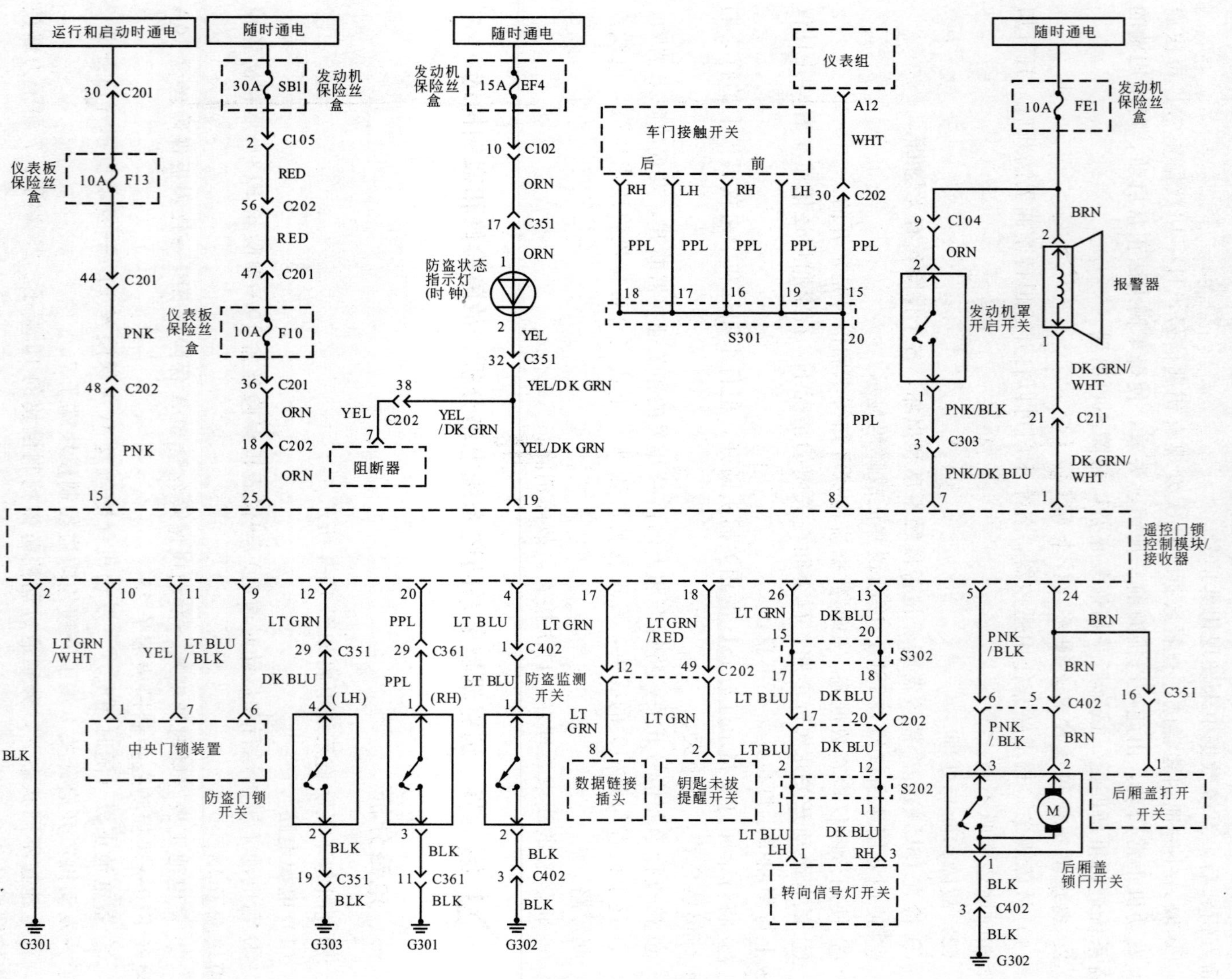

图 15-4 别克凯越车系防盗系统电路

防盗控制模块的 5 端子连接行李舱盖打开开关后，通过 G302 端子搭铁。

（2）信号电路　遥控防盗控制模块的 7 号端子接收到反映发动机舱开闭的电源信号；遥控防盗控制模块的 5 号端子用于检测行李厢的状态信号；遥控防盗控制模块的 9 号、10 号、11 号端子连接中央门锁装置，其中 9 号端子为信号端；遥控防盗控制模块的 8 号端子接收车门打开的信号；遥控防盗控制模块的 19 号端子控制安全警告灯及防盗器；遥控防盗控制模块的 1 号端子控制警报器通断。

知识拓展

在系统处于防盗检测状态时，遥控防盗控制模块检测发动机罩开启开关、防盗门锁开关、行李厢打开开关信号，分析判断是否为非法输入信号。遥控防盗控制模块接收器配有天线，可以接收遥控器传来的信号。当模块检测到非法信号时，其控制报警器和转向信号灯发出报警信号。

二、故障检修

别克凯越车系防盗系统常见的故障现象及故障原因如表 15-2 所示。

表 15-2　别克凯越车系防盗系统常见故障现象及原因

故障现象	故　障　原　因
遥控器无法使用	遥控器电池无电、遥控器内部本身故障
遥控时有时无	电源熔断器接触不良、搭铁不良、主机线路不良
报警器无故鸣响	振动器太灵敏、车门未关好、门灯开关不良、门灯开关线路不良
报警触发时喇叭不鸣响	报警器本身故障、主机与报警器间线路故障、主机内部故障
启动机正常，发动机不着车	主机自动进入防盗状态、防盗主机故障、断电器及相关线路故障
中控门锁不动作	中控锁继电器或相关线路故障、门锁接线断路、中控锁损坏、主机内部问题
遥控发射指令时部分功能没动作	遥控器故障、主机发射天线故障、主机与相关部件线路故障

注：主机即防盗控制模块。

三、案例精选

防盗系统无报警器鸣叫信号

（1）故障现象　一辆 2004 款凯越轿车，行驶 55000km，防盗系统能够进入防盗状态，触发有关防盗开关、防盗报警器却不鸣响。用遥控器锁车后，安全警告灯闪烁一下，报警器也鸣响一下，人为打开关闭各舱门防盗报警器却不鸣响。

（2）故障诊断与处理

① 首先检查相关电源的熔丝、插接器线路及搭铁是否良好，经检查无异常。

② 检查遥控防盗控制模块的 7 号端子。7 号端子应有 12V 电源电压，经检查信号电压正常。

③ 检查遥控防盗控制模块的 9 号端子。9 号端子监测车门上锁的接地信号，当车门关闭上锁时，9 号端子输入接地信号，此端子信号正常。

④ 检查遥控防盗控制模块的 8 号端子，当车门关闭时，8 号端子对地是断路的，而开启

任一车门，8 号端子应输入接地信号，经检查正常。

⑤ 检查遥控防盗控制模块的 5 号端子，行李厢盖打开时，5 号端子上应输入接地信号，经检查正常。

⑥ 检查遥控防盗控制模块的 18 号端子，当插入点火钥匙时，此端子接受电源电压，拔出钥匙后，电源电压信号消失，经检查正常。

⑦ 经检查上述的信号端子都正常，但是遥控防盗控制模块却不能控制安全警告灯和警报器，因此怀疑是遥控防盗控制模块故障。更换一个新的遥控防盗控制模块，故障并未消除，那么应是线路故障。

⑧ 根据防盗系统控制原理和电路可知，解除遥控防盗控制的警戒是：用遥控器解锁时，左前防盗门锁、右前防盗门锁、行李厢锁中有一个防盗开关输入了接地信号，防盗就会被解除。所以检查遥控防盗控制模块的 4 号端子、12 号端子和 20 号端子的搭铁信号。经检查得知，遥控防盗控制模块的 4 号端子有时输入接地信号。断开遥控防盗控制模块的 4 号端子再次进行测试，当上锁防盗时，安全警告灯正常。接触其他门的防盗开关，报警器鸣响正常，因此故障出现在 4 号端子。

⑨ 卸下行李厢锁芯进行检查，结果发现锁芯已损坏，对锁芯进行更换后，再次检测故障排除，一切恢复正常。

第四节　丰田花冠车系防盗系统电路分析、故障检修和案例精选

一、电路分析

丰田花冠车系防盗系统电路如图 15-5 所示。

（1）防盗 ECU 供电电路

① 蓄电池正极→FL MAIN 2.0L→15A 熔丝 DOME→J34Ⓐ、J35Ⓑ→中继线连接器的 A 端子→J34Ⓐ、J35Ⓑ中继线连接器的 B 端子→J32 中继线连接器→防盗 ECU1 号端子（+B）。

② 蓄电池正极→FL MAIN 2.0L→100A 熔丝 ALT→25A 熔丝 AM1→点火开关 AM1 端子→点火开关 IG1 端子→IG1 继电器的 1 号端子→IG1 继电器的 2 号端子

→连接器 2F 的 11 号端子/连接器 2T 的 7 号端子→J14 中继线连接器的 A 端子，IG 搭铁→蓄电池负极。

→连接器 2S 的 3 端子 → J2 中继线连接器的 A 端子 → IE 搭铁 → 蓄电池负极。

此处由点火开关控制搭铁电路，当点火开关至 IG1 档时 IG1 继电器通电，3、5 端子接通，则蓄电池正极→FL MAIN 2.0L→100A 熔丝 ALT→连接器 2A 的 1 端子→IG1 继电器 5 号端子→IG1 继电器 3 号端子→10A 熔丝 ECU-IG→J28Ⓐ、J19Ⓑ中继线连接器的 A 端子→J28Ⓐ、J19Ⓑ中继线连接器的 B 端子→防盗 ECU 的 15 端子。

（2）搭铁电路　防盗 ECU 的 22 号端子为搭铁端子，通过 IG 端搭铁，8 号端子接收发动机室罩盖控制开关的信号，并通过 ED 端搭铁。

防盗 ECU 的 2 号端子控制防盗报警器的动作，通过 BI 端搭铁；防盗 ECU 的 4 号端子控制安全指示灯，并通过 IG 端搭铁；来自组合仪表和防盗继电器的信号分别通过防盗 ECU 的 3 号端子和 5 号端子到达防盗 ECU；来自转向信号闪光器继电器的信号到防盗 ECU 的 14 号端子；防盗 ECU 的 10 号端子和 11 号端子分别监测行李舱室灯开关和开启警告开关信号。

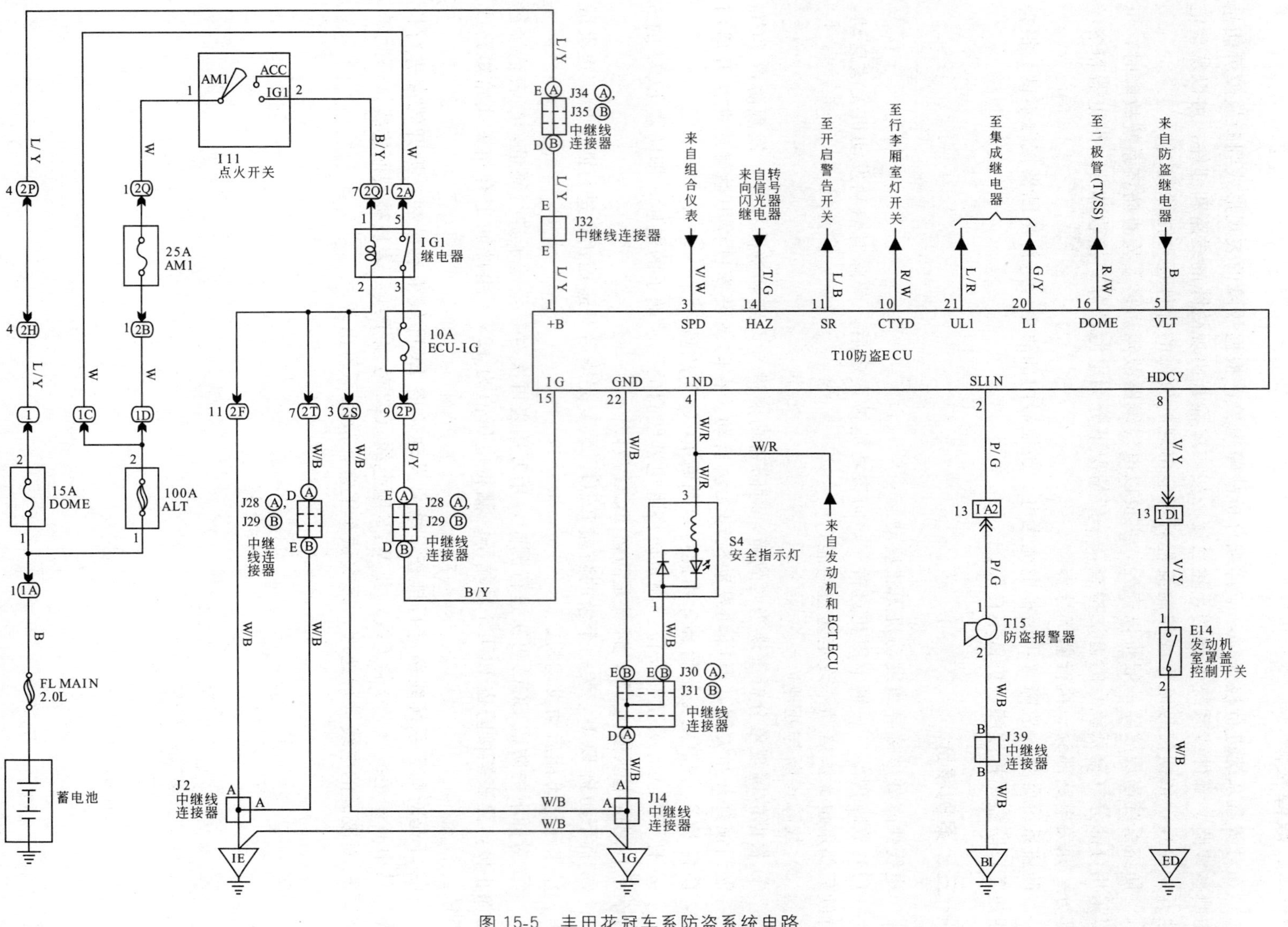

图 15-5 丰田花冠车系防盗系统电路

二、故障检修

在对防盗系统进行检修时，应详细分析故障现象，根据故障的表现形式判断故障可能是由哪些线路、部件或系统引起的，然后逐一按顺序检查出现故障的线路和部件，可以从蓄电池开始检查，依据信号流程或控制流程对可能出现的故障的部件逐一排除修复。

防盗系统出现故障一般难以查处，主要以电气线路故障居多。检查防盗系统故障时，可以采用分部分（分系统）的方法检查，一般情况下分为电源部分、接收部分、继电器和熔丝部分、开关电路部分、执行器部分等。

防盗系统常见的故障有：遥控电池无电、遥控器内部故障、电源熔断器接触不良、报警器故障、防盗主机故障、搭铁不良等。

三、案例精选

电线裸露处虚接导致发动机无法启动。

（1）故障现象　一辆丰田花冠轿车，防盗功能被设定后，解除时启动发动机无法启动，行驶后偶尔也无法启动不设定防盗功能。

（2）故障诊断与处理

① 根据故障现象分析重现当时故障，对防盗功能进行设定和解除操作，发现防盗 ECU 能控制门锁打开和关闭，但启动发动机却无法启动。在防盗设置过程中触碰或非法开启门锁，防盗 ECU 控制防盗报警器，由此可以判断 ECU 无故障。

② 打开点火开关至 ON 位，测量防盗继电器线圈的控制端子的电压，即防盗 ECU 的 5 号端子，测得电压值为 0V，怀疑是防盗 ECU 故障。

③ 拆下防盗 ECU，装一个新的防盗 ECU，装复完毕后对遥控钥匙进行匹配后，再次试车，结果还是不能启动发动机。

④ 对拆下的防盗 ECU 再次进行测量，用万用表再次对 5 号端子进行测量，红表笔接蓄电池正极，黑表笔接防盗 ECU5 号端子，测得电压值为 12V，由此断定有相关线路短路或搭铁。

⑤ 于是对防盗系统线路进行排查，结果发现防盗 ECU 线束有破裂，拆开线束进行检查，其中 B 颜色线（5 号端子线）和 W/B 颜色线（22 号端子线）表皮破裂而连线。

⑥ 对破裂的电线进行处理，再次试车正常，故障不再出现。

仪表系统电路分析、故障检修和案例精选

第一节　仪表系统组成原理、识图示例和故障检修

一、仪表系统概述

为了能使驾驶员随时掌握车辆各工作部位的运行状况，并能及时地发现和排除潜在的故障，在驾驶员座位前方的仪表板上安装了各种显示仪表用来显示车辆工作部位的运行状况和运行参数，包括仪表、指示灯和蜂鸣器等。在有些车辆上用显示屏代替显示仪表直接显示文字、图像等信息。

二、仪表系统的组成及原理

汽车仪表系统主要由安装在汽车上各部位的传感器、仪表板上的各种显示仪表和位于各控制单元中的仪表显示信号电路等组成。仪表显示电路通常由相应的传感器或控制单元中的仪表显示信号电路与仪表串联而成。在有的仪表上，为了使仪表工作更加稳定，在仪表显示电路中接有稳压器，保持仪表两端的电压稳定在 8.6～10V。

指示灯常用来指示系统的工作状况或发出警告。由于仪表板上的指示灯众多，为了便于区分常采用不同颜色的指示灯。绿色指示灯一般用于指示正常的工作状态，例如转向指示灯、电源指示灯等。红色指示灯一般用于发出警告或需要对系统进行检修，例如，机油压力过低警告指示灯、冷却液温度过高指示灯、发电机充电指示灯、ABS 报警指示灯等。橘黄色指示灯一般用于指示工况或发出警告，例如发动机故障指示灯、制动液液位低报警灯、制动摩擦片更换提示灯、驻车制动提示灯等。可以通过把点火开关置于“ON”位但不启动发动机来检查指示灯是否烧毁，此时，所有指示灯都应点亮。

三、仪表系统识图示例

桑塔纳 3000 系列轿车仪表板上主要有车速里程表、转速表、冷却液温度表、燃油表和 ABS 故障警告灯、制动装置警告灯、润滑油压力警告灯、冷却液液面警告灯及充电指示灯、远光指示灯、后窗加热器开关指示灯，另外还有雾灯开关、后窗加热器开关、危险报警闪光灯开关、空调开关，以及收放机、点烟器、杂物箱、电子钟、空调出风口等，如图 16-1 所示。

知识拓展

仪表板夜间显示采用导光装置、透过式标度盘和导光指针，照明清晰美观，富有立体感。该仪表板的主要特点是采用了薄膜印刷线路板，容易检查和发现故障，维修方便。

桑塔纳 3000 系列轿车组合仪表盘的组成如图 16-2 所示，电路图如图 16-3 所示。

组合仪表的技术参数如下。

① 标称电压　12V，DC。

② 电子车速里程表　传动比为 1∶975，指示速度为 20～220km/h，里程累计为 0～999999km，单程累计为 0～999.9km。

③ 电子转速表　满刻度频率为 233.3Hz，指示转速为 0～7000r/min。

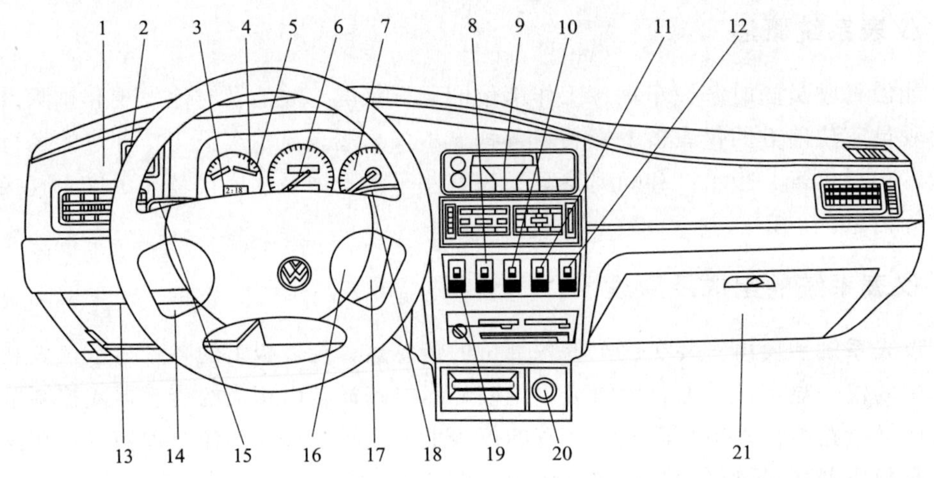

图 16-1　仪表板

1—出风口；2—灯光开关及仪表板照明调节器；3—电子钟；4—冷却液温度表和燃油表；5—信号灯；6—车速里程表；7—转速表；8—后窗加热器开关；9—收放机；10—危险报警闪光灯开关；11—防盗装置指示灯；12—ABS 指示灯；13—熔丝护板壳；14—阻风门拉钮（电喷发动机无此拉钮）；15—转向信号灯及变光拨杆开关；16—喇叭按钮；17—转向器锁/点火开关；18—风窗刮水器及清洗器拨杆开关；19—雾灯开关；20—点烟器；21—杂物箱

④ 温度表　指示温度为 70～130℃，高温报警为 124℃（红色报警灯闪亮）。

⑤ 燃油表　指示油箱燃油的量，指示的刻度为 0～1/2～1（油箱容积）。当油箱内剩油量只有 9L 左右时，橙色警告灯发亮。

⑥ 低油压报警开关　常闭式，压力报警值为 0.03MPa；常开式，压力报警值为 0.18MPa。

⑦ 电子液晶数显钟　4 位 7 段，显示时、分，中间二点不闪动。具有 12 小时和 24 小时两种时制，可任意选择。

⑧ 组合仪表的质量为 1.23kg。

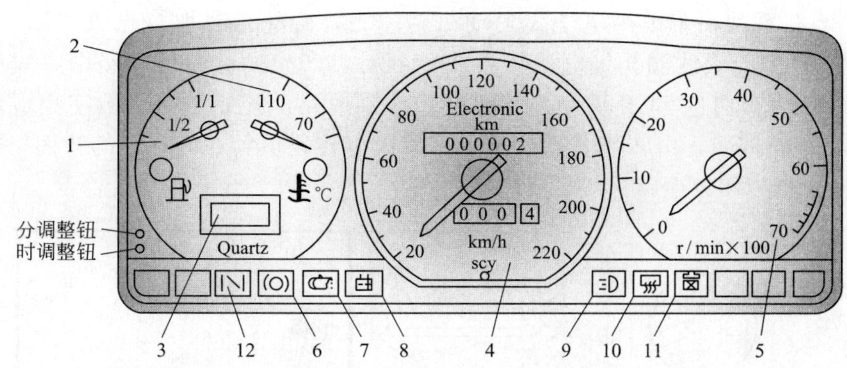

图 16-2 组合仪表盘的组成

1—燃油表；2—冷却液温度表；3—液晶电子钟；4—电子车速里程表；5—电子转速表；6—制动装置警告灯；7—机油压力警告灯；8—充电指示灯；9—远光指示灯；10—后窗加热器开关指示灯；11—冷却液液面警告灯；12—阻风门指示灯

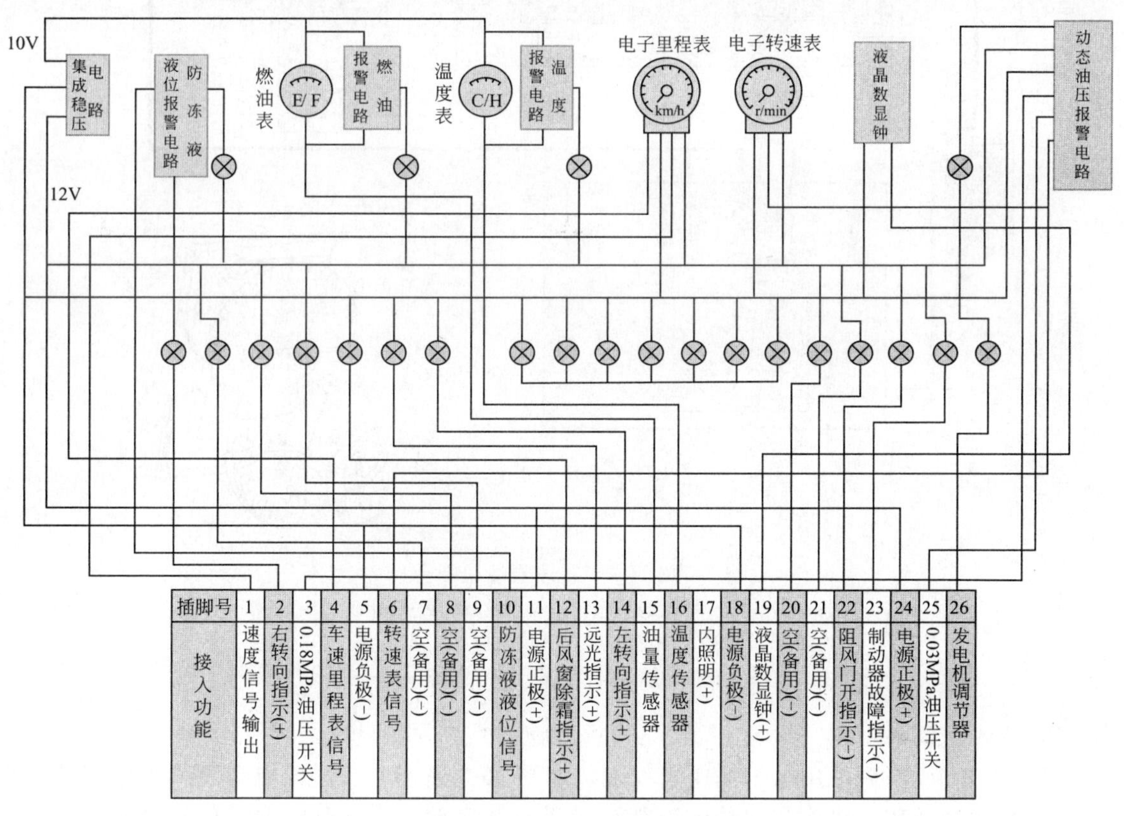

插脚号	1	2	3	4	5	6	7	8	9	10	11	12	13	14	15	16	17	18	19	20	21	22	23	24	25	26
接入功能	速度信号输出	右转向指示(+)	0.18MPa油压开关	车速里程表信号	电源负极(-)	转速表信号	空(备用)(-)	空(备用)(-)	空(备用)(-)	防冻液液位信号	电源正极(+)	后风窗除霜指示(+)	远光指示(+)	左转向指示(+)	油量传感器	温度传感器	内照明(+)	电源负极(-)	液晶数显钟(+)	空(备用)(-)	空(备用)(-)	阻风门开指示(-)	制动器故障指示(-)	电源正极(+)	0.03MPa油压开关	发电机调节器

图 16-3 组合仪表盘的电路图

⑨ 传感器的主要技术参数 电子车速里程表转速传感器的方榫轴每转输出的脉冲为 6 个。电子转速表用的传感器，是利用发动机点火系中插头输出脉冲信号而工作的，其波形为尖脉冲，幅度为 165V±15V。

1. 转速表

桑塔纳 3000 系列轿车采用电子式发动机转速表，转速信号取自点火线圈“—”端子，如图 16-4 所示。当点火线圈初级电流接通或切断时，产生的脉冲信号经中央线路板、仪表盘印刷电路、仪表盘白色 14 孔插座进入转速表控制电路。控制电路为数字集成电路，脉冲信号经集成电路处理后，由转速表指针指示出发动机转速值。在转速表的背面，有一个黑色 3 孔插座，该插座与印制电路连接。

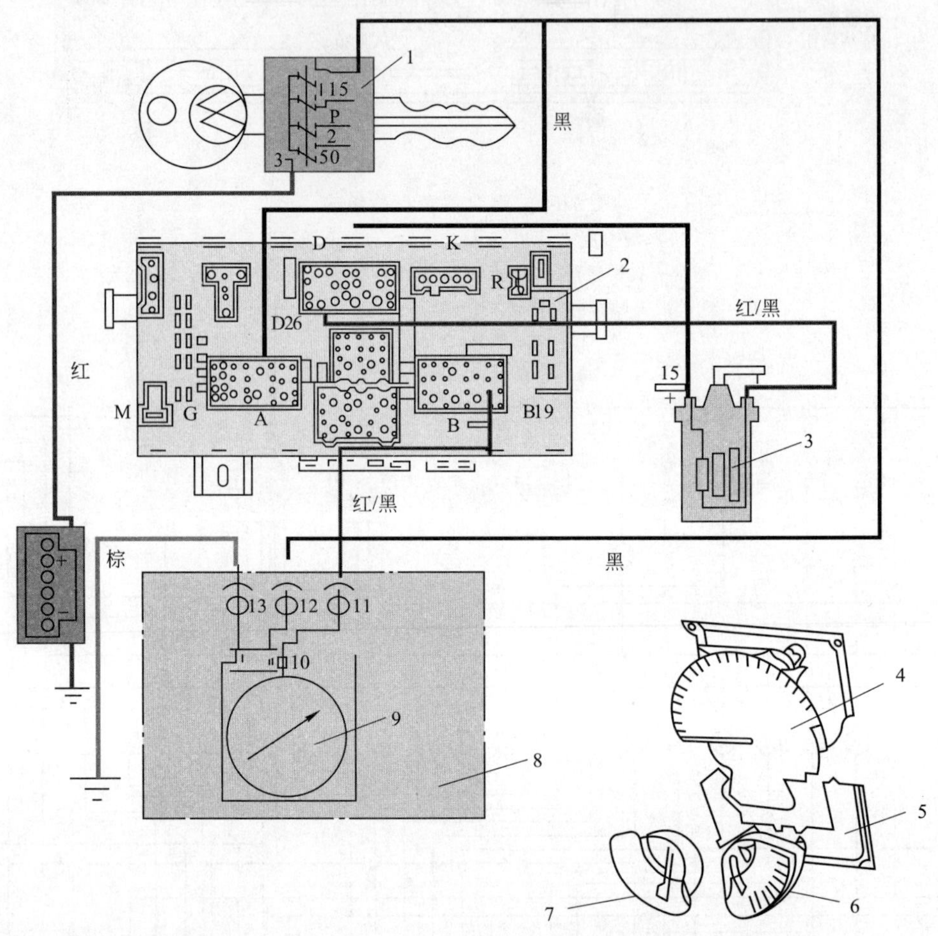

图 16-4 转速表接线图

1—点火开关；2—中央线路板；3—点火线圈；4—转速表；5—支架；6—燃油表；7—冷却液温度表；8—仪表板；9—转速表；10—黑色 3 孔插座；11—14 孔白色插座；12—14 孔黑色插座；13—14 孔白色插座

2. 车速里程表

桑塔纳 3000 系列采用电子车速里程表，如图 16-5 所示。它主要由动圈式车速测量机构 8、行星齿轮减速传动机构带动的十进制记录里程数字轮 4、处理与速度有关的脉冲信号用线路板组合 5、接收与速度有关的霍尔型转速传感器以及步进电动机 6 等组成。

电子里程表是以动圈式测量机构指示车速、步进电动机通过行星齿轮系减速数字轮记录里程，安装在变速器后部的车速传感器将车速转化为脉冲信号，经由电子元器件组成的电路处理后，输出电流驱动动圈式测量机构，带动指针偏转一定的角度。由于车速传感器产生的

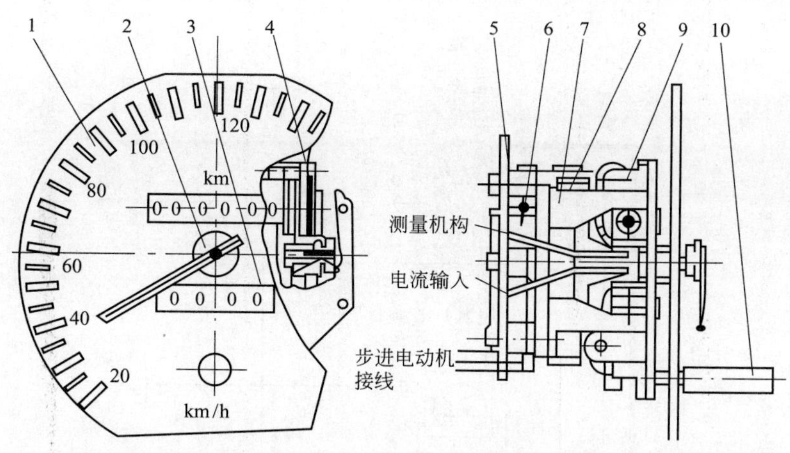

图 16-5 电子车速里程表

1—刻度盘；2—指针组合；3—里程计数器；4—行星齿轮系；5—线路板组合；6—步进电动机；7—座架；8—动圈式测量机构；9—计数器组合；10—日程复位机构

脉冲频率经电路处理后，与输出的电流相对应，因此指针指示相应的车速，而里程记录是将输入的脉冲频率，由电路分频处理后，驱动步进电动机，经行星齿轮减速分别累计里程及日程里程。

3. 燃油表

桑塔纳 3000 系列轿车采用电热式燃油表，燃油表传感器为滑动电阻式，如图 16-6 所示。燃油表与冷却液温度表及其指示灯共用一个稳压电源，仪表工作电压为 9.5～10.5V。

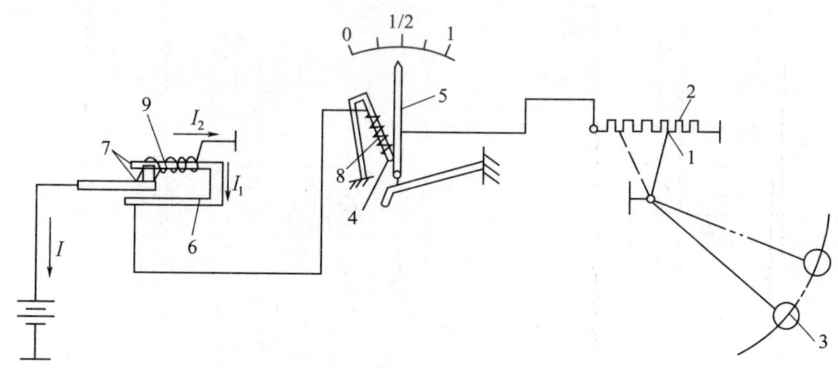

图 16-6 电热式燃油表

1—滑动接触片；2—可变电阻；3—浮子；4—双金属片；5—燃油表指针；6—稳压器双金属片；7—触点；8—燃油表电阻丝；9—稳压器电阻丝

电流自蓄电池经稳压器的双金属片 6、燃油表电阻丝 8、燃油表传感器的可变电阻 2 和滑动接触片 1，最后回到蓄电池。当燃油箱中的油面高度和浮子 3 处于最低置时，滑动接触片 1 位于可变电阻 2 的右端，此时电阻最大（560Ω）而电流最小，电阻丝 8 散发的热量也最少，使得双金属片 4 产生较小的变形，指针 5 处于“0”位；反之，当燃油箱中的油加满时，电阻最小（50Ω）而电流最大，指针移至燃油表最右端的“1”位。

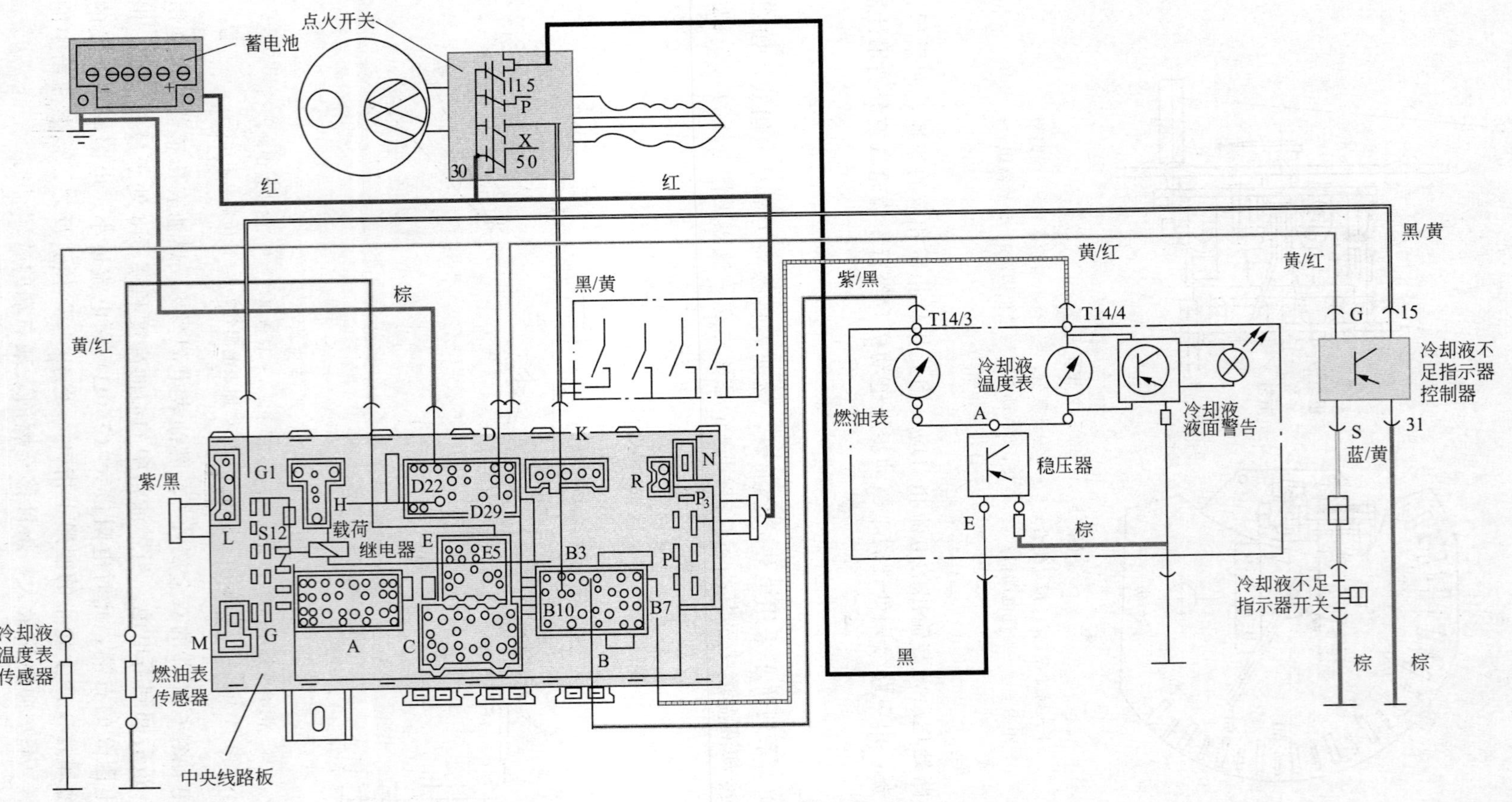

图 16-7 燃油表、冷却液温度表等的接线图

如图 16-7 所示，燃油表传感器上有一根棕色导线接地，变阻信号经紫/黑色导线进入中央线路板 E5 接点，通过中央线路板内部结构与 B3 接点相导通，经紫/黑色导线经过仪表板白色 14 孔插座进入仪表板印刷线路板与燃油表连接，燃油表电源由稳压器输出端 A 供给。

4. 冷却液温度表

桑塔纳 3000 系列轿车冷却液温度表（俗称水温表）属于电热式，与燃油表共用一个稳压器。冷却液温度表的工作电压在 9.5～10.5V。

如图 16-8 所示，冷却液温度表传感器 6（水温表传感器）为负温度系数热敏电阻，当发动机冷却液温达到 115℃左右时，水温表传感器阻值为 62Ω，此时冷却液温度表指示满刻度，同时冷却液液面警告灯应闪光报警。当发动机冷机时，电阻值在 500Ω 左右，冷却液温度指针指向低位刻度。双金属片 2 因热变形而带动指针 3 转动，而变形量取决于流经双金属片上电阻丝电流的大小。

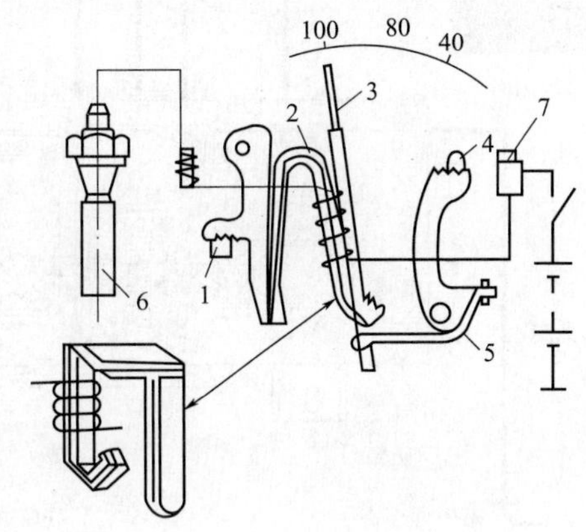

图 16-8 电热式冷却液温度表

1,4—调整齿扇；2—双金属片；3—水温表指针；5—弹簧片；6—水温表传感器；7—稳压器

水温表传感器外壳直接接地，其上有一黄/红色导线进入中央线路板接点 D29，在中央线路板内部与接点 B7 相导通，而经与接点 B7 相连接的黄/红色导线通过仪表板处白色 14 孔插座送入仪表板印刷线路板与冷却液温度表连接，还经与接点 B7 相连接的黄/红色导线与冷却液不足指示器控制器 G 相连接。冷却液不足指示器控制器 15 接受开关控制的电源，它可从位于中央线路板 8 号位的减荷继电器（又称中间继电器）上获得。经中央线路板接点 G1，由黑/黄色导线与控制器的 15 端子相连接，而控制器 S 端子经蓝/黄色导线串接冷却液不足指示器开关后接地，控制器 31 端子由棕色导线搭铁。

5. 润滑油压力指示系统

桑塔纳 3000 系列轿车的润滑油（机油）压力指示系统，由低压油压开关、高压油压开关、油压检查控制器、润滑油压力警告灯等组成。当发动机工作时，用于指示润滑系主油道中机油压力的大小。润滑油压力指示系统的接线图如图 16-9 所示。

低压油压开关为常闭型开关，安装在发动机缸盖上，当油压低于 0.03MPa 时，开关闭合；当油压高于 0.03MPa 时，开关打开。高压油压开关为常开型开关，安装在机油滤清器支架上，当油压高于 0.18MPa 时，开关闭合；当油压低于 0.18MPa 时，开关打开。油压检查控制器安装在车速里程表框架上，机油压力警告灯安装在仪表板上。当点火开关接通后，该警告灯即闪亮，发动机启动后，该灯应熄灭。如车辆在行驶时该灯仍然发亮或闪烁，表明发动机润滑系统发生故障。

高压油压开关上蓝/黑色导线进入中央线路板 D1 接点，通过中央线路板内部结构，与接点 A4 相接通。蓝/黑色导线从接点 A4 出发，通过仪表板 14 孔黑色插座进入印刷线路板，继而进入油压控制器端子 5，送入高压油压信号。

低压油开关上黄色导线进入中央线路板接点 D21，通过中央线路板内部结构，与接点 B15 相接通。黄色导线从接点 B15 出发，通过仪表板 14 孔黑色插座进入印刷线路板，继而

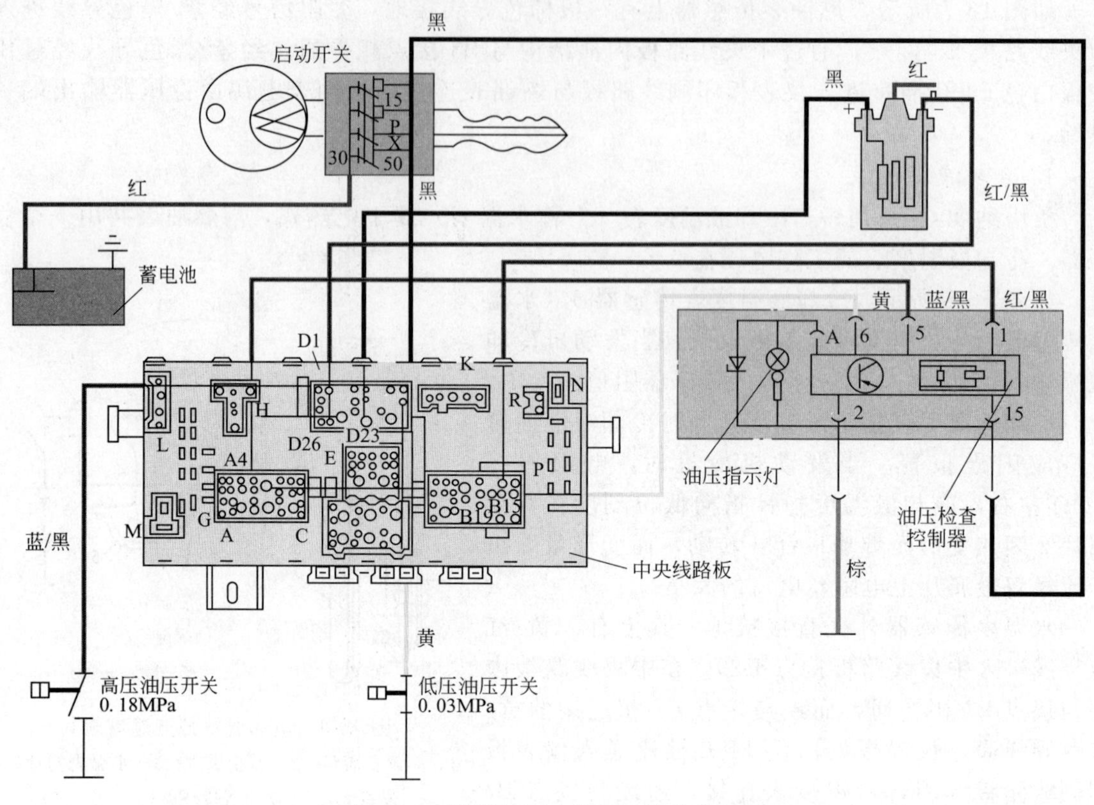

图 16-9 润滑油压力指示系统接线图

进入油压控制器端子 6，送入低压油压信号。

点火线圈“—”接线柱上红/黑色导线进入中央线路板接点 D26，通过中央线路板内部结构，与接点 B19 相接通。红/黑色导线从接点 B19 出发，通过仪表板 14 孔白色插座进入印刷线路板，继而进入油压检查控制器端子 1，送入转速信号。

四、故障检修

仪表系统的常见故障与排除如表 16-1 所示。

表 16-1 仪表系统常见故障与排除

常见现象	原因	排除方法
转速表工作不正常或停止工作	转速表背面的黑色 3 孔插座接触不良 仪表板上的印刷线路板断路 转速表连接导线松脱、接头损坏	检查、修理插座 修理或更换印刷线路板 修理或更换导线
燃油表不工作	燃油表与传感器之间的连接线路断路或接触不良 传感器损坏 稳压器(与水温表共用)损坏	修理或更换导线 修理或更换传感器 更换稳压器

续表

常见现象	原因	排除方法
燃油表指针跳跃或停留在某一刻度上	传感器内部滑动接触片触头与可变电阻接触不良 可变电阻损坏	清洗、修理传感器 更换传感器
冷却液温度表不工作或指示不正确	水温传感器表面有水垢 稳压器输出电压不正常 导线接触不良	清除水垢或更换传感器 用万用表或替换片检查 检查、修理导线
冷却液不足警告灯不工作	冷却液不足指示器开关损坏 冷却液不足指示器控制器损坏	检查开关内是否有水和黑色的插脚是否有横向裂纹，如有应更换开关 检查印刷线路板上 14 号位上的冷却液不足指示器控制器，如腐蚀严重应更换
接通点火开关时机油压力指示灯不亮或发动机转速低于 2000r/min 时油压指示灯闪亮	低压油压开关损坏连接导线断路、接触不良 连接导线断路、接触不良 油压检查控制器损坏	0.015～0.045MPa 检查时，测试灯不熄灭，应更换低压油压开关 拔下低压油压开关的黄色导线并搭铁油压指示灯不亮，修理或更换中间导线 拆下仪表板，从油压检查控制器端子 5 处引一根导线搭铁，油压指示灯闪亮，更换油压检查控制器
发动机转速高于 2000r/min 时油压指示灯闪亮	低压油压开关损坏 高压油压开关损坏 油压检查控制器损坏	更换低压油压开关 转速高于 2000r/min 高压油压开关仍打开，应更换高压油压开关 更换油压检查控制器

具体的故障检查步骤如下。

1. 转速表工作不正常或停止工作

首先检查转速表背面的黑色 3 孔插头与插座接触是否良好及电压是否正常。3 个端子的连接情况分别为：端子 a 为电源负极，与仪表盘 14 孔白色插座上的棕色导线连接后搭铁（仪表盘上所有搭铁点均由棕色导线汇集在一起，并用胶布包扎后连接在仪表盘 14 孔白色插座的一个端子上，再由棕色导线引到仪表线路的搭铁端子上）；端子 b 为电源正极，经 14 孔黑色插座与点火开关“15”连接，点火开关接通时，b 端子上的电压应等于电源电压，如电压为零，则检测仪表盘 14 端子黑色插座上的导线有无电压（仪表盘上所有电源均从点火开关端子 15 经黑色导线引入）；端子 c 为信号输入端子，与仪表盘 14 孔白色插座上的红/黑色导线连接；可用万用表检测 c 端子上有无信号电压。

如果 3 孔插座上各端子上的电压正常，说明线路良好，故障发生在转速表，应予以维修或更换。如果连接导线松脱，应重新拧紧；连接处接触不良，应去除污锈。如果发现接头损坏，应进行修理或更换。

2. 燃油表不工作

① 首先断开点火开关，检查燃油表传感器至中央线路板及中央线路板至仪表盘之间的导线是否断路或短路。

② 判定故障发生在哪一个部件。如线路导线良好，说明仪表电路的零部件有故障，此时需要判断故障发生在仪表稳压器还是指示表或传感器。拆下仪表盘，然后接通点火开关，检测仪表稳压器端子 A 与端子 B 之间的输出电压，正常值应为 9.5～10.5V。如稳压器输出电压低于 9.5V 或高于 10.5V 或无输出电压，则需更换稳压器；如稳压器输出电压正常，说明故障发生在燃油指示表或传感器。

区别指示表与传感器故障的一般方法是用外接电阻代替传感器电阻进行检测判别。具体方法是：拆下传感器信号输出端子上的导线，当连接 50Ω 电阻时，指示表应当指示在油箱加满位置；当连接 560Ω 电阻时，指示表应当指示在油箱无油位置。如指示表指示正确，说明传感器有故障，否则说明燃油指示表故障，应予维修或更换。

③ 维修传感器故障时，可根据油箱的储油量，检测燃油传感器的阻值是否与上述标准值相符。如与标准值不符，则需更换传感器。

3. 燃油表指示不正常

当燃油指示表出现指针跳动或停留在某一刻度不动时，一般是由于传感器内部滑动接触片与可变电阻接触不良或变阻器氧化、锈蚀所致，维修时更换燃油传感器即可。

4. 冷却液温度表指示不正常

① 检查稳压器的电源电压，应在 9.5～10.5V，否则应更换稳压器。

② 检查冷却液温度传感器与中央线路板接点 D29 的导线应导通，中央线路板接点 D29 与 B7 之间应导通，接点 B7 与仪表板上的白色 14 孔插头（T14/4）应导通。

③ 冷却液温度传感器表面若有水垢，应清除。

5. 冷却液温度表不工作

检查冷却液温度表是否损坏可用外接电阻的方法。用给定的电阻值代替传感器，检查冷却液温度表指针的偏转是否与标定情况一致。如果不一致，或者没有指示，在连接导线良好、稳压器输出正常的情况下，故障在冷却液温度表上。如果外接给定的电阻后，冷却液温度表指示正常，则故障在传感器，应检查、更换传感器。

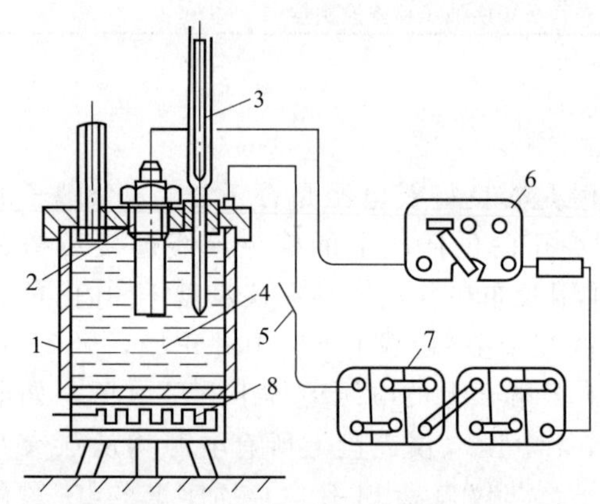

图 16-10　检查冷却液温度表传感器

1—加热槽；2—被试传感器；3—水银温度表；4—热水；5—开关；6—标准冷却液温度表；7—蓄电池；8—加热电炉

如图 16-10 所示为冷却液温度表传感器的检查方法：将冷却液温度表传感器 2 和温度表 3 放在加热的水槽 1 中，用标准冷却液温度表 6 测试，当加热到 115℃时，测其电阻应为 62Ω；当温度低于 49℃时，其电阻值应为 500Ω。

冷却液温度表指针偏斜的调整：当 100℃时指针不准，可拨动左调节板进行调整；当 40℃不准时，可拨动右调节板进行调整。

6. 冷却液不足警告灯不工作

① 若冷却液不足指示器开关（此开关安装膨胀水箱上）损坏，检查时仍需观察膨胀水箱上的凹沟内是否积水。拔下指示器开关上的电线插头，检查电线插孔内是否有水，开关的两黑色检查脚上是否有横向裂纹。如果发现有上述情况，应更换冷却液指示器开关。

② 若冷却液不足指示器控制器损坏，应立刻检查中央线路板及线路板上 14 号位的冷却液不足指示器控制器，观察其是否因冷却水造成腐蚀。如果腐蚀程度较轻，可进行检查、清

洁工作；如果腐蚀严重，应更换控制器。

7. 接通点火开关时（发动机未启动），机油压力指示灯不亮

拔下低压油压开关黄色导线插头并搭铁。如油压指示灯闪亮，说明低压油压开关损坏，应予更换新品；如油压指示灯仍不闪亮，则应拆下仪表盘，并用导线将油压检查控制器上的端子 6 搭铁。如果此时油压指示灯闪亮，说明端子 6 至低压油压开关之间的电路断路；如果油压指示灯仍不闪亮，则需检查油压指示灯和仪表盘印刷电路是否良好。油压指示灯发光二极管为闪动型二极管，当正向电压大于 1.5V 时，便能闪动发光。如果二极管良好，说明故障发生在油压检查控制器，应予更换新品。

8. 发动机低速运转时，油压指示灯闪亮

当发动机运转时，如果润滑油压力低于 30kPa，低压油压开关触点就保持闭合状态，油压指示灯就会发亮，蜂鸣器也会发响，警告驾驶员及时检查排除故障。

知识拓展

当发动机转速低于 2150r/min 时，如果油压指示灯闪亮，可在发动机润滑油压力正常的前提下，拔下低压油压开关黄色导线插头。如果此时油压指示灯熄灭，说明低压油压开关触点仍处于闭合状态（触点烧结），应予更换新品。

9. 发动机高速运转时，油压指示灯闪亮

在正常情况下，当发动机转速高于 2150r/min 时，油压指示灯应不闪亮，蜂鸣器应不发响；当拔下高压油压开关蓝/黑色导线插头时，油压指示灯应闪亮，蜂鸣器应发响。如果未拔高压油压开关蓝/黑色导线播头时，油压指示灯闪亮，蜂鸣器发响，则说明油压指示系统有故障。

在润滑油压力正常的前提下，先检查发动机转速高于 2150r/min 时，低压油压开关触点是否断开。可将低压油压开关导线插头拔下，用万用表电阻挡检测油压开关接线插座端子与发动机缸体间的阻值进行判断，阻值为零说明触点闭合，阻值为无穷大说明触点断开。如低压油压开关触点仍闭合，说明低压油压开关损坏，应予更换。

再检查发动机转速高于 2150r/min 时，高压油压开关触点是否闭合，检查方法与检查低压油压开关相同。如高压油压开关触点仍为断开状态，说明高压油压开关损坏，应予更换新品。

知识拓展

如果高、低压油压开关均正常，则应拆下仪表盘，用导线将油压检查控制器端子 5 搭铁继续检查。如果此时油压指示灯仍不闪亮，蜂鸣器仍不发响，说明油压检查控制器故障，应予维修或更换；如果此时油压指示灯不闪亮，蜂鸣器也不发响，说明油压检查控制器端子 5 至高压油压开关之间线路断路，应予维修。

10. 发动机高速运转时，蜂鸣器发响

当发动机转速高于 2150r/min 时，拔下高压油压开关蓝/黑色导线插头，蜂鸣器应发响。

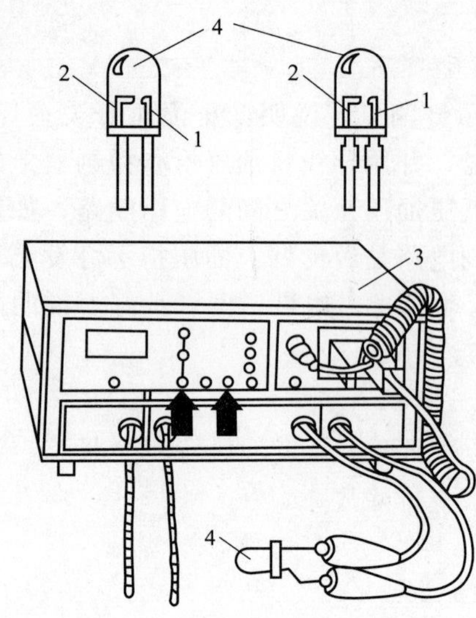

图 16-11　发光二极管的测试
1—发光二极管正极；2—发光二极管负极；
3—数字万用表；4—发光二极管

如果蜂鸣器不发响，则说明点火线圈信号电路或油压检查控制器有故障。检查排队故障时，拆下仪表盘，用万用表检测油压检查控制器信号输入端子 1 有无电压。如有信号电压，说明油压检查控制器故障，应予维修或更换；如无信号电压，说明信号输入端子 1 至点火线圈端子之间断路或接触不良。

11. 油压指示灯不亮

当点火开关接通，发动机未启动时，油压指示灯应闪亮。如油压指示灯不亮，则应检查发光二极管是否损坏及其电路是否断路。指示灯电路为：电源正极→点火开关端子 30→点火开关触点→点火开关端子 15→黑色导线→仪表盘 14 孔黑色插座端子 14→降压电阻→油压指示灯→油压检查控制器端子 A→油压检查控制器内部电路→油压检查控制器端子→仪表盘 14 孔黑色插座端子 2→棕色导线搭铁回到电源负极。

如图 16-11 所示，用数学式万用表 3（V、A、G1315A）检测发光二极管 4 的技术状态。红色导线夹接二极管的正极（＋），黑色导线夹接发光二极管的负极（－）。此时要分清，发光二极管的外壳上有一棱边 1 处的电极为负极，发光二极管的外壳内较大的极 2 为正极。当通过正向电压 1.7V 时，二极管应闪亮。

第二节　一汽丰田花冠车系组合仪表系统电路分析、故障检修和案例精选

一、电路分析

一汽丰田花冠车系组合仪表系统电路电路如图 16-12 所示。

汽车组合仪表系统的作用是为了了解汽车主要部件的工作情况，及时发现和排除出现的故障，通过各种传感器监测车辆出现的不正常情况，并通过各种警告灯和指示灯告知驾驶员。

组合仪表包括用于定量、指示车辆行驶、发动机状态等参数的车速里程表、发动机转速表、发动机机油压力表、发动机冷却液温度表等。此外，还包括一些警告和提示信号灯的充电指示灯、手制动未放报警灯、阻风门未回位报警灯、转向指示灯、前照灯状态指示灯等。其主要部件还包括面罩、边框、表芯、印刷电路板、插接器等。

1. 组合仪表供电电路

蓄电池正极→易熔丝 FL　MAIN2.0L→连接器 1A 的 1 号端子→15A 熔丝 DOME→1 号继电器盒→连接器 2H 的 4 号端子→连接器 2P 的 4 号端子→J34Ⓐ、J35Ⓑ中继电器连接器→组合仪表 A5 端子供电。

当点火开关位于 IG1 时，组合仪表 A4 端子供电的控制电路：蓄电池正极→易熔丝 MAIN2.0L→连接器 1A 的 1 号端子→100A 易熔丝 2.0L→连接器 1D 的 1 号端子→连接器 2B 的 1 号端子→25A 熔丝 AM1→连接器 2Q 的 1 号端子→点火开关 AM1 端子→点火开关

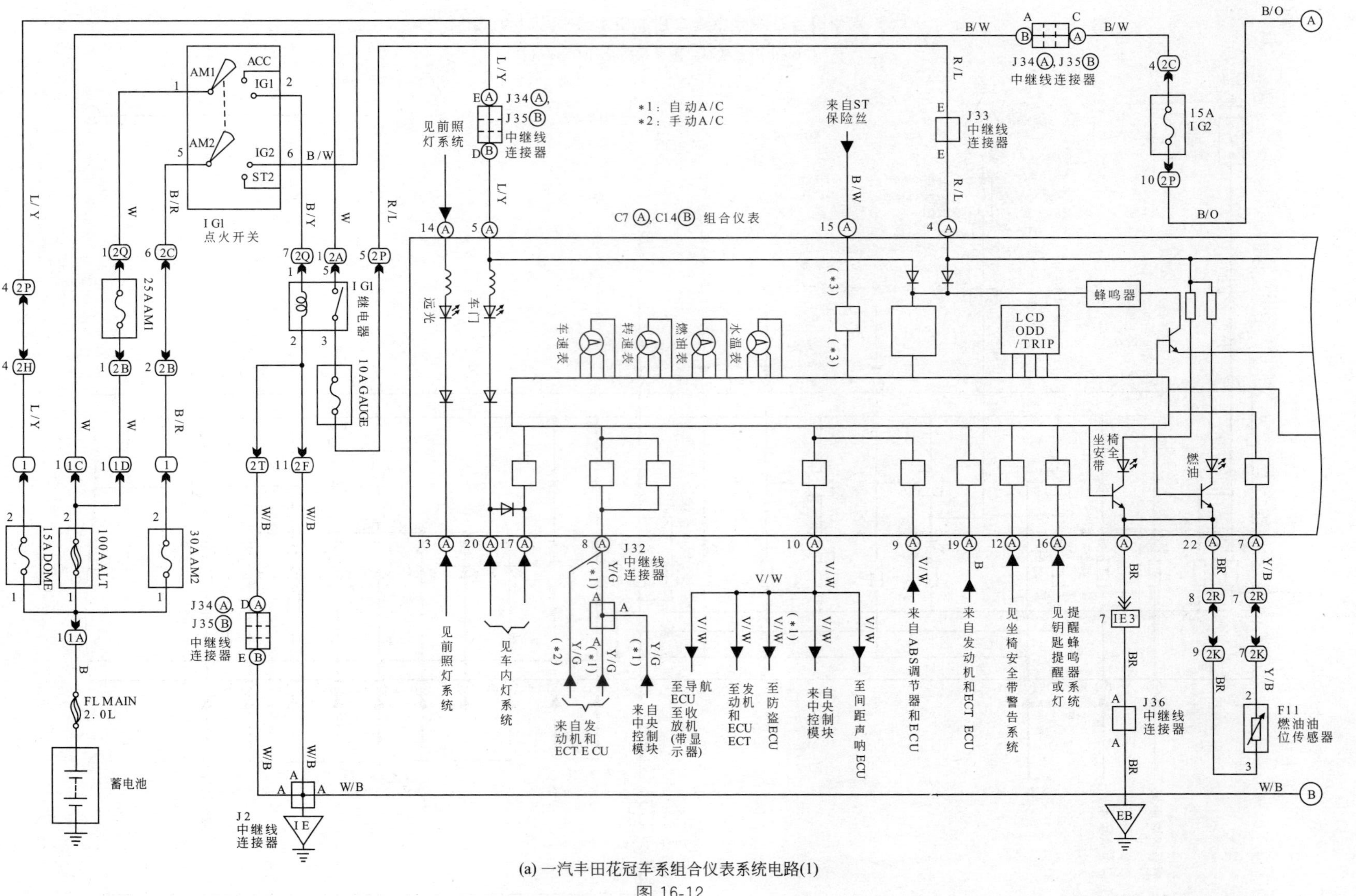

(a) 一汽丰田花冠车系组合仪表系统电路(1)

图 16-12

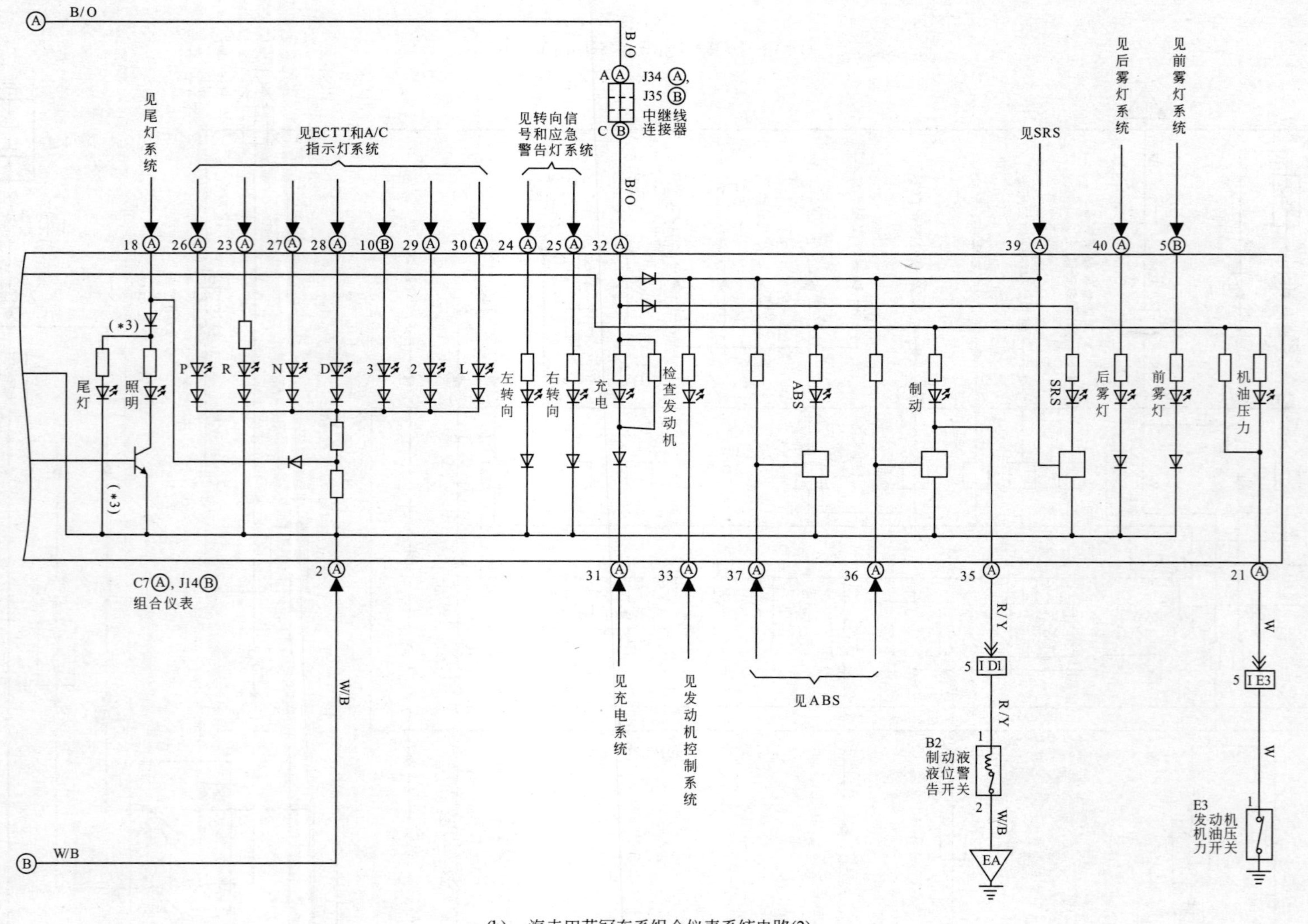

(b) 一汽丰田花冠车系组合仪表系统电路(2)

图 16-12　一汽丰田花冠车系组合仪表系统电路

IG 端子→连接器 2Q 的 7 号端子→IG1 继电器在 1 号端子→IG1 继电器线圈→IG1 继电器 2 号端子，一路经连接器 2F 的 11 号端子→IE 端搭铁→蓄电池负极；另一路经连接器 2T→组合仪表 A2 端供电。此时线圈得电，IG1 继电器的 3 号、5 号端子接通。组合仪表 A4 端子供电的主电路：蓄电池正极→易熔丝 FL MAIN2. 0L→连接器 1A 的 1 号端子→100A 易熔丝 2. 0L→连接器 1C 的 1 号端子→连接器 2A 的 1 号端子→IG1 继电器 5 号端子→IG1 继电器 3 号端子→10A 熔丝 GAUCE→连接器 2P 的 5 号端子→J33 中继线连接器→组合仪表 A4 端子供电。

当点火开关位于 IG2 时，蓄电池正极→易熔丝 FL MAIN2. 0L→连接器 1A 的 1 号端子→30A熔丝 AM2→1 号继电器盒→连接器 2B 的 2 号端子→连接器 2C 的 6 号端子→点火开关 AM2 端子→点火开关 IG2 端子→J34Ⓐ、J35Ⓑ中继线连接器→连接器 2C 的 4 号端子→15A熔丝 IG2→连接器 2P 的 10 号端子→组合仪表 A32 端子供电。

2. 组合仪表信号电路

组合仪表 A14 端子输入前照灯信号；组合仪表 A17、A20 端子输入车内灯信号；组合仪表 A12 端子输入安全带警告信号，当未系安全带时，警告灯亮；组合仪表 A7、A22 端子外接燃油油位传感器，当燃油量低于警戒线时，组合仪表中的低油量警告灯亮起；组合仪表 A31 端子输入充电指示信号；组合仪表 A33 端子输入发动机故障指示信号；组合仪表 A35 输入制动液液位警告开关信号；组合仪表 A21 输入发动机机油压力开关信号。

二、故障检修

对于汽车组合仪表系统的检查，当有需要拆装仪表板的操作时，要注意以下几种情况。

① 在进行组合仪表的拆装时，首先断开蓄电池负极电线，防止扩装过程中触碰仪表后边线束，造成短路烧坏电器。

② 拆卸仪表面板时应注意其隐蔽螺钉；对线束插接器的拆卸应注意其锁止机构，不应强拆。

③ 拆卸仪表表芯、指示灯和警告灯时，小心印刷电路板的损坏。

④ 更换仪表表芯或传感器时，不应敲打表芯或传感器，必须使仪表与传感器配套。

⑤ 某些传感器在安装时应注意方向性。

1. 车速里程表的检修

车速里程表常见故障有：示值不准、指针不动、里程表计数器数字轮发卡、指针不稳等。

（1）示值不准 可用车速表检查台对车速表的误差进行测试。当车速表检测台速度指示仪表的指示值为 40km/h 时，读取车速表的指示值读数应在 40～48km/h，否则表示有故障。

（2）指针不动 在车辆行驶过程中，若车速表不动，应首先检查表驱动与软轴轴头端及变速箱输出端是否安装到位。若安装未出现不妥，可是软轴轴头被磨损或已折断，还有可能为表针轴缺油等，应检查以上几种情况。

2. 水温表及传感器的检修

水温表常见故障有：示值不准、指针不动、指针达到最大极限等。

示值误差：引起误差的常见原因有稳压器失去稳压作用或传感器失效。通过万用表测量电压，判断故障所在。

三、案例精选

搭铁不良引起冷却液温度指示过高

(1) 故障现象 一辆丰田花冠轿车，仪表板冷却液温度表指示过高（已达红线位置），冷却液温度指示灯报警。

(2) 故障诊断与处理

① 启动发动机，使发动机达到热机状态，取一支温度计测量发动机此时的冷却液温度。测得的冷却液温度正常，由此推测故障可能为冷却液温度表电路。

② 先对冷却液温度感应塞和电阻线换新，再次观察故障依旧。

③ 对冷却液温度感应塞和仪表板的线路进行测量，并未发现断路或短路等其他故障。

④ 怀疑可能是冷却液温度表的故障，更换一个新的冷却液温度表，故障依旧。

⑤ 决定对仪表板内部线路检查，于是拆开仪表板，在拆卸过程中，发现温度表指针动了一下，而仪表灯亮度弱。

⑥ 检查仪表板线路，仪表板电路中有一处搭铁松动，对其进行固定，装复所有元件，故障排除。

第三节 别克新凯越车系组合仪表系统电路分析、故障检修和案例精选

一、电路分析

上海通用别克新凯越车系组合仪表系统电路如图 16-13 所示。

新凯越轿车的仪表采用的也是组合仪表。其通过各种传感器监测车辆出现的不正常情况，并通过各种警告灯和指示灯告知驾驶员。新凯越轿车的组合仪表系统包括车速表、转速表、温度表、燃油压力表、ABS 警告灯、燃油警告灯、蓄电池充电指示灯、驻车制动器指示灯、机油压力警告灯、转向指示灯、危险警告指示灯等。

新凯越轿车组合仪表的供电电路和信号电路分析如下。

1. 供电电路

蓄电池正极→持续通电→发动机熔断器盒 15A 熔丝 EF19→连接器 C102 的 8 号端子→连接器 C202 的 45 号端子→组合仪表 A18 端子，供电给组合仪表微处理器。

当发动机运行和启动时，蓄电池正极→运行和启动时通电→连接器 C201 的 30 号端子→仪表板熔断器 10A 熔丝 F4→连接器 C201 的 31/32 端子→组合仪表 A19/B15 端子。供电给组合仪表微处理器以及燃油警告灯、发动机故障指示灯、ABS 警告灯、驻车制动指示灯、蓄电池充电指示灯、安全气囊警告灯、机油压力警告灯、安全带未系警告灯。

当大灯点亮时，蓄电池正极→灯亮时通过→10A 熔丝 EF28→连接器 C101 的 10 号端子→连接器 C202 的 39 号端子→组合仪表 A22 端子。

2. 信号电路

组合仪表 A17 端子，输入左转向开关信号和危险警告灯开关信号的“+”信号，组合仪表 B11 端子输入右转向灯开关信号和危险警告灯开关信号的“+”信号，组合仪表 B17 端子输入危险警告灯开关信号的“+”信号，组合仪表 B9 端子接收前照灯开关远光信号；组合仪表 B19 端子输入前雾灯开关信号；组合仪表 A11 端子输入安全带开关信号；组合仪

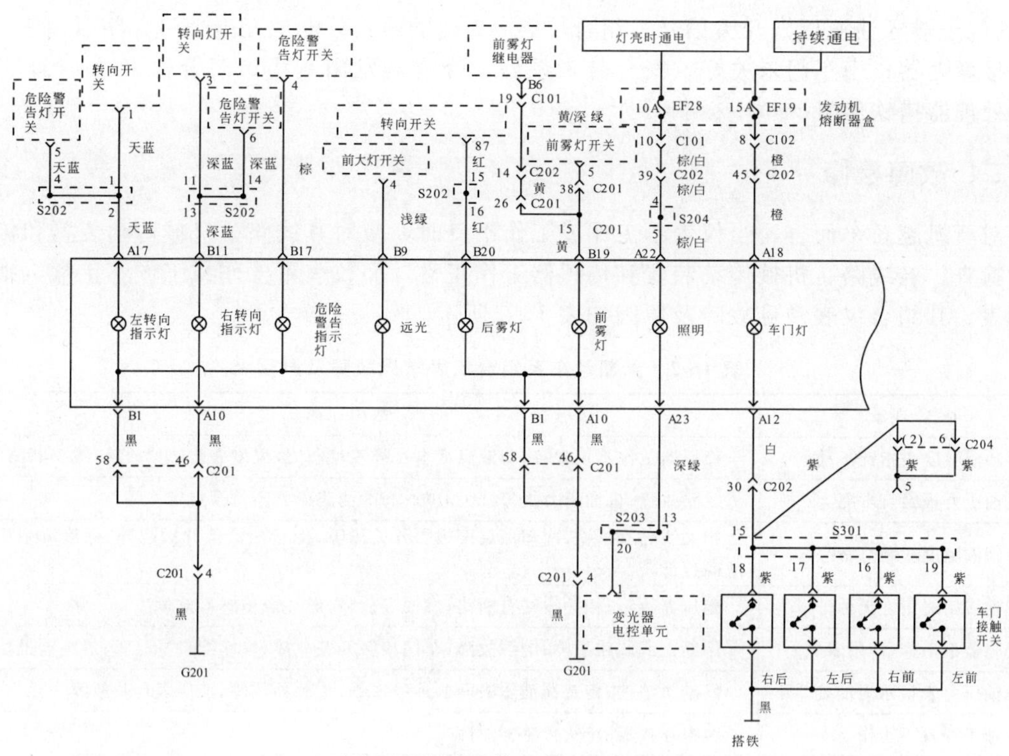

(a) 上海通用别克新凯越车系组合仪表系统电路(1)

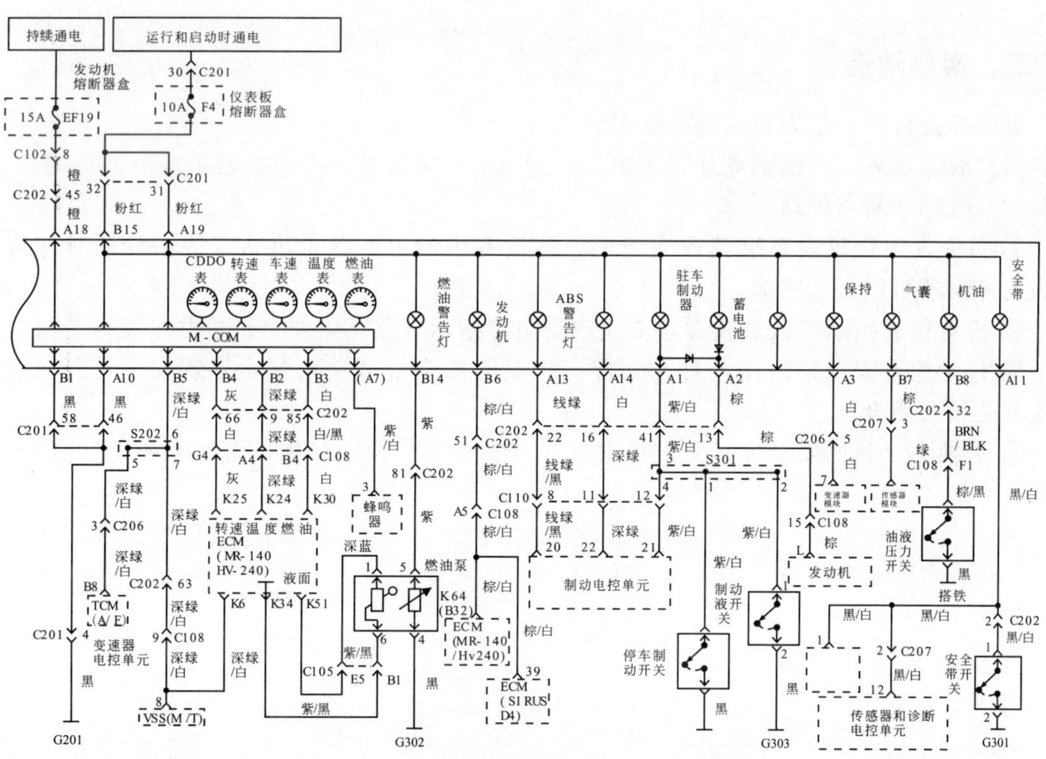

(b) 上海通用别克新凯越车系组合仪表系统电路(2)

图 16-13 上海通用别克新凯越车系组合仪表系统电路

表B8端子输入油液压力开关信号；组合仪表A2端子输入蓄电池充电信号；组合仪表A7端子外接蜂鸣器；当车门未关好、安全带未系好，蜂鸣器发出响声；组合仪表A10端子输入为微处理器搭铁信号。

二、故障检修

对新凯越轿车而言，当仪表不工作或工作不良时，应对其线路、机械传动装置和传感器进行检查。若线路、机械传动装置和传感器工作正常，而仪表不工作或工作不正常，则应更换仪表。其组合仪表常见故障及原因如表16-2所示。

表16-2 新凯越车系组合仪表常见故障及原因

故障现象	故障原因
冷却液温度表指针不动	稳压器工作不正常；冷却液温度自身故障；冷却液温度表传感器故障；线路断路
机油压力报警灯常亮	线路故障；机油压力报警开关故障；润滑油路压力不符合规定
冷却液温度报警灯常亮	相关线路有搭铁；冷却液温度报警开关故障；冷却液液位开关故障；储液罐中冷却液液面过低
燃油表始终指在无油处	稳压器故障；相关线路有断路；燃油表故障；燃油表传感器故障
蜂鸣器不工作(车门未关)	熔断器或线路故障；电源故障；车门接触开关故障；蜂鸣器自身故障；蜂鸣器模块故障
机油压力表指示无油处	发动机缺油；传感器油压表间的连线搭铁；传感器故障；油压表自身故障
车速里程表不工作	线束连接器故障；传感器故障
制动报警灯故障	制动液液面过低；驻车制动灯开关故障；线路故障；制动液液位开关故障

三、案例精选

点火开关打开，仪表自检蜂鸣器不响。

（1）故障现象　一辆别克新凯越轿车，当点火开关打开后，仪表自检蜂鸣器不响。

（2）故障诊断与处理

① 首先对组合仪表系统读取故障码。连接专用的诊断仪，进入仪表的诊断程序检测，仪表的蜂鸣器可以正常鸣响。

② 再对仪表指示灯认真查看，未发现安全带指示灯点亮，安全带也并未插到带扣上。

③ 仔细检查安全带锁扣，对安全带锁扣上的安全带开关测量，发现安全带开关损坏，致使开关长久闭合。

④ 更换一个新的安全带开关，再次打开点火开关自检，仪表的蜂鸣器鸣响正常，故障排除。

第十七章 刮水器和洗涤器系统电路分析、故障检修和案例精选

第一节 刮水器和洗涤器系统组成原理、识图示例和故障检修

一、刮水器和洗涤器系统概述

刮水器主要由刮水器电动机总成、连杆机构及 3 个方向球头活节和摆杆与刮片组成，如图 17-1 所示。刮水器电动机如图 17-2 所示，它是一个永磁直流小电动机和一个蜗轮蜗杆组成的减速器。为了保证刮水器摆杆与刮片能在工作结束后停止在前风窗玻璃下边沿并与之平行，在减速器蜗轮输出轴的背面装有自动停位导电片，并在减速器后盖板上设有与导电片相接触的 3 个导电触点，再通过刮水器开关 0 位置的触点，共同完成刮水器的自动停位功能。

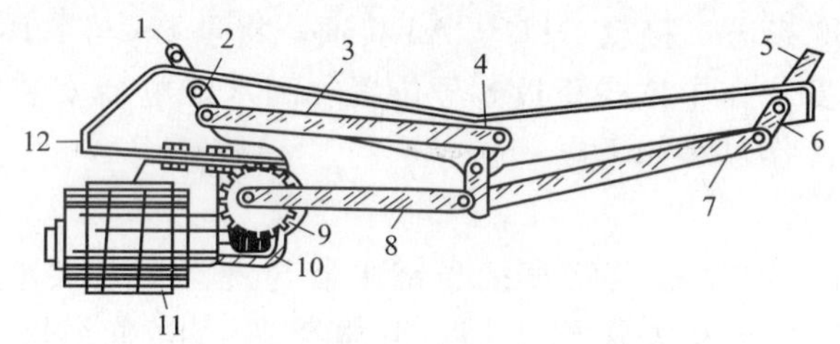

图 17-1 电动刮水器的结构

1,5—刮水片架；2,4,6—摆杆；3,7,8—连杆；9—蜗轮；10—蜗杆；11—永磁式电动机；12—支架

洗涤器主要由洗涤器电动机、洗涤器水泵、水管和喷嘴等组成，如图 17-3 所示。洗涤器电动机为永磁式微型电动机，洗涤器水泵的叶片转子固定在水泵轴上，水泵轴用联轴节与洗涤器电动机轴连接，出水软管用胶管分别与发动机盖上的 4 个喷嘴连接。当洗涤器电动机电枢接通电流时，电枢绕组便在永久磁铁产生的磁场中受力旋转。电枢轴转动时，通过联轴节驱动水泵轴和泵转子一同旋转，泵转子便将储液罐内的洗涤剂泵入出水软管，并经挡风玻璃前端的喷嘴喷向挡风玻璃。与此同时，刮水器同步工作，刮水片同时摆动，从而将挡风玻璃上的脏污刮洗干净。

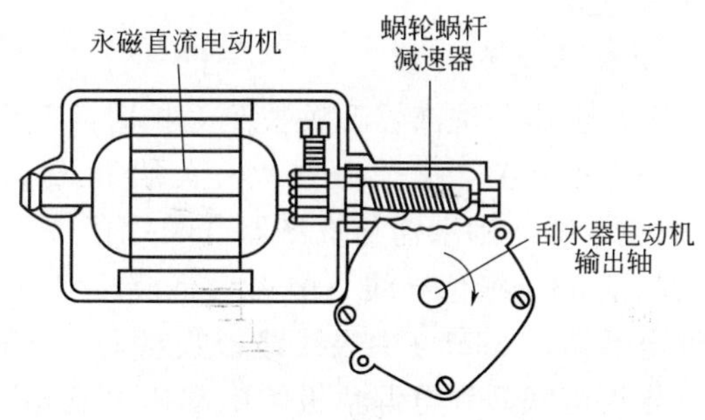

图 17-2 刮水器电动机

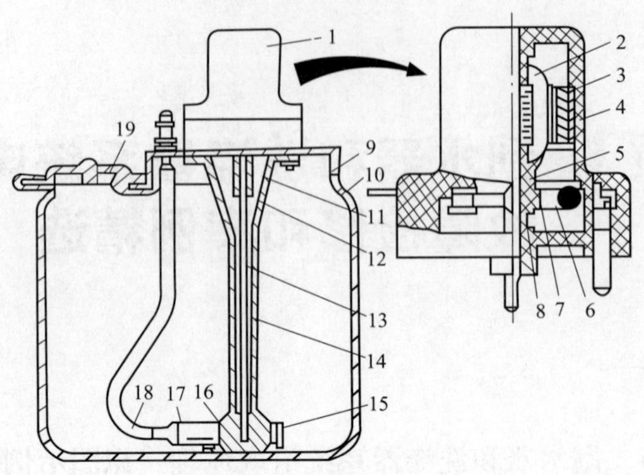

图 17-3　洗涤器的结构

1—电动机；2—电枢；3—永久磁铁；4—电机壳体；5—集电环；6—电刷架；7—电刷；8—凸缘；9—水泵固定盘；10—储液罐；11—电动机轴；12—联轴节；13—水泵轴；14—水泵壳；15—水泵转子；16—滤清器；17—接头；18—出水软管；19—储液罐盖

二、刮水器和洗涤器系统识图示例

前风窗刮水器及洗涤器接线图如图 17-4 所示。在中央线路板内部，接点 D9 与 A5 接通，接点 D20 与端子 D9 接通，接点 D17 与 A6 接通，接点 C9 与 A19 接通，接点 D22 为搭铁端子，减荷继电器 2 安装在中央线路板 8 号位置，刮水继电器安装在中央线路板 10 号位置。刮水器及洗涤器的工作过程如下。

1. 高速刮水

刮水器高速工作时，电动机电路直接受刮水器与洗涤器开关 6 控制，不受刮水器继电器控制。刮水器与洗涤器开关拨到 1 挡，其电路为：电源正极→中央线路板单孔插座→红色导线→点火开关端子 30→点火开关端子 X→黑/黄色导线→熔丝 S11→中央线路板接点 B9→黑/灰色导线→刮水器与洗涤器开关端子 53a→刮水器与洗涤器开关 1 挡→刮水器与洗涤器开关端子 53b→绿/黄色导线→中央线路板接点 A5→接点 D9→绿/黄色导线→刮水器电动机端子 53b→刮水器电动机→电动机端子 31→棕色导线搭铁回到电源负极。此时电动机电刷偏置，电枢轴以 62～80r/min 的转速运转，风窗上的刮水片快速摆刮。

2. 低速刮水

当刮水器与洗涤器开关拨到 2 挡时，其电路为：电源正极→中央线路板单孔插座→红色导线→点火开关端子 30→点火开关端子 X→黑/黄色导线→熔丝 S11→中央线路板接点 B9→黑/灰色导线→刮水器与洗涤器开关端子 53a→刮水器与洗涤器开关 2 挡→刮水器与洗涤器开关端子 53→绿色导线→中央线路板接点 A2→刮水继电器端子 53S→刮水继电器触点→刮水继电器端子 53H→中央线路板接点 D12→绿/黑色导线→刮水器电动机→电动机端子 31→棕色导线搭铁回到电源负极。电动机电刷相隔 180°，电枢轴以 42～52r/min 的转速运转，风窗上的刮水片慢速摆刮。

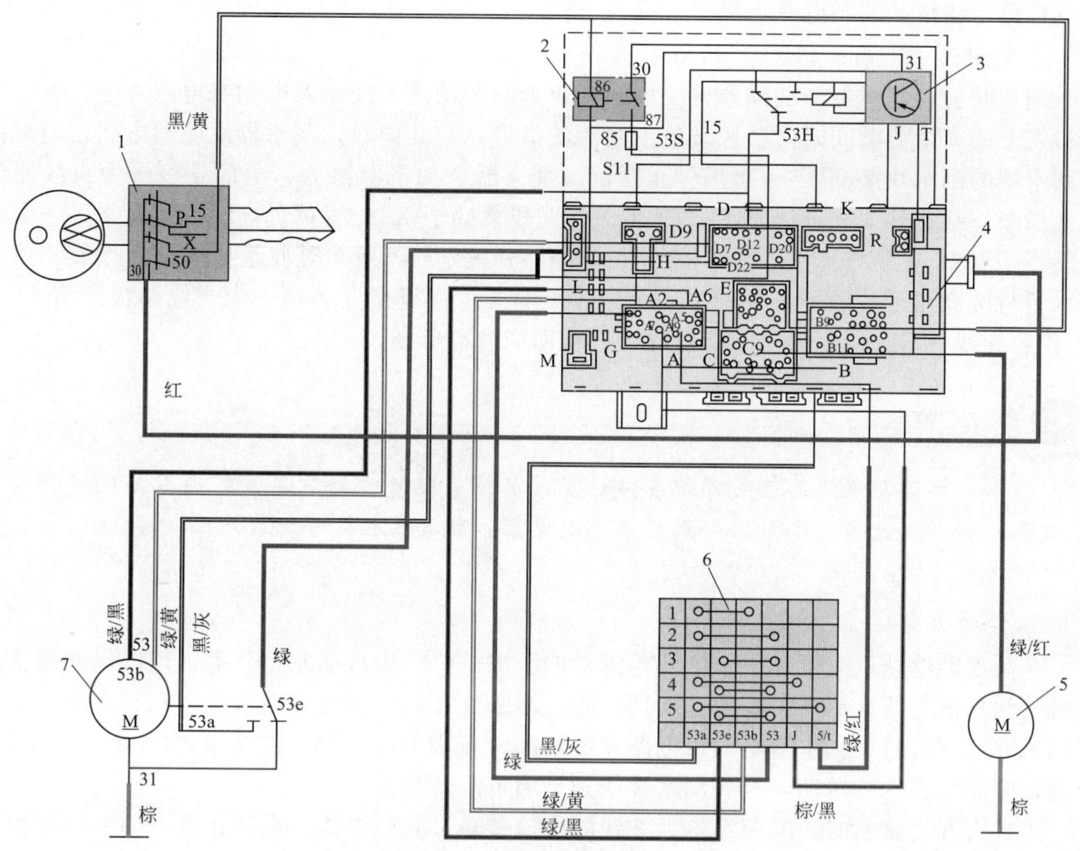

图 17-4 刮水器及洗涤器接线图

1—点火开关；2—减荷继电器；3—刮水器继电器；4—中央线路板；5—洗涤器电动机；6—刮水器与洗涤器开关；7—刮水器电动机

3. 点动刮水

刮水器与洗涤器开关 3 挡为空挡，刮水器处于停止工作状态。当驾驶员按下手柄开关时，刮水系统工作情况与手柄开关接通 2 挡时相同，当放松手柄时，开关将自动回到空挡，实现点动刮水。

4. 间歇刮水

当刮水器与洗涤器开关拨到 4 挡（最下挡）时，刮水器处于间歇工作状态。在继电器的控制下，刮水器 6s 工作一次。刮水器继电器电路为：电源正极→中央线路板单孔插座→红色导线→点火开关端子 30→点火开关端子 X→黑/黄色导线→熔丝 S11→中央线路板接点 B9→黑/灰色导线→刮水器与洗涤器开关端子 53a→刮水器与洗涤器开关 4 挡→刮水器与洗涤器开关端子 J→棕/黑色导线→中央线路板接点 A12→刮水器继电器端子 J→继电器内部电路→继电器端子 31 搭铁回到电源负极。

刮水继电器电源接通后，内部电路工作，其触点每 6s 将端子 53H 接通电源一次，使刮水器电动机电源接通工作。此时电动机电路为：电源正极→中央线路板单孔插座→红色导线→点火开关端子 30→点火开关端子 X→黑/黄色导线→熔丝 S11→中央线路板接点 B9→继电器端子 15→继电器触点→继电器端子 53H→绿/黑色导线→刮水器电动机→电动机端子

31→棕色导线搭铁回到电源负极。

5. 清洗玻璃

当驾驶员将刮水器与洗涤器开关向转向盘方向拨动时，洗涤器电动机电路接通，位于发动机盖上的4个喷嘴同时向挡风玻璃上喷洒洗涤液，与此同时，刮水器继电器电路接通并控制刮水器的刮水片摆刮3～4次后停止摆刮。洗涤器电动机电路为：电源正极→中央线路板单孔插座→红色导线→点火开关端子30→点火开关端子X→黑/黄色导线→熔丝S11→中央线路板接点B9→黑/灰色导线→刮水器与洗涤器开关端子53a→刮水器与洗涤器开关5挡→刮水器与洗涤器开关端子5/t→绿/红色导线→中央线路板接点A19→中央线路板接头C9→绿/红色导线→清洗器电动机→棕色导线搭铁回到电源负极。

相关链接

如刮水器与洗涤器开关停留在该位置，水泵将继续喷洒洗涤液，刮水器也将继续工作；如放松开关，水泵将停止喷水，继电器和刮水器也将停止工作。

6. 停机复位

在刮水器电动机上设有一个由凸轮驱动的一掷二位停机自动复位开关，用以保证刮水器停机（刮水器与洗涤器开关拨回到3挡）时，刮水处在挡风玻璃下沿位置，只有在刮水片摆到挡风玻璃下沿时，刮水器电动机电路才能切断，否则停机自动复位开关的触点53e和53a接通，电动机将继续转动，直到刮水片摆到玻璃下沿时为止。

当点火开关接通时，减荷继电器2线圈电流接通，其电路为：电源正极→中央线路板单孔插座→红色导线→点火开关端子30→点火开关端子X→黑/黄色导线→减荷继电器的端子86、线圈、端子85→中央线路板接点D22搭铁回到电源负极。

减荷继电器2线圈通电产生电磁吸力，将其触点吸闭，刮水器电动机停机复位时的电路接通，其电路为：电源正极→中央线路板单孔插座→减荷继电器端子30、触点、端子87→中央线路板接点D20→黑/灰导线→刮水器电动机触点53a、53e→绿色导线→中央线路板接点D17→中央线路板A6接点→绿/黑色导线→刮水器与洗涤器开关端子53e、53→绿色导线→中央线路板接点A2→刮水器继电器端子53S→继电器触点、端子53H→中央线路板接点D12→绿/黑色导线→刮水器电动机→端子31搭铁回到电源负极。刮水器电动机转动到复位开关的触点53e与搭铁触点31接通时，电动机电路切断停止转动，此时刮水片正好摆到挡风玻璃下沿位置。

三、故障检修

刮水器及洗涤器常见故障与排除如表17-1所示。

表17-1 刮水器和洗涤器常见故障与排除

故障现象	原因	排除方法
接通点火开关，拨动刮水器各挡开关，刮水器均不工作	熔丝S11熔断 刮水器电动机插接器不良 刮水器电动机内部断路转子咬死	更换熔丝 修理或更换插接器 修理或更换刮水电动机

续表

故障现象	原因	排除方法
刮水器在“慢挡”工作，其他各挡均不工作	中央线路板接点 D12 及中间连接导线接触不良、断路 继电器损坏 刮水器与洗涤器开关有故障	修理或更换中间导线 更换继电器 修理或更换开关
刮水器在“间歇挡”不工作，其他各挡均工作正常	中央线路板接点 A12 及中间连接导线接触不良、断路 刮水器开关有故障 继电器与洗涤器损坏	修理或更换中间导线 修理或更换开关 更换继电器
刮水器开关在“喷水挡”，刮水与喷水均不工作，其他各挡均工作正常	中央线路板接点 A19、C9 及中间连接导线接触不良、断路 刮水器与洗涤器开关有故障 喷水电机、喷水泵有故障，连接管、喷嘴堵塞	修理或更换中间导线 修理或更换开关 修理、更换或清洗相关部件

第二节 海南马自达福美来车系风窗刮水器和洗涤器系统电路分析、故障检修和案例精选

一、电路分析

海南马自达福美来车系风窗刮水器和洗涤系统控制电路如图 17-5 所示。

电动刮水器主要由直流电动机、涡轮箱、曲柄、连杆、摆杆和刮水片等组成。一般刮水电动机有绕线式和永磁式两种。永磁式电动机体积小、质量轻、结构简单，因而使用广泛。刮水器的作用是刮除挡风玻璃上的雨水、雪或尘土，保证汽车在雨天或雪天有良好的视线，确保行车安全。其中海南马自达福美来有 OFF、1（低速挡）、2（高速挡）、INT（间歇挡）4 个挡位，为刮水器提供不同的工作状态。

洗涤器作用是为了消除风窗玻璃上的灰尘和污物，使驾驶员有良好的视线，与刮水器装置配合使用。洗涤器主要有储液箱、洗涤泵、输液管和喷嘴等组成。

1. 刮水器低挡控制电路

当刮水器和洗涤器开关位于 1（低速挡）位置时，控制电路为：蓄电池正极→连接器 FB-09 的 A 端子→100A 主熔丝 MAIN→60A 主熔丝 IG KEY→连接器 FB-05 的 G 端子→连接器 X-01 的 A 端子→X-03→点火开关→X-03→连接器 JB-05 的 B 端子→20A 熔丝 WIPER→连接器 JB-05 的 F 端子→D1-01 挡风玻璃刮水器和洗涤器开关触点（右）→D1-01→D1-02→电刷“LO”→电枢绕组→电路断路器→搭铁→蓄电池负极。此时电路接通，刮水器电机带动连杆传动装置低速转动。

2. 刮水器高挡控制电路

当挡风玻璃刮水器和洗涤器开关位于 2（高速挡）时，控制电路为：蓄电池正极→连接器 FB-09 的 A 端子→100A 主熔丝MAIN→60A主熔丝 IG KEY→连接器 FB-05 的 G 端子→连接器 X-01 的 A 端子→X-03→点火开关→X-03→连接器 JB-05 的 B 端子→20A 熔丝 WIPER→连接器 JB-05 的 F 端子→D1-01→挡风玻璃刮水器和洗涤器开关“2”触点（右）→D1-01→D1-02→电刷“HI”→电枢绕组→电路断路器→搭铁→蓄电池负极。此时电路接通，刮水器电机带动连杆传动装置高速转动。

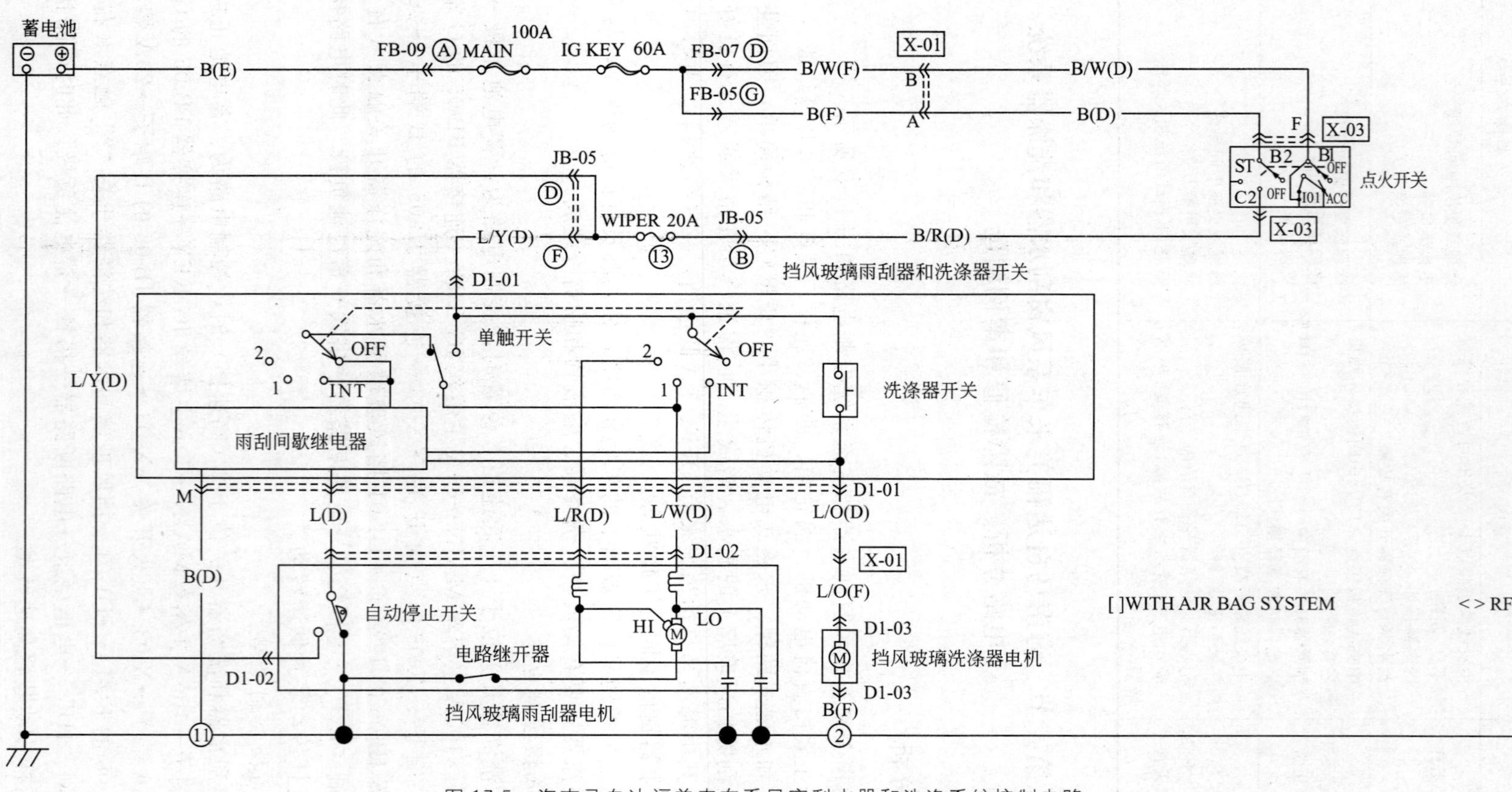

图 17-5 海南马自达福美来车系风窗刮水器和洗涤系统控制电路

3. 刮水器间歇挡控制电路

当挡风玻璃刮水器和洗涤器开关位于“INT”（间歇挡）时，控制电路为：蓄电池正极→连接器 FB-09 的 A 端子→100A 主熔丝 MAIN→60A 主熔丝IG KEY→连接器 FB-05 的 G 端子→连接器 X-01 的 A 端子→X-03→点火开关→X-03→连接器 JB-05 的 B 端子→20A 熔丝 WIPER→连接器 JB-05 的 F 端子→D1-01→挡风玻璃刮水器和洗涤器开关“INT”触点（右）→刮水器间歇继电器→挡风玻璃刮水器和洗涤器开关“INT”触点（左）→单触开关常闭触点→D-01→D1-02→电刷“LO”→电枢绕组→电路断路器→搭铁→蓄电池负极。电路接通，刮水器间歇继电器通过改变自身内部的导通时间，从而改变刮水器的间歇时间，使刮水器在低速状态下摆动，当单触开关的常开触点闭合后，将不再进行间歇摆动的功能。

4. 刮水器的自动回位控制电路

当关闭挡风玻璃刮水器和洗涤器开关时，其开关位于 OFF 触点，若此时刮水器的橡皮刷没有停到规定的位置，挡风玻璃刮水器电机内部装置使自动停止开关常开触点闭合，此时电路为：蓄电池正极→连接器 FB-09 的 A 端子→100A 主熔丝 MAIN→60A 主熔丝 IG KEY→连接器 FB-05 的 G 端子→连接器 X-01 的 A 端子→X-03→点火开关→X-03→连接器 JB-05 的 B 端子→20A 熔丝 WIPER→连接器 JB-05 的 D 端子→D1-02 自动停止开关常开触点→D1-02→D1-01→刮水器继电器→挡风玻璃刮水器和洗涤器开关 OFF 触点（左）→D1-01→D1-02→电刷“LO”→电枢绕组→电路断路器→搭铁→蓄电池负极。电路接通，刮水器联动装置以低速回到初始位置，此时，挡风玻璃刮水器电机内部装置使自动停止开关断开。

5. 洗涤器的控制电器

当闭合洗涤器开关时，蓄电池正极→连接器 FB-09 的 A 端子→100A 主熔丝 MAIN→60A 主熔丝 IG KEY→连接器 FB-05 的 G 端子→连接器 X-01 的 A 端子→X-03→点火开关→X-03→连接器 JB-05 的端子 B→20A 熔丝 WIPER→连接器 JB-05 的 F 端子→D1-01→洗涤器开关→D1-01→X-01→X-01→D1-03→挡风玻璃洗涤器电机→D1-03→②号端子搭铁→蓄电池负极。此时洗涤器电路接通，洗涤器电机喷水。

二、故障检修

马自达福美来车系刮水器和洗涤器系统常见故障现象及原因如表 17-2 所示。

表 17-2 马自达福美来车系刮水器和洗涤器常见故障现象及原因

故障现象	故障原因
刮水器不工作	刮水电动机断路；机械传动部分故障；熔断丝烧断；线路连接松动、断路或搭铁不良；电动机失效；刮水器开关接触不良；继电器触点接触不良
刮水装置不能自动复位	刮水器开关损坏；刮水器电动机自动停位机构损坏；线路故障；刮水臂调整不当
刮水器个别挡不工作	刮水器电机故障；刮水器继电器故障；连接线路断路；相关插接器松动；刮水器开关故障
洗涤器喷嘴不工作	洗涤电机损坏；洗涤器开关损坏；熔断器烧坏；线路断路或插接器不良；喷嘴堵塞；液面过低或连接管松脱
刮刷颤动	刮刷老化、弯曲或倾角不当；风窗玻璃脏污；传动机构不良
刮刷动作迟缓	刮水器电动机不良；蓄电池电压过低或充电系统故障；刮刷老化、弯曲；风窗玻璃脏污

三、案例精选

接通开关后，刮水器不动作，刮片无反应。

（1）故障原因　可能是导线接触不良或折断、熔丝烧断、电动机损坏或传动机构损坏。

（2）故障检修

① 首先对熔丝进行检查。如果相关熔丝烧断，更换新的相同规格的熔丝；如果相同规格的熔丝换上后又被烧断，可以判断为熔丝后连接线搭铁。

② 对线路进行检查。检查各插接器是否接触正常，对线路各段进行检查，保证无断路和插接不良等现象。

③ 检查开关。闭合开关，使用万用表电压挡检查开关两端的电压，若无电压显示，则说明开关有故障。

④ 检查挡风玻璃刮水器电机。闭合开关，用耳靠近听或用手触摸电机，如果电机出现嗡嗡声或微震的现象，说明传动机构故障；否则，可判定为电机故障，对其进行修理或换新。

第三节　别克凯越车系风窗刮水器和洗涤器系统电路分析、故障检修和案例精选

一、电路分析

别克凯越车系风窗刮水器和洗涤器系统控制电路如图 17-6 所示。

风窗刮水器和洗涤系统的作用就是除去挡风玻璃上的雨水、雪或尘土，保证汽车始终有

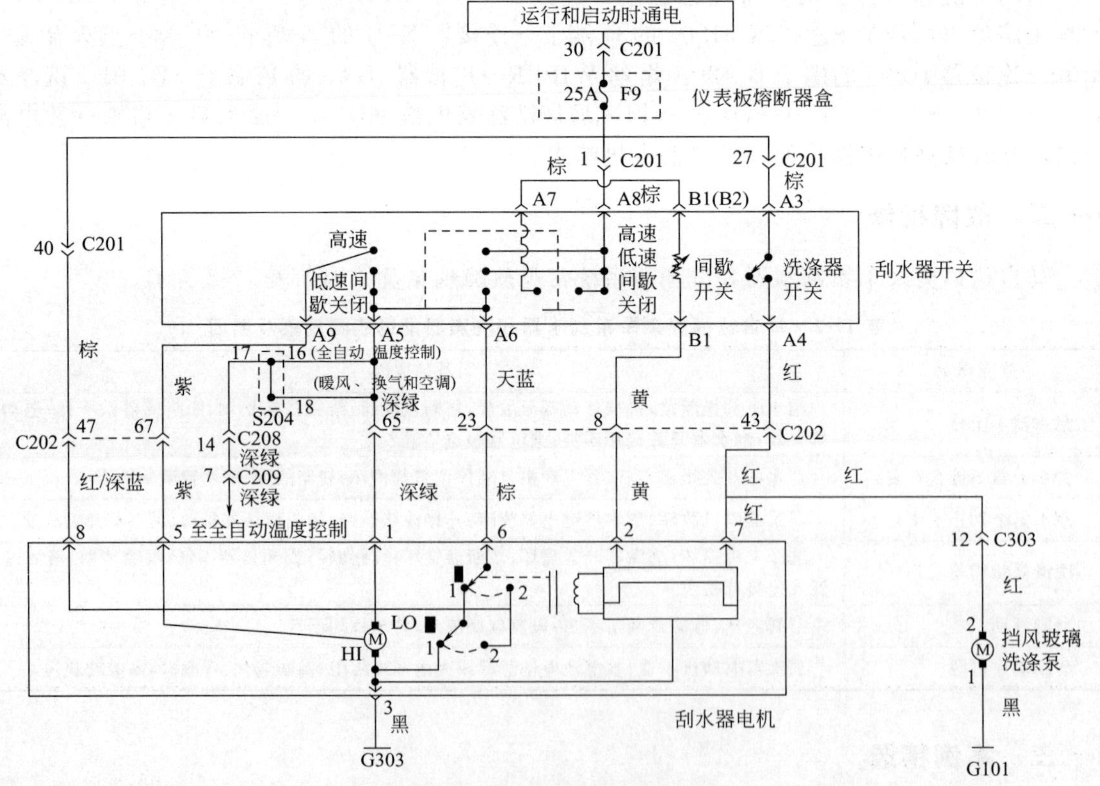

图 17-6　别克凯越车系风窗刮水器和洗涤器系统控制电路

一个清晰的视野。

电动刮水器主要由直流电动机、涡轮箱、曲柄连杆、摆杆和刮水片等组成；洗涤器主要由储液箱、洗涤泵、输液管和喷嘴等组成，与刮水器装置配合使用。

凯越轿车根据配置不同可分为两种刮水系统，一种是带刮水器传感器的刮水器和洗涤系统；一种是不带刮水器传感器的刮水器和洗涤系统。现以后者为例进行电路分析说明。此系统包括关闭、低速、高速、间歇、洗涤器控制、自动温度控制几个挡位。

1. 刮水器低挡控制电路

当刮水器开关位于"低速"挡时，此时电路为：蓄电池正极→运行和启动时通电→连接器 C201 的 30 号端子→仪表板熔断器盒 25A 熔丝 F9→连接器 C201 的 1 号端子→刮水器开关 A8 端子→刮水器开关"低速"触点→刮水器开关 A5 端子→连接器 C202 的 65 号端子→刮水电机 1 号端子→电刷"LO"→电枢绕组→刮水器电机 3 号端子→G303端搭铁→蓄电池负极。电路接通，刮水电机以低速摆动。

2. 刮水器高挡控制电路

当刮水器开关位于"高速"挡时，此时电路为：蓄电池正极→运行和启动时通电→连接器 C201 的 30 号端子→仪表板熔断器盒 25A 熔丝 F9→连接器 C201 的 1 号端子→刮水器开关 A8 端子→刮水器开关"高速"触点→刮水器开关 A9 端子→连接器 C202 的 67 号端子→刮水器电机 5 号端子→电刷"HI"→电枢绕组→刮水器电机 3 号端子→G303 端搭铁→蓄电池负极。电路接通，刮水电机以高速转动。

3. 刮水器间歇挡控制电路

当刮水器开关位于"间歇"挡时，此时电路为：蓄电池正极→运行和启动时通电→连接器 C201 的 30 号端子→仪表板熔断器盒 25A 熔丝 F9→连接器 C201 的 1 号端子→刮水器开关 A8 端子→刮水器开关"间歇"触点→刮水器开关 A7 端子→刮水器开关 B1（B2）端子→间歇开关→刮水器开关 B1 端子→连接器 C202 的 8 号端子→刮水器电机 2 号端子→刮水器电机内部继电器→刮水器电机 3 号端子→G303 端搭铁→蓄电池负极。电路接通，刮水器电机内部"I"开关 1 号端子断开，2 号端子闭合。

当刮水器开关内部"I"开关 2 号端子闭合时，电路为：蓄电池正极→运行和启动时通电→连接器 C201 的 30 号端子→仪表板熔断器盒 25A 熔丝 F9→连接器 C201 的 40 号端子→连接器 C202 的 47 号端子→刮水器电机 8 号端子→刮水器电机内部"I"开关 2 号端子→刮水器电机 6 号端子→连接器 C202 的 23 号端子→刮水器开关 A6 端子→刮水器开关"间歇"触点→刮水器开关 A5 端子→连接器 C202 的 65 号端子→刮水器电机 1 号端子→电刷"LO"→电枢绕组→刮水器电机 3 号端子→G303 端搭铁→蓄电池负极。电路接通，实现对刮水电机的间歇控制，通过对间歇开关的电阻的改变来控制间歇时间。

4. 刮水器自动回位控制电路

当刮水器开关关闭时，若刮水器联动装置未停在初始位置，则刮水器电机内"I"开关 2 号端子闭合，电路为：蓄电池正极→运行和启动时通电→连接器 C201 的 30 号端子→仪表板熔断器盒 25A 熔丝 F9→连接器 C201 的 40 号端子→连接器 C202 的 47 号端子→刮水器电机 8 号端子→刮水器电机内部"I"开关的 2 号端子→刮水器电机 6 号端子→连接器 C202 的 23 号端子→刮水器开关 A6 端子→刮水器开关"关闭"触点→刮水器开关 A5 端子→连接器 C202 的 65 号端子→刮水器电机 1 号端子→电刷"LO"→电枢绕组→刮水器电机 3 号端子→G303端搭铁→蓄电池负极。此时电路接通，刮水器电机低速转动，直至联动装置回到初始位置停止。

5. 刮水器自动温度控制电路

当自动空调处于打开位置时，全自动温度控制系统，根据接收到的信号对刮水器进行控制，其主要控制刮水电机内部的Ⅱ开关的两个触点的断开和闭合，进行规律变化。

6. 洗涤器控制电路

当洗涤器开关闭合时，电路为：蓄电池正极→运行和启动时通电→连接器 C201 的 30 号端子→仪表板熔断器盒 25A 熔丝 F9→连接器 C201 的 27 号端子→刮水器开关 A3 端子→洗涤器开关→刮水器开关 A4 端子→连接器 C202 的 43 号端子→连接器 C303 的 12 号端子→挡风玻璃洗涤泵→G101 端搭铁→蓄电池负极。电路接通，洗涤器泵动作喷水。

二、故障检修

刮水器和洗涤系统常见故障有：刮水器不工作、刮水装置不能自动回位、个别挡不工作、洗涤器喷嘴不工作、刮刷颤动、刮刷动作迟缓。

三、案例精选

凯越轿车刮水器不停摆动。

（1）故障现象　一辆凯越轿车，行驶 100km 后出现只要接通点火开关，刮水器便出现低速不停摆动的现象。

（2）故障诊断与处理

① 重现故障现象，以便对出现的故障全面了解。首先对电源电压进行测量，电源电压正常。

② 在没有开启刮水器时，刮水器电机自动转动，说明电动机处于不正常的供电状态。

③ 接通点火开关，在故障现象存在的情况下断开刮水器电机插头，电机不转动。

④ 用万用表的电压挡对刮水器插接器上各端子进行测量，2 号端子电压为 5.8V，8 号端子电压为 12V，其他端子电压为 0V，因 2 号端子另一端接间歇开关，其正常工作电压为 7～12V，说明 2 号端子不正常供电。

⑤ 为检测故障是刮水器开关故障还是线路故障，断开刮水器开关电气插头，故障仍然存在，由此可判断为线路故障。

⑥ 经车主描述，此车刚完成贴膜后就出现此故障。检查线路发现与刮水器和洗涤系统相关的线路比较潮湿，断开连接器 C202，发现里面有很多水。初步判断可能是贴膜时有水流入，造成连线出现不正常供电。

⑦ 对连接器 C202 进行吹干后，连接好线路及其他元件，试车，一切正常，故障不再出现。

电动后视镜系统电路分析、故障检修和案例精选

第一节　电动后视镜系统概述和识图示例

一、电动后视镜系统概述

电动后视镜主要由镜面玻璃、双电动机、连接件、传递机构及其壳体等组成，如图 18-1 所示。控制开关由旋转开关、摇动开关和线束等组成，安装在左前门内饰板上。电动后视镜电路如图 18-2 所示。

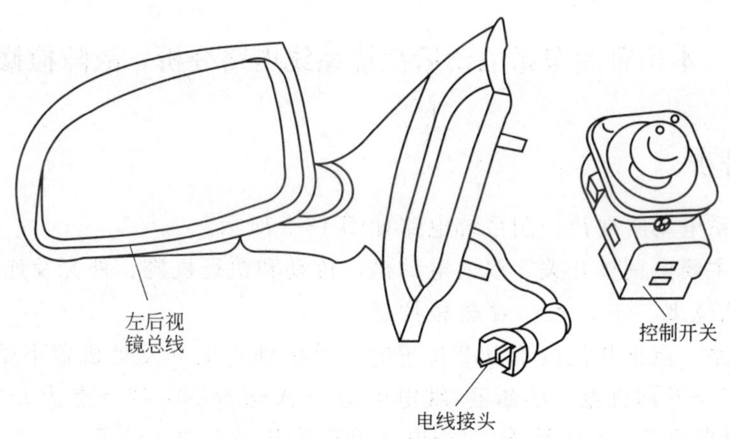

图 18-1　电动后视镜的组成

二、电动后视镜系统识图示例

左、右外侧电动后视镜由设置在左前门内把手上端的调整开关控制。当点火开关处于“ON”位置，将此开关旋转，可选择需调整的后视镜（L 为左侧，R 为右侧，中间为停止操作）。摇动开关可调整后视镜反射面的空间角度。

两侧电动后视镜各有两个永磁电动机，通过控制两个电动机的开关可获得二顺二反四种电流，即可进行四种运动，使镜面产生四种不同方位的位置调整。

电动后视镜如有故障，直接表现是后视镜不能被操纵，此时可以进行如下检查。

① 首先检查熔丝和断电器（过载保护），然后用万用表测试开关总成。

② 如果开关完好，应用 12V 电源的跨接线检查电动机的工作情况，接线换向时，电动

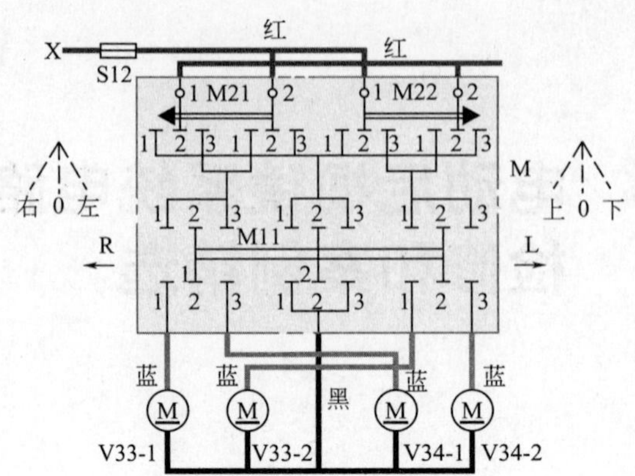

图 18-2 电动后视镜电路

S12—熔丝；M—电动后视镜开关；M11，M12，M22—电动后视镜分开关；V33-1，V33-2—右镜左右、上下电动机；V34-1，V34-2—左镜左右、上下电动机

机也应反向转动。

③ 如果电动机工作正常，而后视镜仍不运动，应检查连接后视镜控制开关和车门或仪表板金属件的搭铁情况。

第二节 本田雅阁车系电动后视镜系统电路分析、故障检修和案例精选

一、电路分析

本田雅阁车系电动后视镜控制系统电路如图 18-3 所示。

电动后视镜主要由调整开关、双向电动机、传动和执行机构、外壳及连接件等组成。

1. 电动后视镜上、下、左、右翻转控制

（1）供电电路 点火开关位于 IG2 位置时，蓄电池正极→发动机盖下熔断器/继电器盒 100A 熔丝 No. 41→发动机盖下熔断器/继电器盒 50A 熔丝 No. 42→点火开关→驾驶员仪表板下熔断器/继电器盒 7.5A 熔丝 No. 4→电动倒车镜开关内的 S 端子。

（2）右后视镜向上控制电路 当电动倒车镜开关拨至右后视镜向上位置时，电动倒车镜开关内 S 端子→电动倒车镜开关向上端子（右边）→电动倒车镜 4 端子→右倒车镜启动器 5 端子→右倒车镜启动器电机上→右倒车镜启动器电机下→右倒车镜 4 端子→电动倒车镜开关 8 端子→电动倒车镜开关右触点→电动倒车镜开关向上端子（左边）→电动倒车镜开关 2 端子→G551 端搭铁→蓄电池负极。此时，右电动机向上的电路导通，电机带动镜片向上运动。

（3）右后视镜向下控制电路 当电动倒车镜开关拨至后右视镜向下位置时，电动倒车镜开关内 S 端子→电动倒车镜开关向下端子（左边）→电动倒车镜开关右触点→电动倒车镜 8 端子→右倒车镜 4 端子→右倒车镜启动器电机向下→右侧车镜 5 端子→电动倒车镜开关端子→电动倒车镜开关下端子（右边）→电动倒车镜开关 2 端子→G551 端搭铁→蓄电池负极。此时，右倒车镜向下的电路导通，电机带动镜片向下运动。

（4）右后视镜向左控制电路 当电动倒车镜开关拨至右后视镜向左位置时，电动倒车镜

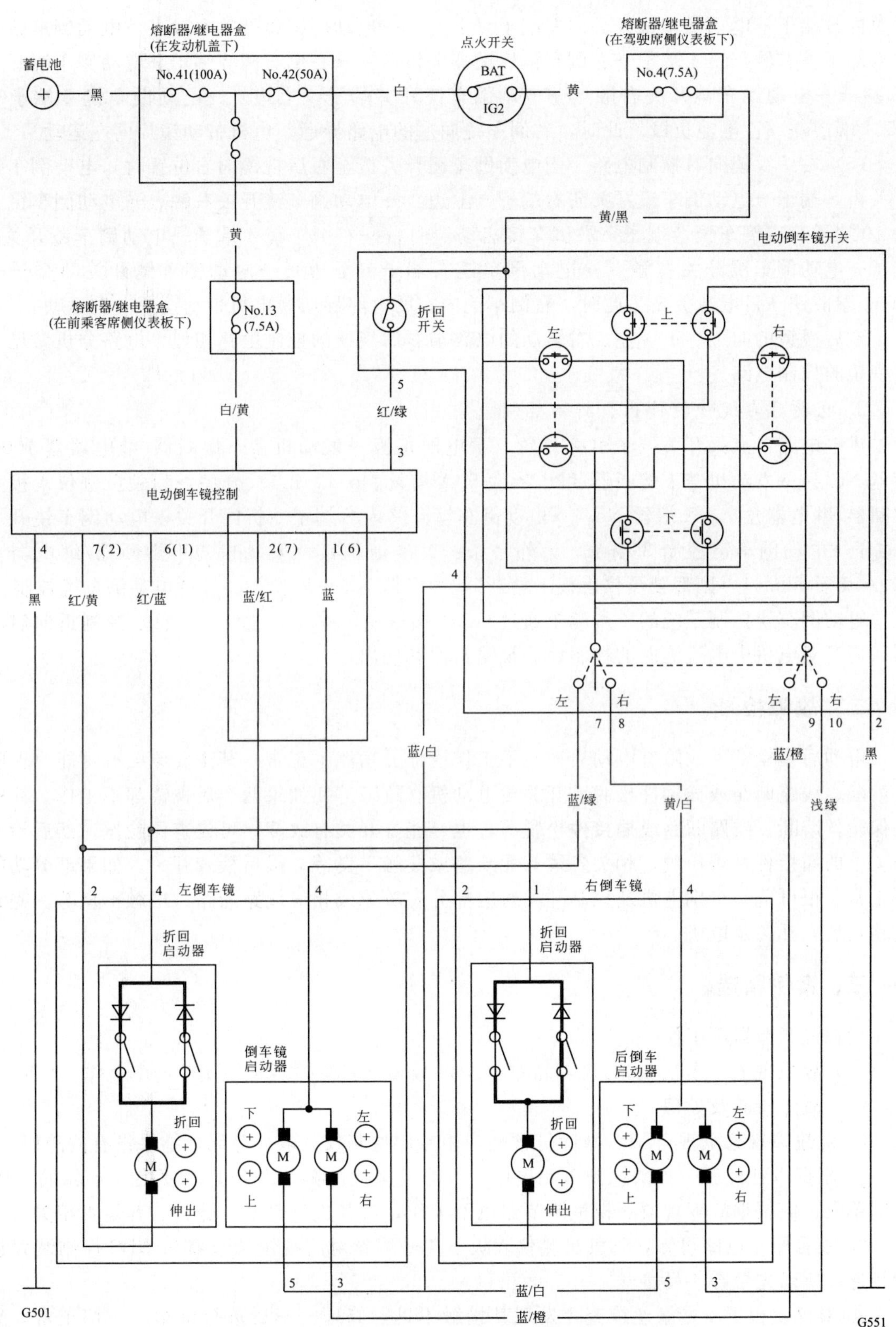

图 18-3　广州本田雅阁车系电动后视镜控制系统电路

开关内S端子→电动倒车镜开关向左端子（下边）→电动倒车镜开关右触点→电动倒车镜开关8端子→右倒车镜4端子→右倒车镜启动器电机向左→右倒车镜3端子→电动倒车镜开关10端子→电动倒车镜开关右触点→电动倒车镜开关端子（上边）→电动倒车镜2端子→G551端搭铁→蓄电池负极。此时，右倒车镜向左的电路导通，电机带动镜片向左运动。

（5）右后视镜向右控制电路　当电动倒车镜开关拨至右后视镜向右位置时，电动倒车镜开关内S端子→电动倒车镜开关向右端子（上边）→电动倒车镜开关右触点→电动倒车镜开关10端子→右倒车镜3端子→右倒车镜启动器向右→右倒车镜4端子→电动倒车镜开关8端子→电动倒车镜开关右触点→电动倒车镜右端子（下边）→电动倒车镜开关2端子→G551端搭铁→蓄电池负极。此时，右倒车镜向右的电路导通，电机带动镜片向右运动。

左后视镜的向上、下、左、右转动的电路与右后视镜的控制电路相似，电路分析参见右后视镜的控制电路。

2. 电动后右视镜的伸出、折回控制

供电电路：点火开关位于IG2位置，蓄电池正极→发动机盖下熔断器/继电器盒100A熔丝No.41→发动机盖下熔断器/继电器盒50A熔丝No.42→点火开关→驾驶员侧仪表板下熔断器/继电器盒7.5A熔丝No.4→电动倒车镜开关内S端子→折回开关→电动倒车镜开关5端子→电动倒车镜控制3端子。另外一条：蓄电池正极→发动机盖下熔断器/继电器盒100A熔丝No.41→副驾驶员仪表板下熔断器/继电器7.5A熔丝No.13→电动倒车镜控制。

电动倒车镜控制系统的4号端子通过G501端搭铁，端子7（2）、6（1）控制折回启动器，通过对电机中电流流向的控制使后视镜折回和伸出。

二、故障检修

电动后视镜常见故障有电动后视镜不工作或部分功能不正常，其主要原因有可能为保险丝熔断、线路断路或插接件松脱、开关或电动机有故障等。如果两个后视镜都不工作，往往是保险丝熔断、线路断路或插接件松脱等，也可能是开关有故障。可先查保险丝；然后检查开关上的插接件是否松脱，相关各线有无断路或接触不良等；最后检查开关。如果部分功能不正常，很可能是个别电机及控制开关对应部分有故障或相应线路断路、接触不良等。先查线路，后查开关及电机。

三、案例精选

后视镜调节器不工作。

（1）故障现象　一款2.3L雅阁轿车，ABS故障灯常亮，后视镜调节器不工作。

（2）故障诊断及处理

① 对故障现象重现，ABS故障灯常亮，用专用检测仪读取故障码，结果没有故障码。

② 根据以往经验，如果控制单元损坏，可能发生此故障。分析是否要换一个新的ABS控制单元，但根据故障现象后视镜调节器也不工作，对其进行判断，分析二者是否相关。

③ 查看原车电路可知，驾驶员侧仪表板下4号熔丝对后视镜调节器和ABS控制装置进行相连，所以先检查4号熔丝。

④ 对仪表板下4号熔丝检查，发现其接触不良，修理完毕后进行试车，一切正常，故障不再出现。

第三节 长安马自达 M3 车系电动后视镜系统电路分析、故障检修和案例精选

一、电路分析

长安马自达 M3 车系电动后视镜控制电路如图 18-4 所示。

后视镜是汽车必备的安全装置之一，驾驶员在行车过程中，通过后视镜获取后方和侧方等外部信息。为了便于驾驶员调整后视镜的角度，很多轿车都安装了电动后视镜，驾驶员在行车过程中可以随时对左右后视镜进行调节。电动后视镜主要由调整开关、双电动机、传动和执行机构、外壳及连接件等组成。

1. *左电动后视镜的控制电路*

当需要左电动后视镜向上转动时，闭合电动后视镜开关 LH 端子闭合向上触点，则此时电路：蓄电池正极→30A 保险丝 IG KEY1→点火开关→J-03→10A 熔丝 F45→J-05→0912-301→电动后视镜开关向上触点（左边）→0912-301→0912-302→LH 电动后视镜电机（下边）→0912-302→0912-301→电动后视镜开关 LH 端子→电动后视镜开关向上触点（右边）→0912-301→C-07→搭铁→蓄电池负极。

当需左电路后视镜向下转动时，闭合电动后视镜开关 LH 端子，闭合向下触点，则此时电路：蓄电池正极→30A 熔丝 IG KEY1→C-04→点火开关→J-03→10A 熔丝 F45→J-05→C-07→0912-301→电动后视镜开关向下触点（右边）→电动后视镜开关 LH 端子→0912-301→0912-302→LH 电动后视镜电机（下边）→0912-302→0912-301→电动后视镜开关向下触点（左边）→0912-301→C-07→搭铁→蓄电池负极。

当需左电动后视镜向左转动时，闭合电动后视镜开关 LH 端子，闭合向左触点，则此时电路：蓄电池正极→30A 熔丝 IG KEY1→C-04→点火开关→J-03→10A 熔丝 F45→J-05→C-07→0912-301→电动后视镜开关向左触点（右边）→电动后视镜开关 LH 端子（右边）→0912-301→0912-303→LH 电动后视镜电机（上边）→0912-302→0912-301→电动后视镜开关 LH 端子（左边）→0912-301→C-07→搭铁→蓄电池负极。

当需左电动后视镜向右转动时，闭合电动后视镜开关 LH 端子，闭合向右触点，则此时电路：蓄电池正极→30A 熔丝 IG KEY1→C-04→点火开关→J-03→10A 熔丝 F45→J-05→C-07→0912-301→电动后视镜开关向右触点（左边）→电动后视镜开关 LH 端子（左边）→0912-301→0912-302→LH 电动后视镜电机（上边）→0912-302→0912-301→电动后视镜开关 LH 端子→电动后视镜开关向右触点（右边）→0912-301→C-07→搭铁→蓄电池负极。

2. *右电动后视镜的控制电路*

当需要右电动后视镜向上转动时，闭合电动后视镜开关 RH 端子，闭合向上触点，则此时电路：蓄电池正极→30A 熔丝 IG KEY1→C-04→点火开关→J-03→10A 熔丝 F45→J-05→C-07→0912-301→电动后视镜开关向上触点（左边）→C-09→C-08→0912-303→RH 电动后视镜电机→0912-303→C-08→C-09→0912-301→电动后视镜开关 RH 端子（左边）→电动后视镜开关向上触点（右边）→0912-301→搭铁→蓄电池负极。

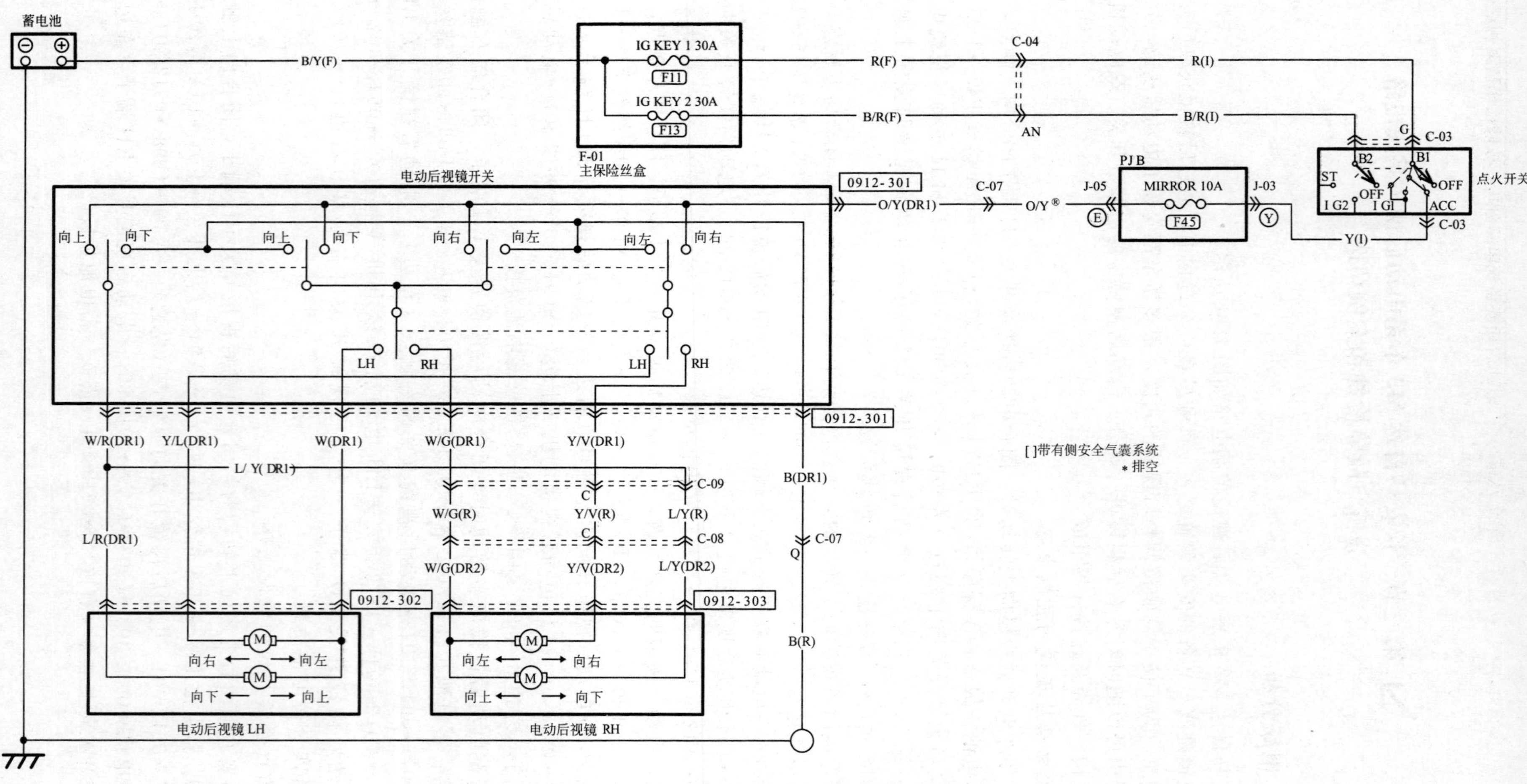

图 18-4　长安马自达 M3 车系电动后视镜控制电路

当需要右电动后视镜向下转动时，闭合电动后视镜开关RH端子，闭合向下触点，则此时电路：蓄电池正极→30A熔丝IG KEY1→C-04→点火开关→J-03→10A熔丝F45→J-05→C-07→0912-301→电动后视镜开关向下触点（右边）→电动后视镜开关RH端子（左边）→0912-301→C-09→C-08→0912-303→RH电动后视镜电机→0912-303→C-08→C-09→0912-301→电动后视镜开关向下触点→0912-301→C-07→搭铁→蓄电池负极。

当需要右电动后视镜向左转动时，闭合电动后视镜开关RH端子，闭合向左触点，则此时电路：蓄电池正极→30A熔丝IG KEY1→C-04→点火开关→J-03→10A熔丝F45→J-05→C-07→0912-301→电动后视镜开关向左触点→电动后视镜开关RH端子→0912-301→C-09→C-08→0912-303→RH电动后视镜电机（上边）→0912-303→C-08→C-09→0912-301→电动后视镜开关RH端子（左边）→电动后视镜开关向左触点（左边）→0912-301→C-07→搭铁→蓄电池负极。

当需要右电动后视镜向右转动时，闭合电动后视镜开关RH端子，闭合向右触点，则此时电路：蓄电池正极→30A熔丝IG KEY1→C-04→点火开关→J-03→10A熔丝F45→J-05→C-07→0912-301→电动后视镜开关向右触点（左边）→电动后视镜开关RH端子→0912-301→C-09→C-08→0912-303→RH电动后视镜电机（上边）→0912-303→C-08→C-09→0912-301→电动后视镜开关RH端子（右边）→电动后视镜开关向右触点（右边）→0912-301→C-07→搭铁→蓄电池负极。

二、故障检修

电动后视镜常见故障有电动后视镜不工作或部分功能不正常，其主要原因有可能为保险丝熔断、线路断路或插接件松脱、开关或电动机有故障等。当电动机后视镜出现故障时，首先检查熔断丝、电路连接和搭铁的情况，若仍不能排除故障，应检查开关和电动机是否良好，电动后视镜故障诊断如表18-1所示。

表18-1 电动后视镜故障诊断

故障现象	故障原因	故障处理
电动后视镜均不能动	熔丝烧断 电动后视镜开关损坏 后视镜电机损坏 搭铁不良	确认熔断后更换 更换 更换 修理
一侧电动后视镜不能动	电动后视镜开关故障 电动机故障 搭铁不良	更换 更换 修理
一侧电动后视镜上下不能转动	上下调整电动机故障 搭铁不良	修理或更换 修理
一侧电动后视镜左右不能转动	左右调整电动机故障 搭铁不良	修理或更换 修理

三、案例精选

（1）故障现象　右后视镜不动作。

（2）故障诊断处理

① 断开电动后视镜开关插头，用易熔丝将 W/G 线接头和 O/Y 线接头连接，将 W/R 接线端子或 Y/V 接线端子搭铁。

② 打开点火开关，如果后视镜向下或向右转动，则检查电动后视镜开关。

③ 若不向下转动，检查右后视镜和开关插头的 L/Y 接线是否断路；若不向右转动，检查 Y/V 线是否断路；若不向下转动也不向右转动，检查后视镜和开关间的 W/G 线是否断路，并视情况进行修理。

第十九章 音响系统电路分析、故障检修和案例精选

第一节　音响系统的基本电路及典型故障分析

一、音响系统基本电路特点

目前我国汽车拥有量相当大，普通型、豪华型车辆举目可见，相应地车辆上使用的音响因车型的不同，实际安装应用也各不相同。例如，天津夏利等车上安装的大都是一些普通型音响，国产桑塔纳、奥迪等轿车上安装的均为中级汽车音响，宝马、凯迪拉克、现代、奔驰等轿车上安装的均是高档汽车音响。从不同车上的汽车音响不难看到，实际应用的汽车音响种类繁多，样式各异，一般较难掌握来自不同车上安装的音响的基本概况，往往在日常维修中会被一些不同车型音响出现的不同故障难住，有无从下手维修的感觉。分析日常维修所遇到的实际困难，主要有下面两点：

① 难以确定故障的具体位置；

② 缺乏维修参考资料。

从上述两点不难看出，难以确定故障点的关键是没有对汽车音响线路有细致的了解，对局部线路作用的掌握不是十分透彻。当然，借助维修参考资料对快速排除故障会起到一定的作用，但维修汽车音响是很难实现这一点的，因为汽车音响主要是引进产品，因此认识汽车音响总体概况必须从根本上开始，也就是从它的基本线路着手。如图 19-1 所示，它是汽车音响最基本最简单的线路。从图中可以看到，该电路主要由 3 个部分组成，即收音电路、放音电路、功放集成电路。

图 19-1 体现出汽车音响的三大基础电路，任何高难度和复杂的电路均建立在这个电路基础上，无一例外。例如，如图 19-2 所示线路是建立在图 19-1 基础上的。

知识拓展

立体声解码电路的设置为机器功能增添了新的色彩，但无论机器进行何种改进和更新，三大基本电路总是汽车音响的根本。因此，掌握汽车音响的收音电路、放音电路和功放电路有助于排除来自不同位置发生的故障，会起到事半功倍的作用。

另外，汽车音响电路基本是以供电线路出现断路为常见故障，因此掌握机器供电线路的走向，也是一个重要环节。从上面给出的电路图中明显看出，当机器电源开关打开以后，机

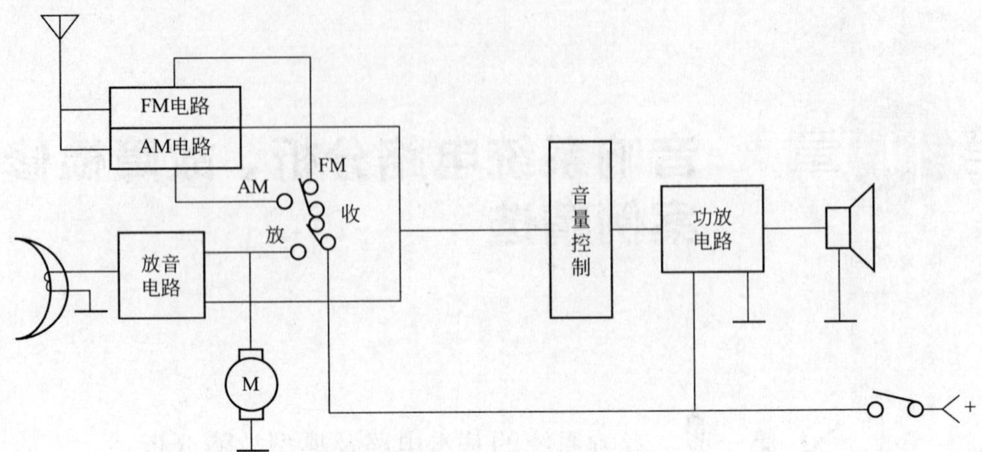

图 19-1 汽车音响基本电路

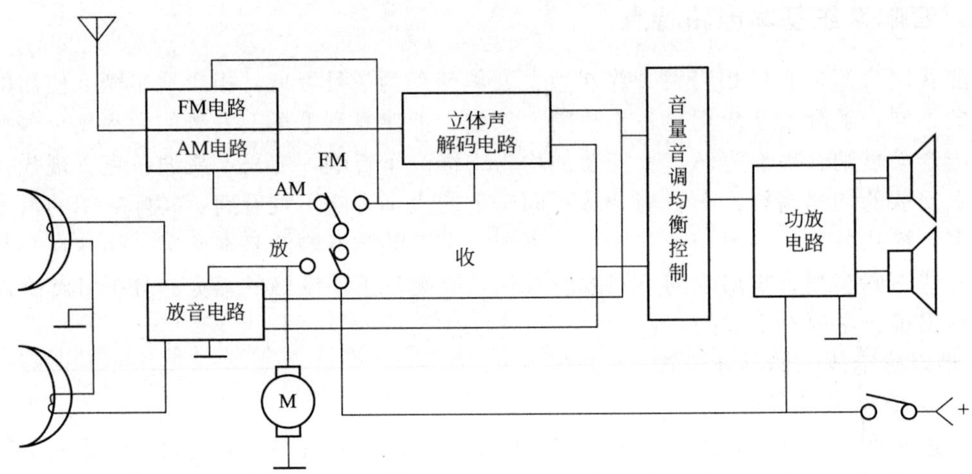

图 19-2 汽车音响基本电路

内功放集成电路便处在工作状态中，电压分向主要由收、放音转换开关来完成。

在常见机型中，一般 12V 高电位仅存在于机内电源位置、功放集成电路位置、收放音转换开关位置，线路故障多数出在电压分向 12V 降压点处，这一点应该引起注意。

二、音响系统典型故障类型

不同汽车上的音响设备虽然种类繁多，线路以及机械应用各不相同，但它们都存在最基本的故障特点。无论是什么样的机型，总体可以归纳出下面 6 种典型故障。

1. 整机不工作

这种故障日常维修中见到的不是很多，只占整个维修量的 3%。这种故障大多发生在电源供电线路上，突出表现在车上电源断路、机内线路烧断、电位器开关触点烧坏等。

检修这种故障，对于一些普通型、中级型机器不是十分困难。因为这种故障位置较为直观，修理过程比较简便，无需更换任何部件。但是，当这种故障发生在一些高档汽车音响中时，其检修就相对困难一些。这主要是因为一些高档机器电源供电方式与普通型机器不同，它们大多采用多级电源供电，而且电源供电线路分向到达具体位置的作用很难得到快速理解，尤其是电源采用电子开关电路的机型则更是这样。多级推动开关电路在设计上是比较微妙的，如想找到造成整机不工作的故障点，需经一段曲折的检查过程后，方能得出结论。如果能够找到故障点，就是修复机器走向成功的标志，剩下的就是损坏元件的更换问题，其维修的关键就是能否购置到损坏元件，如贴片三极管等。

2. 机械故障

机械故障是汽车音响比较常见的故障，约占整个维修量的60%。汽车音响的机械故障突出表现在：放音变调、绞带、不走带。损坏情况有皮带断、齿轮牙磨等。日常维修中机械故障存在的困难突出表现在更换损坏配件方面，因为在电子市场上很难购买到来自不同机器上应用的不同配件，也正是由于在购置配件方面存在有一些困难，所以有相当数量的机器因无配件更换而放弃维修。实际维修常采用的一些应急维修方法有：从旧机器上拆件、自制、补齿、穿钉、加垫等。

3. 放音走带，收、放音均不响

这种故障在日常维修中较为突出，属于典型机内功放集成电路损坏范例，约占整个维修量的30%。

由于汽车音响功放集成电路是收音与放音共用电路，它存在工作时间长、本身功率产生热量大、车体热源烘烤、电源不稳等因素的影响，因此出现损坏的机会较多。

日常检修功放电路故障时，普遍存在购置原型号集成块难的问题，这是维修人员均能遇到的实际问题。从平时接触到的一些机器中不难看出，汽车音响功放电路基本采用BTL电路，而且这种集成电路外围件较少，是较容易采用代换方法来修复的。但是，当高档机器上采用的一些较特殊功放集成电路损坏时，由于这种机器控制音量是在电子电路搜索中进行的，它不像电位器控制音量那样能够直观找到信号源，而且功放集成电路外围线路也与BTL电路存在一些差异，因此，采用代换方法修理需经过一段较细致的判断过程才能使机器恢复正常。

4. 收音正常，放音不响

这种故障在实际维修中不是太多，其故障多数为供电线路断路，约占整个维修量的3%。这种故障有两种现象，一种为放音走带机器不响，另一种为放音不走带无音响。

检修这种故障时，收音正常可确定功放电路是正常的。当遇到放音走带机器不响时，一般故障点仅在放音前置级供电线路断路。如遇到放音不走带机器不响时，一般故障点仅在收、放音转换开关的放音供电位置。

知识拓展

这种故障如发生在一些普通型、中级型机器中则排除难度不大，一般故障点好确定。但是，如发生在一些高档机器中，如采用电子收、放音转换电路的机型中，排除故障时就较难得到快速定位和确定故障点，这就需要维修人员能够细致地确定电子转换控制电路的具体位置，然后进一步检查故障点。

5. 放音正常，收音不响

这种故障日常维修中遇到的也不是很多，故障点多数在收音供电线路上，其中断路比较常见，约占整个维修量的3%。检修这种故障应重点检查机内收、放音转换开关收音点位置，因为该故障表现为AM、FM收音均不响，因此故障点基本在收音供电线路的关键点位置。

同样，这种故障能够出现在一些高档机型中，特别是出现在采用电子开关进行收、放音转换的电路和显示屏控制电路中。在排除故障方面相应存在有一些难度，因为这种电路开关连锁控制线路比较繁杂，检查故障点需经过一段曲折的检测过程才能确定转换开关的具体位置。

6. 收放音均正常，CD不响

在CD与收放音共用功放电路的高级汽车音响中，这种故障现象经常遇到，随着安装CD机的车型不断普及，其维修量将会逐渐增加。

一般单碟CD播放器、六碟CD播放器、十碟CD播放器的故障部位多数在控制电路、供电线路、CD播放器本身线路和机械部分。当轿车上使用的CD播放器出现故障时一般维修难度较大，因为购置配件基本没有，例如唱头损坏后，因难以购置新件将无法完成对CD播放器的维修过程。

知识拓展

另外，维修汽车CD播放器是最为麻烦的一项工作，因为在整个维修过程中必须把CD播放器与控制主机同时从车上拆下来。一般多碟CD播放器存在无脉冲电路和有脉冲电路控制两种，选碟方式极其特殊，机械阶梯选谍方式在家电中无先例。

第二节 一汽奔腾车系音响系统电路分析、故障检修和案例精选

一、电路分析

一汽奔腾轿车音响系统电路如图19-3所示。

汽车音响系统现在已形成具有音质效果好、噪声低、抗干扰性能稳定、操作方便的特点，并形成了多功能、数字化、高性能、大功率输出的立体声音响系统。普通汽车音响系统包括十个方面，它们分别是：主机、功率放大器、喇叭（扬声器）、均衡器、分频器、天线、线材、电容器、电源、辅助电路。其中各个部件的功能为：主机提供各种音源，有些具有显示图像；功率放大器可以放大音频信号，推动喇叭发音；喇叭（扬声器）发出声音；均衡器可以分别调节前后场及重低音的高低音变化，以达到最佳听音效果；分频器把音频信号分几段，供不同喇叭发音；天线为加强电台信号接收；电容器作用是稳定电流，防止蓄电池过早老化；辅助电路包括开关、易熔线、继电器等。

音响单元供电电路，一路为：蓄电池正极→F-01主熔断丝盒120A熔丝MATN→主熔断丝盒40A熔丝BTN→C-04→保险丝盒14A保险丝RDDM→音响单元0920-20连接器的1B端子。另一路，当点火开关位于ACC时，蓄电池正极→F-05→30A熔丝IG KEY1→C-05→C-02→点火开关→C-02→保险丝盒5A保险丝MIRROR→音响单元IR端子。音响单元的1W端为搭铁端子，通过8号线搭铁。

音响单元的1I端子通过总线与BCM相连；音响控制单元的1L端子接仪表灯控制开关；音响单元的1G、1E端子接照明灯；音响单元的1C端向仪表板和信息显示器输送数据；音响单元的

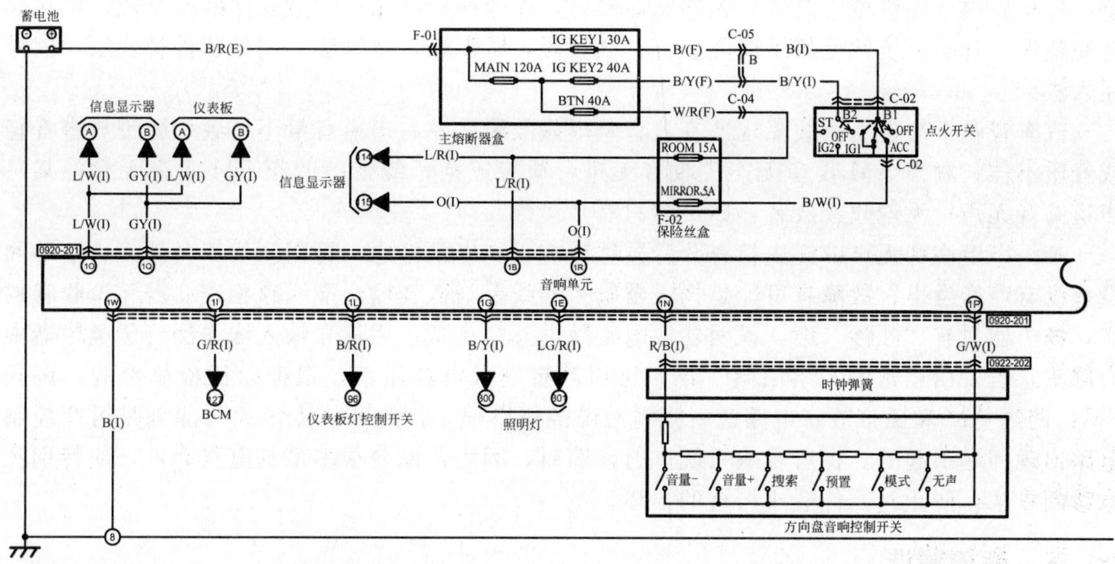

(a) 一汽奔腾轿车音响系统电路(1)

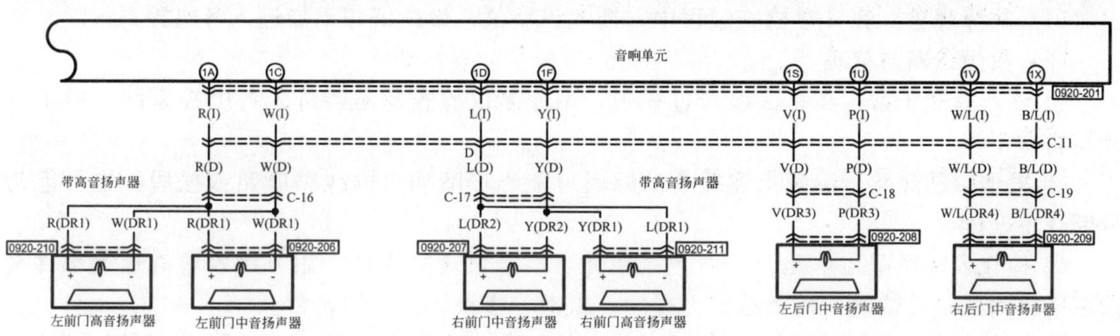

(b) 一汽奔腾轿车音响系统电路(2)

图 19-3 一汽奔腾轿车音响系统电路

1N、1P 端子通过时钟弹簧后外接音量、模式、调谐开关，这些开关键位于转向盘上。

音响单元输出信号，左前门中音扬声器信号电路：音响单元 1A 端子→C-11→C-16→0920-206→左前门中音扬声器→0920-206→C-16→C-11→音响单元 1C 端子，带高音扬声器的左前门高音扬声器输出端子同样为 1A、1C 端，信号电路相似；右前门中音扬声器信号电路为：音响单元 1D 端子→C-11→C-17→0920-207→右前门中音扬声器→0920-207→C-11→音响单元 1F 端子，带高音扬声器的右前门高音扬声器输出端子同样为 ID、IF 端，信号电路相似；左后门中音扬声器信号电路：音响单元 IS 端子→C-11→C-18→0920-208→左后门中音扬声器→0920-208→C-18→C-11→音响单元 1U 端子；右后门中音扬声器信号电路为：音响单元 1V 端子→C-11→C-19→0920-209→右后门中音扬声器→0920-209→C-19→C-11→音响单元 1X 端子。

二、故障检修

检修汽车音响时，为高效、快捷地修复故障，有效地保障整机特性，在进行维修时应注意：先外后内，先机械后电气，先静态后动态，先通病后特殊；注意操作的安全性、可靠性与完整性。音响系统常见的维修方法有：观察法、试听法、感触法、完好元件替代法、信号注入法。

汽车音响系统常见的故障现象有：音响虚假故障；左右声道音量不一致；磁带放音音轻或音质不佳；调幅 AM 收音无声；收音无声，放音正常；绕带；调频 FM 收音无台；某一声道高音无声；无论收音放音，扬声器只有“沙沙”声。

某一声道高音无声，应先检查分音器线路有没有正常接通，再用测量工具从发音器端测量有没有声音发出；故障有可能是扬声器输入端线路与低音输出端线路相连。若无论收音放音，扬声器只有“沙沙”声，说明功放电路可以算是正常，用信号输入法去测音量电位器中心轴头，若发出正常的“喀喀喀”声，可以判定功放电路正常。根据以往检修经验，调频 FM、调幅 AM 和磁带放音电路三者同时故障的概率很小，此种故障很大可能都是可调控制电路出现问题引起的。在对音响系统进行诊断时，因为此部分很多都是电气元件，应特别注意诊断方法，防止对元件造成严重的损坏。

三、案例精选

音响系统线路错接致使诊断仪不断进入电控系统。

(1) 故障现象　在日常检查过程中，插入诊断仪，诊断仪却不能进入各电控系统。

(2) 故障诊断与处理

① 该车行驶正常，在一次检查过程中，用诊断仪检查却不能进入各电控系统，提示 K 线与搭铁不连。

② 根据以往经验，出现上述现象的原因可能为诊断插口内线路断路或松脱，也可能为诊断仪不匹配。

③ 检查发动机电控单元、ABS 控制单元、组合仪表等部件。用万用表检查以上部件与诊断插口间的连接情况，检查结果无异常，供电、搭铁、信号都正常。

④ 对车内的线路及设备仔细查看，车主外加有对讲设备、音响，对其进行拆除，检查电路，拆音响的过程中诊断仪可以进入发动机电控系统了，当准备读取数据时又被切断，此后再也不能进入。

⑤ 把音响全部拆掉，检查内部线路发现被切断，检查线束时发现从仪表线束里有一根黑线被单独引出接地。

⑥ 仔细检查这根被引出的接地线，发现并没有实际用途，试着拆掉这根接地线，结果所有系统都可以检测。

⑦ 去除这条接地线，拆除设备装复，故障排除。

第三节　别克君威车系音响系统电路分析、故障检修和案例精选

一、电路分析

别克君威车系音响系统电路如图 19-4 所示。

就别克君威车系而言，其音响系统包括：电源、接线、收音机、扬声器、天线、显示屏、换碟机、车载电话、控制开关等。

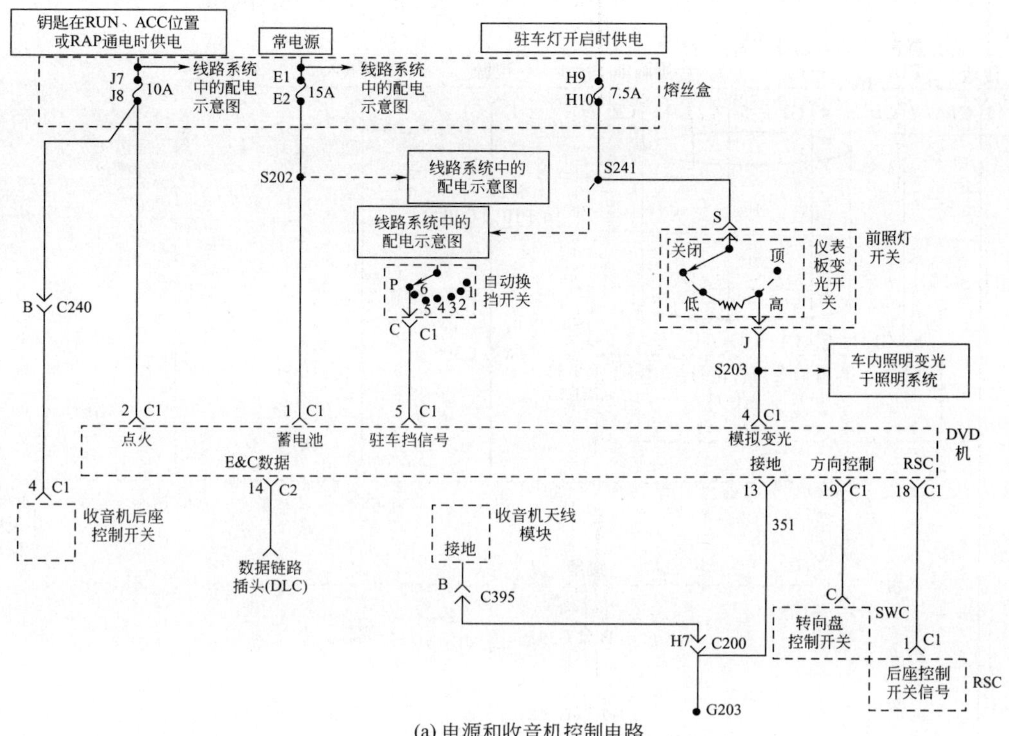

(a) 电源和收音机控制电路

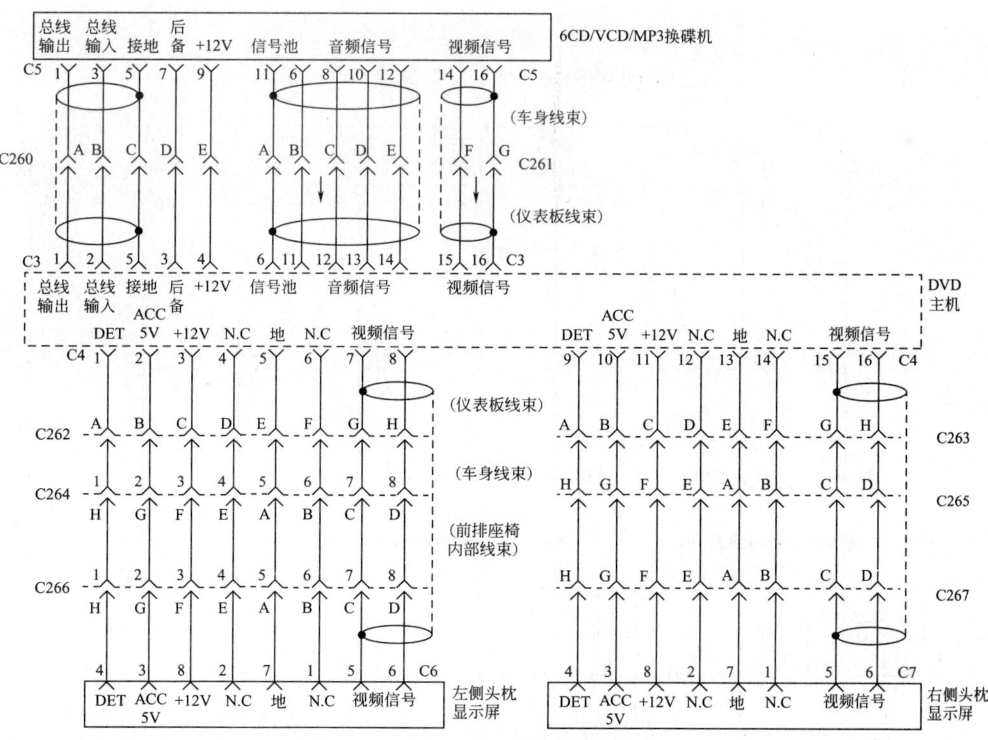

(b) DVD主机与换碟机控制电路

图 19-4

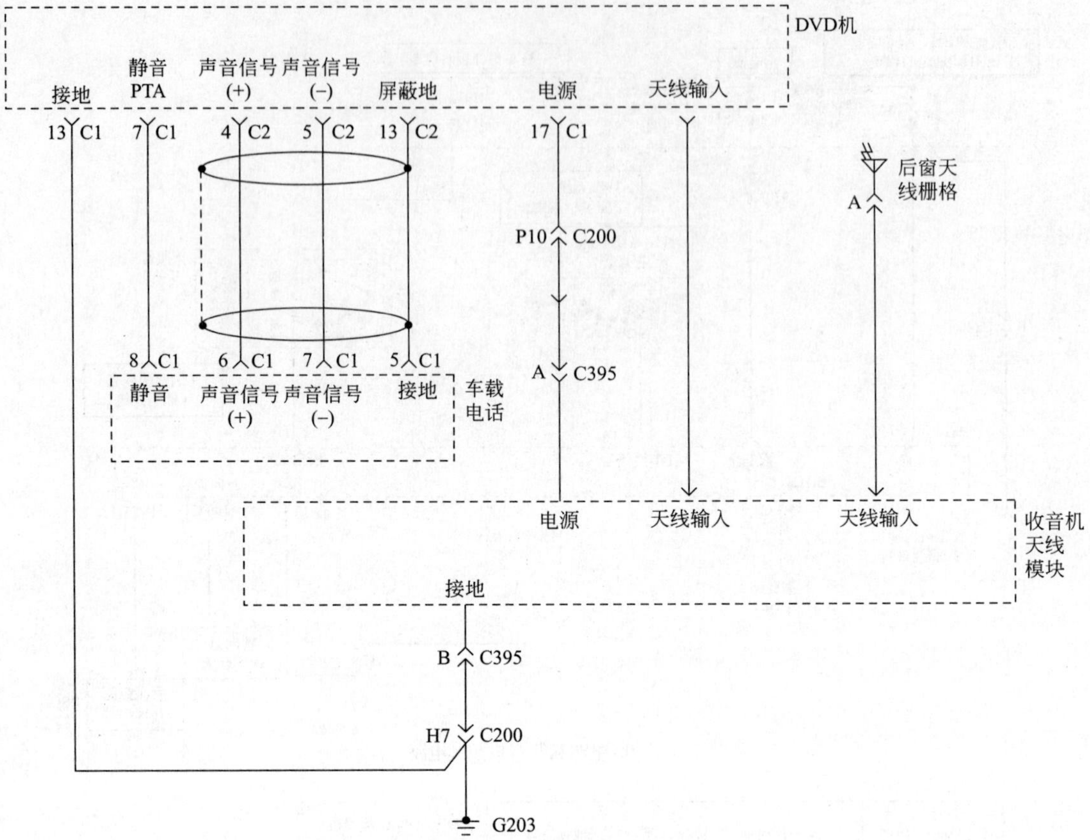

DVD机
接地
静音
PTA
声音信号
(+)
声音信号
(−)
屏蔽地
电源
天线输入
13 C1
7 C1
4 C2
5 C2
13 C2
17 C1
后窗天线栅格
A
P10 C200
8 C1
6 C1
7 C1
5 C1
A C395
静音
声音信号
(+)
声音信号
(−)
接地
车载电话
电源
天线输入
天线输入
收音机天线模块
接地
B C395
H7 C200
G203

(c) DVD机和收音机天线控制电路

收音机
左前扬声器−
左前扬声器+
右前扬声器−
右前扬声器+
左后扬声器+
左后扬声器−
右后扬声器+
右后扬声器−
21
8
12
11
9
22
10
23
C4
D2
C2
D3
M9
N8
C1
C3 C200
B2
C2 C301
B2
C2 C302
P500
P600
A C2 A C1
B C2 B C1
左前高频扬声器
左前车门扬声器
右前高频扬声器
右前车门扬声器
左后扬声器
右后扬声器

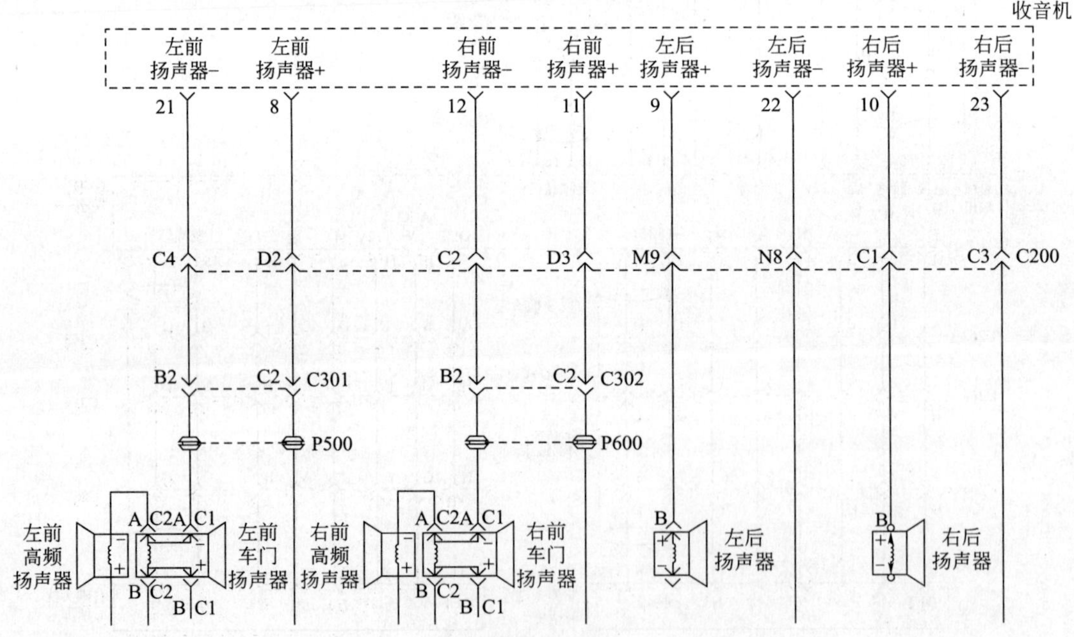

(d) 扬声器控制电路

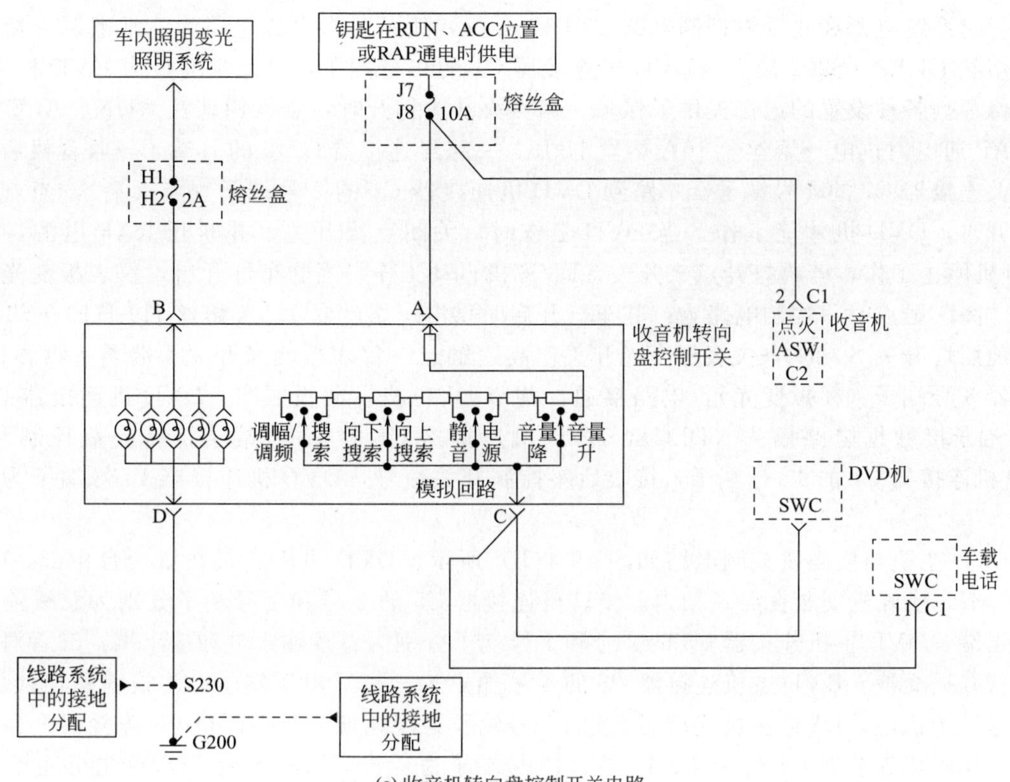

(e) 收音机转向盘控制开关电路

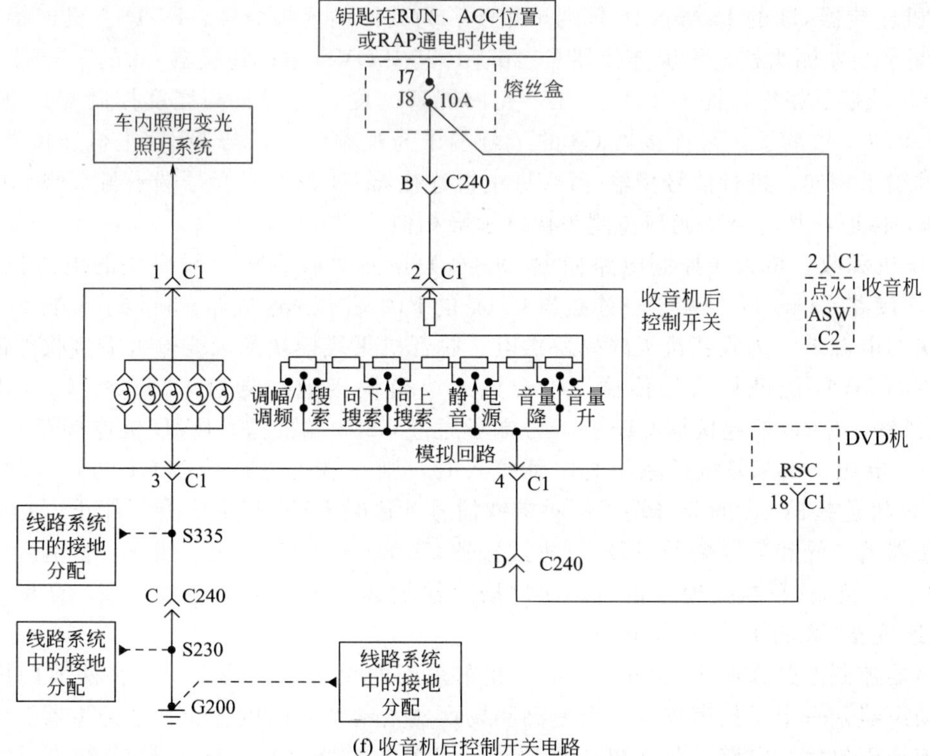

(f) 收音机后控制开关电路

图 19-4 别克君威车系音响系统电路

音响系统电源和收音机控制电路如图 19-4（a）所示。常电源电路为：常电源→熔丝盒 15A 熔丝 E1-E2→S202 接点→DVD 机连接器 C1 的 1 号端子，电路常通，为 DVD 机供电，为维修音响各种设置的记忆提供了保障。当点火开关打开时，点火钥匙在 RUN、ACC 位置或 RAP 通电时供电→熔丝盒 10A 熔丝 J7-J8，一路经连接器 C240 的 B 端子→收音机后座控制开关连接器 C1 的 4 号端子；一路到 DVD 机连接器 C1 的 2 号端子（点火端），当点火开关打开时，DVD 机才能工作。当 DVD 工作时，关闭点火开关，并断开 RAP 电源，此时 DVD 机停止工作，若再打开点火开关，DVD 机自动工作。当驻车灯开启，仪表板变光开关位于“高”触点时，控制电路为：驻车灯开启时供电→熔丝盒 7.5A 熔丝 H9-H10→S241 接点→前照灯开关 S 端子→仪表板变光开关“高”触点→仪表板变光开关 J 端子→收音机 C1 连接器 3 号端子（模拟变光），电路接通，调节 DVD 机，面板照明。DVD 机连接器 C2 的 14 号端子接数据链路插头（DLC），DVD 机连接器 C1 的 19 号端子接转向盘控制开关，DVD 机连接器 C1 的 18 号端子，接收后座控制开关信号，DVD 机连接器 13 号端子为接地端子。

DVD 主机与换碟机控制电路如图 19-4(b) 所示。DVD 主机安装在仪表台中部，6CD/VCD/MP3 换碟机安装在后备箱内。换碟机连接器 C5 的 3 号和 1 号端子分别为总线输入端和输出端，DVD 主机连接器 C3 的 2 号和 1 号端子分别为总线输入端和输出端，二者对应连接进行数据交换。DVD 主机连接器 C3 的 4 号端子为＋12V 电源端子，为换碟机连接器 C5 的 9 号端子供电，DVD 主机连接器 C3 的 5 号端子为接地端，与换碟机 C5 连接器 5 号端子相连。换碟机连接器 C5 的 8 号、10 号、12 号端子为音频信号输出端，DVD 主机连接器 12 号、13 号、14 号端子接收音频信号。换碟机连接器 C5 的 14 号、16 号为视频信号端子，与 DVD 主机连接器 C3 的 15 号、16 号端子相连，为其传输视频信号。DVD 主机连接器 C4 的 1～8 号端子与左侧头枕显示屏连接器 C6 相连，其中 DVD 主机连接器 C4 的 3 号端子与连接器 C6 的 8 号端子相连，提供 12V 电压，控制屏幕亮度，为屏幕高亮度控制端；DVD 主机连接器 C4 的 5 号端子，与连接器 C6 的 7 号端子为视频信号，与 DVD 主机连接器 C4 的 7 号和 8 号端子相连，进行信号传输。DVD 主机连接器 C4 的 9～16 号端子与右侧头枕显示屏连接器 C7 相连，其电路功能与左侧头枕显示屏相似。

DVD 机和收音机天线控制电路如图 19-4(c) 所示。收音机天线模块的电压供给电路：DVD 机连接器 C1 的 17 号端子→连接器 C200 的 P10 端子→连接器 C395 的 A 端子→收音机天线模块的电源端，为收音机天线模块供电。收音机天线模块的天线输入端接收外部天线的信号，再向 DVD 机进行信号传输。收音机天线模块接地端通过 C395-B、C200-H7 后经 G203 端搭铁。DVD 机连接器 C1 的 13 号端子通过 G203 端搭铁。DVD 机连接器 C1 的 7 号端子有 5V 电压，当车载电话系统有电话接入时，则车载电话连接器 C1 的 8 号端子搭铁。同时 DVD 机连接器 C1 的 7 号端子接收搭铁信号，这时 DVD 机命令音频停止，并通过车载电话连接器的 6 号和 7 号端子与 DVD 机连接器 C2 的 4 号和 5 号端子相连，将电话信号传输给 DVD 机，经 DVD 机处理分析后，通过扬声器播放，车载电话连接器 C1 的 5 号端子与 DVD 机连接器 C2 的 13 号端子相连。

扬声器控制电路如图 19-4(d) 所示。此车采用的是六扬声器系统，在两前门内分别装有 2 个扬声器，一个是扬声器，一个是高频扬声器，两个后门内各装一个扬声器。

左前扬声器信号电路：收音机 8 号端子（左前扬声器＋）→连接器 C200 的 D2 端子→连接器 C301 的 C2 端子→P500→连接器 C1 的 B 端子/连接器 C2 的 B 端子→连接器 C1 的 A

端子/连接器 C2 的 A 端子→P500→连接器 C301 的 B2 端子→连接器 C200 的 C4 端子→收音机 21 号端子（左前扬声器一）。右前扬声器信号电路：收音机 11 号端子→连接器 C200 的 D3 端子→连接器 C302 的 C2 端子→P600→连接器 C1 的 B 端子/连接器 C2 的 B 端子→连接器 C1 的 A 端子→连接器 C2 的 A 端子→P600→连接器 C302 的 B2 端子→连接器 C200 的 C2 端子→收音机 12 端子（右前扬声器一）。左后扬声器信号电路：收音机 9 号端子（左后扬声器＋）→连接器 C200 的 M9 端子→左后扬声器 B 端子→左后扬声器 A 端子→连接器 C200 的 N8 端子→收音机 22 号端子（左后扬声器一）。右后扬声器信号电路：收音机 10 号端子（右后扬声器＋）→连接器 C200 的 C1 端子→右后扬声器 B 端子→右后扬声器 A 端子→连接器 C200 的 C3 端子→收音机 23 号端子（右后扬声器一）。

收音机转向盘控制开关电路如图 19-4(e) 所示。收音机转向盘控制开关内部，接有照明灯泡和按键控制电路，其中收音机转向盘控制开关电路：车内照明变光系统→熔丝盒 2A 熔丝 H1-H2→收音机转向盘控制开关 B 端子→内部照明灯泡→收音机转向盘控制开关 D 端子→S230 接点→G200 端搭铁。当点火开关打开时，按键控制电路、钥匙在 RUN、ACC 位置或 RAP 通电时供电→熔丝盒 10A 熔丝 J7-J8，一路到收音机连接器 C1 的 2 号端子，一路到收音机转向盘控制开关 A 端子→各按键开关→收音机转向盘控制开关 C 端子 → DVD 机。→ 车载电话。收音机转向盘开关内各按键开关（调幅/调频、搜索、静音、电源、音量降、音量升）闭合时接有不同电阻，接入的电阻不同，从收音机转向盘控制开关 C 端子处输出电压也不同，DVD 机和车载电话根据接收到的不同电压，来识别按键的动作，从而执行对应的命令。

收音机后控制开关电路如图 19-4（f）所示。此部分控制电路与收音机转向盘控制开关电路基本相同，不同的地方在于从收音机后控制开关连接器 C1 的 4 号端子输出信号，直接输入 DVD 机。

二、故障检修

汽车音响系统常见故障现象及原因如表 19-1 所示。

表 19-1　音响系统常见故障及原因

故障现象	故障原因
整机不工作	电源断路、机内线路烧断、开关触点烧坏
左右声道音量不一致	主机平衡钮未在中间位置、前级输入和输出左右 LEVEL 按钮故障、主机故障
收音和放音无声	供电电路故障、功放电路故障、扬声器故障、搭铁不良
放音正常，收音无声	收放音状态转换开关故障、滤液电容故障、收音电路电阻故障、电子音源选择控制故障(电调机型)
某一声道高音无声	分音器配线错误、喇叭接线故障
磁带放音音轻或音质不佳	磁头磨损、磁头脏污、磁头转换开关接触不良、磁头方位角错位
显示屏不显示	背光源损坏(照明灯泡或带有二极管的照明板)
收音正常、放音故障	放音电源控制故障、状态转换故障、放音前置和机械部分故障

三、案例精选

收音机出现不工作的故障。

(1) 故障现象 一辆君威轿车，打开点火开关，打开收音机开关没有声音，当在点火开关关闭的情况下，打开收音机开关却可以发出声音。

(2) 故障诊断与处理

① 使用专用的诊断仪对音响系统检查，对收音机部分读取故障码，无故障码，由此说明收音机部分无故障。

② 在点火开关关闭的情况下，打开收音机，可以发出声音，当点火开关打开时，收音机声音停止。观察收音机显示屏显示出车载电话忙碌的符号，细听车载电话控制模块，发出“嗒嗒嗒”的声音。

③ 根据上述现象，可以说明此种声音为车载电话频繁吸合的异常现象。因此，大胆猜想造成收音机故障的可能为车载电话模块故障。

④ 拔下车载电话模块插头，收音机立即恢复正常，由此判断，故障出现在车载电话模块上。

⑤ 对车载电话模块进行故障处理，打开点火开关，打开收音机开关，故障消失。

照明与信号系统电路分析、故障检修和案例精选

第一节　照明与信号系统结构和故障检修

一、照明与信号系统结构特点

桑塔纳3000系列轿车的照明系统包括前照灯、雾灯、车内灯（顶灯）、仪表灯、行李厢灯及牌照灯、车内照明灯、警报/指示灯；信号系统包括转向灯、驻车灯、倒车灯、尾灯、制动灯、驻车制动指示灯、喇叭。比较桑塔纳2000，原先布置在前保险杠上的方形雾灯如今已移到保险杠下方最外侧，照明效果更好。并且变成了更为小巧玲珑的内嵌形圆形雾灯，与车身整体造型和谐一致；高位制动灯使制动信号更为醒目，制动信息传递更为有效，特别在雨、雾等视野较差的情况下，可明显提醒后方驾驶员保持车距。该杆形高位制动灯位于后风窗与顶盖的接合处，可使后方车辆驾驶员视线与之持平，容易发现制动灯信号，减少追尾事故的发生。照明与信号系统如表20-1所示。

表20-1　照明与信号装置

名称	规格	数量
前照灯	H4卤素灯泡12V 55W/60W	2
前雾灯	12V 55W	2
后雾灯	12V 21W	1
车内灯(顶灯)	12V 10W	1
发动机舱灯	12V 10W	1
行李厢灯	12V 5W	1
杂物箱灯	12V 1.2W	1
转向灯	12V 21W	4
小灯	12V 4W	2
牌照灯	12V 4W	2
尾灯	12V 5W	2
制动灯	12V 21W	2
倒车灯	12V 21W	2
喇叭	双声蜗牛电子喇叭,声强≥105dB(A)	1

1．前照灯

桑塔纳3000系列轿车采用组合前照灯，前照灯不受继电器控制。灯罩内密闭着具有远光和近光功能的双丝灯泡（功率为55W/60W），另外还有小灯（功率为4W）。左右前照灯的近光、远光都分别有熔丝保护，它们的代号为S21、S10、S22、S9，如图20-1所示。

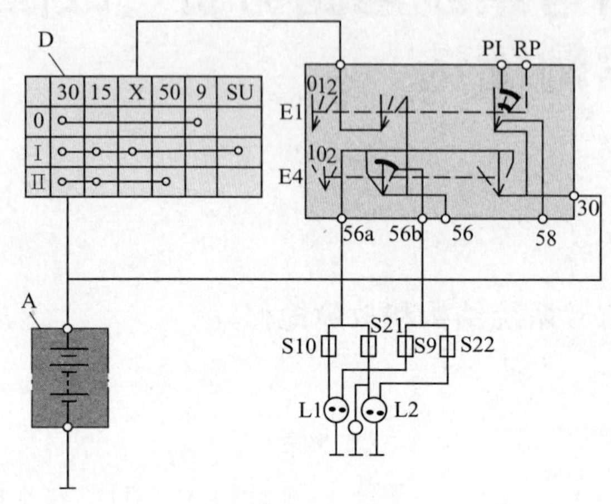

图20-1　前照灯电路图

A—蓄电池；D—点火开关；E1—灯光开关；E4变光/超车开关；S10,S21,S9,S22—熔丝；L1—左前照灯；L2—右前照灯

左前照灯L1、右前照灯L2受灯光开关E1和转向灯组合手柄开关（位于转向盘左边）中的变光/超车开关E4控制。当向上抬起组合开关手柄时，E4中的变光/超车开关触点接通，30号线（直接与蓄电池正极连接的火线，不受点火开关控制）电源经熔丝S9、S10直接接通左前照灯L1、右前照灯L2的远光灯丝电路，与此同时，电源还从熔丝S9向仪表盘上的远光灯指示灯K1提供电源，使左右远光灯与远光指示灯同时发亮。当放松手柄时，组合开关手柄在回位弹簧弹力的作用下便自动切断电源，左右远光灯与远光指示灯同时熄灭。反复抬起与放松组合开关手柄，左右远光灯与远光指示灯同时闪烁，向前方汽车发出超车信号。

当E1拨到位置3时，30号线电源经点火开关D第二掷和E1第一掷加到E4上，当向上拨动一下组合开关手柄时，可依次接通左、右前照灯的近光灯丝电路（经熔丝S21、S22）或远光灯丝电路（经熔丝S9、S10），当左前照灯L1、右前照灯L2的远光灯发亮时，仪表盘上的远光指示灯K1同时发亮。

2．雾灯

桑塔纳3000系列轿车设有前雾灯和后雾灯。前雾灯左、右各一个位于保险杠下方最外侧，功率为55W；后雾灯只有一个（安装在左后方），功率为21W。

雾灯开关受灯光开关E1和雾灯开关E23控制。当E1处于位置2或3时，30号线电源将经过E1第四掷加到雾灯继电器J5的线圈上，线圈通电将其触点吸闭。雾灯继电器的触点闭合后，X号线（从点火开关X端子引出的电源线，受点火开关控制）电源经雾灯继电器J5的触点加到雾灯开关E23上的电源端子上。当雾灯开关在位置1（空位）时，前雾灯L22、L23和后雾灯L20均不亮。当雾灯开关拨到位置2时，前雾灯L22、L23灯丝电路接通，电源经雾灯开关的第一掷、熔丝S6加到前左雾灯L22和前右雾灯L23上；当雾灯开关拨到位置3时，前雾灯L22、L23灯丝电路接通，前左雾灯L22和前右雾灯L23仍然亮，此时雾灯开关的第二掷后雾灯电路接通，电源经熔丝S27加到后雾灯L20上，前后雾灯均发亮，与此同时，安装在雾灯开关内的雾灯指示灯K17电路也接通，前后雾灯和雾灯指示灯同时发亮。

3．小灯和尾灯

桑塔纳3000系列轿车的小灯和尾灯兼作停车灯用。当汽车停驶时，用作停车灯；当汽车行驶时，用作小灯和尾灯。小灯功率为4W，尾灯功率为5W。小灯M1、M3和尾灯M2、

M4 受点火开关 D（四挪第三位）、灯光开关 E1（四掷第三位）和停车灯开关 E19 控制。

（1）作停车灯用　当汽车停驶时，点火开关断开（位于位置 1），30 号线电源通过点火开关的第三掷加到停车灯开关上。当 E19 处于位置 2（空位）时，小灯与尾灯电源切断。E19 在转向灯组合手柄开关内，当 E19 处于位置 1（手柄向下拨动时），前左小灯 M1 和左尾灯 M4 电路接通；当 E19 处于位置 3（手柄向上拨动）时，前右小灯 M3 和右尾灯 M2 电路接通，此时小灯和尾灯均用作停车灯。

（2）作小灯与尾车灯用　当汽车行驶时，点火开关处于位置 2，停车灯电源被切断，此时小灯和尾灯受 E1 控制。灯光开关的 1 位为空位，小灯和尾灯均不亮。当灯光开关处于 2 或 3 位时，30 号线电源通过 E1 的第二掷经熔丝 S7 加到前左小灯 M1 和左尾灯 M4、通过 E1 的第三掷经熔丝 S8 加到前右小灯 M3 和右尾灯 M2，此时两只小灯和两只尾灯分别起启动小灯和尾灯的作用。

小灯安装在前照灯灯罩内，又称为边灯。尾灯与转向灯、制动灯等到组装在一起，统称为组合后灯。

4. 车内灯（顶灯）

顶灯安装在车内顶部略靠前方位置。顶灯 W 由 30 号线电源经熔丝 S3 供电，并分别受到顶灯开关和四个并联的门控开关 F2、F3、F10、F11 控制。

顶灯总成带有一个一掷三位开关，开关处在 1 位时顶灯发亮，2 位时顶灯熄灭，3 位时顶灯受门控开关控制，门控开关 F2、F3、F10、F11 分别安装在左前、右前、左后、右后门上，当任何一扇门打开时，相应的门控开关就会闭合，顶灯就会发亮，只有在四扇门都有处于关闭状态时，顶灯才会熄灭。

5. 行李厢灯

行李厢照明灯 W3 由 30 号线电源经熔丝 S3 供电，且受行李厢照明灯开关 F5 控制。当行李厢打开时，安装在行李厢盖与行李厢结合处的 F5 接通，行李厢照明灯 W3 发亮；当行李厢盖关闭时，照明灯开关断开，行李厢照明灯 W3 熄灭。

6. 牌照灯

牌照灯有两个，受灯光开关 E1 控制。当 E1 处于位置 1 时，牌照灯 X 熄灭；当 E1 处于 2 位或 3 位时，30 号线电源经车灯开关第四掷、熔丝 S20、线束插头 T1V 加到牌照灯 X 上，两只牌照灯 X 发亮。

7. 倒车灯与制动灯

倒车灯的功率为 21W。当变速杆拨到倒挡时，倒车灯开关 F4 接通，15 号线电源经熔丝 S15、F4 加到倒车灯开关（M16、M17）上，倒车灯发亮。当变速器杆移出倒挡时，倒车灯开关断开，倒车灯熄灭。

制动灯的功率为 21W。当驾驶员踩下制动踏板时，位于踏板支架上部的制动灯开关 F 接通，30 号线电源经熔丝 S2、制动灯开关 F 加到制动灯（M9、M10）上，制动灯发亮。当驾驶员放松制动踏板时，制动灯开关断开，制动灯熄灭。

8. 其他照明灯

仪表板照明灯 L10（两个）、时钟照明灯 L8、点烟器照明灯 L28、烟灰缸照明灯 L41、除霜器开关照明灯 L39、雾灯开关照明灯 L40、空调开关照明灯 L21 这七种照明灯均受灯光开关控制。当灯光开关 E1 处于位置 1 时，七种照明灯熄灭；当车灯开关 E1 处于位置 2 或 3 时，30 号线电源经灯光开关第四掷、仪表板照明灯调光电阻 E20 接通七种照明灯电路，照明灯均发亮。

9. 转向灯与报警灯

转向灯与报警灯信号系统由转向灯、闪光继电器、转向组合手柄开关、危险报警闪光灯开关等组成。如图 20-2 所示，4 个转向灯 5、6、7、8（左前转向信号灯 M5、左后转向信号灯 M6、右前转向信号灯 M7、右后转向信号灯 M8）兼作报警灯使用，功率均为 21W，后转向信号灯与尾灯、制动灯和倒车灯等组合在一起。转向灯与危险报警闪光灯共作一只含有电子元件与继电器的复合继电器，位于中央线路板 12 号位置。转向灯系统使用 S19 熔丝，危险报警闪光灯使用 S4 熔丝。

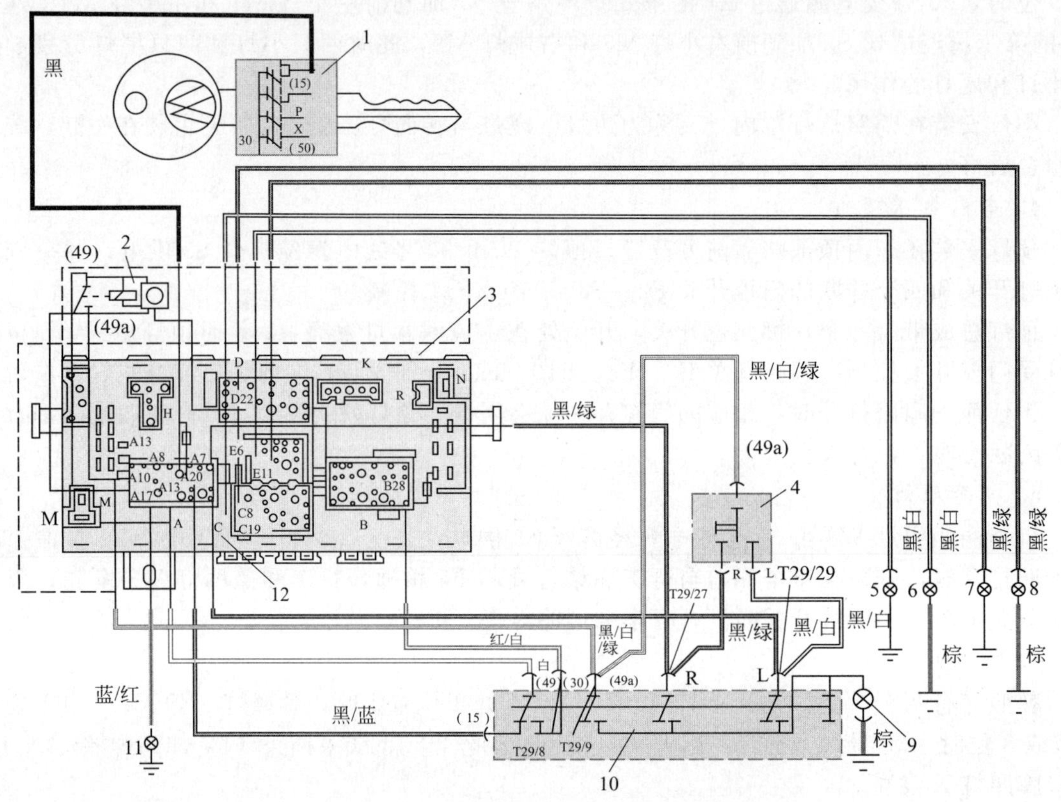

图 20-2 转向灯与危险报警闪灯接线图

1—点火开关（D）；2—转向/报警灯继电器（J2）；3—中央线路板；4—转向灯开关（E2）；5—前左转向灯（M5）；6—后左转向灯（M6）；7—前右转向灯（M7）；8—后右转向灯（M8）；9—危险报警闪光灯指示灯（K6）；10—危险报警闪光灯开关（E3）；11—仪表板处转向指示灯（K5）；12—中央线路板 E6、C19、A20 接通，E11、C8 与 A7 接通

转向时，点火开关 1（D）接通，电源从点火开关端子 15 经黑色线进入中央线路板 3 背面接点 A8，经内部线路到接点 S19，再从接点 A13 出来用黑/蓝线与危险报警闪光灯开关 10（E3）的接线柱 15 相接。转向时，接线柱 15 与 49 接通，再用白色线与中央线路板 3 的 A18 相接，再经内部线路与继电器 2 的接线柱 49 相连。继电器接通后由接线柱 49a 经内部线路从 A10 出来，用黑/绿/白线与仪表板上的插座 T29/25 相接，再由黑/绿/白线与转向灯开关 4（E2）的接线柱 49a 相接。

当右转向时，接线柱 R 用黑/绿线经仪表板插座 T29/27 与中央线路板 3 的接点 A7 相通，再经内部线路与接点 C8、E11 相通，然后用黑/绿线与后右转向灯 8（M8）、前右转向灯 7（M7）相通。

当左转向时，转向灯开关 4（E2）的接线柱 L 用黑/白线与仪表板插座 T29/29 相连，再用黑/白线与中央线路板 3 的接点 A20 相通，经内部线路与接点 E6、C19 相通，再用黑/白线 16、17 与前左转向灯 5（M5）、后左转向灯 6（M6）相通。

在转向的同时，继电器 2 的接经柱 49a 由内部线路通向 A17，用蓝/红线通向转向指示灯 11（K5）。

当报警时，30 号线电源经熔丝 S4 从中央线路板 3 的接点 B28 用红/白色线与仪表板插座 T29/9 相接，再与危险报警闪光灯开关 10（E3）的接线柱 30 相接，此时 E3 同时接通接线柱 49、R、L，使所用转向灯闪亮，并使危险报警闪光灯指示灯 9（K6）闪亮。

10. 喇叭

桑塔纳 3000 系列轿车采用盆形电喇叭，有高音喇叭、低音喇叭各一个，并同步工作，它们合用一个继电器和喇叭按钮。设置喇叭继电器的目的，是避免使用两个喇叭导致电流过大而烧坏喇叭按钮。

如图 20-3 所示，按下转向盘上的喇叭按钮 H 时，继电器 J4 励磁电流经熔丝 S18 提供，流经继电器触点的电流则经熔丝 S16 提供，喇叭发音。

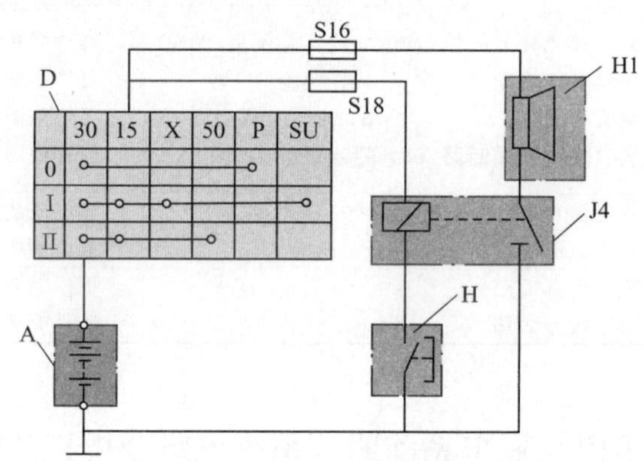

图 20-3 喇叭电路图

A—蓄电池；D—点火开关；S16，S18—熔丝；H—喇叭按钮；H1—双声喇叭；J4—喇叭继电器

二、故障检修

照明与信号系统常见故障与排除分别如表 20-2 和表 20-3 所示。

表 20-2 照明系统常见故障与排除

故障现象	原因	排除方法
前照灯远光和近光都不亮	灯泡烧坏 熔丝熔断 点火开关及其连接导线接触不良、断路 变光/超车开关有故障	更换灯泡 更换熔丝 修理或更换点火开关 修理或更换变光/超车开关

续表

故障现象	原因	排除方法
远光、近光在变光时，仪表板上的指示灯不亮	指示灯烧坏 中央线路板插接器及连接导线连接不良、断路 仪表板上的印刷电路板断路	更换指示灯 修理或更换连接导线 修理或更换印刷电路板
危险报警闪光灯和转向灯都不工作	灯泡与灯座接触不良 棕色导线搭铁不良 熔丝 S19 或 S4 熔断 继电器(危险报警闪光灯和转向灯共用)损坏	修理或更换灯泡和灯座 检修导线 更换熔丝 修理或更换继电器
危险报警闪光灯和转向灯工作正常，仪表板上的指示灯不亮	仪表板 14 孔插接器上蓝/红色导线断路 中央线路板接头 A17 接触不良 指示灯损坏	更换导线 检修中央线路板 更换指示灯
转向灯工作而危险报警闪光灯不工作或相反	熔丝 S4 熔断 危险报警闪光灯开关或直接导线有故障 熔丝 S19 熔断 转向灯开关或连接导线有故障	更换熔丝 修理或更换开关和导线 更换熔丝 修理或更换开关和导线

表 20-3 喇叭常见故障与排除

故障现象	原因	排除方法
高音和低音喇叭均不响	喇叭接线柱上的黑/黄色导线接触不良、断路 熔丝 S16 熔断 喇叭有故障 喇叭按钮导线断路或内部接触不良	修理或更换导线 更换熔丝 更换喇叭 修理或更换喇叭按钮和导线
喇叭声音低哑	蓄电池存电不足 喇叭有故障	充电或更换蓄电池 更换喇叭
放松喇叭按钮后，喇叭长鸣不停	喇叭内部短路 喇叭按钮短路	更换喇叭 修理喇叭按钮

第二节 一汽丰田花冠车系前照灯系统电路分析、故障检修和案例精选

一、电路分析

一汽丰田花冠车系前照灯系统电路如图 20-4 所示。

前照灯的照明效果直接影响着夜间行车驾驶的操作和交通安全，世界各国交通部门多以法律的形式规定汽车的照明标准。在夜间行车过程中应保证车前有亮而均匀的照明。

1. 近光控制电路

当车辆低速行驶或会车时应使用近光照明，灯控制开关的“HEAD”触点接通，此时左前照灯近光控制电路为：蓄电池正极→易熔丝 FL MAIN2. 0L→连接器 1A 的 1 号端子→15A 熔丝 HEAD LH→1 号继电器盒→J22 中继线连接器→H12 左前照灯（近光）→连接器 2H 的 8 号端子→连接器 2F 的 4 号端子→组合开关 C8 的 8 号端子→变光开关 LOW 触点→灯控制开关 H 端→灯控制开关 EL 端→组合开关 C8 的 11 号端子→J2 中继线连接器→IE 端搭铁→蓄电池负极

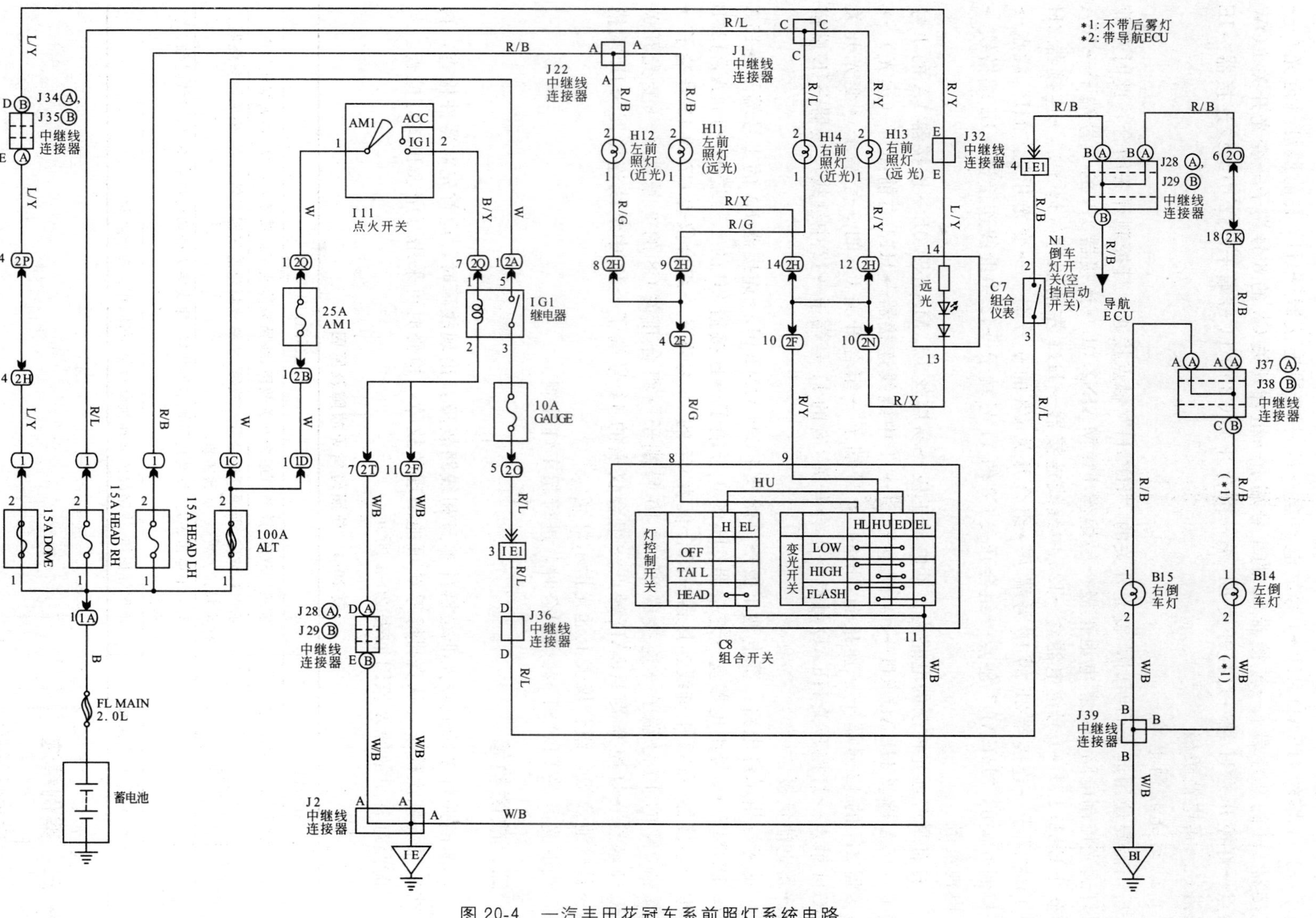

图 20-4 一汽丰田花冠车系前照灯系统电路

右前照灯近光控制的电路为：蓄电池正极→易熔丝 FL MAIN2.0L→连接器 1A 的 1 号端子→15A 熔丝 HEAD RH→1 号继电器盒→J1 中继线连接器→H14 右前照灯（近光）→连接器 2H 的 9 号端子→连接器 2F 的 4 号端子→组合开关 C8 的 8 号端子→变光开关 LOW 触点→灯控开关 H 端→灯控开关 EL 端→组合开关 C8 的 11 号端子→J2 中继线连接器→IE 端搭铁→蓄电池负极

2. 远光控制电路

当需要使用远光照明时，变光开关的“HIGH”触点接通，灯控制开关闭合，此时左前照灯远光控制电路为：蓄电池正极→易熔丝 FL MAIN2.0L→连接器 1A 的 1 号端子→15A 熔丝 HEAD LH→1 号继电器盒→J22 中继线连接器→H11 左前照灯（远光）→连接器 2H 的 14 号端子→连接器 2F 的 10 号端子→组合开关 C8 的 9 号端子→变光开关“HI”触点→灯控制开关的“HEAD”触点→组合开关 C8 的 11 号端子→J2 中继线连接器→IE 端搭铁→蓄电池负极。

右前照灯远光控制的电路为：蓄电池正极→易熔丝 FL MAIN2.0L→连接器 1A 的 1 号端子→15A 熔丝 HEAD RH→1 号继电器盒→J1 中继线连接器→H13 右前照灯（远光）→连接器 2H 的 12 号端子→连接器 2F 的 10 号端子→组合开关 C8 的 9 号端子→变光开关 HIGH 触点→灯控开关 HEAD 触点→组合开关 C8 的 11 号端子→J2 中继线连接器→IE 端搭铁→蓄电池负极。

远光灯指示灯电路：蓄电池正极→易熔丝 FLMAIN2.0L→连接器 1A 的 1 号端子→15A 熔丝 DOME→1 号继电器盒→连接器 2H 的 4 号端子→连接器 2P 的 4 号端子→J34A，J35B 中继线连接器→J32 中继线连接器→组合仪表 C7 的 14 号端子→组合仪表 C7 的 13 号端子→连接器 2N 的 10 号端子→连接器 2F 的 10 号端子→组合开关 C8 的 9 号端子→变光开关 HIGH 触点→灯控开关 HEAD 触点→组合仪表的 11 号端子→J2 中继线连接器→IE 端搭铁→蓄电池负极，组合仪表上远光指示灯亮。

当变光开关 FLASH 触点闭合时，进行超车灯控制。

二、故障检修

汽车前照灯系统故障无非是器件本身和线路故障，出现故障时，应首先对器件检查，再对线路系统依次检查，认真排除系统可能出现的故障，检修时可采用万用表和试灯检查。

前照灯常见故障及原因如表 20-4 所示。

表 20-4 前照灯常见故障及原因

故障现象	故障原因
左右远光灯不亮，近光正常	前照灯故障、前照灯组合开关故障、线路故障或连接器接触不良、相关熔丝烧断
远光和近光都不亮	前照灯故障、前照灯组合开关故障、线路故障或连接器接触不良、相关熔丝烧断、灯控制开关故障、搭铁不良
亮度下降	蓄电池电量不足、发动机及调节器故障、导线接头松动或接触不良、导线过细、搭铁不良
左右近光灯不亮，远光正常	前照灯损坏、线路故障或连接器接触不良、相关熔丝烧断

三、案例精选

远光指示灯不亮

(1) 故障现象　一辆丰田花冠轿车，汽车前照灯打开时，前照灯远近光正常，但仪表板上的远光指示灯不亮。

(2) 故障诊断及处理

① 进行试车，打开点火开关，打开汽车前照灯开关，对前照灯进行远近光切换，前照灯无异常，在远光开关打开的情况下，仪表板上的远光指示灯不亮。

② 对远光指示灯线束检查，外部的连接线无故障。

③ 检查中央保险丝盒，发现有一根保险丝烧坏，查看线路图知道到此是与远光指示灯电路相连的保险丝。

④ 更换新的保险丝，进行试车，故障排除。

第三节　一汽丰田花冠车系转向及危险警告灯系统电路分析、故障检修和案例精选

一、电路分析

一汽丰田花冠车系转向及危险警告灯系统电路如图 20-5 所示。

汽车转向灯用以显示汽车将要行驶的方向，为橙色或黄色，转向信号灯的闪光频率国标中规定为 60～120 次/min。

1. 转向及危险警告灯供电电路

当点火开关位于 IG1 时，IG1 继电器控制电路：蓄电池正极→易熔丝 FL MAIN2.0L→连接器 1A 的 1 号端子→100A 熔丝 ALT→连接器 1D 的 1 号端子→连接器 2B 的 1 号端子→25A 熔丝 AM1→连接器 2Q 的 1 号端子→点火开关 1 号端子→点火开关 2 号端子→连接器 2Q 的 7 号端子→IG1 继电器的 1 号端子→IG1 继电器的 2 号端子→IE 端搭铁→蓄电池负极，此时 IG1 继电器得电，IG1 继电器 3 号、5 号端子接通。转向信号闪光器继电器 T4 的 1 号端子供电电路为：蓄电池正极→易熔丝 FL MAIN2.0L→连接器 1A 的 1 号端子→100A 易熔丝 ALT→连接器 1C 的 1 号端子→连接器 2A 的 1 号端子→IG1 继电器的 5 号端子→IG1 继电器的 3 号端子→10A 熔丝 GAUGE→连接器 2P 的 5 号端子→J33 中继线连接器→转向信号闪光器继电器 T4 的 1 号端子（IG）供电。另一供电电路为：蓄电池正极→易熔丝 FL-MAIN2.0L→连接器 1A 的 1 号端子→10A 熔丝 HAZARD→1 号继电器盒→连接器 2H 的 19 号端子→连接器 2T 的 4 号端子→转向信号闪光器继电器 T4 的 4 号端子（+B）供电。此端为常电源供电。

2. 信号电路

当需向左转弯或变道时，转向信号开关（组合开关）位于 LH 位，此时左转向信号灯电路接通，左前转向信号灯电路为：转向信号闪光器继电器 T4 的 3 号端子（LL 端）→连接器 2T 的 9 号端子→连接器 2H 的 13 号端子→J1 中继线连接器→左前侧转向信号灯 F5/左前侧转向信号灯 F12→ED 端搭铁→蓄电池负极；左后转向信号灯控制电路：转向信号闪光器继电器 T4 的 3 号端子（LL 端）→连接器 2T 的 9 号端子→连接器 2K 的 11 号端子→左后侧转向信号灯（左后组合灯）R6→BJ 端搭铁→蓄电池负极。左转向信号灯接通，左转向灯闪烁，同时由转向信号闪光器继电器 T4 的 3 号端子输出电流到转向信号指示灯（组合仪表）C7 的电路接通，左转向信号指示灯亮。

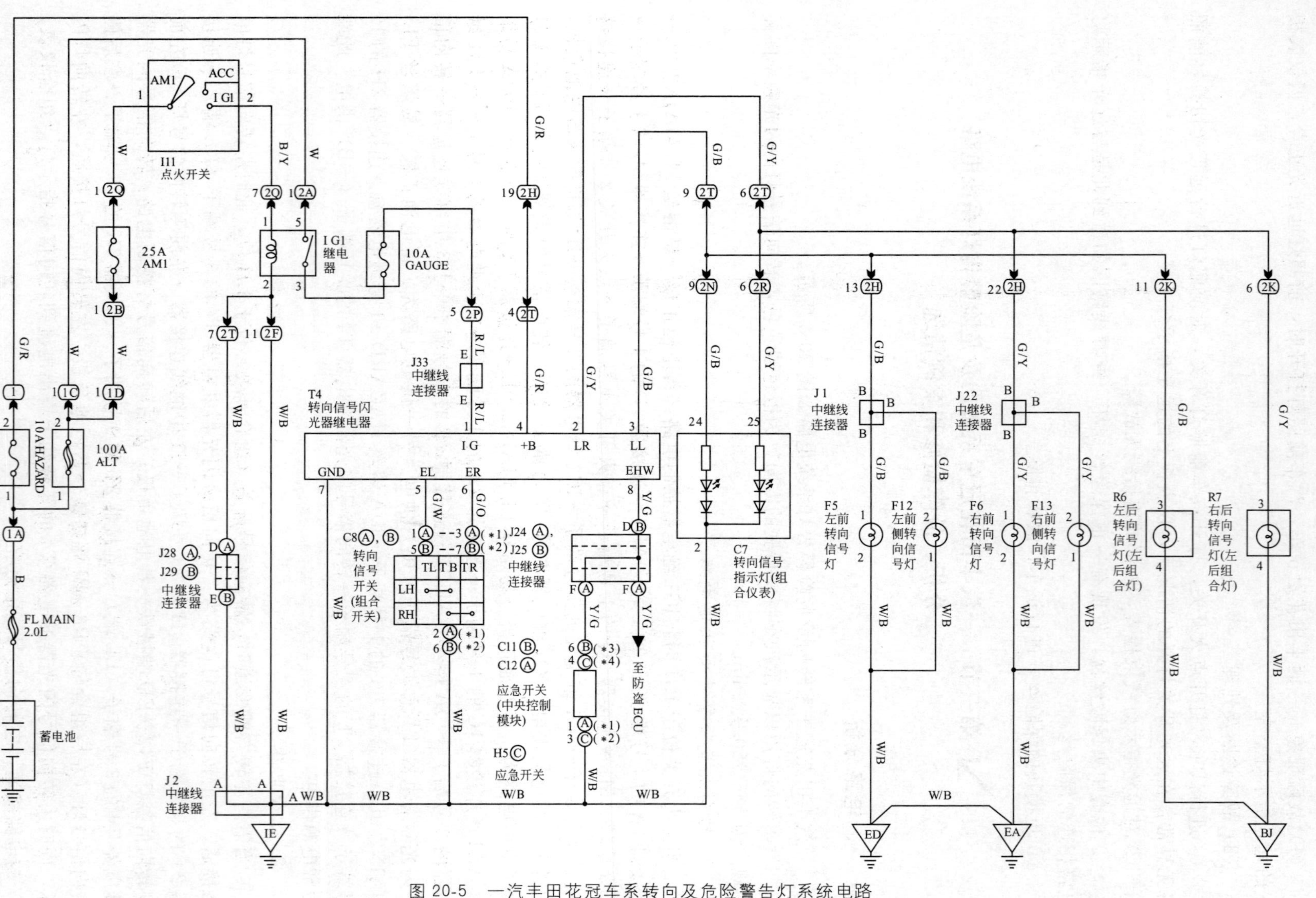

图 20-5 一汽丰田花冠车系转向及危险警告灯系统电路

当需向右转弯或变道时，转向信号开关（组合开关）位于 RH 位，此时右转向信号灯电路接通，右前转向信号灯电路：转向信号闪光器继电器 2 号端子（LR 端）→连接器 2T 的 6 号端子→连接器 2H 的 22 号端子→J22 中继线连接器→右前侧转向信号灯 F12/右前侧转向信号灯 F13→EA 端搭铁→蓄电池负极；右后转向信号灯控制电路：转向信号闪光器继电器 2 号端子（LR 端）→连接器 2T 的 6 号端子→连接器 2K 的 6 号端子→右后侧转向信号（右后组合灯）R7→BJ 端搭铁→蓄电池负极。右转向信号灯接通，右转向灯闪烁，同时由转向信号闪光器继电器 T4 的 2 号端子输出电流到转向信号指示灯（组合仪表）C7 的电路接通，右转向信号指示灯亮。

当遇到紧急或危险情况时，打开应急开关，此时左转向灯、左转向信号灯、右转向灯、右转向信号灯同时点亮，发出危险警告。

二、故障检修

转向及危险警告灯系统常见故障及原因如表 20-5 所示。

表 20-5 转向及危险警告灯系统常见故障及原因

故障现象	故障原因
转向灯常亮不闪	闪光器故障、线路故障
转向灯危险警告灯不亮	危险警告灯开关故障、转向信号灯/危险警告灯故障、线路故障、熔丝烧断、搭铁不良
两侧转向灯同时亮	转向灯开关故障
闪频过高或过低	闪光器工作不良、电源电压不稳、转向灯线路故障、转向灯泡与规定值不符
两侧转向灯闪频不同	灯泡损坏、两侧灯泡功率不等

三、案例精选

转向灯闪光频率过快。

（1）故障现象　一辆丰田花冠轿车，当打开转向灯时，其闪光频率无论是左边还是右边，比正常情况要高。

（2）故障诊断与处理

① 首先对蓄电池电压进行测量，符合规定值，无异常。

② 检查转向灯线路及有关连接器，未发现异常。

③ 拆下转向灯灯泡，对灯泡进行检查，其功率与规定的一致。

④ 由上述检查线路和灯泡都无故障，怀疑是闪光器故障，更换一个新的与该车型相配的闪光器，打开开关观察转向灯的闪光频率正常了，故障排除。

第四节　上海通用别克新凯越车系雾灯系统电路分析和故障检修

一、电路分析

上海通用别克新凯越车系雾灯系统电路如图 20-6 所示。

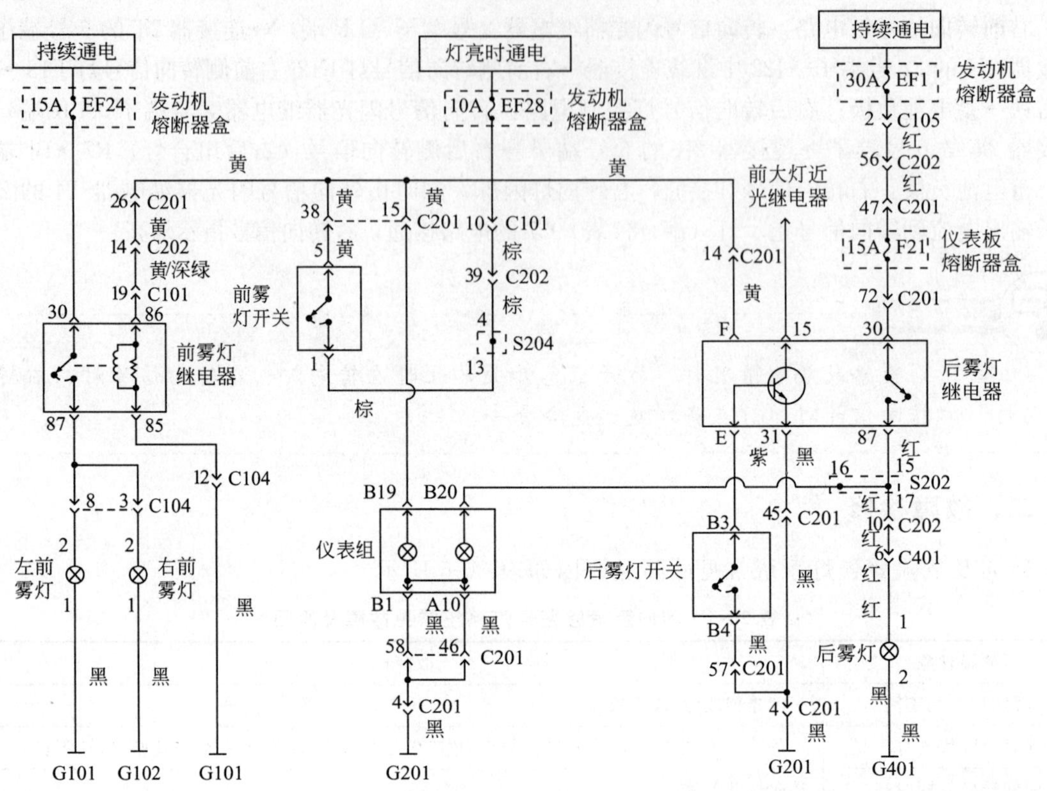

图 20-6 上海通用别克新凯越车系雾灯系统电路

雾灯分为前雾灯和后雾灯，分别安装在汽车的头部和尾部，位置比前照灯稍低。雾灯采用波长较长的黄色或橙色灯光，其穿透性好。用在雨、雪、大雾迷漫的天气状况下，可以有效地改善车辆的照明情况。前雾灯开关位于操纵杆上，当前照灯或驻车灯开启的情况下，才能使用前雾灯，若要想开启后雾灯，前雾灯或前照灯应在打开的状态下。

1. 前雾灯控制电路

当前照灯打开时，闭合前雾灯开关，前雾灯控制电路：蓄电池正极→灯亮时通电→发动机熔断器盒 10A 熔丝 EF28→连接器 C101 的 10 号端子→连接器 C202 的 39 号端子→S204→前雾灯开关 1 号端子→前雾灯开关 5 号端子→连接器 C201 的 38 号端子。此处分三路，一路经连接器 C201 的 26 号端子→连接器 C202 的 14 号端子→连接器 C101 的 19 号端子→前雾灯继电器 86 号端子→前雾灯继电器 85 号端子

→连接器 C104 的 3 号端子 → G101 端搭铁 → 蓄电池负极。此时前雾灯继电器

→连接器 C104 的 8 号端子 → 左前雾灯 → G101 端搭铁 → 蓄电池负极。

→连接器 C104 的 3 号端子 → 右前雾灯 → G102 端搭铁 → 蓄电池负极。

得电，其 30 号端子、87 号端子接通，则持续通电→发动机熔断器盒 15A 熔丝 EF24→前雾灯继电器 30 号端子→前雾灯继电器 87 号端子。此时，左前雾灯、右前雾灯通电点亮。另一路经连接器 C201 的 15 号端子→组合仪表 B19 端子→组合仪表 B1 端子→连接器 C201 的 58 号端子→连接器 C201 的 4 号端子→G201 搭铁→蓄电池负极，组合仪表前雾灯指示灯通电点亮。第三路经连接器 C201 的 14 号端子→后雾灯继电器 F 端。此时，继电器得电，其 30 号端子、87 号端子接通。

2. 后雾灯控制电路

当前照灯打开，前雾灯开启时，闭合后雾灯开关，此时电路为：持续通电→发动机熔断器盒 30A 熔丝 EF1→连接器 C105 的 2 号端子→连接器 C202 的 56 号端子→连接器 C201 的 47 号端子→仪表板熔断器盒 15A 熔丝 F21→连接器 C201 的 72 号端子→后雾灯继电器 30 号端子→后雾灯继电器 87 号端子→S202，分两路，一路经连接器 C202 的 10 号端子→后雾灯→G401 搭铁→蓄电池负极，后雾灯通电点亮；另一路经组合仪表 B20 端子→后雾灯指示灯→组合仪表 A10 号端子→连接器 C201 的 46 号端子→C201 的 4 号端子→G201 端搭铁→蓄电池负极，后雾灯指示灯点亮。

二、故障检修

为正确照明道路，前雾灯应进行调整，调整步骤如下。

(1) 为确保垂直前雾灯对准，首先对轿车进行准备。

① 如果曾对轿车进行过维修，确定轿车上所有部件处于正确位置。

② 确定燃油高度为半满或者更少。

③ 将轿车放置于距离目标屏 1.52m 的水平面上。

④ 停止轿车上所有其他的工作运行。

⑤ 颠簸轿车以便悬架系统处于正常状态。

⑥ 在调整前雾灯的时候，应盖住前照灯。

(2) 接通前雾灯开关。

(3) 将旋具插入前保险杠皮的下腹，从而接触到雾灯的垂直调整螺钉。

(4) 上下调整雾灯直至屏上亮度区域的上边线在水平中心轴线以下 102mm 处。

(5) 关闭前雾灯开关。

雾灯系统常见的故障及原因如表 20-6 所示。

表 20-6 雾灯系统常见故障及原因

故障现象	故障原因
所有雾灯不亮	雾灯开关故障、熔丝烧断、雾灯继电器故障、灯光开关故障、线路故障、搭铁不良
一个或多个雾灯不亮	前雾灯故障、尾门灯总成故障、回路故障
前雾灯不亮	灯泡故障、前雾灯继电器故障、熔丝故障或接触不良、线路故障、搭铁不良
后雾灯不亮	后雾灯灯泡故障、后雾灯开关故障、后雾灯继电器故障、熔丝故障、接触不良、线路故障、搭铁不良
雾灯持续点亮	回路故障、尾灯总成故障

第五节 上海通用别克新凯越车系制动灯系统电路分析和案例精选

一、电路分析

上海通用别克新凯越车系制动灯系统电路如图 20-7 所示。

制动灯又称制动信号灯，俗称“刹车灯”。装在汽车的后部，多为组合式灯具，其主要由制动灯和制动灯开关组成，小型轿车一般采用机械式开关，安装在制动踏板下方。制动灯

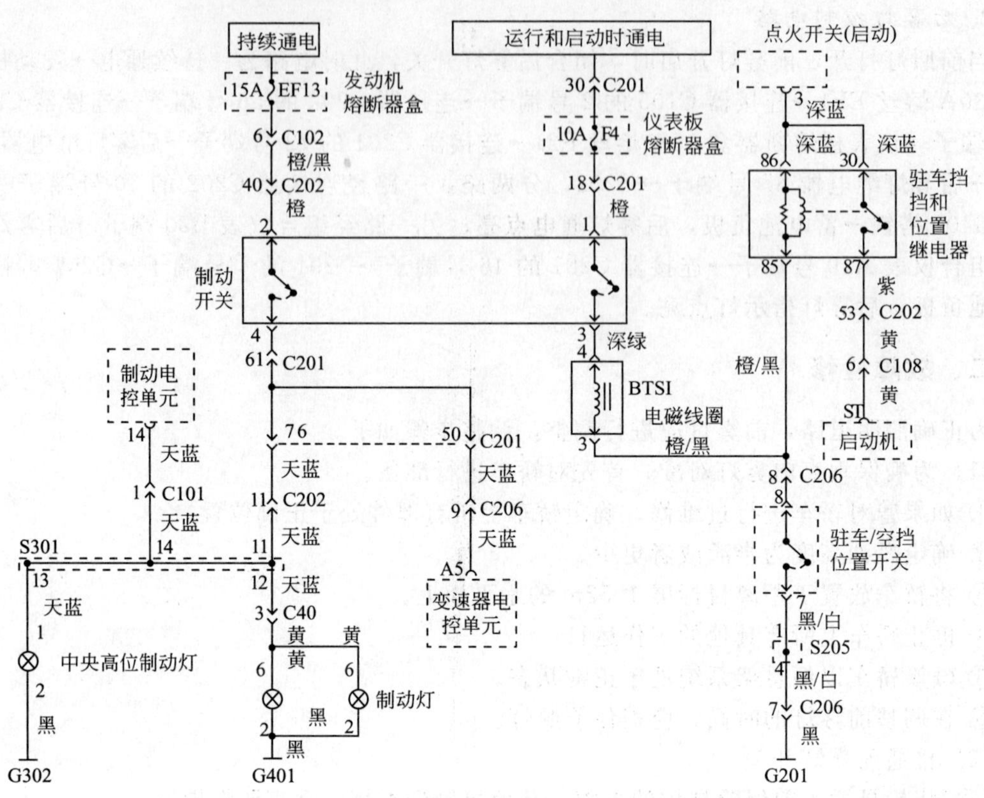

图 20-7　上海通用别克新凯越车系制动灯系统电路

规定采用波长较长的红色灯光，当踩下制动踏板时，制动灯亮，提醒后方来注意此车正在制动。

当踩下制动踏板时，制动开关关闭后，左右制动灯电路为：持续通电→发动机熔断器盒 15A 熔丝 EF13→连接器 C102 的 6 号端子→连接器 C202 的 40 号端子→制动开关 2 号端子→制动开关 4 号端子→连接器 C201 的 61 号端子→连接器 C201 的 76 号端子→连接器 C202 的 11 号端子→连接器 C40 的 3 号端子→左制动灯/右制动灯→G401 搭铁→蓄电池负极，左右制动灯电路接通，制动灯亮。高位制动灯电路为：持续通电→发动机熔断器盒 15A 熔丝 EF13→连接器 C102 的 6 号端子→连接器 C202 的 40 号端子→制动开关 2 号端子→制动开关 4 号端子→连接器 C201 的 61 号端子→连接器 C201 的 76 号端子→连接器 C202 的 11 号端子→S301 的 13 号端子→中央高位制动灯→G302 搭铁→蓄电池负极，高位制动灯亮。

对于配有自动变速器的车辆，只有在制动踏板踩下的情况下，才能启动发动机。

二、案例精选

（1）故障现象　制动灯工作不正常。

（2）故障原因　制动开关故障；制动灯灯泡故障；熔断器故障；连接器断路或松脱；搭

铁不良。

(3) 故障诊断与处理　如果一侧制动灯亮而另一侧制动灯不亮，首先检查不亮侧制动灯灯泡是否断路，灯座上电压是否正常。若均良好，再检查搭铁线接触是否良好，灯泡与灯座接触是否良好。

如果两侧制动灯均不亮，应首先检查熔断器是否断路，若良好再检查制动灯开关处电压是否正常。若电压正常，则将制动灯开关处的两导线连接在一起，此时若制动灯亮，说明制动灯开关损坏，应更换；若制动灯仍不亮，则应检查制动灯灯泡是否断路，连接器导线是否断路，搭铁是否良好等。

第六节　东风悦达起亚锐欧车系尾灯及牌照灯系统电路分析和案例精选

一、电路分析

东风悦达起亚锐欧车系尾灯及牌照灯系统电路如图 20-8 所示。

尾灯是低强度灯，用于夜间给其他车辆指示车辆的位置；牌照灯用于夜间照亮汽车牌照，并作为汽车尾部的灯光标准，装于汽车尾部的牌照上方，由车灯开关控制，当尾灯亮时，牌照灯也亮。

当夜间行车时，灯光开关位于 PARK，＋B 电源→发动机室保险丝继电器盒 BATT-2 30A→尾灯继电器 85 号端子→尾灯继电器 86 号端子→BCM 尾灯继电器控制端，此时 BCM 尾灯开关信号输入端收到搭铁信号，则尾灯继电器控制电路接通，尾灯继电器 30 号端子、87 号端子接合，则左尾灯控制电路为：＋B 电源→发动机室保险丝继电器盒 BATT-2 30A→尾灯继电器 30 号端子→尾灯继电器 87 号端子→室内接线盒 10A 熔丝 TAIL LP（LH）→连接器 F17 的 2 号端子→左尾灯→搭铁→蓄电池负极，左尾灯亮；右尾灯控制电路为：＋B 电源→发动机室保险丝继电器盒 BATT-2 30A→尾灯继电器 30 号端子→尾灯继电器 87 号端子→室内接线盒 10A 熔丝 TAIL LP（RH）→连接器 F16 的 2 号端子→右尾灯→蓄电池负极，右尾灯亮；左牌照灯控制电路：＋B 电源→发动机室保险丝继电器盒 BATT-2 30A→尾灯继电器 30 号端子→尾灯继电器 87 号端子→室内接线盒 10A 熔丝 TAIL LP（LH）→连接器 F12 的 2 号端子→左牌照灯→连接器 F12 的 1 号端子→G24 端搭铁→蓄电池负极，左牌照灯亮；右牌照灯控制电路：＋B 电源→发动机室保险丝继电器盒 BATT-2 30A→尾灯继电器 30 号端子→尾灯继电器 87 号端子→室内接线盒 10A 熔丝 TAIL LP（RH）→连接器 F13 的 2 号端子→右牌照灯→连接器 F13 的 1 号端子→G25 端搭铁→蓄电池负极，右牌照灯亮。

二、案例精选

轿车尾灯及牌照灯不亮

(1) 故障现象　一辆东风悦达起亚锐欧轿车，通过浸水路面后，尾灯全部熄灭，对尾灯线路进行清理，并对其灯泡进行了更换，打开开关，尾灯仍然不亮。

(2) 故障诊断与处理

① 接车后首先对故障进行验证，打开点火开关，当打开尾灯开关时，尾灯和牌照灯都

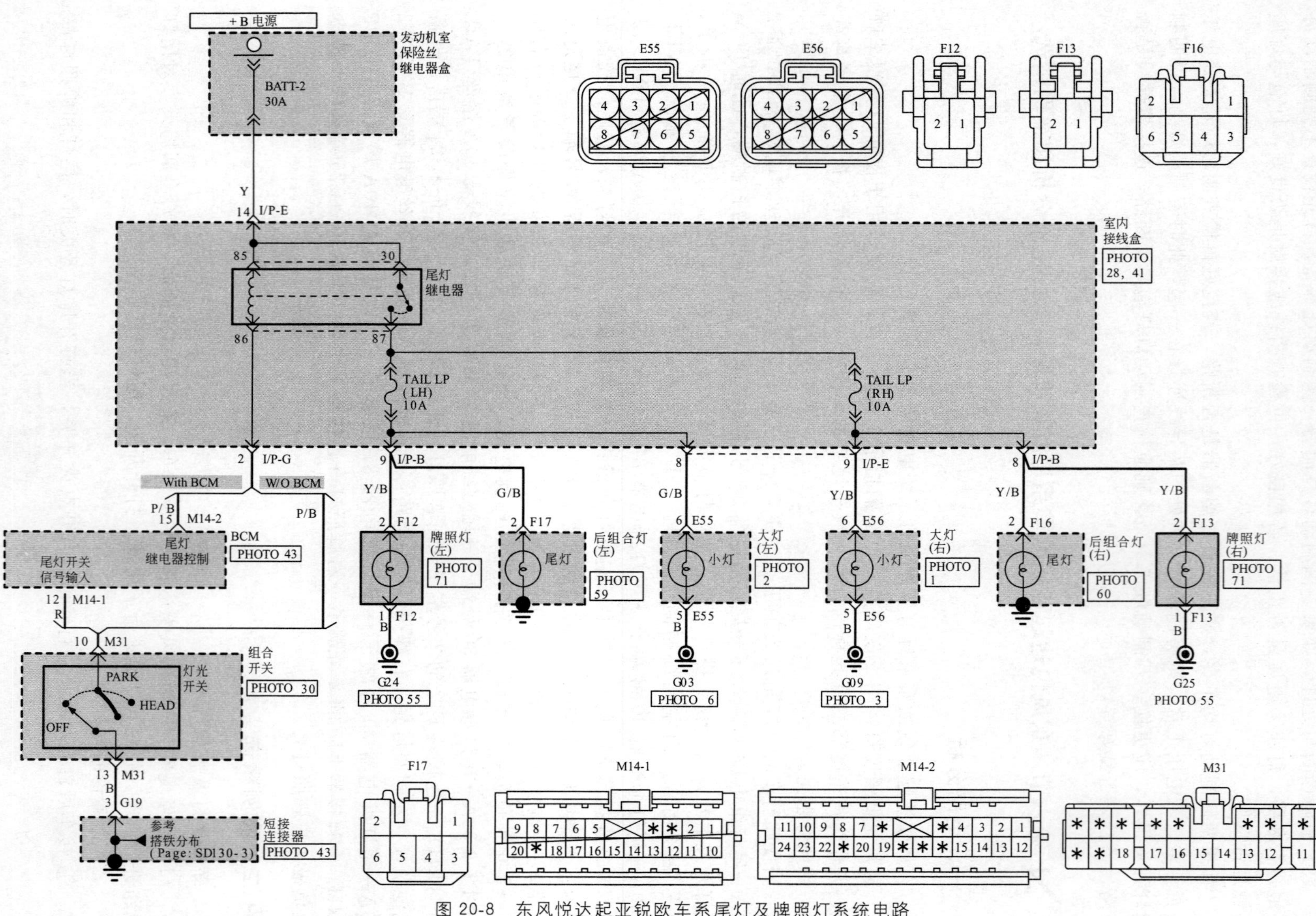

图 20-8 东风悦达起亚锐欧车系尾灯及牌照灯系统电路

不亮。

② 怀疑是清理线束时有线束或连接器有不良处，对其仔细检查无异常。

③ 当在检查过程中，不小心碰到了前照灯近光灯开关，但近光灯却不亮。

④ 查看电路发现近光灯和尾灯共同受尾灯继电器控制，怀疑是尾灯继电器故障。

⑤ 用一根短线将尾灯继电器的 30 号端子和 87 号端子短接，结果，近光灯和尾灯都亮了，可见是尾灯继电器损坏引发故障。

⑥ 更换一个新的尾灯继电器，试车，故障排除。

第七节　广州本田锋范车系尾灯及牌照灯系统电路分析和案例精选

一、电路分析

广州本田锋范车系倒车灯系统电路如图 20-9 所示。

倒车灯安装在车辆尾部，给驾驶员提供额外照明，使其夜间倒车时可以看清后方，同时向其他车辆和行人发出倒车信号。

1. 配备 M/T 车辆的倒车灯电路

点火开关位于 IG1 位置，当需倒车时，变速器换挡杆位于倒车挡位置，此时倒车灯开关接通，蓄电池正极→熔断器/继电器盒（发动机盖下）80A 熔丝 N0. 1→熔断器/继电器盒（发动机盖下）50A 熔丝 N0. 3→点火开关→7. 5A 熔丝 N0. 18→倒车灯开关→左倒车灯/右倒车灯→G502 端搭铁→蓄电池负极。此时倒车灯电路接通，左右倒车灯亮。

2. 配备 A/T 车辆的倒车灯电路

点火开关位于 IG1 位置，当需倒车时，自动变速器换挡杆位于倒车挡位置，此时挡位开关接通，其控制电路为：蓄电池正极→熔断器/继电器盒（发动机盖下）80A 熔丝 N0. 1→熔断器/继电器盒（发动机盖下）50A 熔丝 N0. 3→点火开关→7. 5A 熔丝 N0. 20→无极自动变速倒挡继电器线圈→挡位开关→G101 端搭铁→蓄电池负极，无级自动变速器倒挡继电器接通，其主电路为：蓄电池正极→熔断器/继电器盒（发动机盖下）80A 熔丝 N0. 1→熔断器/继电器盒（发动机盖下）50A 熔丝 N0. 3→点火开关→7. 5A 熔丝 N0. 20→无级自动变速倒挡继电器→左倒车灯/右倒车灯→G502 端搭铁→蓄电池负极。此时电路接通，左右倒车灯亮。

二、案例精选

倒车时倒车灯不亮。

（1）故障现象　一辆广州本田锋范轿车，倒车时倒车灯不亮。

（2）故障诊断及处理

① 首先对倒车灯灯泡进行检查，灯泡无故障。

② 检查 7. 5A 熔丝及相关连接器，没有发现连接不良之处。

③ 怀疑是倒车灯开关故障，用一短线短接倒车灯开关，倒车灯还是不亮。

④ 重新对线束及连接器进行检查，最后发现 G502 搭铁松动，对其紧固后，故障排除。

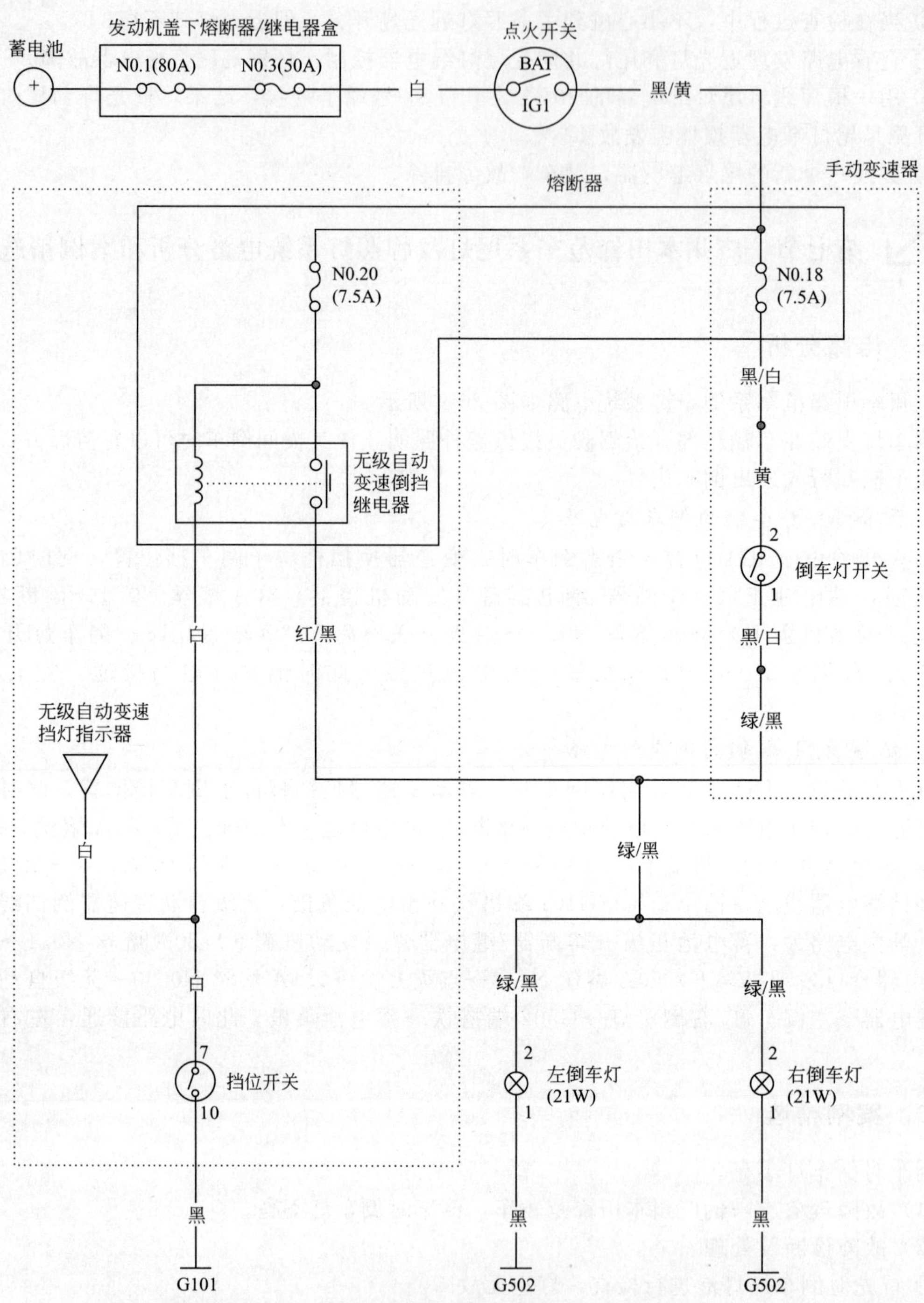

图 20-9 广州本田锋范车系倒车灯系统电路

第八节 长安福特麦柯斯车系喇叭系统电路分析、故障检修和案例精选

一、电路分析

长安福特麦柯斯车系喇叭控制电路如图 20-10 所示。

目前汽车上所装用的喇叭多为电喇叭，主要用于警告行人和其他车辆，引起外界注意，保证安全行车。

电喇叭具有结构简单、操作方便、声音悦耳、检修容易的特点而被大多数中小型轿车使用。电喇叭按有无触点可分为普通电喇叭和电子电喇叭。电子电喇叭中无触点，它是利用晶体管电路激励膜片振动产生响声的；普通电喇叭主要是靠接触点的闭合和断开，控制电磁线圈激励膜片振动产生响声的。

在现代中小型轿车上多采用喇叭继电器控制的螺旋形和盆形的普通电喇叭。

1. 电控电路

当喇叭开关闭合时，控制电路为：蓄电池正极→30 接线柱→蓄电池接线盒 P93 内 15A 熔丝 F20→连接器 C1002 的 1 号端子→喇叭继电器线圈→连接器 C1002 的 2 号端子→连接器 C111 的 6 号端子→连接器 C896 的 6 号端子→螺旋电缆 P13→连接器 C921 的 4 号端子→连接器 P923 的 1 号端子→喇叭开关 N54 的 1 触点→连接器 P922 的 1 号端子→S105→连接器 P921 的 5 号端子→螺旋电缆 P13→连接器 C896 的 7 号端子→S12→G7 端搭铁→蓄电池负极。喇叭继电器 K33 通电，喇叭继电器开关闭合。

2. 喇叭电路

喇叭继电器得电按通时，主电路为：蓄电池正极→30 接线柱→蓄电池接线盒 P93 内 15A 熔丝 F20→连接器 C1002 的 3 号端子→喇叭继电器 K33→连接器 C1002 的 5 号端子，此处对于不同配置的车辆，电路不同，对于安装一个喇叭的电路：连接器 C1002 的 5 号端子→连接器 C77 的 1 号端子→喇叭 H1→连接器 C77 的 2 号端子→S121→G37 端搭铁→蓄电池负极；对于安装两个喇叭的电路：连接器 C1002 的 5 号端子→

→连接器 C73 的 1 号端子 → 第一喇叭 H1 → 连接器 C74 的 1 号端子 → G37 端搭铁。

→连接器 C72 的 1 号端子 → 第二喇叭 H4 → 连接器 C71 的 1 号端子 → S121 → G37 端搭铁。

此时喇叭主电路接通，喇叭发出声音。

二、故障检修

喇叭的安装固定方法，对其发音影响较大。为了保证喇叭声音正常，喇叭的安装，不应过于刚性，在安装时，喇叭与固定架应有减振物。

喇叭的发音与其技术有密切关系，喇叭触点应保持接触良好和干净。

喇叭线圈的电流强度决定着喇叭的音量，音量的调整方法：松开音量调整螺栓的锁紧螺母，用螺丝刀转动调整螺栓，逆时针方向旋转，使动静触点之间压力减少，音量降低；顺时针方向旋转，使动静触点之间压力增大，音量提高。

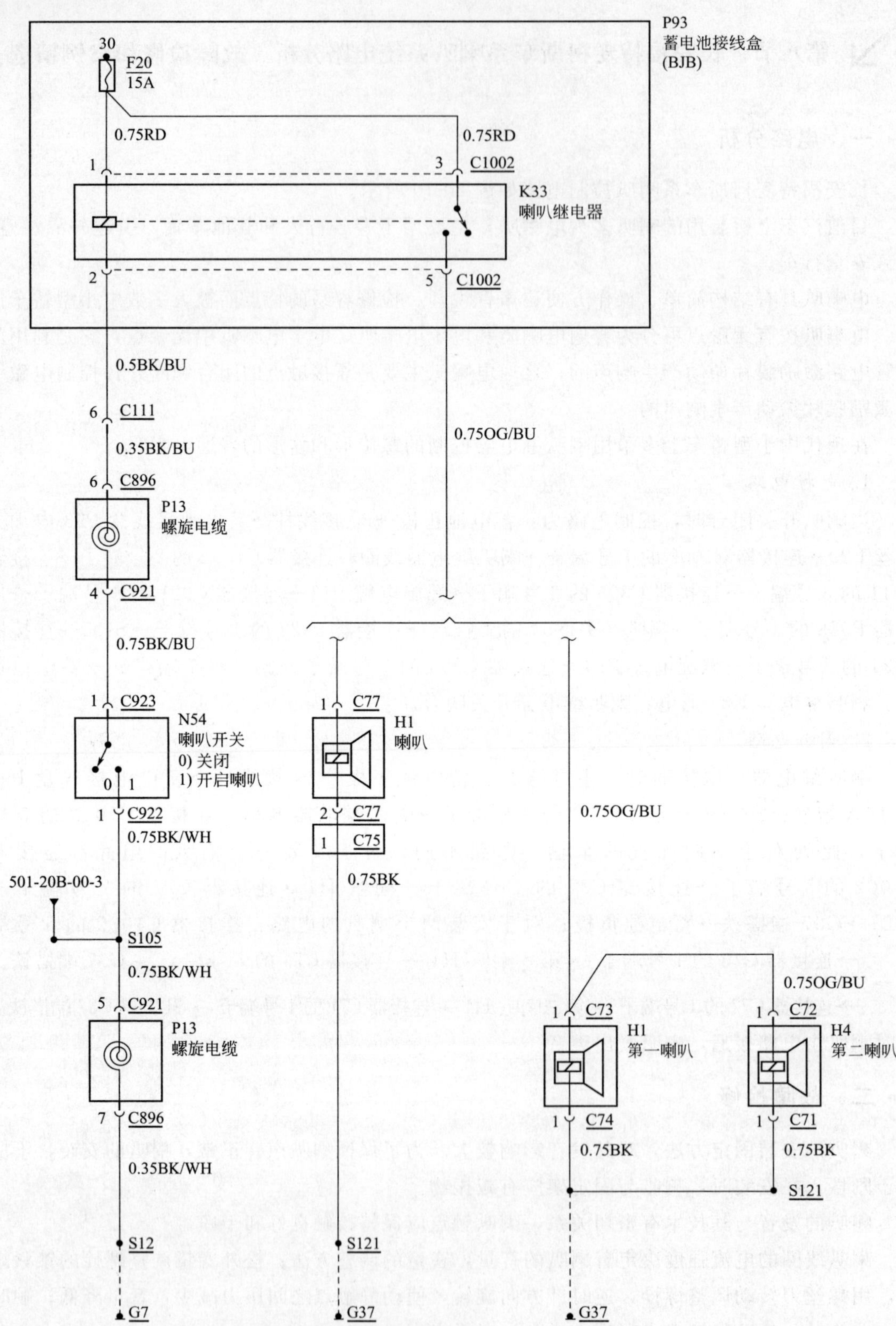

图 20-10 长安福特麦柯斯车系喇叭控制电路

膜片的振动频率决定着喇叭的音调。使喇叭上下铁芯间的间隙增大，音调降低；使喇叭上下铁芯间的间隙减小，则音调提高。音调的调整方法：首先松开锁紧螺母，用螺丝刀逆时针方向旋转下铁芯，使铁芯间的间隙增大，音调降低；顺时针方向旋转下铁芯，使铁芯间的间隙减少，音调升高。调整完毕后固定。

三、案例精选

按动喇叭按钮，喇叭不响。

（1）故障现象　将点火开关打开，喇叭开关闭合后，喇叭不响。

（2）故障诊断与处理

① 汽车喇叭控制电路可能故障有：熔丝烧断、喇叭开关故障、喇叭损坏、喇叭继电器损坏，以下针对以上可能故障进行检查。

② 首先检查 15A 熔丝 F20，熔丝无烧断或其他异常。

③ 打开点火开关，将喇叭开关闭合，测量喇叭两线之间的电压，测得结果为 0V，将其连线接好，检查喇叭继电器。

④ 用一根短接线连接喇叭继电器的 1、2 号端子，喇叭鸣响，故障可能出现在此控制电路。

⑤ 经仔细检查发现连接器 C1002 的 1 号端子松脱，对其固定后，故障排除。

第九节　上海通用别克凯越车系喇叭系统电路分析、故障检修和案例精选

一、电路分析

上海通用别克凯越车系喇叭控制电路如图 20-11 所示。

1. 控制电路

当喇叭开关闭合时，蓄电池正极（随时通电）→保险丝 15A 熔丝 EF1→喇叭继电器 86 号端子→喇叭继电器 85 号端子→连接器 C101 的 17 号端子→连接器 C202 的 35 号端子→接触线圈→喇叭开关→搭铁→蓄电池负极。此时控制电路接通，喇叭继电器得电闭合。

2. 主电路

喇叭继电器接通时，蓄电池正极（随时通电）→发动机保险丝 15A 熔丝 EF1→喇叭继电器 30 号端子→喇叭继电器 87 号端子→连接器 C104 的 23 号端子→连接器 C112 的 2 号端子→主喇叭和辅助喇叭→连接器 C112 的 1 号端子→G101 端搭铁→蓄电池负极。

二、案例精选

喇叭工作异常的故障检修

（1）故障原因　熔丝烧断、喇叭损坏、喇叭继电器损坏、线路故障、喇叭开关故障。

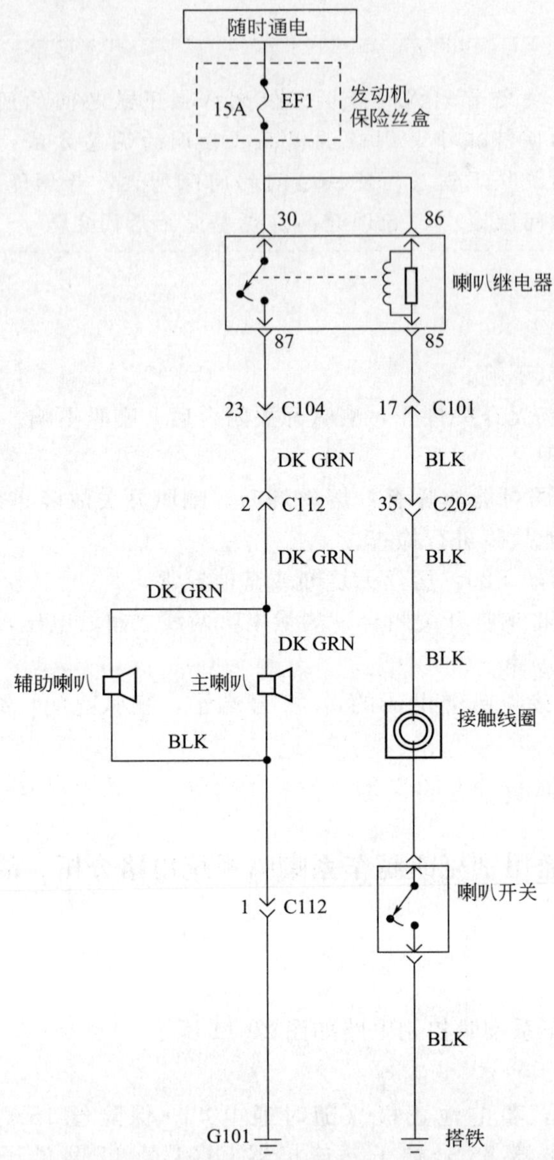

图 20-11 上海通用别克凯越车系喇叭控制电路

（2）检修步骤

① 首先检查喇叭熔丝（发动机保险丝 10A 熔丝 EF1）是否熔断或其他异常。

若是，更换相同规格的熔丝。

否则，按下项检查。

② 拆下喇叭继电器，检查喇叭继电器 30 号端子、86 号端子与蓄电池正极之间的电压，用万用表测量其电压，是否为蓄电池电压。

若是，按下项检查。

否则，维修此段电路。

③ 检查连接器 C112 的 2 号端子与喇叭继电器 87 号端子间的导通性，是否正常。

若是，按下项检查。

否则，对此段电路进行维修。

④ 再次拆下喇叭继电器，用试灯法检查喇叭继电器 85 号端子与蓄电池正极间的电路，试灯是否点亮。

若是，按下项检查。

否则，检查或更换喇叭开关及继电器 85 号端子与搭铁间的电路。

⑤ 经过上述检查之后，重新安装喇叭继电器，用万用表电压挡测量连接器 C112 的 2 号端子与搭铁间的电压，闭合喇叭开关，万用表显示是否为蓄电池电压。

若是，按下项检查。

否则，更换喇叭继电器。

⑥ 使喇叭线束连接断开，用试灯法连接器 C112 的 1 号端子与搭铁间的导通性，试灯是否点亮。

若是，按下项检查。

否则，对此段电路进行维修。

⑦ 拆卸喇叭，检查其是否有故障。

若是，更换或维修喇叭。

否则，检查相关线束是否有接触不良。

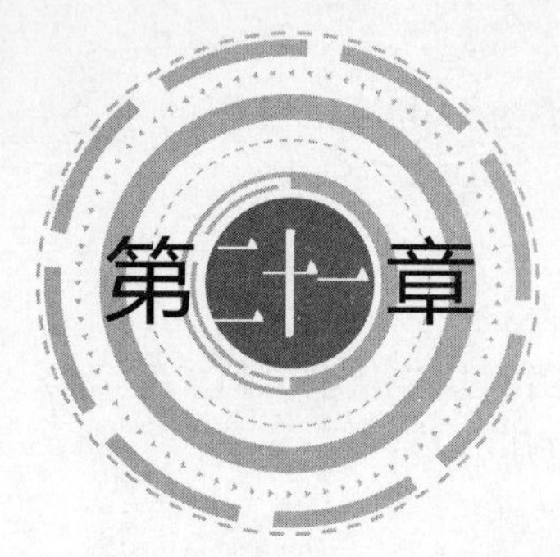

电控悬架系统电路分析、故障检修和案例精选

第一节　电控悬架系统组成与功能

一、电控悬架系统概述

悬架系统的功能是与车轮一起，吸收和减缓在不平路面行驶产生的各种振动和摇摆；将车轮的驱动力和制动力传给底盘和车身；将车身支撑在前后桥上，使车身与车轮保持一定的几何关系。电子控制悬架系统能根据不同的路面状况、不同的负载质量、不同车速和不同行驶状况控制悬架系统的刚度和阻尼力，调节车身高度。

电子控制空气悬架使汽车在各种不同负荷、不同行驶条件下仍能保持一个固定的设计高度，抑制车辆的侧倾和制动时的前俯，并使高速行驶时后部稍向下垂。它根据悬架位移、个速、转向、制动等传感器信号，由电控单元处理后，控制电磁式或步进电动机式执行元件，实施悬架刚度与车身高度的自动调节，从而提高汽车的乘坐舒适性和操纵稳定性。

电控悬架系统是一种变阻尼电子控制悬架系统，电控悬架系统主要由选择器开关、电控悬架ECU（电脑）、执行器和可调阻力减振器、车速传感器、转向传感器、节气门位置传感器、制动灯开关和空挡启动开关等组成，如图 21-1 所示。驾驶员可以用选择开关选择标准（NORM）、跑车（SPORT）两种减振力控制模式中的任意一种。电控悬架 ECU 根根各传感器输入的汽车行驶

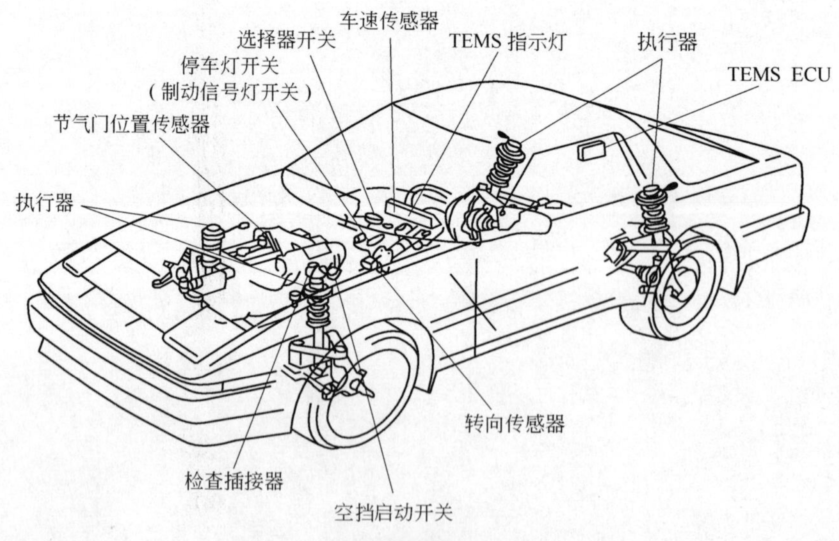

图 21-1　电控悬架组成及元件位置图

状态信号，以软、中、硬三种阻尼力设置，自动调节阻尼器的阻尼力。三个电控悬架指示灯 S、M、F 则分别指示所选软、中、硬三种减振力，电控悬架的控制原理如图 21-2 所示，电路如图 21-3 所示。

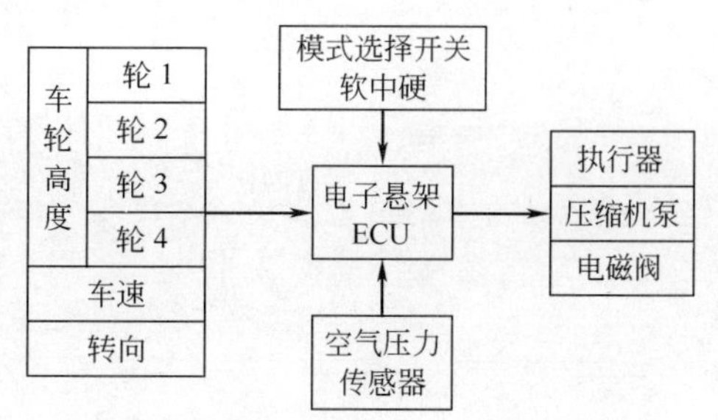

图 21-2 电控悬架的控制原理

二、传感器和开关

（1）转向传感器（如图 21-4） 转向传感器装在转向器上，用来检测转向时的转向角度和汽车转弯的方向，主要为转弯时提高操纵稳定性，防止侧倾，向 ECU 提供车态信号。

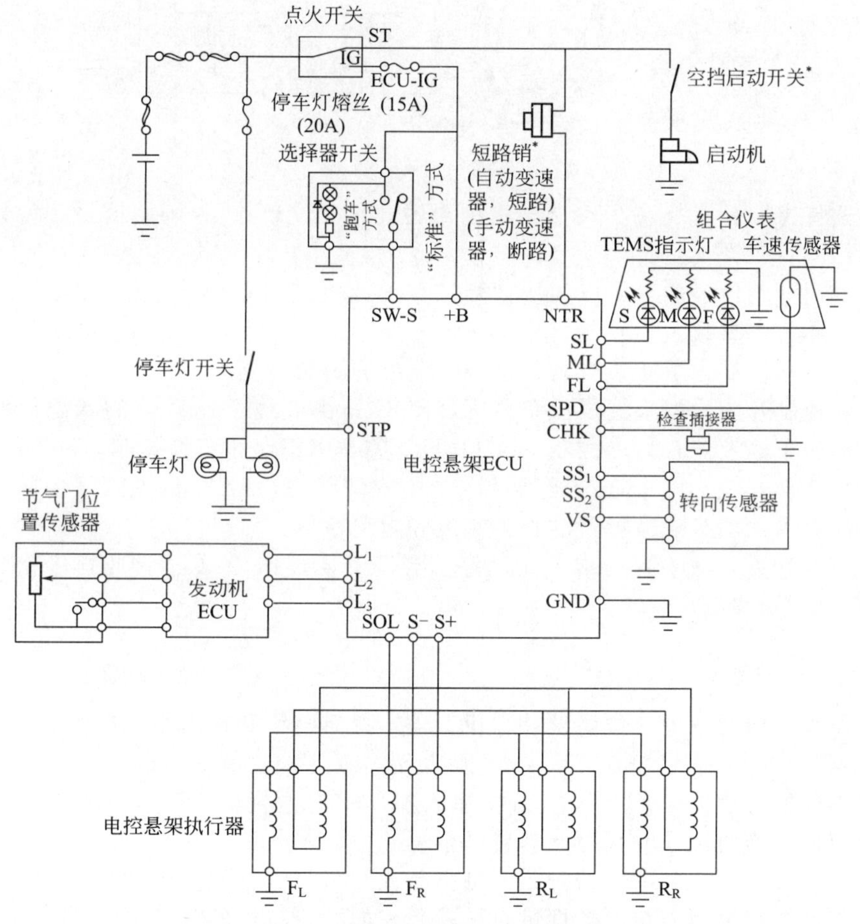

图 21-3 电控悬架控制系统电路图

转向传感器由一个有槽圆盘和两个光电传感器组成。有槽圆盘随转向一起转动，并在圆盘上开有 20 个孔，圆盘的两侧有发光二极管和光敏晶体管组成的光电传感器，它们两者之间的光线变化随着圆盘遮挡转换成“通”或“断”信号。当操纵转向盘时，有槽圆盘随着一起转动而引起发光二极管发出光线的“通”或“断”信号，这种信号是与转向盘转动成正比的数字信号，并通过判断两个光电传感器信号的相位差判断转弯方向。此时，当 ECU 判断转向盘的角度和车速大于设定值时，ECU 会使弹簧刚度和减振力增加。

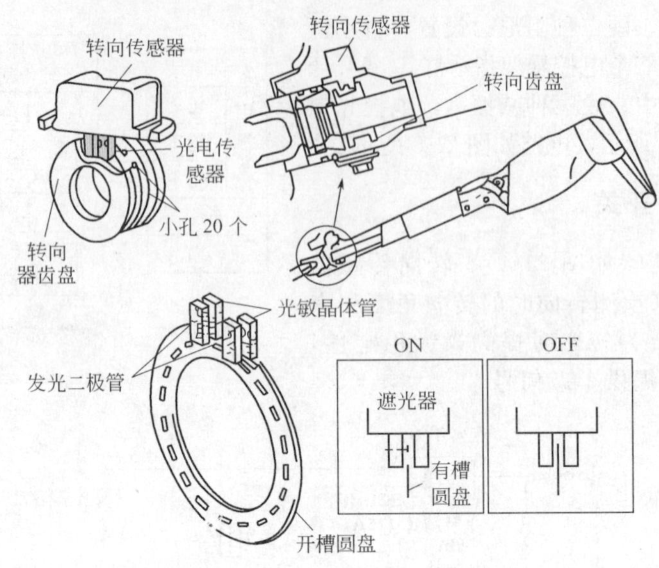

图 21-4 转向传感器

（2）车速传感器　安装在车轮上，检测出转速信号，ECU 利用此信号，计算出车身的侧倾程度。

（3）节气门开度传感器　可以间接检测汽车加速度信号，ECU 利用此信号作为防下坐控制的一个工作状态参数。

（4）车门传感器　为了防止行驶过程中车门未关闭而设置的。

（5）高度控制开关　用来选择汽车高度，ECU 检测高度控制开关的状态使汽车高度上升或下降。有的车辆上还有高度控制 ON/OFF 开关，用于停止车高控制。

（6）模式选择开关　用来选择悬架的软、中或硬状态，ECU 检测到开关的状态后，操纵悬架控制执行器从而改变减振器的弹簧刚度和阻尼系数。

（7）停车灯开关　踩下制动踏板时，停车灯开关便接通，ECU 接收这个信号作为防栽头控制用的一个起始状态。

三、电子控制单元

电子控制单元包括一个 8 位微型计算机、输入接口电路和输出驱动电路。其功能主要有以下几项。

（1）传感器信号放大　用接口电路将输入信号中的干扰信号除去，然后放大、变换极值、比较极值，变换为适合输入控制装置的信号。

（2）输入信号的计算　电子控制单元根据预先写入只读存储器中的程序对各输入信号进行计算，并将计算结果与内存的数据进行比较后，向执行机构发出控制信号。

（3）驱动执行机构　电子控制单元用输出驱动电路将输出驱动信号放大，然后输送到各执行机构。

知识拓展

电子控制单元用故障检测电路来检测传感器、执行器、线路等的故障，当发生故障时，将信号送入控制装置，便于使悬架系统安全工作，也容易确定故障所在位置。

四、执行器

（1）空气弹簧　电控悬架用空气弹簧代替传统悬架的螺旋弹簧或钢板弹簧，空气弹簧在其气室内装入空气而具有弹性功能，关键是用ECU对汽车行驶的状态进行车高、弹簧刚度和阻尼系数的调节，使车辆的性能得到提高。

空气弹簧由主气室、副气室、弹性刚度执行机构、阻尼转换执行机构和液压减振器等组成，如图21-5所示。弹簧刚度执行机构在主气室与副气室之间，在减振器的上部安有阻尼转换执行机构，减振器的内部有阻尼旋转阀，因此弹簧刚度是通过主气室与副气室进行调节，阻尼系数是通过减振器进行调节。

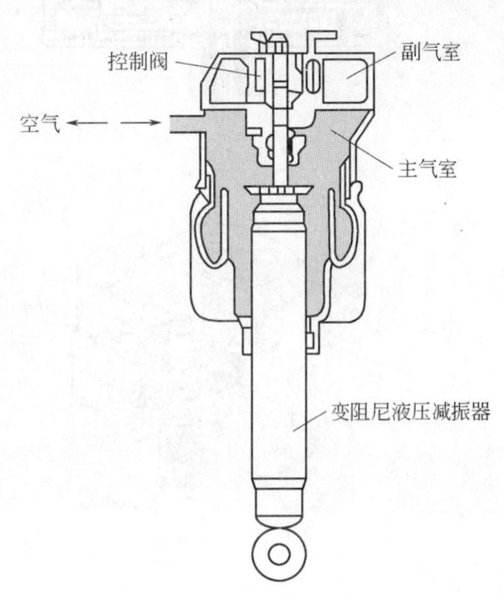

图21-5　空气弹簧结构

弹簧刚度的调节：弹簧刚度越小，即弹簧柔软，振动就较小，乘坐舒适性、平顺性就越好；弹簧坚硬，操纵稳定性得到提高。

（2）减振器　电控悬架中的减振器一改过去固定阻尼系数的特点，而变为连续变化阻尼系数和有级变化阻尼系数两种。目前，电控悬架多用后者，又称为半主动阻尼控制。这种阻尼控制是在减振器结构中采用简单的控制阀，通过在最大、中等、最小的通流面积之间的变换、改变减振液的流通快慢，达到阻尼系数的有级调节。

（3）阻尼转换执行机构　如图21-6所示，阻尼转换机构装在减振器的上部，它由直流电机、减速齿轮控制杆、电磁铁和挡块等组成。电控悬架ECU根据接收到的信号，使直流电机驱动扇形的减速齿轮左右制动，通过控制杆带动减振器中的回转阀旋转，有级地改变阻尼孔的开闭，从而改变阻尼系数（即减振阻力）。

（4）弹簧刚度执行机构　如图21-7所示，弹簧刚度执行机构由刚度控制阀和执行机构等组成。执行机构位于减振器的顶部，与阻尼系数控制机构组装在一起。刚度控制阀装在空气弹簧副气室的中部，由空气阀、阀体和空气阀控制杆组成，空气阀在截面上有一个空气孔，外部的阀体在截面上有不同大小的空气孔。

知识拓展

当空气阀由电机驱动的控制杆带动旋转到“软”的位置时，空气弹簧主气室的气体经过空气阀的中间孔，阀体侧面的大空气孔（大通流孔）与副气室的气体相通，此时参与工作的气体容积最大，因此悬架刚度处于最小状态；若当空气阀被旋转到“中”位置时，主气室与副气室的气体，经过空气阀的中间孔与阀体侧面的小空气孔相互流通，主、副气室之间的气体流量较小，因此悬架刚度处于中等状态；如果当空气阀被旋转到“硬”位置时，主气室与副气室的空气通道被空气阀挡住，此时仅仅靠主气室中的气体承担缓冲任务，因此悬架刚度处于最大状态。

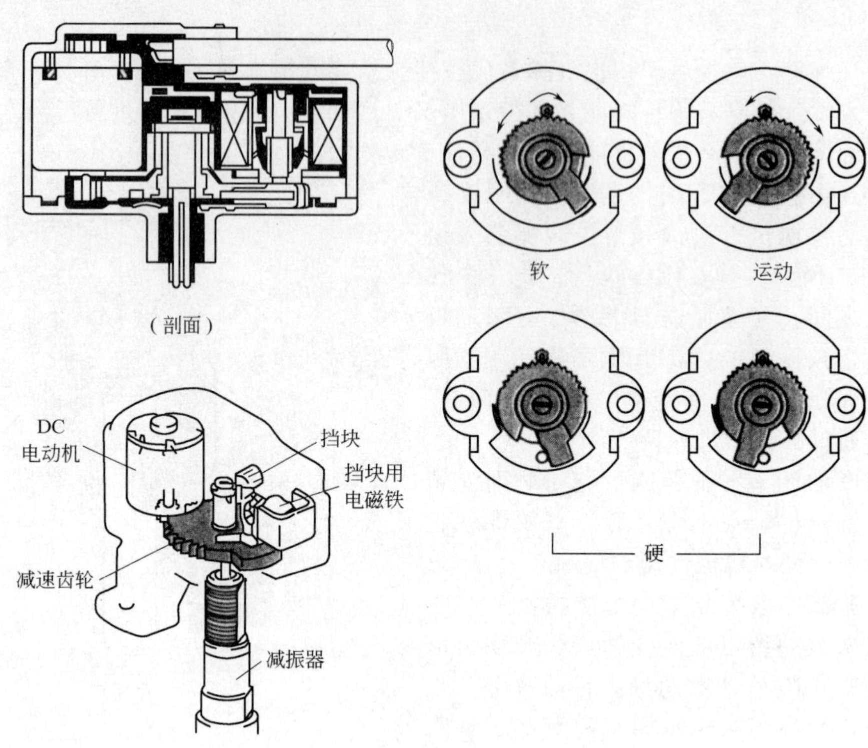

图 21-6 阻尼转换执行机构

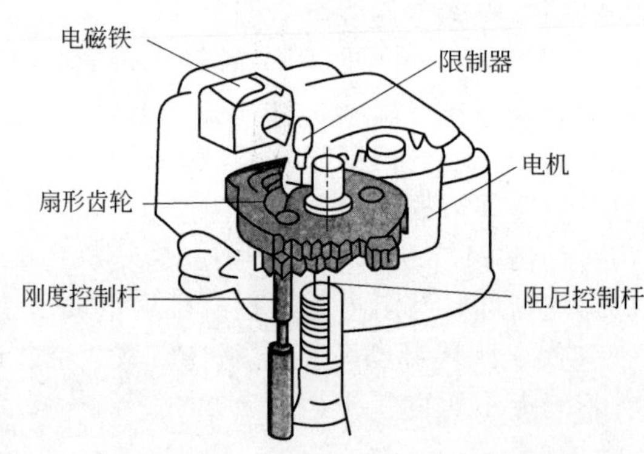

图 21-7 弹簧刚度执行机构

五、空气压缩机和高度控制阀

在电控悬架中除上面讲述的一些装置外，还有空气供给装置与调节高度的空气压缩机、高度控制等装置。汽车的高度控制执行机构除上面讲过的空气悬架中的主气室外，还有空气压缩机和空气阀等。空气压缩机由驱动电机、排气阀、干燥器等组成。高度控制阀是一个二位二通电磁阀，通过向空气弹簧的主气室内进气和排气，从而控制汽车的高度。

知识拓展

电控悬架ECU根据车高传感器送来的信号和控制模式指令，向高度控制阀下令。当车高需要升高时，高度控制阀打开，压缩空气进入空气弹簧的主气室，车身升高；高度控制阀关闭时，空气弹簧主气室的空气量保持不变。车身维持一定的高度不变；当车身需要降低时，压缩机停止工作，高度控制阀打开，此时排气阀也打开，悬架的主气室中的空气通过高度控制阀、管路，最后由排气阀排出，车身高度下降。

第二节 奥迪A6L车系电子控制悬架系统电路分析和故障检修

一、电路分析

奥迪A6L车系电子控制悬架系统电路如图21-8所示。

随着人们对汽车操纵性和舒适性要求的不断提高，以及电子技术在汽车上的不断应用，电子控制技术也已被汽车悬架系统应用。电子控制悬架系统是通过调节悬架的刚度和阻尼力，使汽车的悬架特性与道路状况和行驶状态相适应，从而保证汽车行驶的平顺性和操纵的稳定性要求都能得到满足。其基本功能如下。

(1) 减振器阻尼力控制　在汽车行驶过程中，悬架控制单元通过对减振器阻尼系统的调整，防止汽车急回速或突然起步时车后下沉；防止紧急刹车时汽车"点火"；防止汽车在变换挡位时整车纵向晃动；防止汽车急转弯时车体横向晃动等现象，提高汽车操纵稳定性和行驶平顺性。

(2) 车身高度调整　当汽车的负荷发生变化时，车身都可以保持一定的高度，保持车身的水平；当汽车以高速行驶时，电控悬架控制单元根据各传感器提供的数据控制车身降低，减小空气阻力，提高操纵稳定性；当汽车在坑洼不平的路面上行驶时，其控制车身升高，防止轿车与路面的碰撞。

(3) 弹簧刚性控制　通过对弹簧弹性系数的调整，改变了弹簧刚度，改善车辆的乘坐舒适性与操纵稳定性。

虽然现代汽车电控悬架系统由于控制功能和控制方法的不同，其结构形式多种多样，但它们的组成却基本相同。电控悬架系统一般由各种传感器、开关、电子控制单元及执行机构等组成。其一般工作原理是：悬架控制单元根据传感器或各种开关提供的信号，进行运算和处理后，通过悬架执行器的动作，对车身进行控制。

电路分析如下。

1. 电源电路

蓄电池正极→150A熔断式熔丝2（S132）→ST1-8→ST1-11→熔丝架上15A熔丝11（SC11）→水平高度调节系统挖掘单元J197的A1/30端子，为J197提供常电压。

当点火开关在ON或START位置时，蓄电池正极→总线端15供电继电器（J329）→ST2-8→ST2-5→熔丝架上5A熔丝5（SC5）→水平高度调节系统控制单元J197的A6/15端子。

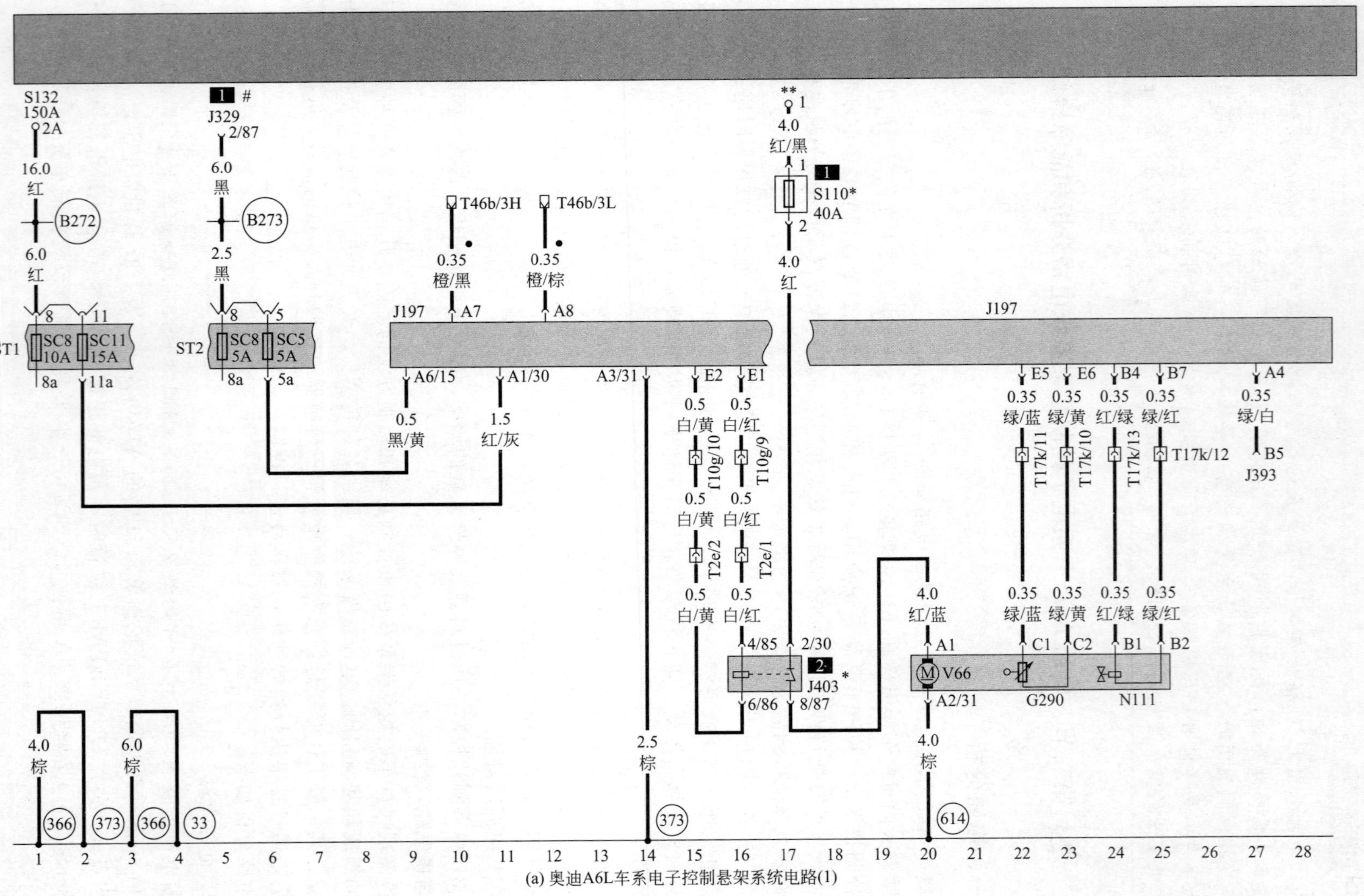

(a) 奥迪A6L车系电子控制悬架系统电路(1)

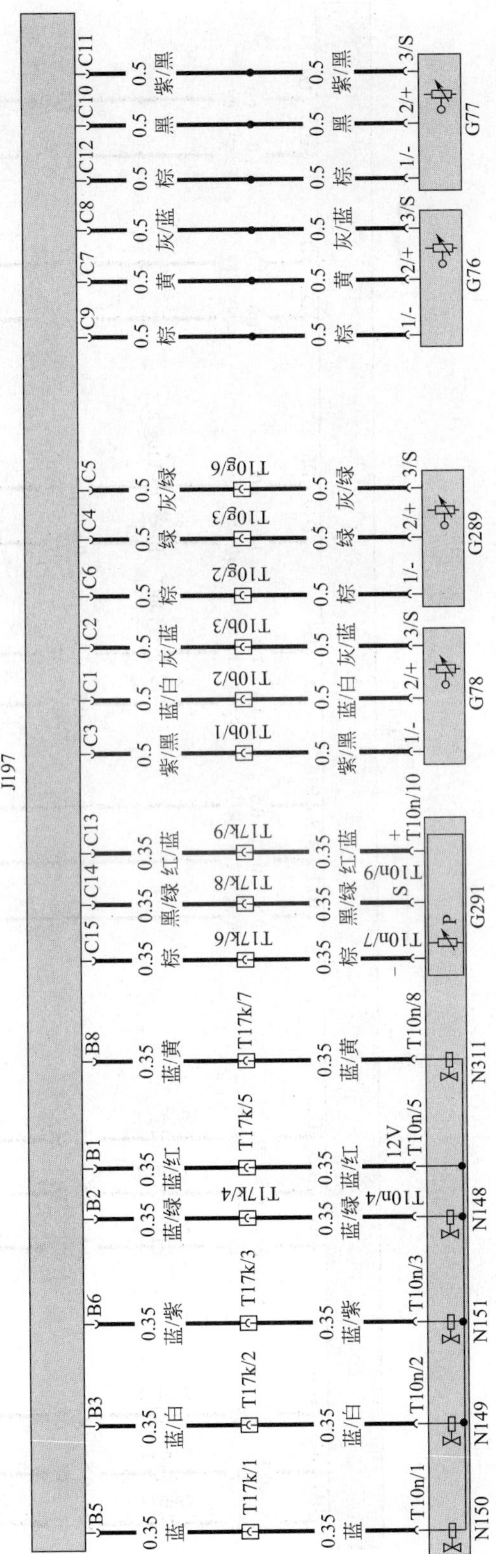

(b) 奥迪A6L车系电子控制悬架系统电路(2)

图 21-8

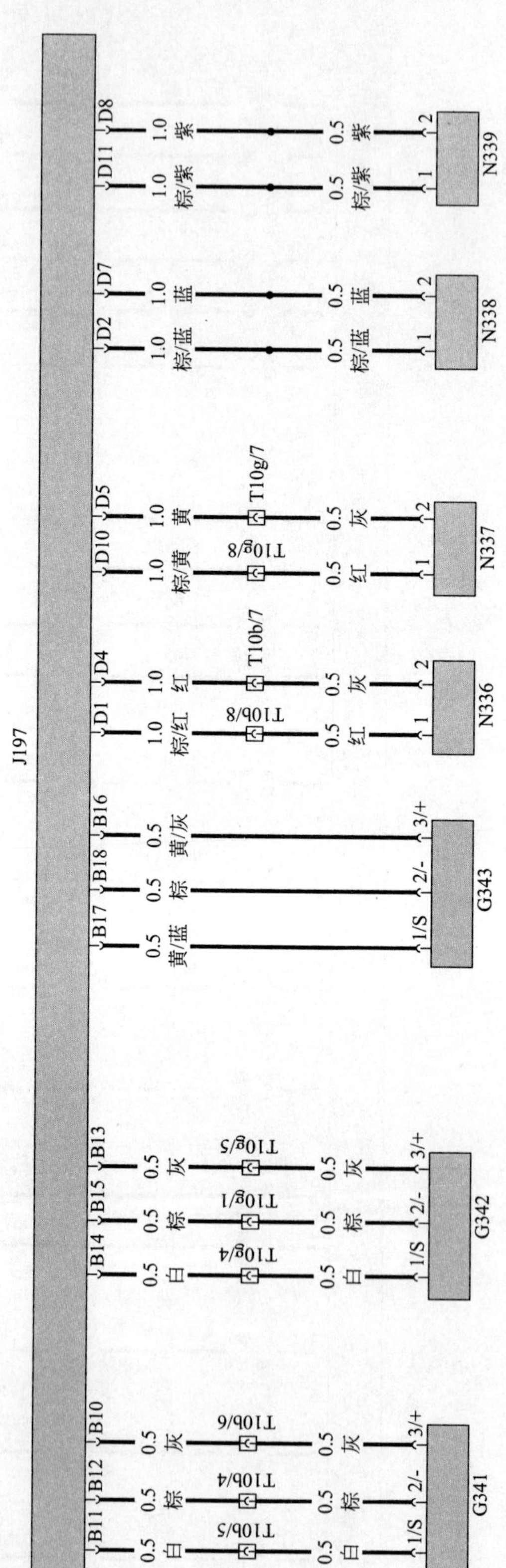

(c) 奥迪A6L车系电子控制悬架系统电路(3)

图 21-8 奥迪 A6L 车系电子控制悬架系统电路

2. 水平高度调节系统控制单元

水平高度调节系统控制单元 J197 是一台小型专用计算机，一般由输入电路、微处理器、输出电路和电源电路等组成，J197 接口电路将输入信号（各种传感器信号、开关信号）放大，其对种输入信号进行计算处理，并与内存数据进行比较后，通过输出回路向执行机构（压缩机、蓄压器、电磁阀、继电器等）发出控制信号，以实现对汽车悬架参数的控制，达到调节汽车悬架刚度和高度的目的。

其中水平高度调节系统控制单元 J197 的 A3/31 端子为搭铁端子，通过主导线束中的接地连接 8373 搭铁。

3. 传感器信号电路

压缩机温度传感器 G290 是一个负温度系数的传感器，其内有一个负温度系数的电阻安装在玻璃壳内，此传感器接收压缩机汽缸盖的温度，根据汽缸盖的不同温度，对应不同的电阻。压缩机温度传感 G290 两端子 C1、C2 分别与水平高度调节系统控制单元的 E5、E6 号端子相连，水平高度调节系统控制单元 J197 根据二端子的输入信号判断压缩机工作时间。

水平高度调节系统控制单元 J197 的 C1～C3 端子分别与左前汽车高度传感器 G78 的 2 号、3 号、1 号端相连，水平高度调节系统控制单元 J197 的 C4～C6 端子分别与右前汽车高度传感器 G289 的 2 号、3 号、1 号端子相连，水平高度调节系统控制单元 J197 的 C7～C9 号端子分别与左后汽车高度传感器 G76 的 2 号、3 号、1 号端子相连，水平高度调节系统控制单元 J197 的 C10～C12 号端子分别与右后汽车高度传感器 G77 的 2 号、3 号、1 号端子相连。这四个传感器为相同的传感器，其作用是检测汽车行驶时车身高度的变化，并转换成电信号，输入水平高度调节系统控制单元。其中汽车高度传感器中 2 号端子为供电端，3 号端子为信号输出端，1 号端子为接地端。

水平高度系统压力传感器 G291 利用电容测量原理，测试蓄压器的压力或前、后桥减振支柱的压力。水平高度系统压力传感器 G291 的 T10n/10 号、T10n/9 号、T10n/7 号端子分别与水平高度调节系统控制单元的 C13 号、C14 号、C15 号端子相连。其中 T10n/10 为传感器电源输入端，T10n/7 为传感器接地端，T10n/9 为传感器信号输出端。

相关链接

车身加速度传感器通过支架固定在车身上，检测汽车转向因离心力作用产生的横向加速度，并将产生的电信号输送给电子控制单元。左前车身加速度传感器 C341 的 1 号、2 号、3 号端子分别与水平高度调节系统控制单元 J197 的 B11 号、B12 号、B10 号端子相连，右前车身加速度传感器 C342 的 1 号、2 号、3 号端子分别与水平高度调节系统控制单元 J197 的 B14 号、B15 号、B13 号端子相连，后部车身加速度传感器 C343 的 1 号、2 号、3 号端子分别与水平高度调节系统控制单元 J197 的 B17 号、B18 号、B16 号端子相连。

4. 执行器控制电路

水平高度调节系统排放阀 N111 的 B1 号、B2 号端子分别与水平高度调节系统控制单元 J197 的 B4 号、B7 号端子相连，接收水平高度调节系统控制单元的命令，控制空气弹簧的排气。

水平高度调节系统蓄压器阀门 N311 一端通过 T10n/5 端子与水平高度调节系统控制单元 J197 的 B1 端子相连，其为蓄压器阀门电压供给端；另一端通过 T10n/8 端子与水平高度调节系统控制单元 J197 的 B8 端子相连，其为搭铁端。

水平高度调节系统压缩机马达 V66 受控制单元 J197 的控制。

控制电路为：水平高度调节系统控制单元 J197 的 E2 号端子→压缩机继电器 86 号端子→压缩机继电器线圈→压缩机继电器 85 号端子→控制单元 E1 号端子，为压缩机继电器供电，此时压缩机继电器闭合。

主电路为：蓄电池正极→排水槽电控箱右侧的主熔丝架→40A 熔丝 S110→压缩机继电器 30 号端子→压缩机继电器 87 号端子→水平高度调节系统压缩机马达 V66 的 A1 端子→水平高度调节系统压缩机马达 V66 的 A2/31 号端子→614 端搭铁。

水平高度调节系统控制单元 J197 的 D4、D10 和 D5、D2 和 D7、D11 和 D8 号端子分别与左前（N366)、右前（N377)、左后（N338)、右后（N339）减振调节阀的 1 号和 2 号端子相连；左后减振阀门（N150)、右前减振支柱阀门（N149)、右后减振支柱阀门（N151)、左前减振支柱阀门（N148）一端通过 T10n/5 号端子与控制单元 J197 的 B1 号端子相连，由其提供电压，另一端分别与控制单元 J197 的 B5 号、B3 号、B6 号、B2 号端子相连，控制其搭铁。

二、故障检修

电控悬架系统常见故障及故障原因如表 21-1 所示。

表 21-1 电控悬梁系统常见故障及原因

故障现象	故障原因
悬架刚度和阻尼系统控制失灵	悬架刚度和阻尼系统控制开关电路故障、悬架控制执行器电路故障、悬架控制执行器电源故障、空气弹簧减振器故障、悬架电控单元故障
只有防后坐控制失效	节气门位置信号电路故障、悬架电控单元故障
只有防前倾控制失效	停车灯开关电路故障、车速传感器电路故障、悬架电控单元故障
高度挖掘功能失效	高度控制电源电路故障、高度控制开关电路故障、高度控制传感器故障、悬架电控单元故障
汽车高度变化不符合控制逻辑	空气泄漏、高度控制传感器故障、高度控制传感器连接杆调整不当
有高度调节作用但车高不均匀	高度控制阀故障、排气阀电路故障、高度控制传感器连接杆调整不当
驻车时汽车高度非常低	空气泄漏、空气弹簧减振器故障
点火开关 OFF 控制不起作用	门控制开关电路故障、高度控制电源电路故障、悬架电控单元故障

电控悬架系统基本检查如下。

1. 车身高度调节功能的检查

① 检查轮胎充压力是否正确。

② 启动发动机，将高度控制开关切换至高位置。检查完成高度调整所需时间和汽车车身高度的变化量。

③ 在汽车处于高位置时，启动发动机并将高度控制开关从高位置切换至原始位置，检查完成高度调整所需的时间和汽车车身高度的变化。

2. 减压阀检查

① 将点火开关转到 ON 位置，连接高度控制连接器的相关端子（连接时间不能超过

15s)，使压缩机工作。

② 压缩机工作一段时间后，检查减压阀应有空气逸出。

③ 将点火开关转至 OFF 位置。

④ 清除故障码。

3. 漏气检查

① 启动发动机使车身升高。

② 发动机熄灭。

③ 在软硬管连接处涂抹肥皂水检查是否有漏气。

4. 车身高度初始调整

此项调整是使车身初始高度处于标准范围内，调整时，高度控制开关必须在初始位置，汽车在较为平坦的路面上。

① 检查车身高度。

② 测量高度传感器控制杆的长度。

标准值为：（前）59.3mm；（后）35.0mm；

若测量值不符，则按下述③进行调整。

③ 调整车身高度。

拧松高度传感器控制杆螺栓以调节长度，螺栓每转一圈，车身高度的改变量约为 5mm。

拧紧 2 个锁紧螺母；再次检查车身高度。

④ 检查车轮定位。